中国统一战线教程

ZHONGGUO TONGYIZHANXIAN JIAOCHENG

中共中央统战部
中 共 中 央 党 校
国 家 行 政 学 院
中央社会主义学院
◎编著

中国人民大学出版社
·北京·

《中国统一战线教程》编委会

主　任　杜青林

副主任　朱维群　张裔炯　叶小文
　　　　陈喜庆　李书磊　周文彰

编　委　（按姓氏笔画排序）
　　　　王永庆　王成志　刘　峰　安七一
　　　　杨启儒　吴晓礼　沈　阳　张献生
　　　　郑钢淼　赵学义　袁廷华　唐显凯

《中国统一战线教程》编写组

主　编　陈喜庆

副主编　唐显凯　王成志　刘　峰
　　　　袁廷华　李金河

目　录

绪　论

统一战线是马克思主义的一个基本战略和策略问题。中国共产党把马克思主义关于统一战线的基本原理同中国具体实践相结合，创造性地提出了一系列具有中国特色的统一战线理论、方针和政策，成功解决了在中国特殊国情下如何建立、巩固和发展统一战线的问题，为夺取中国革命、建设和改革事业的胜利凝聚了强大力量。

一、中国统一战线是始终坚持马克思主义理论指导的统一战线

中国统一战线是在中国共产党领导下的统一战线，始终坚持马克思主义的指导地位，继承、丰富和发展了马克思主义统一战线学说。

马克思、恩格斯在科学总结无产阶级革命斗争经验的基础上，解决了无产阶级自身团结和争取同盟军的问题，开创了无产阶级统一战线思想。首次揭示了无产阶级统一战线的基本原理，指出无产阶级只有解放全人类才能解放自己，为完成历史使命必须加强自身的团结统一，还要团结广大的同盟者。强调无产阶级政党在与其他阶级和政党结成统一战线时，要保持自己的独立性，包括思想上、政治上和组织上的独立，这是无产阶级先进性质的必然要求。阐明了无产阶级政党要使统一战线沿着自己确定的方向发展，就必须坚持对统一战线的领导权。这些重要思想为无产阶级统一战线奠定了理论根基。

列宁着眼当时俄国无产阶级同强大的国际资产阶级和国内敌对势力的力量对比，提出无产阶级要尽最大的努力联合同盟军，联合全世界一切被压迫民族；着眼农民阶级具有的革命性，把巩固工农联盟作为夺取革命胜利的重要保证和无产阶级专政的最高原则；着眼苏维埃政权是无产阶级和其他非无产阶级的劳动阶级联盟的性质，提出要吸收代表其他劳动阶级或阶层利益的政党参加。这些理论回答了在帝国主义阶段和无产阶级执政条件下如何坚持和发展统一战线的问题，拓

展了无产阶级统一战线的理论内涵。

中国共产党人将马克思主义统一战线学说运用于中国具体实践，形成了毛泽东统一战线思想和中国特色社会主义统一战线理论，系统回答了在中国为什么需要统一战线、需要什么样的统一战线、怎样建设统一战线等重大问题，为创建、巩固和发展统一战线提供了科学的理论指导。

以毛泽东为代表的中国共产党人，在反动势力极其强大、革命力量十分弱小、革命任务异常艰巨的情况下，科学分析了中国社会的性质和中国革命的道路以及对象、动力等问题，创造性地提出要战胜异常强大的敌人，必须建立占全民族绝大多数人口的广泛的统一战线，并明确了新民主主义革命、社会主义革命和建设时期统一战线的基本理论、方针和政策，形成了毛泽东统一战线思想。鲜明地提出统一战线是克敌制胜的一大法宝，农民是无产阶级天然的同盟军，民族资产阶级具有两面性，既联合又斗争是统一战线的基本策略，必须牢牢掌握中国共产党对统一战线的领导权。新中国成立后，为适应中国共产党领导全国人民执政和建设的新形势新任务，围绕协调处理党和其他党派、民族、宗教等社会各方面的关系，对统一战线理论进行了深入探索和完善。毛泽东统一战线思想构建了完整的理论框架，在毛泽东思想理论体系中占有重要地位，标志着中国统一战线理论的成熟。

以邓小平为核心的党的第二代中央领导集体，适应我国阶级关系的根本变化以及党和国家工作重心的战略转移，全面阐述了改革开放新时期统一战线的性质、任务、范围、对象等一系列重大理论政策问题，形成了邓小平新时期统一战线理论。深刻指出，统一战线由工人、农民、小资产阶级和民族资产阶级四个阶级联盟发展为全体社会主义劳动者、拥护社会主义的爱国者和拥护祖国统一的爱国者的政治联盟，新时期爱国统一战线要服从服务于经济建设这个中心，多党合作是我国政治制度的优点和特点，提出尊重知识、尊重人才方针，“和平统一、一国两制”的科学构想等，解决了新时期统一战线的一系列根本问题，有力地推动了统一战线在新时期的迅速恢复发展，为改革开放和现代化建设提供了重要的推动力量。

以江泽民为核心的党的第三代中央领导集体，面对世界多极化、经济全球化加速发展，国内社会结构深刻变化和完成祖国统一大业任务十分繁重的复杂形势，就统一战线基本理论和各领域方针政策提出了一系列新思想、新观点、新论断，把中国共产党统一战线理论建设推向了一个新的发展阶段。深刻阐明统一战线是中国共产党执政兴国的重要法宝，永恒主题是大团结大联合，根本任务是争取人心、凝聚力量；中国共产党领导的多党合作和政治协商制度是我国的一项基本政治制度，是符合中国国情、经得起实践检验的正确有效的政党制度；加强民族团结、促进各民族共同发展和共同繁荣是整个社会主义初级阶段民族工作的行动纲领；积极引导宗教与社会主义社会相适应；非公有制经济人士是中国特色社会主义事业的建设者；知识分子工作的核心问题是人才问题；坚持"一国两制"、"港人治港"、"澳人治澳"、高度自治的方针，坚持一个中国原则，形成全体中华儿女反对"台独"、反对分裂，共同致力于祖国统一的局面等。这些紧密联系、相互贯通的新思想、新观点、新论断，构成了"三个代表"重要思想统一战线理论完整的科学体系。

中共十六大以来，以胡锦涛为总书记的党中央，着眼党和国家事业发展的新任务新要求，深入分析和科学回答统一战线发展的重大理论和实践问题，成为推动新世纪新阶段爱国统一战线发展壮大的强大思想武器和行动指南。进一步强调统一战线的重要地位和作用，提出巩固和壮大最广泛的统一战线是新的历史条件下治国理政必须正确处理的一个基本问题；着眼我国社会结构的深刻变动，提出新世纪新阶段统一战线已经发展成为包括社会主义事业建设者在内的"四者"联盟；根据形势任务的发展变化，提出"为促进社会主义经济建设、政治建设、文化建设、社会建设服务，为促进香港、澳门长期繁荣稳定和实现祖国完全统一服务，为维护世界和平与促进共同发展服务"是新世纪新阶段统一战线的基本任务；立足国际大背景和国家经济社会发展大格局，提出政党关系、民族关系、宗教关系、阶层关系、海内外同胞关系是统一战线需要全面把握和正确处理的重大关系；大力推进多党合作和政治协商制度化、规范化、程序化，明确各民族"共同团结奋斗、共同繁荣发展"的民族工作主题，进一步强调全面贯彻中国共产党宗教工作基本方针，提出坚持走有中国特色、西藏特点的发展路子，提出把新的社会阶层人士作为统一战线工作新的着力点，强调要切实做好港澳台海外统战工作，进一步明确人民政协的性质和作用，强调要加强和改善党对统一战线的领导，推动中国统一战线继往开来，进一步巩固壮大。

中共十八大以来，党中央进一步继承和发扬优良传统，高度重视并带头做好统一战线工作。十八大之后，习近平总书记亲自走访各民主党派中央和全国工商联机关，共商巩固发展爱国统一战线和坚持完善多党合作制度的大计。中央政治局常委同志参加涉及统一战线的重要活动。进一步强调巩固和发展最广泛的爱国统一战线，把坚持中国特色社会主义政治发展道路作为根本方向，加强中国共产党同民主党派和无党派人士团结合作，巩固和发展平等团结互助和谐的社会主义民族关系，发挥宗教界人士和信教群众在促进经济社会发展中的积极作用，引导非公有制经济人士等新的社会阶层人士做合格的中国特色社会主义事业建设者，团结港澳台同胞和海外侨胞，最大限度调动一切积极因素、凝聚一切积极力量，共同致力于实现全面建成小康社会奋斗目标和中华民族伟大复兴"中国梦"。

实践表明，统一战线是一门内涵极为丰富的科学。只有全面、系统、深刻地学习领会统一战线理论，并用于武装头脑、指导实践，才能推动爱国统一战线不断巩固壮大。

二、 中国统一战线是始终坚持中国共产党领导的统一战线

领导权问题是统一战线最首要、最根本、最核心的问题，决定着统一战线的方向、前途和命运。中国共产党对统一战线实行坚强正确的领导，是我国统一战线发挥作用、蓬勃发展的根本保证，也是党和国家事业不断取得胜利的重要方面。

坚持中国共产党对统一战线的领导，是中国共产党的先进性决定的，也是历史的选择。大革命后期，由于受右倾投降主义影响，中国共产党放弃了对统一战线的领导权，进而丧失了制约和打败国民党反动派叛变革命的能力，第一次国共合作最终破裂；抗日战争时期，由于中国共产党坚持在统一战线中的独立性和领导权，确保了抗日民族统一战线的建立和巩固，并最终取得抗日战争的胜利。毛泽东在总结中国革命的历史经验时曾指出："中国新民主主义的革命要胜利，没有一个包括全民族绝大多数人口的最广泛的统一战线，是不可能的。不但如此，这个统一战线还必须是在中国共产党的坚强的领导之下。没

有中国共产党的坚强的领导，任何革命统一战线也是不能胜利的。”[①]新中国成立以来，中国共产党始终坚持和加强对统一战线的领导，指出中国共产党要善于领导、不断改善领导，才能加强领导；强调不论过去、现在或将来，都必须坚持中国共产党对统一战线的领导权。

中国共产党对统一战线的领导主要是政治领导，即政治原则、政治方向和重大方针政策的领导。一是依靠正确路线和方针政策。中国共产党运用马克思列宁主义这一先进思想武器，紧密结合中国实际，形成了毛泽东思想、邓小平理论、“三个代表”重要思想、科学发展观，为中国革命、建设和改革事业提供了重要指导，也为统一战线提供了行动指南。二是发挥共产党员的先锋模范作用。毛泽东曾讲：“所谓领导权，不是要一天到晚当作口号去高喊，也不是盛气凌人地要人家服从我们，而是以党的正确政策和自己的模范工作，说服和教育党外人士，使他们愿意接受我们的建议。”[②] 三是坚持加强教育引导和照顾同盟者利益。思想政治工作是中国共产党的优良传统和政治优势，是在统一战线中坚持和实现中国共产党领导的重要体现。照顾同盟者利益是巩固和壮大统一战线的重要原则，也是坚持以人为本、实现中国共产党领导的重要条件。“对被领导者给以物质福利，至少不损害其利益，同时对被领导者给以政治教育”[③]。中国共产党在不同历史时期，都通过制定一系列有关政策，努力保障统一战线广大成员政治、经济等各方面利益的实现，从而实现了最广泛的团结联合。

坚持中国共产党的领导是统一战线巩固发展和作用发挥的根本保障。正是中国共产党的领导，为统一战线健康发展提供了方向引领。在中国革命、建设和改革的不同时期，中国共产党把握历史发展规律，团结引导统一战线成员走上新民主主义道路、社会主义道路和中国特色社会主义道路，从而确保了统一战线正确的发展方向。正是中国共产党的领导，为统一战线团结凝聚提供了坚强核心。正确认识和处理

---

① 毛泽东：《目前形势和我们的任务》，见《毛泽东选集》，2版，第4卷，1257页，北京，人民出版社，1991。

② 毛泽东：《抗日根据地的政权问题》，见《毛泽东选集》，2版，第2卷，742页，北京，人民出版社，1991。

③ 毛泽东：《关于目前党的政策中的几个重要问题》，见《毛泽东选集》，2版，第4卷，1273页。

政党关系、民族关系、宗教关系、阶层关系和海内外同胞关系，归根结底是把各方面力量团结凝聚到中国共产党的周围，致力于共同的事业。正是中国共产党的领导，为统一战线作用发挥提供了有力指导。统一战线始终围绕党和国家各个时期的中心工作，发挥凝聚人心、汇聚力量的作用，成为中国共产党夺取中国革命、建设和改革事业胜利的重要法宝，成为中国共产党执政兴国的重要法宝，成为实现祖国完全统一和中华民族伟大复兴的重要法宝。

实践表明，坚持中国共产党的领导是统一战线的政治优势。只有坚持中国共产党的领导，统一战线才有正确的方向、蓬勃的生机和光明的前途，才能充分彰显独特的价值和作用。

三、中国统一战线是始终立足中国革命、建设和改革实践的统一战线

中国共产党领导的统一战线已经走过90多年风雨历程，始终与中国国情紧密相连，始终着眼中国社会变化而不断发展，在中国革命、建设和改革各个历史阶段都发挥了重要的法宝作用。

近代中国社会的主要矛盾和阶级状况，决定了统一战线具有广泛的社会基础和充分发展的条件，也决定了中国的统一战线问题具有极强的复杂性。中国共产党正确掌握和运用马克思列宁主义关于统一战线的理论和策略，使之同中国社会政治状况很好地结合起来，有效凝聚了革命力量、争取了中间力量、瓦解了敌对力量。针对旧中国帝国主义、封建主义和官僚资本主义极其强大，工人阶级革命力量十分弱小的情况，坚持联合一切可能联合的力量、争取一切同盟者，推动实现国共第一次合作，团结联合中国各革命阶级建立民主联合战线，在较短时间内赢得了北伐战争的胜利，沉重打击了帝国主义和封建军阀势力。针对国民党反动派篡夺大革命果实、斗争形势陷入低潮的情况，把农民阶级作为中国革命的最广大动力、无产阶级的天然和最可靠的同盟军，在反动统治相对薄弱的农村地区创建根据地，开展土地革命，扩大了中国共产党和红色政权的影响，开创了土地革命战争新局面。针对日本帝国主义侵略、民族矛盾上升为国内的主要矛盾，推动建立抗日民族统一战线，对国民党顽固派实行又团结又斗争的策略，在根

据地普遍建立“三三制”民主政权，使中国共产党领导下的革命力量获得空前发展，最终取得抗战胜利。针对国民党夺取胜利果实、发动内战的行径，联合各被压迫阶级、人民团体、民主党派、少数民族、华侨和其他爱国分子结成人民民主统一战线，共同反抗国民党反动派独裁统治阶级，领导国统区人民运动，召开新的政治协商会议，取得了新民主主义革命的巨大成功。

新中国成立后，中国共产党成为在全国范围执掌政权的执政党，领导全国人民实现从新民主主义到社会主义的转变和建设社会主义新中国，成为中国共产党的主要任务。统一战线始终坚持为中国共产党总路线和总任务服务，发挥了巨大作用。坚持中国共产党领导的多党合作，引导各民主党派积极投身社会主义改造与建设。创造性地实行和平赎买政策，完成对资本主义工商业的社会主义改造，引导民族资产阶级走上社会主义道路。运用统一战线方式解决民族自治、民族军队、民族政党问题，正确处理国家整体与民族自治地方关系，充分调动各族群众建设国家的积极性。支持天主教、基督教开展三自爱国运动，割断与帝国主义的联系，摆脱外国教会的控制，引导佛教、道教和伊斯兰教逐步废除宗教封建特权和压迫剥削制度。团结、教育、改造旧知识分子，充分动员和发挥他们参与国家建设的积极性，使之转化为工人阶级的一部分。

中共十一届三中全会以来，党和国家工作重点转移到以经济建设为中心的轨道上来，开启了改革开放的新时期，也为统一战线的恢复和发展指明了根本方向。新时期爱国统一战线高举爱国主义和社会主义两面旗帜，把主要任务由为阶级斗争服务转变到为促进改革发展稳定服务，建立了包括全体社会主义劳动者、社会主义事业建设者、拥护社会主义爱国者和拥护祖国统一爱国者在内的广泛政治联盟。引导各民主党派、工商联和无党派人士积极围绕中心、服务大局，发挥参政议政、民主监督作用，为推进党和政府决策科学化民主化提供智力支持。完善和落实中国共产党民族宗教方针政策，加大支持少数民族和民族地区发展力度，坚持开展民族团结进步教育，大力培养选拔少数民族干部，引导宗教与社会主义社会相适应，充分发挥宗教界人士和信教群众在促进经济社会发展中的积极作用。认真贯彻“尊重劳动、尊重知识、尊重人才、尊重创造”方针，积极做好党外知识分子工作，充分调动他们的积极性、主动性和创造性。把非公有制经济人士等新的社会阶层纳入统战工作范畴，引导他们爱国、敬业、诚信、守法、奉献，自觉做合格的中国特色社会主义事业建设者，极大地激发他们干事创业、为国奉献的热情。推动“一国两制”方针在香港、澳门率先成功实践，推动两岸关系和平发展，发挥海外华侨华人联结中国与世界的重要桥梁纽带作用，引导港澳台海外同胞支持内地经济社会发展、深入开展反“独”促统运动，共同致力祖国统一和中华民族伟大复兴。

实践表明，统一战线发展的历程就是与中国革命、建设和改革事业同频共振的历程。正是因为始终围绕中心、服务大局，统一战线从而能够不断巩固发展，力量越来越强，人心越来越齐，作用越来越大。

四、中国统一战线是始终适应时代发展进步、不断与时俱进的统一战线

与时俱进是马克思主义的理论品质，是中国革命、建设和改革事业永葆生机和活力的不竭源泉。统一战线作为中国共产党的一个重要法宝，统战工作作为中国共产党的一项重要工作，始终着眼实际、顺势而为，与时俱进、不断发展。

统一战线的性质任务不断变化。从革命时期到建设时期、改革开放新时期，统一战线由阶级联盟逐步转变为政治联盟，先后表现为民主联合战线、工农民主统一战线、抗日民族统一战线、人民民主统一战线和新时期爱国统一战线。统一战线性质任务的每一次变化，都对其基本面貌产生了根本性的影响，充分地适应时代和形势发展需要，为实现中国共产党的阶段性任务提供了强大力量支持。

统一战线的构成范围不断调整。新民主主义革命时期，统一战线主要由工人阶级、农民阶级、民族资产阶级和小资产阶级四个阶级构成。随着社会主义改造的完成，民族资产阶级和小资产阶级转变为社会主义社会中自食其力的劳动者，知识分子成为工人阶级的一部分，统一战线成为工人、农民两个阶级和知识分子阶层的政治联盟。进入改革开放新时期，随着“一国两制”的提出，统一战线发展成为全体社会主义劳动者、拥护社会主义爱国者和拥护祖国统一爱国者的联盟。随着私营企业出资人等新的社会阶层的出现和发展，统一战线的内部

构成在“三者”基础上增加了“社会主义事业建设者”，变为“四者”。随着统一战线范围的扩大，目前统战工作的对象发展到15个方面。在社会成员构成不断分化整合的新形势下，统一战线在大团结大联合的主题指导下，其构成范围还将继续随之调整。

统一战线的工作领域不断扩展。在革命时期主要集中于政治、文化、军事等领域，团结各革命阶级共同反对帝国主义、封建主义和官僚资本主义。随着新中国成立，发展生产、建设社会主义成为主要任务，统一战线发挥作用的范围从政治领域向其他领域扩展。改革开放新时期，统一战线坚持和完善中国共产党领导的多党合作和政治协商制度、民族区域自治制度，积极开展政治协商、参政议政、民主监督、合作共事，在坚持走中国特色社会主义政治发展道路上发挥了重要作用。同时，紧紧围绕经济建设这个中心，服务党和国家工作大局，充分发挥资金、人才和渠道优势，积极开展考察调研、建言献策、内引外联，全面服务于经济、政治、文化、社会和生态文明各项建设，成为建设中国特色社会主义事业的重要力量。

统战工作的方式方法不断完善。根据不同时期党和国家中心任务和工作重点的不同，统一战线工作的方式方法不断更新变化，有力地推动了各个时期统战工作的开展。特别是从根本上讲，统战工作是特殊的群众工作和政治工作，在长期实践中逐步积累，形成了“以共同理想激励人、以真情实感打动人、以照顾利益凝聚人、以教育引导团结人”的好思路好经验。具体体现为，坚持求同存异、体谅包容，在根本利益一致的基础上尊重社会各界成员的特点，包容在利益、信仰和观念等方面的差异。对无关宏旨、无碍大局的差异，可以存而不论、或者从长计议；对涉及重大是非、重大原则的问题，则旗帜鲜明，不迁就妥协。坚持平等相待、民主协商，对各党派、各阶层、各民族、各团体和各方面人士，都要充分发扬民主，保持宽松、稳定、和谐的氛围，善于听真话、纳良策。坚持和谐共生、合作共赢，在合作协商中增进共识，在团结奋斗中共同前进，在建设中国特色社会主义事业中实现统一战线各方面成员的利益。

实践表明，巩固壮大最广泛的爱国统一战线，提高统战工作科学化水平，需要培养统战思维，把握统战风格，树立统战理念，使统一战线体现以人为本，充满人情味，具有感召力、亲和力和凝聚力。

第一章
统一战线基本理论

统一战线作为一种联合战略，古今中外屡见不鲜。中国统一战线是由哪些方面的不同社会力量组成的？是团结联合还是消除异己？是长期战略还是权宜之计？这些都是统一战线巩固发展所涉及的基本问题，也是做好统一战线工作需要全面了解和准确把握的基本内容。

第一节　统一战线的含义、性质和范围

从广义上讲，统一战线是不同阶级、阶层、政党、集团等社会力量，为了实现一定的共同目标，在具有共同利益的基础上结成的联盟，简要地说就是一定社会政治力量的联合。中国共产党领导的统一战线，是中国共产党把马克思主义统一战线基本原理同中国具体实际相结合的产物，是无产阶级及其政党领导的统一战线的光辉典范。

一、　中国共产党领导的统一战线特质

中国共产党领导的统一战线是在中国革命、建设和改革实践中形成和发展起来的，体现出鲜明的中国特色。

第一，具有稳固的领导核心。中国共产党是统一战线的领导者和组织者，通过正确的政治主张、行动纲领和方针政策团结和影响同盟者，以自身的模范行动带领广大同盟者共同前进，并在统一战线中始终坚持中国共产党在思想上、政治上和组织上的独立性。而其他各种类型的联盟则是比较松散的联合，内部往往各自为政，没有也不可能有长期稳固的领导核心。

第二，具有科学的理论指导。马克思主义的创立，为无产阶级提

供了强大的思想武器和行动指南。中国共产党领导的统一战线从建立之日起，就坚持以马克思主义理论为指导，在实践中不断丰富发展的统一战线理论成为中国共产党理论的重要组成部分。

第三，具有广泛的群众基础。中国共产党是为大多数人谋利益的，是广大人民群众利益的忠实代表。中国共产党领导的统一战线得到广大人民群众的支持和参与。而其他形式的联盟很多具有阶级局限性，是为统治阶级和少数人的利益服务的，缺乏深厚的群众基础。

第四，具有长期的战略意义。中国共产党领导的统一战线是与中国共产党的奋斗目标和政治路线相始终的战略方针，虽然具有一定的策略性，但更主要的是它的战略性。只要中国共产党存在，只要中国共产党的历史使命和最终目标还没有完成，它所领导的统一战线就会长期存在并发挥作用。而其他形式的联盟大多只是一种策略，是权宜之计，这种联盟往往视各自利益的需要而建立，并因彼此利益的冲突而瓦解。

第五，具有照顾利益的合作诚意。中国共产党领导的统一战线，在巩固最广大人民的根本利益基础上，通过坚持和完善中国共产党的方针政策、国家法律法规和相应措施，使同盟者的具体利益得到切实的维护。

【拓展阅读】

古今中外的统一战线

纵观中华民族五千年的文明史，各种社会力量在历史的曲折发展中，运用联合战略策略的数不胜数。战国时期六国“合纵”与秦国“连横”就是熟练运用联合战略策略的典型。秦能统一中国，与它能成功地运用联合战略是分不开的。东汉末年，刘备与孙权联合对付曹操，也是一种联合战略。清朝统治者没有像秦皇汉武那样修长城抵御其他民族的进犯，而是在承德造了外八庙将其他民族团结起来，结果是“修起一座庙，胜过十万兵”。

在世界历史上，运用联合盟友谋略取胜的事例也比比皆是。18世纪末法国大革命，资产阶级作为第三等级的上层和政治代表联合第三等级中的农民、工人和城市平民，组成了反对波旁王朝统治的联盟。美国独立战争开始后，英美双方力量悬殊，美国与法国结成联盟，对于赢得 1783 年独立战争的彻底胜利有着重要作用。在第二次世界大战期间，中苏美英等国联合一切爱好和平的力量建立了“国际反法西斯统一战线”，最终战胜了德意日等法西斯国家组成的“轴心国”集团。在当今国际政治舞台上，不同国家之间为了一定的目的而结成联盟的情况也很多，比如“欧盟”、“东盟”和“非盟”等。

二、统一战线的性质和内部构成

统一战线的性质，由当时社会主要矛盾，以及党和国家的中心任务等决定，具体地反映为统一战线内部构成、范围、对象、名称等的变化。在不同的历史时期，由于社会性质和社会主要矛盾不同，中国共产党领导的统一战线的性质也不一样，其内部构成、工作对象和范围随之有所改变。

大革命时期，为了完成反帝反封建的历史任务，中国共产党同国民党进行合作，建立了包括工人阶级、农民阶级、城市小资产阶级和民族资产阶级的统一战线。这一时期统一战线称为民主联合战线。

土地革命战争时期，由于大革命失败后，民族资产阶级和许多上层小资产阶级分子退出了革命营垒，同时受党内“左”倾关门主义思想的影响，统一战线只剩下工人阶级、农民阶级和部分小资产阶级。这一时期统一战线称为工农民主统一战线。

抗日战争时期，为反对日本帝国主义侵略，国共实现第二次合作，并以此为基础联合一切抗日阶级和阶层组成广泛抗日联盟，不仅包括了工人阶级、农民阶级、城市小资产阶级和民族资产阶级，还包括部分大地主和大资产阶级。这一时期的统一战线称为抗日民族统一战线。

解放战争时期，大地主大资产阶级是革命的对象，统一战线主要是工人阶级、农民阶级、城市小资产阶级和民族资产阶级四个阶级的联盟。这一时期的统一战线称为人民民主统一战线。

1949 年，在中国人民政治协商会议第一次全体会议通过的《中国人民政治协商会议共同纲领》中明确规定：中国人民民主专政是中国工人阶级、农民阶级、小资产阶级、民族资产阶级及其他爱国民主分子的人民民主统一战线的政权，而以工农联盟为基础，以工人阶级为领导。“人民民主统一战线”的提法在新中国成立后一直沿用。但是在“文化大革命”期间，统一战线曾一度被称为革命统一战线。

【名词解释】

革命统一战线

革命统一战线是特殊时期的统一战线提法。“文化大革命”开始后，统一战线遭到了严重破坏，甚至不能开展正常的活动和工作，其间对统一战线的提法叫革命统一战线。粉碎“四人帮”后，统一战线逐渐得到恢复和发展，但提法仍然是革命统一战线。1978年3月5日，第五届全国人民代表大会第一次会议通过的《中华人民共和国宪法》指出，要巩固和发展工人阶级领导的，以工农联盟为基础的，团结广大知识分子和其他劳动群众，团结爱国民主党派、爱国人士、台湾同胞、港澳同胞和国外侨胞的革命统一战线。

中共十一届三中全会后，我国进入改革开放新的历史时期，统一战线也进入新的发展阶段。1979年，邓小平科学地分析了我国社会阶级状况和统一战线内部状况的深刻变化，并在此基础上对新时期统一战线的性质作出新的界定。他指出，新中国成立30年来，我国的社会阶级状况发生了根本的变化。工人阶级的地位已经大大加强，农民已经是有20多年历史的集体农民。工农联盟将在社会主义现代化建设的新的基础上更加巩固和发展。广大的知识分子，包括从旧社会过来的老知识分子的绝大多数，已经成为工人阶级的一部分，正在努力自觉地为社会主义事业服务。各兄弟民族经过民主改革和社会主义改造，早已陆续走上社会主义道路，结成了社会主义的团结友爱、互助合作的新型民族关系。各民族的不同宗教的爱国人士有了很大的进步。在实现四个现代化进程中，各民族的社会主义一致性将更加发展，各民族的大团结将更加巩固。资本家阶级原来占有的生产资料早已转到国家手中，定息也已停止13年之久。他们中有劳动能力的绝大多数人已经改造成为社会主义社会中自食其力的劳动者。各民主党派也都已经成为各自所联系的一部分社会主义劳动者和一部分拥护社会主义爱国者的政治联盟，都是在中国共产党领导下为社会主义服务的政治力量。台湾同胞、港澳同胞、国外侨胞也心向祖国，爱国主义觉悟不断提高。上述各个方面的变化表明，我国的统一战线已经成为工人阶级领导的、工农联盟为基础的社会主义劳动者和拥护社会主义爱国者的广泛联盟。1979年9月，邓小平在听取第十四次全国统战工作会议情况汇报时提出，统一战线还要团结那些即使不热爱社会主义但热爱祖国的人们。“统一战线的性质，叫革命的爱国的统一战线，就是社会主义劳动者和爱国者的联盟。这样范围就宽了，具有广泛的性质。”① 同年10月，邓小平在出席全国政协、中共中央统战部宴请各民主党派和全国工商联代表大会代表时的讲话中，对新时期统一战线性质作出完整的表述，提出“它已经发展成为全体社会主义劳动者、拥护社会主义的爱国者和拥护祖国统一的爱国者的最广泛的联盟”②。1981年6月，中共十一届六中全会通过的《中国共产党中央委员会关于建国以来党的若干历史问题的决议》指出，一定要毫不动摇地团结一切可以团结的力量，巩固和扩大爱国统一战线。自此，爱国统一战线成为新时期统一战线的统一称谓。

随着改革开放和社会主义市场经济的发展，我国经济和社会结构发生了深刻变化，出现了新的社会阶层。为适应这一重要变化，最充分最广泛地调动一切积极因素，为全面建设小康社会、实现中华民族的伟大复兴增添新力量，中共十六大报告在江泽民同志2001年“七一”讲话的基础上明确指出：在社会变革中出现的民营科技企业的创业人员和技术人员、受聘于外资企业的管理技术人员、个体户、私营企业主③、中介组织的从业人员、自由职业人员等社会阶层，都是中国特色社会主义事业的建设者。这一重要论断，不仅科学界定了包括私营企业出资人在内的新的社会阶层人士的社会属性，而且为进一步完善新时期统一战线性质及内部构成提供了理论根据。2004年，十届全国人大二次会议通过的《中华人民共和国宪法修正案》明确指出，社会主义的建设事业必须依靠工人、农民和知识分子，团结一切可以团结的力量。在长期的革命和建设过程中，已经结成由中国共产党领导的，有各民主党派和各人民团体参加的，包括全体社会主义劳动者、

---

① 邓小平：《新时期统一战线是社会主义劳动者与爱国者的联盟》，见《邓小平论统一战线》，159页，北京，中央文献出版社，1991。

② 邓小平：《各民主党派和工商联是为社会主义服务的政治力量》，见《邓小平论统一战线》，163页。

③ 2010年下发的《中共中央、国务院关于加强和改进新形势下工商联工作的意见》，将“私营企业主”规范为“私营企业出资人”。

社会主义事业的建设者、拥护社会主义的爱国者和拥护祖国统一的爱国者的广泛的爱国统一战线，这个统一战线将继续巩固和发展。2006年，中共中央制定下发的《中共中央关于巩固和壮大新世纪新阶段统一战线的意见》进一步明确指出，新世纪新阶段统一战线的性质是全体社会主义劳动者、社会主义事业的建设者、拥护社会主义的爱国者和拥护祖国统一的爱国者的最广泛的联盟。

三、 统一战线的工作范围和对象

统一战线工作范围和对象是由统一战线的性质和内部构成决定的。新民主主义革命时期，半殖民地半封建社会的性质决定了中国共产党的战略目标和根本任务是打倒帝国主义、封建主义和官僚资本主义在中国的统治，这就要求团结工人阶级、农民阶级、城市小资产阶级和民族资产阶级，在工人阶级领导之下，结成广泛的统一战线。新中国成立以后，特别是社会主义改造完成以后，工人阶级领导的以工农联盟为基础的人民民主专政，要求实现全体工人阶级、农民阶级和广大的革命知识分子的大团结。

进入新时期以来，中国共产党领导的统一战线的性质转变为爱国统一战线，统一战线的工作范围不断扩大，工作对象不断增多。1979年，第十四次全国统战工作会议根据国内阶级状况和整个形势的根本变化，提出统战工作的范围、对象大体包括八个方面，即政协和各民主党派，民族工作和宗教工作，各方面的爱国者，知识分子工作，从原工商业者改造过来的自食其力的劳动者，对港、澳、台的统战工作，华侨的上层统战工作，开展国际友好活动、促进国际反霸统一战线。1981年，第十五次全国统战工作会议进一步将统一战线工作对象明确为十个方面，即各民主党派，无党派知名人士，党外知识分子干部，起义和投诚的原国民党军政人员，原工商业者，少数民族的上层人物，爱国的宗教领袖人物，去台湾人员留在大陆的亲属，台湾同胞和港澳同胞，归国侨胞和国外侨胞。

【拓展阅读】

正确看待“统战工作对象”一词

统战工作对象的本意，是指中国共产党团结联合的对象。新中国成立后的一段时期，部分统战工作对象曾指被改造的对象，在“文化大革命”中甚至被视为斗争和专政的对象。改革开放后，统一战线已经由过去服从和服务于阶级斗争、革命斗争，转变为服从和服务于现代化建设，由过去的阶级联盟转变为政治联盟，统一战线工作对象的含义也相应发生了深刻的变化，不再是被改造的对象，而是联系、团结和服务的对象。

随着改革开放的不断深入，经济社会结构深刻变化，统战工作范围和对象进一步发生新的变化。一部分特定历史条件下产生的人物数量不断减少。例如，原工商业者和起义投诚的原国民党军政人员数量越来越少，从1988年到1997年，黄埔同学会成员自然减员30%。同时，各民主党派、无党派人士、党外知识分子、少数民族代表人士、宗教界人士、港澳台侨同胞等的成员构成也有变化，特别是非公有制经济人士、出国和归国留学人员等被纳入统战工作视野。因此，2000年第十九次全国统战工作会议将统一战线工作范围和对象概括为十二个方面，即各民主党派成员，无党派人士，党外知识分子，少数民族人士，宗教界人士，非公有制经济人士，香港、澳门同胞，台湾同胞、去台湾人员留在大陆的亲属和回大陆定居的台胞，出国和归国留学人员，海外侨胞和归侨侨眷，原工商业者，起义和投诚的原国民党军政人员等。2006年，第二十次全国统战工作会议根据中共十六大报告精神，在统一战线工作范围和对象中增加了私营企业和外资企业的管理技术人员、中介组织从业人员、自由职业人员三个方面，由十二个方面发展为十五个方面，即各民主党派成员，无党派人士，党外知识分子，少数民族人士，宗教界人士，非公有制经济人士，私营企业和外资企业的管理技术人员，中介组织从业人员，自由职业人员，香港、澳门同胞，台湾同胞、去台湾人员留在大陆的亲属和常住大陆的台胞，出国和归国留学人员，海外侨胞和归侨侨眷，原工商业者，起义和投诚的原国民党军政人员及眷属等。统一战线工作范围的扩大、对象的增多，体现了邓小平“宽有利，不是窄有利”的思想，从而形成了海内外中华儿女大团结大联合的生动局面。

【拓展阅读】

正确理解党外知识分子是统战工作对象

知识分子已经是工人阶级的一部分了，为什么党外知识分子还是统战工作对象？一是工人阶级内部也有统一战线，这是马克思主义统一战线原理的一个重要观点。因为工人阶级内部也存在不同的阶层、群体。所以，马克思、恩格斯提出全世界无产者联合起来，他们倡导建立的第一国际（国际工人协会）本身就是工人阶级内部统一战线组织。二是社会主义劳动者之间也有统一战线。1979 年，邓小平指出：社会主义劳动者之间也有统一战线。党外知识分子是工人阶级的一部分，又是统战工作对象，两者并不矛盾。三是知识分子问题有其特殊性。邓小平指出：中国的知识分子问题是一个特殊的问题，我们至今没有解决好。解决这个问题非常迫切和重要。知识分子同工人、农民等劳动者有明显的不同：他们具有特殊的利益需要照顾；他们具有特殊的劳动方式，思想非常活跃，独立性、选择性很强，需要加强教育和引导。邓小平指出：知识分子的安排、待遇，包括政治的、生活的，别的单位不能从总的方面去考虑。统战部要研究，要管，要综合反映这方面的情况，反映全貌。四是党外知识分子工作是统一战线的基础性工作。统战工作对象绝大多数是党外知识分子。做好党外知识分子工作，就抓住了各个领域党外代表人士的“源头”。

四、 统一战线两个范围联盟

在新的历史时期，中国共产党领导的统一战线是一个十分广泛的联盟。它包括了两个范围：一是大陆范围内以爱国主义和社会主义为政治基础，团结全体社会主义劳动者、社会主义事业建设者和拥护社会主义的爱国者的联盟；一个是大陆范围外以爱国和拥护祖国统一为政治基础，团结港澳同胞、台湾同胞和海外侨胞的联盟。

新时期两个范围的联盟包含了三个方面和层次的内容：一个是以建设中国特色社会主义为基础，实现大陆范围人民的团结；一个是以拥护祖国统一为基础，实现大陆同胞与港澳台同胞的团结；一个是以促进中华民族伟大复兴为基础，实现海内外全体中华儿女的团结。两个范围的联盟构成爱国统一战线的整体，体现了中华民族的大团结。

统一战线两个范围联盟提出的理论和实践依据是“一国两制”和对外开放。中共十一届三中全会以来，中共中央和邓小平制定了“一国两制”、和平统一祖国的基本国策：在统一的中华人民共和国内以大陆的社会主义制度为主体，台湾、港澳地区现行社会、经济制度和生活方式不变，并且在一个相当长的历史时期内使这两种不同的社会制度并存，共同进行和平建设。与此相适应，爱国统一战线也包括了两个部分，大陆坚持社会主义，是统一战线的主体；大陆以外不以社会主义为政治基础，而以赞成祖国统一为政治基础，实行更加广泛的团结。1979 年，第十四次全国统战工作会议指出，统一战线是全体社会主义劳动者和一切爱国者，包括广大的港澳同胞、台湾同胞和海外侨胞在内的广泛联盟。1986 年，第十六次全国统战工作会议首次提出，我国统一战线形成了两个范围：一个是由大陆全体劳动者、爱国者组成的以社会主义为政治基础的联盟；另一个是广泛团结几千万港澳同胞、台湾同胞、海外侨胞，以拥护祖国统一为政治基础的联盟。这两个范围的联盟构成新时期统一战线的整体。1990 年，中共中央发出《关于加强统一战线工作的通知》，对统一战线两个范围联盟作出更加准确的概括。

两个范围联盟相辅相成、互相促进。大陆范围内的联盟是爱国统一战线的基础，只有巩固和加强这一联盟，才能发展大陆范围外的联盟。同时，巩固和发展大陆范围外的联盟，促进中华民族的大团结，最大限度地联合一切可以联合的力量，有利于实现祖国的完全统一，也有利于更多地引进各项建设所需要的资金、技术和人才，促进我国社会主义现代化建设，实现中华民族伟大复兴。

第二节　统一战线的主题、职能和任务

把尽可能多的人团结起来，是统一战线存在和发展的根本所在、本质所在。统一战线必须充分发挥凝聚人心、汇聚力量的作用，把各方面的力量凝聚在中国共产党的周围，为实现共同的目标而团结奋斗。

一、　统一战线的主题

大团结大联合是统一战线的永恒主题，关系统一战线的根本，影响党和国家的全局。中国共产党建立统一战线的目的，是为实现共同奋斗目标凝心聚力。在中国革命、建设和改革的不同时期，无论统一

战线性质、目标和任务怎样变化，但作为各种政治力量的广泛联盟，作为中国共产党的重要法宝，统一战线始终坚持大团结大联合的主题不会改变。这是统一战线的安身立命之本，是统一战线取得成功的基本经验，是统一战线一切工作的出发点和落脚点，也是检验统战工作成效的基本依据。

统一战线大团结大联合的主题要求团结的面要宽。邓小平指出："统一战线的范围以宽为宜，宽有利，不是窄有利。"① 改革开放以来，统一战线由过去的阶级联盟发展为"四者"政治联盟，涵盖了各党派、各团体、各阶层、各民族、各界人士以及港澳台同胞和海外侨胞。特别是统一战线由大陆范围内扩展到大陆范围外，超越了不同社会制度和意识形态的界限。随着时代的发展，统一战线的团结面必将进一步拓展。

统一战线大团结大联合的主题要求团结的人要多。毛泽东指出："我们的势力越大，胜利的把握就越大，这是很硬的道理。"非常精辟、形象地说明了中国共产党作为马克思主义政党，政治活动的根本要旨就是在实现自身团结统一的同时，建立广泛的同盟军。在爱国主义和社会主义两面旗帜下，只要有利于现代化建设、统一祖国、振兴中华，只要有利于民族团结、社会进步、人民幸福，不论什么阶层、什么党派、什么团体、什么人，都要加强同他们的联系，把一切可以团结的人团结起来。

【统战典故】

毛泽东在重庆"拜客"

在1945年重庆谈判期间，毛泽东利用一切机会，广泛接触各党派、各阶层和社会各界人士。他说，"拜客，什么人那里我都去"，甚至还亲自做陈立夫、张群等国民党顽固派的工作，使他们的反共态度发生了不同程度的转变，陈立夫甚至还表示愿为和平大业"尽心效力"。这曾令蒋介石大为恐慌，惊呼"毛泽东把统战工作做到我们家里来了"。

---

① 邓小平：《新时期统一战线是社会主义劳动者与爱国者的联盟》，见《邓小平论统一战线》，159页。

统一战线大团结大联合的主题要求团结的程度要深。大团结大联合，既有范围的要求，广泛联系、广交朋友，最大限度地团结各方面人士；也有程度的要求，扎扎实实、深交朋友，使各界人士与中国共产党一道经受考验，携手共渡难关。只有这样，团结才能牢固，统一战线才能巩固。在新的形势下，深化统一战线的团结，推动统一战线事业不断发展，必须始终坚持发扬统一战线的优良传统，不忘老朋友，广交新朋友，深交好朋友。

【统战典故】

中国共产党的亲密朋友赵朴初

赵朴初是杰出的爱国宗教领袖，也是中国共产党的亲密朋友。早在赵朴初年轻的时候，中国共产党就开始与他结交、加强联系，毛泽东、周恩来、邓小平、江泽民等中央领导人都与他有着深厚的友谊。长期以来，赵朴初在重大原则问题上旗帜鲜明、立场坚定，始终与党和政府保持高度一致。他积极倡导并实践“爱国爱教”、“护国利民”的理念，号召广大宗教徒要报国家恩，报众生恩。特别是热情支持藏传佛教的健康发展，面对达赖集团背离教义、篡改藏传佛教仪轨和历史定制的行为，进行及时有力的批驳，为维护民族团结和祖国统一作出了特殊贡献。

二、 统一战线的根本职能

推进任何一项事业，既要解决其方向道路、目标任务、阶段步骤的问题，也要解决动力、力量的问题。统一战线广泛运用于政治、经济、文化、社会、军事等各个领域，具有巩固自己力量、争取中间力量、分化敌对力量的重要功能作用，是解决力量问题的基本方式和配置力量的基本手段。在我国古代，统一战线主要被当作一种谋略，古人对此也有很多论述。《孙子兵法》说：“百战百胜非善之善者也，不战而屈人之兵，善之善者也。”武侯祠也有这样一副对联：“能攻心则反侧自消，自古知兵非好战；不审势即宽严皆误，后来治蜀要深思。”中国共产党领导的统一战线工作的根本任务或者说根本职能是凝聚人心、汇聚力量。这是统一战线大团结大联合主题的根本要求。

凝聚人心、汇聚力量，要注重解决人心向背问题。人心向背是决定一个政党、一个政权兴亡的根本性因素。统一战线作为各种力量的政治联盟，离不开共同理想的感召、共同目标的激励、共同利益的维系，而根本归结于人心的凝聚。中国共产党建立统一战线，就是通过团结、教育和引导各方面统一战线成员，理解和接受中国共产党的正确政治主张，从而使中国共产党获得政治上、道义上、人心上的广泛认同和支持。

【拓展阅读】

各民主党派、无党派人士逐步认同新民主主义道路

抗日战争胜利后，各民主党派作为处于国共之间的“中间势力”，虽然坚持反帝爱国、追求民主的政治理想，但并没有完全认同中国共产党提出的新民主主义道路，有的还提出走“第三条道路”。在共同反对国民党独裁统治、争取民主自由的斗争过程中，各民主党派逐渐接受了中国共产党的理论、纲领、路线和方针政策，把国家的前途和民族的希望寄托在中国共产党身上。1948 年，中国共产党发布“五一口号”，得到各民主党派、无党派民主人士的热烈响应和广泛赞同，使建立新中国成为人心所向。

当前，面对经济全球化和世界多极化的进一步发展，面对西方政治意识形态的影响和渗透，面对我国现代化建设已经遇到的和今后可能遇到的困难、风险和挑战，要通过巩固和壮大统一战线，以民主协商扩大共识，以和谐共赢深化合作，以荣辱与共坚定信念，在坚持走中国特色社会主义道路上形成广泛共识，在坚持社会主义初级阶段基本理论、基本路线、基本纲领、基本经验、基本要求上形成广泛共识，在坚持中国共产党领导上形成广泛共识，为推进中国特色社会主义事业凝聚强大的共同意志。

凝聚人心、汇聚力量，要注重解决反映民意问题。中国共产党要团结带领全国人民实现共同奋斗目标，既需要引导人民群众认识自身的利益，又需要党的主张和政策充分体现人民的意愿。统一战线是中国共产党联系人民群众、倾听人民意愿的重要渠道。通过统一战线，把人民群众大量的、分散的意见和要求集中起来，合理地吸收到党的各项方针政策中，使党的各项主张成为广大人民群众的共同意志，成为广大人民群众的自觉行动。要充分发挥统一战线联系广泛的优势，

深入基层、深入群众，多层次、多渠道、多方面地了解和反映统一战线各界人士的愿望与要求，为党和政府决策提供依据。

凝聚人心、汇聚力量，要注重解决集中民智问题。统一战线具有人才荟萃、智力密集的独特优势，能够为推进党和人民的事业提供强大的智力支持。抗日战争时期，中国共产党虚心听取并采纳了无党派人士李鼎铭先生“精兵简政”的意见，为克服陕甘宁边区财政困难、培训干部、积蓄力量创造了条件。中共十一届三中全会以来，中国共产党通过多党合作和政治协商，就我国经济社会发展的重大问题，充分听取各民主党派、工商联和无党派人士的意见建议，有力地推动了决策的科学化、民主化。在推进中国特色社会主义建设事业中，要通过统一战线，进一步扩大有序的政治参与，广纳群言、广集众智、广求善策，最大限度地吸纳社会各阶层群体的意见建议，最大程度地激发社会各方面成员的智慧和创造活力。

凝聚人心、汇聚力量，要注重解决整合民力问题。中国共产党建立统一战线，广泛团结和联合社会各阶级、各党派、各团体、各方面人士，最基本的就是不断发展壮大革命和建设队伍，形成夺取胜利的强大力量。在新世纪新阶段，中国共产党虽然有 8 200 多万党员，但在 13 亿多人口中还是少数，要实现全面建成小康社会宏伟目标，单靠中国共产党的力量是不可能完成的，必须把各阶级阶层、党派群体和各界人士都团结凝聚起来，形成无坚不摧的力量。

【拓展阅读】

统一战线成员助力北京奥运会成功举办

我国成功举办的 2008 年北京奥运会，凝结了全国各条战线无数人的心血，其中也汇聚了统一战线广大成员的智慧和力量。来自 100 多个国家和地区的 35 万多香港同胞、澳门同胞、台湾同胞和海外华侨华人踊跃捐资 9 亿多元建设国家游泳中心“水立方”；在奥运会火炬境外接力传递活动中，千千万万海外华侨华人踊跃参与，挺身维护奥运圣火的纯洁性，为奥运会的成功举办作出了积极贡献。这些充分体现了统一战线成员推进党和国家事业、维护国家荣誉的强大力量，彰显了中华民族的强大凝聚力和向心力。

三、统一战线的基本任务

统一战线的基本任务总是随着中国共产党任务的变化而不断变化的。新民主主义革命时期，统一战线的主要任务是为推翻帝国主义、封建主义、官僚资本主义，建立人民民主专政的国家政权服务。社会主义改造时期，统一战线的主要任务是为顺利完成对农业、手工业和资本主义工商业的社会主义改造，实现由新民主主义向社会主义转变服务。社会主义改造完成后，中国共产党的中心工作本应转到社会主义建设上来，但由于受到“左”的思想影响，这一时期仍然要求统一战线为阶级斗争服务。

1978年中共十一届三中全会以后，中国共产党把工作重心转移到社会主义现代化建设上来，从根本上扭转了“以阶级斗争为纲”的错误做法，统一战线的指导思想和基本任务也随之发生根本转变。改革开放初期，中国共产党对统一战线的基本要求是“双重服务”，即为四个现代化建设和统一祖国服务。1986年，中共十二届六中全会提出了以经济建设为中心，坚定不移地进行经济体制改革、进行政治体制改革、加强精神文明建设的现代化建设总体布局。中国共产党对统一战线的基本要求发展为“三个服务”，即为统一祖国服务，为改革、开放、建设社会主义物质文明和精神文明服务，为社会主义民主和法制建设服务。此后，随着形势和实践发展，统一战线的基本任务进一步发展为“四个服务”，即为巩固和发展安定团结的政治局面服务，为推进社会主义现代化建设和改革开放服务，为健全社会主义民主和法制服务，为促进“一国两制”、和平统一祖国服务。2000年，第十九次全国统战工作会议着眼推进现代化建设、完成祖国统一、维护世界和平与促进共同发展三大历史任务，对统一战线基本任务作出新的表述，提出新的要求，即为建设有中国特色社会主义的经济、政治、文化服务，为维护安定团结的政治局面服务，为实现祖国完全统一服务，为维护世界和平与促进共同发展服务。

中共十六大以后，以胡锦涛为总书记的党中央提出了构建社会主义和谐社会的重大战略任务，中国特色社会主义建设由经济、政治、文化“三位一体”，发展为经济、政治、文化、社会建设“四位一体”。同时，中共中央提出保持香港、澳门长期繁荣稳定是新形势下中国共产党治国理政面临的重要课题。2006年7月，第二十次全国统战工作会议根据新形势新任务，将新世纪新阶段统一战线的基本任务进一步明确为：坚持以马克思列宁主义、毛泽东思想、邓小平理论和“三个代表”重要思想为指导，全面贯彻落实科学发展观，高举爱国主义、社会主义伟大旗帜，团结一切可以团结的力量，调动一切可以调动的积极因素，为促进社会主义经济建设、政治建设、文化建设、社会建设服务，为促进香港、澳门长期繁荣稳定和祖国和平统一服务，为维护世界和平与促进共同发展服务。

第三节 统一战线的重要特征

统一战线所处的时代背景和社会发展阶段不同，会呈现出不同的阶段性特征。新世纪新阶段统一战线的社会基础更加广泛、工作领域更加宽广、工作内容更加丰富，具有空前的广泛性、巨大的包容性、鲜明的多样性和显著的社会性。

一、广泛性

统一战线的广泛性是指统一战线团结联合涉及的方面。统一战线的广泛性是相对的，不同时期统一战线的广泛程度不同。在新民主主义革命时期，统一战线的广泛性体现为不同阶级的联盟，包括劳动者同劳动者的联盟，劳动者同非劳动者的联盟。社会主义改造完成以后，我国社会阶级状况发生了根本改变，特别是进入改革开放的新的历史时期，在现代化建设、统一祖国、振兴中华的总目标下，统一战线的广泛性有了很大发展。统一战线从政治领域扩展到经济、文化、社会领域，从大中城市延伸到城镇，从上层扩展到基层，从体制内扩展到体制外。“一国两制”提出以后，统一战线从大陆扩展到海外，形成了在大陆范围内以爱国主义和社会主义为政治基础，团结全体劳动者和爱国者，在大陆范围外以爱国和拥护祖国统一为政治基础，团结港澳同胞、台湾同胞和海外侨胞的更广泛的联盟。

新世纪新阶段统一战线的广泛性有了新的发展。一方面，统一战线内部构成增加了社会主义事业的建设者，由“三者”变为“四者”；

另一方面，全体社会主义劳动者、社会主义事业建设者、拥护社会主义爱国者和拥护祖国统一爱国者的内涵更加丰富，既包括工人、农民、知识分子等社会主义建设的根本力量，又包括经济社会结构深刻变化中出现的新的社会阶层人士等新生力量；既包括大陆范围内各党派、各团体、各阶层、各民族、各界人士，又包括港澳同胞、台湾同胞和海外侨胞，涵盖了海内外全体中华儿女，统一战线工作的范围更广、领域更宽、团结面更大。

二、 包容性

统一战线的包容性是指和而不同、求同存异、体谅包容。新时期以来，统一战线的包容性不断增强。在大陆范围内，坚持求中国特色社会主义事业之同，存不同所有制和分配方式、不同阶层和利益群体、不同民族和宗教、不同政治信仰和思想观念之异。无论从事什么职业、有什么信仰，只要遵守宪法和法律，坚持四项基本原则，无论什么样的批评、意见和建议，都能在我国的政治制度框架内充分表达，从而把全国各族人民的力量和一切积极因素都团结、凝聚到社会主义现代化建设和中华民族伟大复兴上来。

【拓展阅读】

人民政协是广泛吸纳各方意见和建议的场所

人民政协作为统一战线的组织形式，其本身所具有的广泛性和包容性，使之成为各党派、各民族、各宗教、各社会阶层和海内外各界等不同利益群体代表抒发政见和表达意愿的场所，成为执政党了解并吸纳各个方面意见和建议的场所。这些年，全国政协每年收到提案近5 000件，从事关国计民生的重大问题，到影响群众利益的具体事项，各种批评、意见和建议都有，只要是合理的，都会得到重视和采纳。

在大陆范围外，坚持求爱国主义之同，存不同社会制度、生活方式之异。港澳台同胞和海外侨胞只要不支持分裂民族和国家，只要不做损害两岸关系和平发展的事，只要愿意为中华民族的伟大复兴作贡献，不论什么政党、什么人，也不论以前说过什么、做过什么，哪怕不认同大陆的社会主义制度和主流意识形态，都要广泛团结、积极争取，把一切爱国的力量都团结、联合到实现国家统一、民族复兴上来。

总之，统一战线巨大的包容性，使不同阶层、不同群体、不同党派、不同民族、不同信仰，以及生活在不同社会制度下的人们，实现最大限度的团结联合。

三、 多样性

社会一致性和多样性是统一战线存在发展的客观基础。改革开放特别是新世纪新阶段以来，我国社会的一致性和多样性都有很大的发展。一致性的发展主要体现在：认同社会主义制度和中国共产党领导地位，认同以公有制为主体、多种所有制经济共同发展的基本经济制度，社会主义核心价值体系进一步确立，中华民族凝聚力进一步增强。同时，随着我国经济社会结构的深刻变化，出现了社会经济成分、组织形式、就业方式、利益关系和分配方式多样化，产生了许多新的利益群体和社会组织，人们的价值取向、行为方式也日趋多元化，呈现出复杂多样的特点。这些都在统一战线中有着不同程度的反映，主要表现为：成员构成的差异，包括各党派、各阶层、各民族、各宗教，以及生活在不同社会制度下的各界人士；思想行为的差异，包括不同信仰、不同价值取向、不同思维观念、不同生活方式等；具体利益的差异，包括物质利益、政治利益、精神利益的不同需求。一致性程度越高，统一战线团结的基础越牢，能够集中力量办大事；多样性范围越宽，统一战线凝聚的力量越广，能够调动和运用的资源越多。统一战线多样性的发展，要求统一战线工作必须正确处理一致性和多样性的关系，在多样化观念中确立主导思想，在多样化诉求中寻求最大共识。

四、 社会性

统一战线的社会性，是在统一战线工作不断社会化的过程中逐步形成的。在封闭的计划经济体制下，统一战线广大成员完全被纳入统一的行政管理体系，大都是体制内的“单位人”，统一战线工作大多依托于各种单位和组织。改革开放以来，伴随着计划经济向市场经济的转变，随着社会体制性限制的打破，越来越多的人由相对固定的“单位人”成为更具流动性的“社会人”。统一战线社会性特征日益呈现，由主要做“单位人”工作向同时做“社会人”工作方向发展，原先依托单位进行统战的工作方式，已经难以覆盖所有统战对象，社区成为新形势下统战工作的重要平台。同时，在我国由传统社会向现代社会转型的过程中，具有统战性并能够承担统战工作的社团组织逐渐增多，社团已成为开展统战工作的重要载体。随着信息化的迅猛发展，互联网等新兴媒体为统战工作提供了宣传教育、沟通交流、收集民意的重要渠道。

【拓展阅读】

加强网络统战工作

近年来，各地统战部门运用互联网等现代科技手段掌握情况、宣传政策、开展工作，网络统战工作取得了较大进展。一是加强网络统战体系建设，普遍建立了以统战部门户网站为主，各民主党派、工商联、相关社团组织网站为辅的网站系统。二是各地结合统战资源特点和工作实际，摸索出一些特色鲜明、行之有效的运行模式。比如，有的地方把网络与社区、楼宇、园区、社团等现实工作载体和资源相结合，创建“海燕博客”、爱心公益社、文化沙龙等网络子社团，吸引社区、楼宇等白领人员分享体会、交流观点，为做好新的社会阶层人士工作提供了重要平台。三是运用微博、博客、电子信箱等网络工具，丰富网络统战工作方式，开设“部长博客”、“处长博客”、“众博园”和“代表委员博客”等栏目，帮助统战成员了解政策、交流情感、互通信息。目前已有20多个省区市开设了网络直通车、“统战咨询信箱”等电子邮箱系统，收集社会各界对统一战线的意见建议，并对有些问题给予及时解答。

第二章
统一战线的历史发展

中国共产党领导的统一战线已经走过90多年的历程。为什么中国共产党刚成立时没有提及统一战线？统一战线是怎样在曲折中发展起来的？马克思列宁主义关于统一战线的理论为什么会在中国革命、建设和改革开放的实践中获得最充分的长时期的发展？这些问题只能到历史中去寻找答案。了解统一战线的历史，才能把握统一战线的本质和规律，在新的历史条件下进一步巩固和壮大统一战线。

第一节　新民主主义革命时期的统一战线

在新民主主义革命时期，中国共产党先后建立了民主联合战线、抗日民族统一战线和人民民主统一战线，这些都属于无产阶级领导的人民大众的反帝反封建的统一战线。[①] 在长达28年的革命斗争中，中国共产党从不懂得统一战线到提出并建立统一战线，经历了国共两党两次合作、两次分裂的严峻考验，积累了失败的教训和成功的经验；从不懂得掌握统一战线的领导权到主动争取领导权，从不善于处理与同盟者的关系到炉火纯青地驾驭这种关系，纠正了党内右的和“左”的两个方面的错误，将马克思列宁主义关于统一战线的理论同中国新民主主义革命的具体实践相结合，形成了毛泽东统一战线思想，为中国革命的胜利创造了极为重要的条件。

一、中国共产党成立和大革命时期的民主联合战线

1921年7月，中国共产党成立。初创时，中国共产党还没有深刻

① 参见周恩来：《论统一战线》，见《周恩来选集》，上卷，207页，北京，人民出版社，1980。

认识到中国国情和中国革命的特殊性，只是从苏俄十月革命胜利后的世界总体形势出发，得出中国革命必然是以无产阶级为主体的社会主义革命的结论；还不懂得在进行民主革命时，工人阶级虽然是先进的、勇敢的，有很强的战斗力，但人数太少，要战胜强大的反动势力，必须争取一切革命的阶级和党派，组成最广大的同盟军。理论上的不成熟，使中国共产党在当时尚未充分认识同其他阶级和政党建立统一战线的必要性。中共一大纲领明确规定，中国共产党“坚决同黄色知识分子阶层及其他类似党派断绝一切联系”。中国共产党的第一个决议也明确宣布：除了与第三国际联系外，“对现有其他政党，应采取独立的攻击的政策”。在政治斗争中“不同其他党派建立任何关系”。

但在领导工人运动的实践中，在共产国际的指导下，中国共产党很快就认识到建立统一战线的必要性和重要性。中国共产党一登上政治舞台就致力于独立地领导中国工人运动。从 1922 年 1 月香港海员罢工开始，经过同年 9 月安源路矿工人罢工、10 月开滦煤矿工人罢工，一直到 1923 年 2 月京汉铁路工人罢工，在 13 个月的时间里，大小罢工 100 多次，参加人数在 30 万以上，掀起了中国工人运动的第一个高潮。但是，这些罢工都被封建军阀和帝国主义联合镇压下去，遭到失败。1920 年七八月间，共产国际第二次代表大会讨论了列宁提出的《民族和殖民地问题提纲初稿》，通过了有关决议，指出落后国家的无产阶级及其运动还处于萌芽状态。这些国家最重要的特点就是资本主义前的关系还占统治地位，目前还只能进行以反对外国帝国主义和本国封建主义压迫为主要内容的资产阶级民主性质的民族革命运动。① 因此，无产阶级及其政党应当同资产阶级民主派结成“临时联盟”。在这种联合中，无产阶级政党必须绝对保持自己的独立性。② 1922 年 1 月，共产国际在莫斯科召开了远东各国共产党及民族革命团体第一次代表大会。会议期间，列宁抱病接见出席会议的中国代表团，希望国共两党实现合作。

---

① 参见列宁：《民族和殖民地问题委员会的报告》，见《列宁选集》，3 版，第 4 卷，276～277 页，北京，人民出版社，1995。

② 参见列宁：《民族和殖民地问题提纲初稿》，见《列宁选集》，3 版，第 4 卷，221 页。

1922年7月，中共二大作出同中国国民党建立民主联合战线的决议。这时，孙中山先生在革命屡遭失败之后，深感国民党正在“堕落中死亡”，下决心要寻找新的力量和新的出路，决定接受苏联政府和中国共产党人的帮助，对国民党进行改组。对于国共两党合作的形式，中国共产党开始主张两党实行党外合作，建立民主联合战线，但孙中山只同意共产党员以个人身份加入国民党，不接受党外联合的办法。1923年1月，共产国际执行委员会根据马林的提议作出《关于中国共产党与国民党的关系问题的决议》。决议认为：中国国民党是“中国唯一重大的民族革命集团”，中国共产党在民主革命中同国民党合作是必要的，它的党员应该“留在国民党内”，但中国共产党要保持自己在政治上的独立性。这个决议传到中国后，对促进国共合作起了重要作用。[①] 1924年，中共三大决定同国民党实行“党内合作”，共产党员、社会主义青年团员以个人身份加入国民党，把国民党改造成各革命阶级的联盟。1924年1月，在共产国际和中国共产党的帮助下，中国国民党召开了第一次全国代表大会，重新解释了三民主义，确定了“联俄、联共、扶助农工”三大政策。在出席国民党一大开幕式的165名代表中，共产党员有20多名；大会选举了国民党中央执行委员会，10名共产党员当选为中央执行委员或中央候补执行委员，约占委员总数的1/4。改组后的国民党基本上成为工人阶级、农民阶级、城市小资产阶级、民族资产阶级的革命联盟，以国共合作为基础的反帝反封建的民主联合战线正式建立。

【拓展阅读】

党内合作的由来

中国共产党与中国国民党实行党内合作，最初是由共产国际派驻中国的代表马林提出来的。1921年12月，马林在张太雷的陪同下前往桂林，与孙中山三次长谈，随后又赴广州与更多的国民党人沟通。回到上海后，他在给莫斯科的报告中提出：共产国际应当与国民党建立密切的联系，力量弱小的中国共产党最好的出路就是加入国民党。此

---

① 参见中共中央党史研究室：《中国共产党历史（1921—1949）》，第1卷，上册，108页，北京，中共党史出版社，2011。

后，马林就共产党员加入国民党的可能性问题，同中国共产党和国民党在上海的领导人进行商谈。起初，中共中央虽然赞成国共合作，但坚持两党要平起平坐，并且由共产党来负政治指导之责。中共二大通过的《关于“民主的联合战线”的议决案》明确提出：以目前中国无产阶级的现状，扶助民主派起来共同打倒封建军阀和国际帝国主义确实必要，“然亦只是联合与援助，决不是投降附属与合并”。但共产国际了解到国共两党力量相差悬殊的状况之后，接受了马林的观点。这时，孙中山恰好因军事失利由广东退回上海，马林遂向孙中山转达共产国际的决定，并与孙中山等人具体讨论共产党员加入国民党，以及改组国民党的问题。孙中山表示赞成共产党员加入国民党。1922 年 8 月 28 日至 30 日，中国共产党在杭州西湖举行秘密会议，讨论与国民党实行党内合作，接受了共产国际的提议。这次会议是中国共产党关于国共合作政策由党外合作到党内合作的转折点。

由于国共两党的合作，“孙中山先生致力国民革命凡四十年还未能完成的革命事业，在仅仅两三年之内，获得了巨大的成就”①，黄埔建军，东征北伐，创立广东革命根据地，发动了轰轰烈烈的大革命运动。大革命中，中国共产党领导的工人运动狂飙突进，五卅运动、省港大罢工、收回汉口九江英租界、上海工人三次武装起义，充分显示出工人阶级已经成为反帝反封建的中坚力量。北伐军所到之处，中国共产党领导的农民运动风起云涌，许多地方打倒了地主政权，农民协会成为乡村唯一的政权机关。广大共产党员积极动员和组织工农群众支援北伐，并在国民革命军中奋勇杀敌。北伐不到半年，就打垮了吴佩孚，歼灭了孙传芳的主力，占领了半个中国，沉重打击了帝国主义和封建军阀的统治。国共合作也使年轻的中国共产党迅速发展壮大。到 1927 年 4 月中共五大时，共产党员由建党初期的 50 多人发展到近 5.8 万人；中国共产党领导的有组织的工人发展到 280 余万人，有组织的农民发展到 970 余万人。② 作为一支新生政治力量的中国共产党，迅速进

---

① 毛泽东：《国共合作成立后的迫切任务》，见《毛泽东选集》，2 版，第 2 卷，364 页。

② 中共中央党史研究室：《中国共产党历史（1921—1949）》，第 1 卷，上册，220 页。

入全国的政治中心。

但是，在第一次国共合作中，中国共产党还不懂得掌握统一战线的领导权，不善于处理与同盟者的关系，更不懂得“以斗争求团结则团结存，以退让求团结则团结亡”① 的道理。1922年中共二大承认中国革命是资产阶级民主革命，但中国共产党的主要领导人认为，资产阶级革命是资产阶级领导的，无产阶级是替资产阶级抬轿子的，不要争取领导权，等帮助资产阶级革命成功以后再搞自己的无产阶级革命；认为领导权是天然地落到了无产阶级身上，不用去争。直到1927年四五月间召开的中共五大才承认了领导权要争，但争的方法是到处贴标语、喊口号，不懂得掌握政权和武装的重要性。② 1925年3月孙中山去世后，国民党内部发生了严重的分化，以蒋介石为首的新右派逐渐形成，国共合作开始出现裂痕。大革命后期，当国民党新右派不断挑起事端时，中国共产党的领导机关犯了以陈独秀为代表的右倾机会主义错误，企图以妥协让步和束缚工农运动等消极措施拉住即将叛变的同盟者。1926年1月的国民党二大、3月的“中山舰事件”、5月的国民党二届二中全会整理党务案，蒋介石步步进逼，中国共产党则在政治上、军事上、党务上一味迁就，一让再让。结果，当1927年“四一二”、“七一五”等反革命政变发生后，中国共产党完全处于被动地位，国共合作彻底破裂。

二、 土地革命战争时期的工农民主统一战线

国共合作的统一战线破裂后，以蒋介石为首的国民党新军阀在全国建立了独裁政权，民族资产阶级也退出了革命营垒，统一战线中只剩下工人阶级、农民阶级和动摇的城市小资产阶级。1927年8月1日，中国共产党领导八一南昌起义，打响了武装反抗国民党反动派的第一枪。8月7日，中共中央在汉口召开紧急会议，彻底清算并纠正了陈独秀的右倾投降主义错误，确定了以武装暴动反击国民党反动统治和屠

① 毛泽东：《目前抗日统一战线中的策略问题》，见《毛泽东选集》，2版，第2卷，745页。

② 参见周恩来：《关于党的“六大”的研究》，见《周恩来选集》，上卷，158～159页。

杀政策的方针，决定把中国共产党的工作中心转向发动工农群众，开展土地革命战争。八七会议后，毛泽东领导了湘赣边界地区的秋收起义，在井冈山创建了第一个农村革命根据地。1928年6月，中国共产党在莫斯科召开第六次全国代表大会，对中国土地革命的性质、任务、动力等一系列根本问题作出了基本正确的回答，并决定把中国共产党的工作中心由组织全国暴动转到从事群众工作上来。这个时期的统一战线，是“反封建压迫、反国民党统治的工农民主的民族统一战线”①。

1928年7月至9月，共产国际六大提出，要“改变统一战线形式”，把“工作重心坚决转移到自下而上的统一战线上”②。共产国际的这一策略对中国共产党产生了重要影响。1930年9月，中共六届三中全会提出，必须实行“下层群众的统一战线”的策略，把工人、农民和士兵群众作为主要工作对象。随着这一策略的实施，中国共产党深入开展土地革命，巩固工农联盟，发展壮大工农红军，不断扩大根据地。1931年11月7日，中国历史上第一个全国性的工农民主政权——中华苏维埃共和国在中央革命根据地瑞金建立。

【名词解释】

下层统一战线

下层统一战线是一种把工农群众和士兵作为统战对象的策略，源于共产国际。1922年12月，共产国际四大通过的《共产国际的策略》指出：“通过宣传和组织工作把工人群众联合起来是统一战线策略的基本任务，只有‘从下层’，即直接从工人群众的最深处出发才能使统一战线策略真正实现。”③ 1928年共产国际六大进一步用这一策略思想指导世界共产主义运动。在中国，下层统一战线在国共合作破裂、民族资产阶级脱离统一战线的特殊历史条件下，是完全正确和十分必要的，不如此，中国革命就不可能继续，中国共产党就没有立锥之地。但是，这种策略又具有历史局限性。随着革命形势的发展，如果把这种特殊

① 周恩来：《论统一战线》，见《周恩来选集》，上卷，207页。

② ［匈］贝拉·库恩：《国际形势与共产国际任务提纲》，《共产国际文件汇编》，第三册，19页，北京，三联书店，1965。

③ 《共产国际与中国革命资料选辑》（1919—1924），224页，北京，人民出版社，1985。

历史条件下形成的特殊策略当成不变的教条，就会导致“左”倾教条主义和关门主义。

1931年1月，在中共六届四中全会上，以王明为代表的“左”倾教条主义照搬共产国际的论断，认为在中国苏维埃革命中，工农两大阶级是革命的唯一动力，城市小资产阶级等“中间势力是最危险的敌人”，要联合这些上层分子开展统一战线没有任何可能。由此，采取了“一切斗争、否认联合”的关门主义错误策略。毛泽东后来生动地刻画了关门主义的荒谬逻辑：“革命的力量是要纯粹又纯粹，革命的道路是要笔直又笔直。圣经上载了的才是对的。民族资产阶级是全部永世反革命了。对于富农，是一步也退让不得。对于黄色工会，只有同它拼命。如果同蔡廷锴握手的话，那必须在握手的瞬间骂他一句反革命。哪有猫儿不吃油，哪有军阀不是反革命？知识分子只有三天的革命性，招收他们是危险的。因此，结论：关门主义是唯一的法宝，统一战线是机会主义的策略。”①

“左”倾关门主义的错误导致革命事业遭受重大损失。1933年，曾在上海对日军进行英勇抵抗的国民党第十九路军将领陈铭枢、蒋光鼐、蔡廷锴等人发动反蒋的福建事变，中国共产党在这时没有积极与福建人民政府合作。结果，蒋介石解决福建问题之后，完成了对中央苏区的四面合围，红军陷于孤立无援的境地，第五次反“围剿”失败，被迫战略转移，革命根据地丧失90%，红军由30万人减至3万人，共产党员由30万人减至4万人，国民党统治区的党组织几乎全部损失。毛泽东曾经指出，这种关门主义是“孤家寡人的策略”，是“‘为渊驱鱼，为丛驱雀’，把‘千千万万’和‘浩浩荡荡’都赶到敌人那一边去，只博得敌人的喝采”②。新中国成立后，他多次谈到这个时期的教训。1949年指出：“长征二万五千里不是因为有统一战线，而是因为太纯洁。”③ 1954年又指出：“瑞金时代是最纯洁、最清一色的了，但

---

① 毛泽东：《论反对日本帝国主义的策略》，见《毛泽东选集》，2版，第1卷，154～155页，北京，人民出版社，1991。

② 毛泽东：《论反对日本帝国主义的策略》，见《毛泽东选集》，2版，第1卷，155页。

③ 毛泽东：《同绥远负责人的谈话》，见《毛泽东文集》，第6卷，14页，北京，人民出版社，1999。

那时我们的事特别困难，结果是失败了。所以真理不在乎是不是清一色。”① 福建事变和第五次反“围剿”失败的教训表明，统一战线策略要随着斗争形势的变化而调整，要团结一切可以团结的力量，要尽可能争取中间势力，并利用敌人营垒中一切可能利用的矛盾，分化敌人，孤立敌人，才能战胜敌人。

三、 抗日战争时期的抗日民族统一战线

1931年日本帝国主义制造“九一八”事变，发动侵华战争，中华民族到了最危险的时候。国民党政府坚持“攘外必先安内”的政策，对外不抵抗，对内加紧“剿共”。中国共产党则从全民族利益出发，主张停止内战，一致对外，积极倡导和组织抗日民族统一战线。抗日民族统一战线是工人阶级、农民阶级、城市小资产阶级、民族资产阶级、海外华侨，以及除汉奸、投降派以外的地主阶级和亲英美派的官僚买办资产阶级的广泛联盟，是中国近代史上范围最广泛、构成最复杂的统一战线。

抗日民族统一战线的形成，是中国共产党根据形势和任务的变化在策略上作出重大调整的结果。“九一八”事变后，中日民族矛盾上升为主要矛盾，国内阶级矛盾下降为次要矛盾，中国革命的形势和社会各阶级之间的关系发生了重大变化。1935年10月，中央红军长征到达陕北不久，中共中央就向党内发出《为目前反日讨蒋的秘密指示信》，指出目前革命的社会基础大大扩展了，不但小资产阶级，甚至一部分民族资产阶级及一些国民党的军官政客也卷入反日反蒋的革命旋涡中来，中国共产党的抗日反蒋总的策略方针是进行广泛的统一战线。不管什么阶级，不管什么党，只要愿抗日反蒋，都是中国共产党统一战线工作的对象。抗日民族统一战线不仅要有下层统一战线，也要大力开展上层统一战线，要和一切抗日反蒋的团体和个人联合起来。12月9日，在中国共产党的影响和领导下，北平爆发了“一二·九”运动，推动了全国抗日救亡运动的发展。12月17日，中共中央在陕北瓦窑堡召开了政治局扩大会议。会议分析了华北事变后国内阶级关系的新变

---

① 毛泽东：《关于政协的性质和任务的谈话提纲》，见《建国以来毛泽东文稿》，第四册，635页，北京，中央文献出版社，1990。

化，批判了党内长期存在着的“左”倾关门主义，制定了抗日民族统一战线的策略方针。会议作出《中央关于目前政治形势与党的任务决议》，指出目前形势的基本特点，是日本正准备把全中国从各帝国主义的半殖民地，变为日本的殖民地，中华民族面临着亡国灭种的大祸。在这种形势下，中国各阶级、阶层、政党以及各种武装势力，改变了和正在改变着它们之间的相互关系。不但工人、农民、城市小资产阶级要求抗日，而且一部分民族资产阶级、富农和小地主，甚至一部分军阀，也有采取同情中立以至参加新的反日民族革命的可能。因此，中国共产党最广泛的抗日民族统一战线策略是，发动、团聚与组织全中国全民族一切革命力量去反对当前主要的敌人：日本帝国主义与卖国贼头子蒋介石。为了使抗日民族统一战线得到更加广泛的基础，决议宣布，把“苏维埃工农共和国”改为“苏维埃人民共和国”，并调整了对富农、民族工商业资本家、小资产阶级、知识分子、国民党军队的官兵和华侨的一系列政策，团结他们共同抗日。华北事变后，蒋日矛盾日趋尖锐。中共中央觉察蒋介石有可能参加抗日，遂抓住时机，调整策略，由“抗日反蒋”转变为“逼蒋抗日”、“联蒋抗日”。这种策略上的重大调整，是中国共产党根据形势发展变化而作出的正确决策。正是由于这种策略上的调整，在西安事变发生时，中国共产党采取了和平解决的方针。

1936 年 12 月 12 日，张学良、杨虎城为劝说蒋介石停止内战、一致抗日，被迫实行兵谏，发动了震惊中外的西安事变。事变发生后，中国共产党从国家民族利益的大局出发，不计十年内战的血海深仇，委派周恩来赴西安斡旋，迫使蒋介石做出停止内战的承诺。西安事变的和平解决，结束了十年内战，成为时局的转折点。

1937 年 7 月 7 日卢沟桥事变爆发后，中共中央及时发布全民抗战的通电。7 月 15 日，周恩来向蒋介石送交《中国共产党为公布国共合作宣言》。宣言提出迅速发动全民族抗战、实行民权政治、改善人民生活等基本主张，同时声明中国共产党愿为实现孙中山先生的三民主义而奋斗，停止推翻国民党政权和没收地主阶级土地的政策，红军改编为国民革命军。8 月 22 日，中共中央在陕北洛川召开政治局扩大会议，通过《抗日救国十大纲领》，同时将所属武装力量改编为国民革命军第八路军和国民革命军新编第四军，开赴抗日前线。9 月 22 日，国民党中央通讯社发表了《中国共产党为公布国共合作宣言》。9月23日，蒋介石发表谈话，指出团结御侮的必要，实际上承认了中国共产党的合法地位。国共合作宣言和蒋介石谈话的发表，标志着以第二次国共合作为基础的抗日民族统一战线正式形成。

抗日战争时期是毛泽东统一战线思想形成的重要时期，许多重要原则都是在这一时期提出的。1939年，毛泽东对统一战线与中国共产党的政治路线的关系做了精辟的说明，提出统一战线是中国共产党在中国革命中战胜敌人的三个主要法宝之一。以毛泽东为代表的中国共产党人，纠正了“一切服从统一战线，一切经过统一战线”的右倾投降主义错误主张，坚持党在抗日民族统一战线中的独立自主原则；明确提出了“坚持抗战，反对投降；坚持团结，反对分裂；坚持进步，反对倒退”三大口号；制定了“发展进步势力、争取中间势力、孤立顽固势力”的策略；对国民党实行又团结又斗争的策略，对顽固派采取“人不犯我、我不犯人，人若犯我、我必犯人”的自卫立场和“有理、有利、有节”的原则，利用矛盾，争取多数，击退了国民党顽固派的三次反共高潮，表现出在复杂环境下驾驭全局的高超艺术和能力。

中国共产党为坚持团结抗战，积极争取改革政治、实行民主，同民主党派和民主人士建立起团结合作的关系，巩固和扩大了抗日民族统一战线。1927年第一次国共合作破裂后，一些中间势力的代表人物组建了独立于国共两党之外的中间党派，提出了独立的政治纲领和政治主张。这些中间党派由于和共产党一样遭受国民党一党专制的压迫而相互接近与合作。1941年3月，中国民主政团同盟成立，后改组为中国民主同盟。抗战胜利前后，民主建国会、中国民主促进会、九三学社、三民主义同志联合会、中国国民党民主促进会等相继成立。中国共产党积极参加并支持中间党派发起的争取民主的活动，并在中国共产党领导的抗日根据地政权建设中普遍采用了“三三制”原则，建立了“民选的共产党人和各抗日党派及无党无派的代表人物合作的政府”①。1944年，中国共产党提出召开国是会议、结束一党统治、组织各抗日党派联合政府的主张，引领各民主党派和民主人士把宪政运动

---

① 毛泽东：《论联合政府》，见《毛泽东选集》，2版，第3卷，1044页，北京，人民出版社，1991。

推向高潮。

【拓展阅读】

中国共产党与抗战时期的两次宪政运动

中国共产党不但是坚持抗战的勇士，也是争取民主的旗手。抗战初期，国民党政府为了集中全国力量抗战，作出开明姿态，1938 年设立国民参政会，给各党派提供一个政治对话的场所。1939 年 9 月国民参政会一届四次会议在重庆召开，各党派参政员提出 7 项有关宪政的议案，经过激烈斗争通过了《请政府定期召集国民大会实行宪政决议案》。以此为发端，第一次宪政运动迅速蔓延全国。同年 10 月 2 日和 12 月 1 日，中共中央两次发出关于宪政运动的指示，要求中共党员"积极地主动地参加与领导这一宪政运动，使之成为发动广大民众，实现民主政治的有力的群众运动"。由于国民党的百般阻挠，历时一年的第一次宪政运动无果而终，但却使各中间党派和民主人士增进了对中国共产党的了解。

1943 年，世界反法西斯战争临近转折点，国民党消极抗日积极反共的行径引起国内外舆论的广泛谴责。在各方要求早日实施宪政的压力下，国民党召开五届十一中全会通过《关于实施宪政总报告之决议案》，由此兴起了第二次宪政运动。中国共产党在三届三次国民参政会上提出建立民主联合政府的主张，为各党派从宪政实施协进会的"清谈"转向实际进入政府指明了方向，获得各民主党派、进步人士和各阶层人民的热烈响应，引领国统区的宪政运动蓬勃发展。由于国民党顽固坚持一党专政，第二次宪政运动的目标没有实现。但是，共产党要求民主联合，国民党坚持专制独裁，两种主张，两条道路，已经明白地摆在世人面前。

坚持抗战到底，坚持实行民主，坚持统一战线，中国共产党以自己正确的路线方针政策和模范行动，赢得了广大民众和中间势力的信赖与拥护，成为全民族抗战的中流砥柱和抗日民族统一战线的实际领导者，为最终赢得抗日战争的胜利奠定了坚实的基础。

四、 解放战争时期的人民民主统一战线

抗日战争胜利后，是建立一个无产阶级领导的人民大众的新民主

主义国家，还是要使中国仍旧成为大地主大资产阶级专政的半殖民地半封建的国家，这是关系中国两种命运、两个前途的大问题。为了夺取新民主主义革命的彻底胜利、建立新中国，中国共产党在解放战争时期建立了人民民主统一战线。这个统一战线是中国共产党领导的，联合工农兵学商各被压迫阶级、各人民团体、各民主党派、各少数民族、各地华侨和其他爱国分子，打倒蒋介石独裁政府的革命的民族统一战线。①

1945 年 8 月 25 日，中共中央发表《对目前时局的宣言》，针对蒋介石在美国支持下坚持“内战、独裁、分裂”的行径，明确提出了“和平、民主、团结”三大口号。8 月 29 日至 10 月 10 日，毛泽东率中共代表团赴重庆与国民党谈判，表达了中国共产党谋求和平的真诚愿望。经过 43 天的艰苦谈判，签订了《国民政府与中共代表会谈纪要》，即“双十协定”。国民党当局被迫承认中共提出的和平建国方针，同意召开政治协商会议，承认人民的某些民主权利，承认中共的合法地位，同意长期合作，避免内战，建设独立、自由和富强的新中国。谈判期间，毛泽东、周恩来等充分利用合法斗争的时机，广泛地与国民党上层人士、爱国民主人士及各界人士接触，宣传中共的主张，扩大了中共的政治影响，争取了许多朋友，大大加强了人民民主力量。

1946 年 1 月，蒋介石一手挑起的内战连连失利，不得不在国际舆论的压力下，同意按照“双十协定”的规定召开政治协商会议。出席政治协商会议的有中国国民党、中国共产党、中国民主同盟、中国青年党和社会贤达五个方面的代表共 38 人。会议期间，中共代表和民盟代表本着求同存异的精神，在许多重大问题上共同商量，相互支持，终于迫使蒋介石签订了《和平建国纲领》等五项协议。这些协议虽然不是中国共产党所主张的新民主主义纲领，但它否定了国民党一党专制的政治制度，否定了国民党反人民的内战政策，迫使国民党承认各党派存在的合法性和平等地位，确定了民主改革的总方向。

但是，蒋介石根本不打算放弃专制独裁，也不打算接受任何民主改革。政协协议的墨迹未干，蒋介石就撕毁协议，挑起国共内战，迫

---

① 参见毛泽东：《目前形势和我们的任务》，见《毛泽东选集》，2 版，第 4 卷，1256～1257 页。

害民主党派和民主人士。1946 年 6 月，蒋介石悍然向中共领导的解放区发动进攻。在国统区，则血腥镇压和平民主运动，先后制造了“沧白堂事件”、“校场口事件”、“下关惨案”和“李闻惨案”。按照政治协商会议的决议，国民大会应该是各党派参加的民主的团结的大会，必须在政协各项协议付诸实施之后，在改组后的政府领导之下才能召开。1946 年 10 月 11 日，国民党军队占领了华北解放区主要城市张家口。蒋介石被这一胜利冲昏了头脑，当天即下令召开国民大会，妄图通过一个所谓的宪法，使其内战独裁的路线合法化。11 月 15 日，国民党一手包办的分裂的制宪“国民大会”在南京召开，除青年党、民社党及少数社会贤达外，中国共产党和各民主党派、各人民团体均拒绝参加，并严正声明不承认这个“国民大会”。随后，国民党宣布共产党为“军事叛乱集团”，民盟及各民主政团为“中共之新的暴乱工具”，并颁布“戡平共匪叛乱总动员令”，在发动全面内战的同时，对民盟、民进、民联等民主党派“严加取缔”。1947 年 11 月 6 日，民盟被迫宣布解散。中间党派的一些人试图以“第三势力”自居，在国共之间走中间道路，“调和国共”，“兼容美苏”，建立资产阶级共和国的希望彻底破灭，终于与中国共产党走到了一起。

1947 年 10 月，人民解放战争进入战略进攻阶段，中国共产党提出“联合工农兵学商各被压迫阶级、各人民团体、各民主党派、各少数民族、各地华侨和其他爱国分子，组成民族统一战线，打倒蒋介石独裁政府，成立民主联合政府”的政治纲领。在中国共产党人民民主统一战线政策的号召下，国民党统治区的爱国民主运动日益高涨，反美反蒋斗争遍及全国城市，形成第二条战线，有力地配合了解放战争，使蒋介石集团陷于全民包围之中。为了配合军事打击，中国共产党积极地在国民党军队中开展统战工作，策动起义，促成一批批蒋军官兵脱离国民党反动政权，投身革命阵营。

【名词解释】

第二条战线

解放战争时期有两条战线：第一条战线是中国共产党领导的人民武装反对国民党军队的军事斗争战线；第二条战线是在国民党统治区形成的学生运动、工农运动和各阶层人民斗争汇合在一起反内战、反饥饿、反迫害的民主运动。1946 年 12 月 24 日，北平发生了美军士兵强奸中国女大学生的事件。美军的暴行激起了公愤，北平学生率先开展了反美示威运动，得到全市人民的支持，随即迅速发展为全国规模的反美、反蒋爱国民主运动。至 1947 年 1 月，天津、上海、南京、广州、武汉等数十个大中城市，共 50 多万群众参加了示威游行。为了加强对国民党统治区爱国民主运动的领导，中共中央加强了城市工作部，由周恩来兼任部长，并于 1947 年 2 月发出了《关于在蒋管区的工作方针和斗争策略的两个文件》的指示，要求国民党统治区各级党组织积极发展民主进步力量，开展人民运动，促进群众斗争，以配合人民解放军的军事斗争，推动全国革命新高潮的到来。在中国共产党领导和影响下，国民党统治区人民的爱国民主运动日益发展。同年 5 月 4 日至 18 日，上海、南京、北平等城市学生举行五四纪念会，并组织了反饥饿、反内战罢课游行，遭到国民党军警的镇压。为反抗当局的镇压，南方与北方大中城市各学校学生冲破国民党政府的禁令，于 5 月 20 日同时举行声势浩大的示威游行，是为"五二〇"运动，它标志着第二条战线的形成。与此同时，工人、市民运动也相继掀起高潮，国民党统治区 60 多个城市的罢工工人达 120 万，还有 38 个城市的 17 万贫民掀起了抢米风潮。5 月 30 日，中共中央主席毛泽东在为新华社所写的《蒋介石政府已处在全民的包围中》的评论中指出：中国境内已有了两条战线。蒋介石进犯军和人民解放军的战争，这是第一条战线。现在又出现了第二条战线，这就是伟大的正义的学生运动和蒋介石反动政府之间的尖锐斗争。第二条战线的形成，有力地配合了人民解放军军事战场的斗争，对推翻国民党反动统治、解放全中国，发挥了重要作用。

1948 年 4 月 30 日，中国共产党发布纪念五一劳动节口号，号召"各民主党派，各人民团体、各社会贤达，迅速召开政治协商会议，讨论并实现召集人民代表大会，成立民主联合政府"。中国共产党的号召立即获得了各民主党派、各人民团体、无党派民主人士及爱国华侨的热烈拥护和响应。他们纷纷发表宣言、声明、文章，表示拥护和响应"五一口号"，愿意接受中国共产党的领导，赞同召开新政协，成立民主联合政府，形成了一场"新政协运动"。1949 年 3 月 5 日至 13 日，中共中央在河北省平山县西柏坡村举行了具有重大历史意义的七届二中全会，会议批准了中央政治局关于召开没有反动分子参加的新的政治协商会议，以及成立民主联合政府的建议。

1949年9月21日，中国人民政治协商会议第一届全体会议在北平中南海怀仁堂隆重开幕。会议代表662人，代表着中国共产党、各民主党派、无党派民主人士、各人民团体、人民解放军、各地区、各民族以及国外华侨等各个方面。会议代行全国人民代表大会的职权，通过了具有临时宪法性质的《中国人民政治协商会议共同纲领》；制定了《中国人民政治协商会议组织法》、《中华人民共和国中央人民政府组织法》；决定了国名、国都、纪年、国歌、国旗；选举毛泽东为中央人民政府主席，朱德、刘少奇、宋庆龄、李济深、张澜、高岗为副主席；选出中央人民政府委员56人（其中民主党派及无党派民主人士27人）组成中央人民政府委员会；还选出了由180人组成的政协第一届全国委员会。毛泽东在会议开幕词中庄严宣告：占人类总数四分之一的中国人民从此站起来了。10月1日，中央人民政府委员会举行第一次会议，宣布中华人民共和国中央人民政府成立，接受《中国人民政治协商会议共同纲领》为中央人民政府的施政方针。同日，在天安门广场隆重举行了庆祝中华人民共和国中央人民政府成立的盛大典礼。

中华人民共和国的成立，标志着中国新民主主义革命取得了伟大胜利。这个胜利，也是中国共产党领导的统一战线的伟大胜利。

第二节　从中华人民共和国成立到“文化大革命”时期的统一战线

中华人民共和国成立后，人民民主统一战线进入新的历史阶段。中国共产党成功地运用统一战线，保证了反封建的土地改革和各项民主改革胜利完成，巩固了新生的人民政权，实现了国家对农业、手工业和资本主义工商业的社会主义改造，建立了社会主义制度。此后，由于中国共产党在指导思想上的“左”倾错误，最终陷入十年动乱，中国共产党的统一战线也受到严重破坏。

一、新中国成立初期和社会主义过渡时期的人民民主统一战线

新中国成立初期，国家面临的形势与任务异常艰巨复杂，中国共产党党内在统一战线问题上存在一些不完全适应的情况。在革命胜利面前，一部分同志滋长了骄傲情绪和以功臣自居的思想，表现出一种“左”的关门主义倾向，瞧不起民主党派和民主人士，看不到他们的作用，对安排民主人士担任人民政府的领导职务不服气；对民族资产阶级则强调斗争和限制，要求提早消灭私人资本主义，实行社会主义。同时，在少数同志中也有敷衍主义和迁就主义的倾向。为了统一并提高党内对统一战线工作的认识，明确新中国成立初期统战工作的方针任务和基本政策，经中共中央批准，第一次全国统战工作会议于1950年3月召开。中央统战部部长李维汉在会上作了题为《人民民主统一战线的新形势与新任务》的报告，就统一战线的形势和任务以及各方面的基本政策做了明确的阐述，并提出统战部门的主要职责应是“了解情况，掌握政策，安排人事，调整关系”。会议期间，周恩来到会作了两次报告，对党内部分干部严重存在的“左”倾思想作了批评和教育。他指出，同民族资产阶级有团结还要有斗争，但以团结为主，斗争是为了团结。今天我们中心的问题，不是推翻资产阶级，而是如何同他们合作。各个民主党派，不论名称叫什么，仍然是政党，都有一定的代表性。但不能用英、美政党的标准来衡量他们。他们是从中国的土壤中生长出来的。不能把民主党派搞成纯粹进步分子的组织。同时，周恩来指出，统战部是党委的参谋部，又是政治部，又是组织部，又是办事机关。统战部的主要工作：一是掌握政策；二是协调关系；三是配备干部。毛泽东在听取会议汇报后，针对会议中反映出来的问题作了重要指示。关于民族资产阶级，毛泽东指出，今天的斗争对象主要是帝国主义、封建主义及其代表国民党反动派的残余，而不是资产阶级。对于民族资产阶级是有斗争的，但必须团结它，采取既团结又斗争的政策，以达到团结它共同发展国民经济之目的。关于民主党派，毛泽东强调，从长远和整体看，必须要民主党派。认为民主党派是“一根头发的功劳”，一根头发拔不拔去都一样的说法是不对的。民主党派是联系小资产阶级和资产阶级的，从它们背后联系的人们看，

就不是一根头发，而是一把头发，不可藐视。要搞好同党外人士的关系。手掌手背都是肉，不应分厚薄。对他们要平等，不能莲花出水有高低。毛泽东还针对党内严重存在的“左”倾关门主义倾向，强调要在党内广泛开展统一战线政策的宣传教育。他引用《共产党宣言》1883年德文版序言中“被剥削被压迫的阶级（无产阶级）如果不同时使整个社会永远摆脱剥削、压迫和阶级斗争，就不再能使自己从剥削它压迫它的那个阶级（资产阶级）下解放出来”的一段话，强调指出，整个宣言的基本思想就是：无产阶级只有解放全人类，才能最后解放自己。中国工人阶级单求得自己的解放不行，必须求得四个阶级的共同解放。毛泽东的这段话，从根本上阐明了统一战线在无产阶级解放事业中的战略地位。

1950年至1952年，中国共产党和人民政府在领导全国人民恢复和发展国民经济的同时，在全国范围开展了土地改革、抗美援朝、镇压反革命、“三反”（反贪污、反浪费、反官僚主义）和“五反”（反对行贿、反对偷税漏税、反对偷工减料、反对盗骗国家财产、反对盗窃国家经济情报）等运动。人民民主统一战线为推进这些斗争的顺利开展作出了重要贡献。

随着国民经济的恢复和土地制度改革的完成，国内的主要矛盾转变为工人阶级和资产阶级之间、社会主义道路和资本主义道路之间的矛盾。废除资本主义所有制，消灭资产阶级，是社会主义革命的历史任务。但采取什么方式来实现这个任务，却要根据各国的具体情况来决定。苏联和东欧各国曾经采用“没收资产阶级的企业，去掉资产阶级”的方式走向社会主义。1953年，中国共产党根据中国的具体国情采取统一战线的方式，通过国家资本主义对资本主义工商业实行和平赎买，对资产阶级分子实行和平改造。对资本主义工商业的改造从新中国成立开始，经历了加工订货、个别企业公私合营和全行业公私合营三个阶段，到1956年年底基本完成。在公私合营中，中国共产党和人民政府对资产阶级工商业者实行了“和平赎买、从宽照顾，包下来、包到底”的政策。对企业，在清产核资的基础上，根据实有财产确定私方的股额，支付定息，息率不分工商，不分大小，不分盈余户、亏损户，不分地区，不分行业，统为年息五厘，高于当时大中资本家“求三望四”的期待。对企业在职的私方人员，一律包下来，按“量才使用、适当照顾”的原则安排工作。在社会主义改造中，中国共产党贯彻了对资产阶级“既团结又斗争、以斗争求团结”的政策，坚持以教育为主，团结多数，削弱反抗，把民族资产阶级中的大多数人逐步改造成为自食其力的、服务于社会主义事业的劳动者，实现了“消灭阶级、改造人”的目标，取得了对资本主义工商业和资产阶级分子进行社会主义改造的伟大胜利。

【拓展阅读】

和平改造资本主义工商业政策的形成过程

1953年春，中央统战部部长李维汉率调查组到武汉、南京、上海等地，深入考察了新中国成立头三年私人资本主义发展变化的情况，总结了工业方面国家资本主义发展的经验。5月27日，李维汉向中共中央和毛泽东报送了《关于资本主义工业中的公私关系问题》的调查报告，建议经过国家资本主义来利用和限制工业资本主义，将资本主义工业逐步纳入国家计划的轨道，使它逐步过渡到社会主义，并改造资产阶级分子。李维汉的报告受到中共中央和毛泽东的高度重视。6月中旬，中共中央政治局召开两次扩大会议进行讨论，参加会议的中央政治局委员和有关负责人一致肯定了这个调查报告。7月15日，李维汉在第四次全国统战工作会议上作了《关于利用、限制和改造资本主义工商业的若干问题》的报告，根据中央政治局扩大会议的精神，把对资本主义工商业的方针概括为“利用、限制、改造”。中共中央和毛泽东非常重视这次全国统战工作会议。7月16日，中央政治局专门讨论了加强统一战线工作的问题，并作了重要指示。7月18日，刘少奇代表中共中央在全国统战工作会议上作重要讲话，从理论上阐明了中国共产党对民族资产阶级采取逐步改造、和平过渡政策和方法的依据、必要和可能，提出消灭我国现存的剥削阶级，用统一战线的方法、和平过渡的方法，可能是主要的方法。9月7日，毛泽东邀请李济深、陈叔通、黄炎培等民主人士座谈，明确提出和平改造资本主义工商业的思想，即“经过国家资本主义，完成由资本主义到社会主义的改造”。为了有计划地推进对资本主义所有制和对资产阶级分子的改造，中共中央责成中央统战部分管这项工作。1953年11月，在中央财经委员会下设立第六办公厅。1954年10月，改为国务院第八办公室。中央统战部部长李维汉先后担任中央财经委员会副主任和国务院第八办公室主任，协助总理周恩来、中财委主任陈云主持这方面的工作。

在社会主义过渡时期，统一战线工作在其他领域也有序地展开。

(1) 民主党派工作。1950 年 3 月，第一次全国统战工作会议确定了中国共产党对民主党派的总方针，这就是：帮助他们团结、进步和发展，在国家政治生活和建设事业中同他们真诚合作，充分发挥他们的积极作用。新中国成立初期，各民主党派分别召开了全国代表大会和中央会议，明确宣布接受中国共产党的领导，以《中国人民政治协商会议共同纲领》作为自己的政治纲领；重新登记党员，清理整顿组织，并发展新成员；经过协商，明确了各自活动的主要范围和组织发展重点。社会主义过渡时期，各民主党派发挥了积极作用：参加国家事务的管理，参与国家重大问题的协商、决定和执行；代表他们所联系的阶级阶层人们的利益，反映意见和要求，协助国家适时调整阶级关系；对中国共产党和国家机关的工作进行监督，提出批评和建议；推动和帮助各自成员学习马列主义理论和时事政策，进行自我教育和自我改造。1956 年 4 月，毛泽东提出中国共产党同各民主党派实行"长期共存、互相监督"的方针。9 月，中共八大明确提出："必须按照长期共存、互相监督的方针，继续加强同各民主党派、无党派人士的合作。"10 月 15 日，在毛泽东、周恩来的关怀下，中央社会主义学院正式成立，以满足广大民主党派成员、无党派民主人士进行政治理论学习的要求。随着社会主义改造基本完成，原先作为各民主党派社会基础的民族资产阶级、上层小资产阶级和它们的知识分子，开始向社会主义劳动者的一部分转变，各民主党派也开始向这部分劳动者的政党转变，开始向为社会主义服务的政治力量转变。中国共产党同各民主党派在共同建设社会主义的基础上开始了新的合作。

(2) 人民政协转变职能。1949 年召开的中国人民政治协商会议，是中国共产党同各民主阶级、各民主党派、各族人民长期合作的统一战线组织。在全国人民代表大会召开之前，人民政协代行人民代表大会职权，担负筹建新中国的历史重任。1954 年 9 月，第一届全国人民代表大会第一次会议召开，通过了《中华人民共和国宪法》。从此，中国人民政治协商会议不再代行人民代表大会职权，而作为实行政治协商的统一战线组织继续存在。

（3）知识分子工作。新中国成立之初，中国共产党对从旧社会过来的知识分子实行“包下来”的方针和“团结、教育、改造”的政策，为绝大多数人安排了适当的工作。1951年9月，为了帮助广大知识分子进一步适应新中国各方面建设的需要，中共中央和中央人民政府决定在知识分子中进行一次思想改造的学习运动。11月，中共中央发出《关于在学校中进行思想改造和组织清理工作的指示》，推动思想改造运动在全国知识界广泛展开。思想改造运动突出“自我教育和自我改造”，使知识分子初步树立了为人民服务的思想，增进了与中国共产党的团结合作，调动了为新中国服务的积极性。1956年1月，中共中央召开知识分子问题会议，周恩来作了《关于知识分子问题的报告》，阐明了知识分子在社会主义建设事业中的地位和作用，肯定了“我国的知识界的面貌在过去六年来已经发生了根本的变化”，知识分子的“绝大部分已经成为国家工作人员，已经为社会主义服务，已经是工人阶级的一部分”，应给他们以应得的信任和支持，必要的工作条件和适当的待遇，改善对他们的使用和安排。① 随后，中共中央于2月24日发出《关于知识分子问题的指示》，要求把知识分子问题放在全党和国家各个工作部门的议事日程上，全面规划，加强领导，克服在知识分子工作中存在的缺点，采取一系列有效措施，充分发挥现有知识分子的力量，并大规模地培养新生力量，扩大知识分子的队伍。

（4）民族工作。实行民族区域自治是中国共产党解决中国民族问题的基本政策，是我国的一项基本政治制度。1949年《中国人民政治协商会议共同纲领》明确规定了中国各少数民族聚居的地区实行民族区域自治，1952年颁布了《中华人民共和国民族区域自治法实施纲要》，1954年民族区域自治载入《中华人民共和国宪法》。广泛团结少数民族上层人士是中国共产党民族政策的一项重要内容，也是中国共产党统一战线工作的重要组成部分。中国共产党和人民政府对这些人士采取了一系列特殊的方针政策，对疏通民族关系、消除民族隔阂起到了重要作用。一大批少数民族上层人士消除了种种顾虑，转向拥护

---

① 参见周恩来：《关于知识分子问题的报告》，见《周恩来选集》，下卷，158～189页，北京，人民出版社，1984。

中国共产党的领导，赞成改革，走社会主义道路。这样就减少了改革的阻力，保持了边疆民族地区的稳定，打开了民族工作的局面，胜利地完成了民主改革和社会主义改造的历史任务。

（5）宗教工作。新中国成立初期，中国共产党对宗教情况作了科学分析，提出中国宗教具有群众性、民族性、国际性、复杂性和长期性的基本特点，制定了尊重和保护宗教信仰自由的基本政策，支持和帮助我国的佛教、道教、伊斯兰教、天主教和基督教进行了重大改革。1950 年，中国基督教的爱国民主人士和广大教徒倡导并发动了自治、自养、自传革新运动；中国天主教实行独立自主，自办教会。中国共产党对基督教、天主教摆脱帝国主义影响的爱国运动给予了支持和帮助。伊斯兰教、藏传佛教进行了宗教制度的民主改革，废除了宗教的一切封建特权。汉传佛教和道教也进行了改革，剔除了教理、教制、教产方面的封建宗法因素，废除了危害下层僧侣身心健康的陈规陋习，消除了寺观内盛行的封建迷信等不良现象。通过独立办教和民主制度改革，我国宗教的政治面貌发生了根本性变化，宗教界人士和广大宗教信徒拥护中国共产党的领导，坚持走社会主义道路，迈出了我国宗教同社会主义社会相适应的重要一步。

二、 全面建设社会主义时期的人民民主统一战线

社会主义基本制度建立后，中国共产党领导全国人民进行全面的大规模的社会主义建设。从 1956 年到 1966 年，国内外形势风云变幻，中国共产党在这十年中积累了领导社会主义建设的重要经验，在指导方针上也有过严重失误。在这一时期，统一战线经历了曲折的发展过程。

1956 年 9 月，中国共产党召开了第八次全国代表大会。大会在关于政治报告的决议中指出：我们国内的主要矛盾，已经是人民对于建立先进的工业国的要求同落后的农业国的现实之间的矛盾，已经是人民对于经济文化迅速发展的需要同当前经济文化不能满足人民需要的状况之间的矛盾。这一矛盾的实质，在我国社会主义制度已经建立的情况下，也就是先进的社会主义制度同落后的生产力之间的矛盾。随着国内主要矛盾及党和国家中心任务的转变，统一战线的任务也发生了转变，这就是要团结国内外一切可以团结的力量，调动一切积极因素，共同致力于社会主义事业。中共八大提出：为了巩固人民民主统

一战线，必须继续贯彻执行团结、教育、改造知识分子的政策，使广大的知识分子在社会主义事业中同工人农民形成亲密的团结。必须继续加强对于民族资产阶级的工作，给以工作上和生活上的适当安排，使他们中间的绝大多数人在社会主义思想的教育下逐步改造成为名副其实的劳动者，把他们在生产上、经营上有用的知识和经验贡献给祖国。必须继续团结国内各民族中的一切爱国人士，继续团结国外各地的华侨。必须按照“长期共存、互相监督”的方针，继续加强同各民主党派和无党派民主人士的合作，并且充分发挥人民政治协商会议和各级协商机构的作用。在一切政府机关、学校、企业和武装部队中，共产党员都必须负责建立起同党外工作人员合作共事的良好关系。1957年2月，毛泽东在最高国务会议上作了《关于正确处理人民内部矛盾的问题》的讲话，提出正确处理人民矛盾是国家政治生活的主题，指出社会主义社会存在着敌我之间和人民内部这两类性质根本不同的矛盾。矛盾的性质不同，解决的方法也不同。一般说来，前者需要用强制的专政的方法去解决，后者只能用民主的、说服教育的、“团结——批评——团结”的方法去解决，决不允许用解决敌我矛盾的方法去解决人民内部矛盾。通过正确处理人民内部矛盾，“调动一切积极因素，团结一切可能团结的人，并且尽可能地将消极因素转变为积极因素，为建设社会主义社会这个伟大的事业服务”①。毛泽东所阐明的区分两类矛盾和正确处理人民内部矛盾的原则、方针、政策和方法，对巩固和扩大统一战线，具有重要指导意义。

然而，当时国内外形势发生了意想不到的变化。1956年2月，赫鲁晓夫在苏共二十大上作了一个秘密报告，尖锐地揭露出斯大林在领导苏联社会主义建设中的严重错误，以及对他的个人崇拜所造成的严重后果。这在苏联国内和国际上都引起极大的震动。帝国主义乘机掀起世界性的反共反社会主义浪潮，在人民群众中造成不同程度的思想混乱，给国际共产主义运动带来巨大困难。1956年10月又发生了匈牙利事件，西方国家掀起又一次反共高潮。这种激烈的国际阶级斗争环境，不可避免地影响到中国共产党对国内矛盾的分析和判断。当时毛

① 毛泽东：《关于正确处理人民内部矛盾的问题》，见《毛泽东文集》，第7卷，228页，北京，人民出版社，1999。

泽东从匈牙利事件中总结出来一条最基本的教训：“东欧一些国家的基本问题就是阶级斗争没有搞好。”[①] 1957 年，中国共产党开展整风运动，发动群众向党提出批评建议。在整风过程中，极少数资产阶级右派分子向党和新生的社会主义制度放肆地发动进攻，妄图取代中国共产党的领导。针对这一情况，中国共产党开展了反右派斗争，对少数右派分子的进攻坚决反击。但是反右派斗争被严重地扩大化了，把一批知识分子、爱国人士和党内干部错划为“右派分子”，造成了不幸的后果。整风期间，在一些少数民族中，极少数有民族主义倾向的人也借机攻击中国共产党的领导和中国共产党的民族政策。中共中央把批判地方民族主义列为整风和社会主义教育运动的一项重要内容，这在当时也是正确的、必要的。但是，反对地方民族主义的斗争也犯了扩大化错误，有些地方把斗争从党内扩大到党外，甚至把一些民族宗教上层人士也列为地方民族主义分子，把大量人民内部矛盾当作敌我矛盾来处理，伤害了许多同志和朋友。

1957 年下半年，随着反右派斗争严重扩大化及反地方民族主义斗争扩大化的错误，统一战线内部关系和民族关系出现了紧张局势。中国共产党为了活跃国家民主生活，开始采取措施纠正统一战线工作中“左”的倾向。1957 年 7 月，全国人大民族委员会在青岛召开全国民族工作座谈会，周恩来在会上作了《关于我国民族政策的几个问题》的讲话，分析了中国民族问题的特点，阐述了中国共产党的民族政策，既总结了新中国成立以来民族工作的经验，又澄清了当时民族工作中的一些错误认识。1958 年六七月间召开第十次全国统战工作会议，提出要贯彻“驰”的方针，全面结束党外整风运动，缓和同党外人士的紧张关系。同年 12 月召开的第十一次全国统战工作会议，主要讨论民族、宗教工作，纠正一些“左”倾思想，尽量减少一些危害。1959 年，中共中央提出定息、高薪、学衔、安排和改造“五不变”政策，对工商界、知识界和民主党派起了团结和稳定的作用。1959 年下半年，中国共产党党内进行“反右倾”斗争，毛泽东明确提出民主党派、工商界、知识分子都大有进步，不在党外搞“反右倾”斗争，同时开

① 中共中央文献研究室编：《毛泽东传（1949—1976）》，上，606 页，北京，中央文献出版社，2003。

始分批给被划为右派分子的多数人摘掉帽子。在民主党派中推行“神仙会”的方式进行政治学习和思想改造，采取“三自”（自己提出问题、自己分析问题、自己解决问题）、“三不”（不戴帽子、不打棍子、不抓辫子）方针，发扬民主，引导党外人士实行自我教育。1962 年 3 月，在广州召开了全国科学工作会议和戏剧创作座谈会，周恩来在会上作了《论知识分子问题》的讲话，重申了 1956 年知识分子会议和中共八大对我国知识分子所作的基本估计，再一次地肯定了我国知识分子的绝大多数已经是属于劳动人民的知识分子，要求中共各级组织和政府各级部门，正确对待知识分子，信任他们，改善中国共产党同知识分子的关系，切实纠正在知识分子问题上确实存在的错误。1962 年 3 月 28 日和 4 月 18 日，周恩来在第二届全国人大第三次会议《政府工作报告》和第三届全国政协第三次会议的讲话中，明确了统一战线的新发展和新任务。他指出：我国知识分子的绝大多数已经属于劳动人民知识分子；民族资产阶级分子的绝大多数是爱国的，一部分已经成为自觉的社会主义劳动者；各民主党派都是为社会主义服务的。“现在要团结一切可以团结的力量，动员更多可以动员的因素，来参加社会主义建设，扩大我们的民主生活”①。同年四五月间召开第十二次全国统战工作会议。会议一致认为，周恩来的《政府工作报告》和在政协会议的讲话，对统一战线的形势和任务做了全面的分析和明确的规定，是我们今后一段时间内工作的指针。会议确定以发扬民主、调整关系、充分使用、耐心教育作为统一战线工作的基本任务。5 月，全国人大民族委员会、国务院民族事务委员会联合召开全国民族工作会议，检查了民族政策、宗教政策和统战政策中存在的问题，提出了解决问题的方针政策。所有这些工作，对于团结广大党外人士、少数民族及宗教界上层人士同中国共产党一道克服三年经济困难，顶住国际反华反共逆流，产生了重大的积极作用。

【拓展阅读】

为知识分子“脱帽加冕”

1962 年 3 月，在广州召开了全国科学工作会议和戏剧创作座谈会。

① 周恩来：《我国人民民主统一战线的新发展》，见《周恩来选集》，下卷，389 页。

两个会议在调整知识分子政策上跨出了决定性的一步，统称“广州会议”。在科技工作会上，中国科学院学部委员、声学家马大猷提出：“我们头上有一顶大帽子——资产阶级知识分子。如果凭为谁服务来判断，那就不能说我们还在为资产阶级服务。如果说有资产阶级思想，或者思想方法是资产阶级的，所以是资产阶级知识分子，那么脑子里的东西，不是实物，是没法对证的。这个问题谁能从理论上说清楚?”马大猷的发言登了简报，引起很大反响。有的科学家说：“地主劳动三年，可以改变成分，为什么我们干了十几年，还不能改变，还叫我们资产阶级知识分子?”面对这个问题，周恩来召集在广州的领导同志陶铸、聂荣臻、张劲夫等人征求意见，决定不再一般地称知识分子为“资产阶级知识分子”，肯定绝大多数知识分子属于劳动人民的范围。3月2日，周恩来在科技工作会上作了《论知识分子问题》的讲话，指出党历来认为同知识分子的联盟属于同劳动者联盟的范围，重提6年前知识分子会议的“初步估计”，强调12年来我国大多数知识分子已有了根本的转变和极大的进步。对于周恩来的讲话，会上反应热烈，又感到意犹未尽、话犹未透。3月6日，陈毅受周恩来的委托，在会上作了重要讲话。陈毅强调指出，经过12年的考验，尤其是这几年严重困难的考验，证明我国广大知识分子是爱国的、相信中国共产党的、跟党和人民同甘共苦的，至今还把“资产阶级知识分子”这顶帽子戴在所有知识分子头上，于情于理，都说不通。8年、10年、12年，如果还不能鉴别一个人，那共产党也太没有眼光了。他传达了周恩来的意见，宣布给广大知识分子“脱帽”（脱“资产阶级知识分子”之帽），“加冕”（加“劳动人民知识分子”之冕）。

虽然中共中央采取了相应的方针和措施，主动调整各方面的关系，但是由于对国内外形势过于严峻的估计，中国共产党的政治路线在“左”倾错误方向上越走越远。1962年9月中共八届十中全会之后，在阶级斗争扩大化和绝对化的错误理论指导下，对李维汉进行了两场错误批判，把本来是在研究政策过程中提出的一些探索性意见，说成“阶级斗争熄灭论”和“投降主义”，扣上“执行修正主义路线”等严重罪名，并且把这种批判推向全国，在更大范围内造成理论政策的混乱。政治路线的错误，使统一战线遭受严重损失。

三、“文化大革命”时期的统一战线

“文化大革命”是由毛泽东错误发动，被反革命集团利用，给党、国家和各族人民带来严重灾难的一场内乱。这一时期，中国的社会主义事业遭受了严重的挫折和损失，殃及各个领域，统一战线也不能幸免。

统一战线各方面人士受到冲击，身心受到摧残。各民主党派领导人和爱国民主人士受到批斗和迫害。在所谓“清理阶级队伍”中，民主党派的许多领导人和成员，被错误地打成“地主分子”、“反革命”、“特务”；一些有海外关系的人，也被强加上“里通外国”的罪名，并株连他们的亲属；民族资产阶级分子被看作同地主、富农、反革命、坏分子一样，予以打倒，许多人的存款被没收，薪水被扣减，私人房屋被占用；知识分子再次被扣上资产阶级的帽子，被诬蔑为“臭老九”，许多有真才实学的专家、学者被当成“资产阶级反动学术权威”受到打击迫害；民族政策遭到肆意践踏，在少数民族地区人为地制造和扩大阶级斗争，残酷打击和迫害大批少数民族干部和群众；宗教信仰自由政策受到破坏，强行禁止信教群众的正常宗教生活，把宗教界爱国人士甚至一般信教群众当作“专政对象”。

统一战线组织遭到严重破坏，活动被迫停止。在“文化大革命”中，统战工作被全盘否定，中央统战部被说成“修正主义司令部”、“牛鬼蛇神的庇护所”、“资本主义的复辟部”，工作陷于瘫痪和半瘫痪的状态。地方各级统战部门也在“文化大革命”初期被“砸烂”，长期难以恢复正常工作和活动。人民政协被戴上“投降主义”、“修正主义”的帽子，被诬蔑为“牛鬼蛇神的黑窝子”。各民主党派和工商联被诬蔑为“反动党团”、“反动组织”。1966 年 8 月 25 日，北京的红卫兵发出“致民主党派最后通牒”，并于次日占领和查封了各民主党派和工商联的中央机关。民族区域自治政策被诬蔑为“人为地搞民族分裂，是独立王国”，民族工作机构被撤销，大部分民族院校被关闭。大批寺观、教堂等宗教活动场所遭到破坏，五个全国性的宗教组织和若干宗教性社会团体被迫停止活动，全国仅有的 10 所宗教学院也被关闭。

统一战线尽管受到林彪、“四人帮”反革命集团的严重破坏，但没有被摧毁，各民主党派和其他团体虽然被迫停止活动，但没有被取消，这同毛泽东、周恩来的作用是分不开的。在“文化大革命”中，毛泽东尽管犯有严重错误，但在是否取消民主党派、取消政协、取消统一战线的问题上，始终是清醒的。1966年国庆节，毛泽东在天安门城楼对李宗仁说："红卫兵把全国政协、民主党派封了，但政协还是要的，民主党派还是要的。"① 周恩来在"文化大革命"中虽然处于非常困难的境地，但尽力坚持统一战线政策，减轻损失。1966年8月，根据毛泽东的指示，周恩来亲自拟订了一份应予保护的干部名单，保护了一批民主党派成员和党外人士。周恩来还明确指示中央统战部：对统战政策不要动摇，不要撒手不管，统战工作必须坚持下去。② 1975年1月，周恩来在第四届全国人大第一次会议上作《政府工作报告》，重申了中国共产党的统一战线政策，使各民主党派和各族各界爱国人士继续坚信中国共产党的领导，并同中国共产党一道经受了严峻的政治考验。在长达十年的"文化大革命"浩劫中，统一战线没有完全被摧垮，是因为毛泽东维护了统一战线，特别是周恩来保护了统一战线中的一批老朋友。

【统战典故】

周恩来对统战工作的最后教导和嘱托

1975年5月，中央统战部业务组就组织爱国人士外出参观问题，向周恩来写了请示报告。5月25日，周恩来作了最后一次对统战工作的批示，他语重心长地指出："此类参观人员，如尚未与他们协商就突然宣布，似仍应分别约他们座谈一次，取得他们同意后再定，以示我们历来主张的民主协商精神。……统战部同志请多采取这种工作方式，不要通知一下了事……"③

第三节　改革开放新时期的统一战线

以1978年中共十一届三中全会为标志，党和国家进入了改革开放

---

① 《当代中国的统一战线》(上)，425页，北京，当代中国出版社，1996。

② 参见上书，435页。

③ 周恩来：《要坚持民主协商》，见《周恩来统一战线文选》，452页，北京，人民出版社，1984。

和社会主义现代化建设新的历史时期。新时期中国共产党的历史方位发生了重大转变：从领导人民夺取全国政权的党，成为领导人民掌握全国政权并长期执政的党；从受到外部封锁和实行计划经济条件下领导国家建设的党，成为对外开放和发展社会主义市场经济条件下领导国家建设的党。伴随这个转变，中国共产党的统一战线进入新的历史发展阶段。

一、 在徘徊中前进时期的统一战线

1976年粉碎“四人帮”，中国共产党摆脱了十年浩劫，宣告“文化大革命”结束。从1977年开始，人民政协、各民主党派和工商联先后恢复组织活动，中国共产党的统战部门工作机构也得到调整和健全。1977年7月邓小平复出后，主动要求分管科学教育和文化领域的工作。他从推翻“四人帮”炮制的“两个估计”① 入手，肯定了绝大多数知识分子是自觉自愿地为社会主义服务的；提出科学技术是生产力，知识分子就是劳动者，“是工人阶级自己的一部分”② 的科学论断；倡导要“尊重知识，尊重人才”③，从而纠正了党从1957年反右派斗争扩大化以来在知识分子问题上的“左”的错误，恢复了马克思主义的正确观点，为中国共产党正确制定新时期知识分子政策奠定了理论基石。1978年10月，中共中央决定停止使用对知识分子“团结、教育、改造”的政策。此后，在拨乱反正、落实政策的基础上，重新制定了一系列新的知识分子政策。1978年4月，中共中央转批中央统战部、公安部《关于全部摘掉右派分子帽子的请示报告》。到11月中旬，全部完成了摘掉“右派分子”帽子的工作。同年11月3日，中央组织部发出《关于落实党的知识分子政策的几点意见》，各地区、各部门开始逐步落实知识分子政策。

这一时期虽然统一战线开始恢复，但由于中国共产党在指导思想

---

① “两个估计”是1971年由姚文元修改、张春桥定稿的《全国教育工作会议纪要》提出来的，即“文化大革命”前17年教育战线是资产阶级专了无产阶级的政，是“黑线专政”；知识分子的大多数世界观基本是资产阶级的，是资产阶级知识分子。

② 邓小平：《在全国科学大会开幕式上的讲话》，见《邓小平文选》，2版，第2卷，89页。

③ 邓小平：《在全国科学大会开幕式上的讲话》，见《邓小平文选》，2版，第2卷，41页。

上“左”的错误没有从根本上消除，统一战线工作仍处于步履维艰、徘徊前进的局面。

二、开创改革开放和社会主义现代化建设新局面时期的爱国统一战线

1978年12月召开的中国共产党十一届三中全会，是党和国家历史上具有深远意义的伟大转折点。全会重新确立了马克思主义的思想路线、政治路线和组织路线，停止使用“以阶级斗争为纲”的口号，把工作重点转移到社会主义现代化建设上来，使党和国家进入一个新的历史时期。统一战线从此发生了根本的战略性转变，成为建设中国特色社会主义事业的重要组成部分。

新时期统一战线最显著的特征，就是有邓小平新时期统一战线理论的指导。1979年6月，邓小平在全国政协五届二次会议开幕式上作了《新时期的统一战线和人民政协的任务》的重要讲话，这是新时期统一战线的纲领性文献。在这篇讲话中，邓小平全面分析和阐明了社会主义制度建立以后，我国社会阶级状况和统一战线内部结构发生的根本性变化，创造性地对我国统一战线的性质、地位、任务、对象和范围以及基本方针作出新的科学论断，赋予统一战线以新的时代内容，为新时期统一战线奠定了理论基础。之后，邓小平又在一系列重要讲话中，恢复了毛泽东关于统一战线的正确思想，并适应中国改革开放和现代化建设的客观需要，探索和把握统一战线发展的历史规律，深刻阐述了新时期统一战线的基本问题和各个领域的方针政策。

1979年8月，第十四次全国统战工作会议召开，这是我国进入新的历史时期后召开的一次具有重要历史意义的会议。邓小平等中央领导听取了会议情况汇报并作了重要指示。会议确定了新时期统一战线工作重点的战略转移：第一，确定了新时期统一战线的性质是革命的爱国统一战线。第二，明确了新时期统一战线是一个非常广泛的联盟。它除了包括社会主义劳动者（工人、农民、知识分子）和其他拥护社会主义的爱国者外，还包括虽然不赞成社会主义制度，但热爱祖国、赞成祖国统一的爱国者。第三，明确了新时期统一战线担负着为四个现代化和统一祖国服务的双重任务。过去统战工作的重点是消灭民族

资产阶级和改造这个阶级的人们，这个历史任务已经基本完成。新的历史时期统一战线的方针任务是：调动国内外一切积极因素，团结一切可以团结的力量，努力化消极因素为积极因素，全力维护和发展安定团结的政治局面，为把我国建设成为现代化的社会主义强国，为实现祖国统一大业而奋斗。第四，重新明确统战部门要管知识分子工作。第五，要认真贯彻对党外人士的安排和使用政策。应根据“四化”建设的需要在全国范围内选拔技术业务上确有真才实学的、称职的党外人士到各级领导岗位上来。第六，确立了新时期统一战线的基本政策。过去中国共产党对民族资产阶级的基本政策是又团结又斗争，现在民族资产阶级在大陆已经不存在了。新时期统一战线应当严格按照社会主义民主和社会主义法制，坚持正面教育的方法，按照“团结——批评——团结”的公式，正确处理统一战线内部的各种矛盾，帮助各界党外人士在“四化”建设中作出新的贡献，取得新的进步。第七，要加强中国共产党对统战工作的领导，发动全党来做统战工作。

【统战典故】

邓小平的插话

第十四次全国统战工作会议期间，邓小平听取了会议情况汇报并不时插话，提出了许多对新时期统一战线发展具有深远影响的重要思想。

“新时期统一战线，可以称为社会主义劳动者和爱国者的联盟。爱国者的范围是很宽广的，包括蒋经国在内，只要台湾归回祖国，他就做了爱国的事。现在可以提第三次国共合作。……现在最大的统一战线问题，是台湾归回祖国、实现祖国统一问题。”

“统一战线的对象，清楚得很，顾名思义，就是把一切能够联合的都联合起来，范围以宽为宜，宽有利，不是窄有利。”

“统一战线的性质，叫革命的爱国的统一战线，就是社会主义劳动者和爱国者的联盟。这样范围就宽了，具有广泛的性质。”

“社会主义劳动者之间也有统一战线，工人和农民是联盟，说明工、农是两者。过去把知识分子搞到另一个概念，新的提法，知识分子是劳动者。”

“知识分子问题，统战部应注意。……统战部要研究，要管，要综合反映这方面的情况，反映全貌。解决问题是整个国家的事，党中央也要注意这个问题。”

“民族工作确有很多问题要提起注意。当前是如何加强民族团结，反对大汉族主义和地方民族主义。宗教工作也有很多政策问题。……民主党派的性质问题也在议论。不管怎么议，总要让他们各得其所。”①

在第十四次全国统战工作会议前后，中共各级党委大力进行拨乱反正，不仅平反了“文化大革命”造成的冤假错案，还处理了一批历史遗留问题，使统一战线从长期“左”的束缚中彻底解放出来。但在当时，由于正处在历史大转折时期，中国共产党党内一部分同志包括一些领导干部，受极左路线流毒的影响，对统战工作还存在着“取消论”、“收缩论”、“危险论”等错误认识。1979 年 10 月 14 日，中共中央批准了中央统战部制定的《新的历史时期统一战线的方针任务》，并在批语中指出，统一战线在新的历史时期仍是一个重要法宝，全党要加强统战政策的再教育，提高全党对统一战线工作重要性、必要性的认识，切实贯彻好各项统一战线政策。10 月 19 日，邓小平在全国政协、中央统战部宴请各民主党派和全国工商联代表大会代表时的讲话中特别强调：“统一战线仍然是一个重要法宝，不是可以削弱，而是应该加强，不是可以缩小，而是应该扩大。它已经发展成为全体社会主义劳动者、拥护社会主义的爱国者和拥护祖国统一的爱国者的最广泛的联盟。”②

爱国主义和大团结大联合是新时期统一战线的本质特征。1981 年 6 月，中共十一届六中全会通过的《关于建国以来党的若干历史问题的决议》提出：一定要毫不动摇地团结一切可以团结的力量，巩固和扩大爱国统一战线。《决议》毅然放弃沿用多年的“革命统一战线”的提法，将新时期统一战线明确地称为“爱国统一战线”，突出了新时期统一战线的爱国主义性质，充分体现了新时期爱国统一战线大团结、

---

① 邓小平：《新时期统一战线是社会主义劳动者与爱国者的联盟》，见《邓小平论统一战线》，158～162 页。

② 邓小平：《各民主党派和工商联是为社会主义服务的政治力量》，见《邓小平文选》，2 版，第 2 卷，203 页。

大联合的鲜明主题，使一切热爱祖国的个人、团体、政党、组织，不受社会制度、政治立场、意识形态、生活方式等限制，都可以加入到统一战线中来，从而扩大了统一战线的范围。爱国主义成为实现中华民族伟大复兴的一面具有巨大凝聚力、感召力的旗帜。

1981年12月，第十五次全国统战工作会议召开，这是中共十一届三中全会以后发展壮大统一战线的又一次重要会议。会议期间，中央书记处专门听取了会议情况的汇报。会议集中解决了全党对新时期统一战线工作的长期性和重要性的认识问题。会议强调，在新的历史时期中，在今后很长很长的历史时期内，统一战线仍将是必要的、重要的，仍然有强大生命力，仍然是中国共产党的一大法宝。① 会议进一步明确了新时期统一战线的范围，概括了十个方面的统战工作对象；强调落实政策是一项严肃的政治任务，涉及在政治上是不是同中央保持一致的重大原则问题，要求力争在两年内得到基本上合情合理的圆满解决；重申必须切实尊重各民主党派在宪法赋予的权利和义务范围内的政治自由、组织独立和法律上平等的地位；重申必须做好党外人士的安排工作。

1986年11月，中共中央召开了第十六次全国统战工作会议。会议进一步明确了新形势下爱国统一战线的指导方针、工作布局和主要任务。会议认为，爱国统一战线的新格局主要表现在：第一，在中华民族大团结、大统一的爱国主义旗帜下，新时期统一战线的爱国主义性质更加鲜明。第二，统一战线的范围和规模进一步扩大，形成了两个范围的联盟：一个是由大陆全体劳动者、爱国者组成的，以社会主义为政治基础的联盟；一个是包括港澳同胞、台湾同胞和海外侨胞，以拥护祖国统一为政治基础的联盟。这两个范围的联盟构成新时期统一战线的整体。第三，统一战线的工作对象有了新的发展：凡是赞成祖国统一的人，不管属于哪个阶级、政党和集团，无论其政治主张、思想信仰如何，都是爱国统一战线团结、争取的对象；经济领域增加了许多新的统战工作对象；新一代的各界党外代表人物和“三胞”的第二、第三代新人正在崛起，成为统战工作的重要方面。第四，统一战线

---

① 参见中央统战部研究室编：《历次全国统战工作会议概况和文献》，473页，北京，档案出版社，1988。

线的内部关系呈现新的情况，不同阶级、阶层、党派、社会集团和社会力量的不同利益、意见和要求，在统一战线内部日益强烈地反映出来；正确处理和调节新的矛盾和关系，是统战工作的新课题。第五，争取实现国共两党第三次合作，统一战线需要进行长期、艰苦的工作。会议确定当时统一战线工作的布局是：以统一祖国、振兴中华为总目标，团结全国各族人民、各民主党派、有关人民团体和无党派人士，团结几千万台湾同胞、港澳同胞和海外侨胞，积极推动“一国两制”的实施，为统一祖国服务；发扬爱国的传统和智力优势，为改革开放、建设社会主义物质文明和精神文明服务；完善发展中国共产党领导下的多党派合作，为社会主义民主和法治建设服务，并使这三者密切配合，互相促进。这次会议使统一战线工作更加自觉地适应了党和国家工作全局的重大变革。

在我国实行改革开放后的最初十多年间，中国共产党在民主党派、民族、宗教、侨务等统一战线的各个工作领域都彻底实现了拨乱反正，并提出了一系列新的重要理论，落实了一系列新的重要政策，特别是总结新中国成立以来民主党派工作的基本经验，提出实行“长期共存、互相监督、肝胆相照、荣辱与共”的方针；确立了社会主义时期宗教问题的基本观点和基本政策；肯定了我国各民族之间已经形成了平等、团结、互助的社会主义民族关系，制定了新时期民族工作的总任务和方针政策。统一战线工作在为改革开放服务，为社会主义物质文明和精神文明建设服务的过程中，重新发挥了重要法宝作用。

三、 加快推进中国特色社会主义建设时期的爱国统一战线

20 世纪 80 年代末 90 年代初，国际上苏联解体、东欧剧变，西方敌对势力利用民主、人权、民族、宗教等问题对我实施西化、分化的战略图谋进一步加剧。在国内，中共十四大明确提出建立社会主义市场经济体制的目标任务，我国经济社会结构发生深刻变化，利益矛盾、相互关系更加复杂多样。中国共产党所处的历史方位发生重大变化，社会主义民主政治建设不断推进，依法治国成为基本国策，改进中国共产党的领导方式和执政方式，成为坚持和改善中国共产党领导的重要内容。所有这些重大而深刻的变化，对统一战线的巩固和发展产生了极为重要的影响。中共十三届四中全会以后，以江泽民为核心的党

的第三代中央领导集体，继承和发展了毛泽东统一战线思想和邓小平新时期统一战线理论，深刻总结统一战线实践经验，着眼新的社会历史条件和时代发展趋势，与时俱进、开拓创新，先后召开了三次全国统战工作会议，制定下发《中共中央关于坚持和完善中国共产党领导的多党合作和政治协商制度的意见》等一系列重要文件，提出了一系列新的理论观点和政策思想，形成了“三个代表”重要思想关于统一战线的理论，指导新形势下爱国统一战线不断巩固发展。

1989 年的政治风波使爱国统一战线经受了一次严峻考验。为了提高思想认识，明确爱国统一战线的发展方向和目标任务，1990 年 6 月，中共中央召开了第十七次全国统战工作会议，江泽民同志发表了讲话。他指出，统一战线历来是中国共产党总路线总政策的组成部分。要建设有中国特色的社会主义，要实现统一祖国、振兴中华的大业，要挫败国内外敌对势力的颠覆、渗透与和平演变图谋，没有一个包括中华民族绝大多数人在内的最广泛的爱国统一战线，是不可能的。巩固和发展统一战线，是中国共产党一项事关全局的长远的战略方针。全党同志对统一战线工作的重要性、必要性和长期性必须有深刻的认识，今后统一战线不但不能收缩，而且还要扩大和加强。爱国统一战线的任务是高举爱国主义、社会主义旗帜，团结一切可以团结的力量，调动一切积极因素，同心同德，群策群力，为巩固和发展安定团结的政治局面服务，为推进社会主义现代化建设和改革开放服务，为健全社会主义民主和法制服务，为促进“一国两制”和平统一祖国服务。会后，中共中央发出《关于加强统一战线工作的通知》，强调坚持和发展统一战线是中国共产党的一项坚定不移的战略方针，要求全党重视统一战线工作，巩固和发展最广泛的爱国统一战线。

1992 年，邓小平视察南方发表重要讲话，随后中国共产党召开第十四次全国代表大会，我国改革开放和现代化建设进入一个新的发展阶段。中共十四大全面总结了改革开放和现代化建设取得的基本经验和巨大成就，系统阐述了建设有中国特色社会主义理论，明确提出经济体制改革的目标是建立社会主义市场经济体制。这对统一战线产生了巨大而深远的影响。特别是随着社会主义市场经济的逐步建立，统一战线工作出现了许多新情况、新问题。1993 年 11 月，中共中央召开了第十八次全国统战工作会议。会议统一了对统一战线工作形势的认识，明确了统一战线的地位、作用和任务，研究了新形势下统一战线工作各个领域的方针和政策，强调要努力形成全党重视统一战线工作的新局面。江泽民同志在会议讲话中强调，要充分认识新时期统战工作的重要性，要努力使统战工作形成新的气势，开创新的局面。这种新气势、新局面，最根本的是要促进集中各方面的力量把我国经济建设搞上去。这是中国共产党对新时期统战工作的基本要求。各级党委都要把统一战线看作中国共产党总路线总政策的重要组成部分，把这个法宝牢牢地掌握起来，作为党委工作的重要一环。同时，江泽民同志强调“民族、宗教无小事”，要继续巩固和发展社会主义民族关系，坚持和完善民族区域自治制度，加快民族地区的经济发展和社会进步；要全面、正确地贯彻执行中国共产党的宗教政策，依法加强对宗教事务的管理，积极引导宗教与社会主义社会相适应。这次会议还提出统一战线的本质就在于大团结、大联合。此后，统一战线始终坚持大团结、大联合的主题，巩固发展了团结、稳定、振奋、活跃的政治局面。

【背景材料】

第十八次全国统战工作会议前广泛深入的调查研究

中共十四大提出建立社会主义市场经济体制的目标后，统一战线出现了前所未有的新情况、新特点，统一战线工作面临许多必须认真研究解决的重大问题。1993年四五月间，中央统战部组织18个调查组分赴全国各地，开展广泛深入的调查研究。调研结果表明，新形势对统一战线的影响主要表现为五个方面：第一，统一战线工作对象出现新变化。原工商业者、国民党起义投诚人员等正在减少，逐渐成为历史的一代。个体户、私营企业和“三资”企业产生了一批新的代表人物。知识分子队伍正在发生变化，有的“下海”办企业成为企业家或雇主，有的受雇于非公有制企业成为管理人员和技术人员，有的自己开业成为自由职业者。第二，海外统一战线工作面扩大。90年代香港、澳门将回归祖国，80年代以来到国外定居的人成为新华侨，海外统一战线工作对象日益增多，并正在向第二、三代过渡。第三，利益分配差距拉大，人民内部矛盾增多。由于多种所有制和分配方式并存，人们的分配差距扩大，民族地区与沿海地区的差距拉得更大，引起社会心理不平衡，产生新的社会矛盾。统一战线在协调关系、化解矛盾、维护安定团结等方面的任务更重了。第四，社会主义民主政治建设成为重要课题。在建立社会主义市场经济体制过程中，人们的民主意识、参与意识增强。坚持和完善中国共产党领导的多党合作和政治协商制度，使之制度化、规范化，并适应新的形势，是统一战线需要研究的新课题。第五，统一战线工作出现社会化趋势。各种具有统一战线性质的民间组织不断涌现。统一战线日益扩展到经济、文化、教育、科技等各个领域，越来越与经济、科教业务工作融为一体。这次调查研究为第十八次全国统战工作会议的成功召开奠定了基础。

2000年12月，中共中央在世纪之交召开了第十九次全国统战工作会议。江泽民同志发表讲话，会后下发了《中共中央关于加强统一战线工作的决定》。江泽民同志的讲话和《决定》从跨世纪的高度，全面分析了统一战线工作面临的新形势、新情况，进一步明确了进入新世纪统一战线的重要地位和作用，系统论述了中国共产党统一战线的方针政策和主要任务，深刻阐明了统一战线一系列带有根本性、全局性、战略性的重大理论和实践问题。第一，关于新世纪统一战线的重要地位和作用，明确了统一战线的根本任务是争取人心、凝聚力量，中国共产党对统一战线的基本要求是为建设有中国特色社会主义的经济、政治、文化服务，为维护安定团结的政治局面服务，为实现祖国完全统一服务，为维护世界和平与促进共同发展服务；全党重视统一战线工作要做到“三个绝不能”，即：统一战线作为党的一个重要法宝，绝不能丢掉；作为党的一个政治优势，绝不能削弱；作为党的一项长期方针，绝不能动摇。第二，关于统一战线基本问题，明确了社会主义社会一致性基础上的多样性是统一战线存在发展的客观依据，统战工作必须坚持七条重要原则，即：坚持中国共产党对统一战线的领导权，坚持为党和国家的中心任务服务，坚持大团结、大联合的主题，坚持发扬社会主义民主，坚持求同存异、体谅包容，坚持运用“团结——批评——团结”的公式，坚持照顾同盟者利益。第三，关于坚持和完善中国共产党领导的多党合作和政治协商制度，明确了多党合作制度的基本特征，衡量我国政党制度的基本标准，民主党派进步性与广泛性的内涵；提出保持宽松稳定、团结和谐的政治环境是多党合作的一条重要原则，广纳群言、以收众益应成为中国共产党各级领导干部的座右铭。第四，关于统战工作其他领域，明确了进一步落实和完善中国共产党的知识分子政策要着重做好培养人才、用好人才、吸引人才的工作；明确了少数民族文化建设的方向；明确了宗教与社会主义社会相适应的内涵；明确了通过合法经营先富起来的非公有制经济人士应受到社会的尊重，阐述了对非公有制经济人士开展工作的原则、载体和党建工作的要求；明确了只要坚持一个中国原则、拥护祖国统一，什么人都要团结；明确了按照“三个代表”的要求，加强和改善中国共产党对统一战线领导的具体要求。

在这三次全国统战工作会议的推动下，统一战线实现了跨世纪的发展，各个方面工作都取得了重大进展。1989年12月，中共中央颁发了《中共中央关于坚持和完善中国共产党领导的多党合作和政治协商制度的意见》，多党合作和政治协商逐步迈上制度化、规范化轨道。1991年7月，中共中央转批了《中央统战部关于工商联若干问题的请示》，明确了工商联的主要工作对象和主要职能，要求工商联配合党和政府工作，对非公有制经济代表人士进行团结、帮助、引导、教育，在他们中逐渐培养起一支坚决拥护中国共产党领导的积极分子队伍。随后，非公有制经济人士发起实施“光彩事业”。1992年1月，中共中央和国务院召开了民族工作会议，12月下发《关于进一步贯彻实施民族区域自治法若干问题的通知》，1993年发布实施了《民族乡行政工作条例》和《城市民族工作条例》，进一步保障了我国少数民族在政治、经济、文化等方面的平等权利和合法权益。继1980年和1984年两次西藏工作座谈会之后，1994年和2001年，中共中央和国务院先后召开了第三次、第四次西藏工作座谈会，采取增加投入、实行优惠政策和对口支援等措施，推动西藏发展与稳定。2001年，中共中央召开了建党以来第一次专门研究宗教工作的会议，颁发了《中共中央、国务院关于加强宗教工作的决定》，对宗教工作作出重要部署。中央政府对香港和澳门恢复行使主权之后，明确了“一国两制”条件下港澳统战工作的性质、地位、指导思想、主要任务和基本职能。按照中央的精神，统一战线重视做好台湾人民的工作，不断推动两岸人员交往和经济、文化交流，批判“台独”分子分裂祖国的言行，有力地打击了“台独”势力的嚣张气焰。

四、 全面建设小康社会时期的爱国统一战线

2002 年，中共十六大确定了到 2020 年实现全面建设小康社会的奋斗目标。在新世纪新阶段，国内外形势发生深刻变化，对我国经济、政治、文化和社会生活产生了极为重要的影响，使统一战线的外部环境日益复杂，内部构成日益多样，工作方式日益社会化，统战工作在党和国家全局中的地位和作用更加突出。

中共十六大召开后，以胡锦涛为总书记的党中央高瞻远瞩、总览全局，进一步加强对统战工作的领导，制定出台了一系列涉及统一战线的重要政策文件，不断推动新世纪新阶段统一战线事业蓬勃发展。为进一步巩固多党合作政治格局，2005 年 2 月和 2006 年 2 月，中共中央先后发出《关于进一步加强中国共产党领导的多党合作和政治协商制度建设的意见》和《关于加强人民政协工作的意见》，核心是坚持中国特色社会主义政治发展道路，实质是推进社会主义政治文明，重点是推进制度化、规范化和程序化。为维护民族团结和社会稳定，2005 年召开中央民族工作会议，出台《中共中央、国务院关于进一步加强民族工作，加快少数民族和民族地区经济社会发展的决定》、《中共中央、国务院关于进一步做好西藏发展稳定工作的意见》。2004 年颁发《宗教事务条例》，为依法管理涉及宗教的社会事务和公共事务提供了法律依据，标志着我国宗教工作在法制化道路上迈出了重要步伐。为进一步发挥非公有制经济作用，2005 年国务院出台《关于鼓励支持和引导个体私营等非公有制经济发展的若干意见》，促进非公有制经济健康发展和非公有制经济人士健康成长。为推进祖国统一大业，2005 年颁布《反分裂国家法》，把党和国家关于解决台湾问题的大政方针以法律形式固定下来，宣示了中国政府和人民反对"台独"、捍卫国家主权和领土完整的共同意志与坚定决心。

2006 年 7 月，中共中央召开了第二十次全国统战工作会议。这次会议是进入新世纪新阶段后的第一次全国统战工作会议。中共中央总书记胡锦涛出席会议并发表讲话，深刻阐述了新世纪新阶段统一战线的重要地位和作用，提出巩固和壮大统一战线，是贯彻落实科学发展观、全面建设小康社会的必然要求，是坚持"一国两制"方针、推进祖国统一大业的必然要求，是坚持走和平发展道路、为我国发展争取

良好国际环境的必然要求，是加强中国共产党执政能力建设和先进性建设、完成中国共产党执政使命的必然要求。要把巩固和壮大统一战线，作为提高中国共产党执政能力的一项重要任务，作为发展中国特色社会主义事业的一项重要任务，作为增强中华民族凝聚力的一项重要任务，摆到全党工作的重要位置，真正抓紧抓实抓好。讲话明确了新世纪新阶段统一战线的指导思想和基本任务，这就是：要坚持以马克思列宁主义、毛泽东思想、邓小平理论和“三个代表”重要思想为指导，全面贯彻落实科学发展观，高举爱国主义、社会主义伟大旗帜，团结一切可以团结的力量，调动一切可以调动的积极因素，为促进社会主义经济建设、政治建设、文化建设、社会建设服务，为促进香港、澳门长期繁荣稳定和祖国和平统一服务，为维护世界和平与促进共同发展服务。

会议深入分析了全面建设小康社会时期统一战线的阶段性特征：具有空前的广泛性、巨大的包容性、鲜明的多样性和显著的社会性。会议根据新的形势和任务，第一次明确提出了新世纪新阶段统一战线的发展目标：全面加强新世纪新阶段统一战线建设，推动统一战线事业蓬勃发展，使中国共产党同各民主党派和无党派人士的团结更加巩固，社会主义民族关系更加和谐，社会各阶层的关系更加协调，宗教与社会主义社会更加适应，大陆同胞和港澳同胞、台湾同胞、海外侨胞的联系更加密切，努力建设具有强大凝聚力和可持续发展的统一战线。会议还从政党关系、民族关系、宗教关系、阶层关系、海内外同胞关系五个方面，对充分发挥统一战线的优势和作用、为构建社会主义和谐社会作贡献作了深刻阐述。这五个方面的关系，既是政治领域和社会领域中涉及党和国家工作全局的重大关系，也是统一战线需要全面把握和正确处理的重大关系。正确认识和处理这五个方面的重大关系，事关中国特色社会主义事业的全局，事关构建社会主义和谐社会的进程，事关党和国家的兴旺发达与长治久安。

会议第一次全面系统地阐述了中国共产党关于新的社会阶层人士工作的理论和政策，强调最大限度地把他们团结起来，充分发挥他们的作用，是巩固中国共产党群众基础的需要，是巩固和发展新世纪新阶段统一战线的需要，也是构建社会主义和谐社会的需要；明确了“充分尊重、广泛联系、加强团结、热情帮助、积极引导”的 20 字工作方针，强调要尊重他们的劳动创造和创业精神，凝聚他们的聪明才智，引导他们爱国、敬业、诚信、守法、贡献，做合格的中国特色社会主义事业的建设者；提出新的社会阶层人士是统一战线工作新的着力点，要以社团为纽带、社区为依托、网络为媒介、活动为抓手，把新的社会阶层人士更广泛地团结和凝聚在党和政府的周围。会后，中共中央下发了《中共中央关于巩固和壮大新世纪新阶段统一战线工作的意见》。胡锦涛同志的讲话和中共中央的《意见》，集中反映了中国共产党在新世纪新阶段治国理政的战略思想，赋予了统一战线新的时代内涵，是加强新世纪新阶段统一战线工作的行动纲领。

2007年10月，中共十七大把壮大爱国统一战线，团结一切可以团结的力量，作为坚定不移发展社会主义民主政治的重要内容，强调促进五大关系和谐，对于增进团结、凝聚力量具有不可替代的作用。中共十七大以来，在以胡锦涛为总书记的党中央的高度重视和坚强领导下，统一战线始终坚持以邓小平理论、“三个代表”重要思想为指导，深入贯彻落实科学发展观，着眼大局统筹谋划，创新思路破解难点，培育品牌提升效能，强化队伍厚植根基，开创了统一战线服务科学发展和实现自身科学发展的崭新局面，主要体现为以下几个方面：

第一，增进政治共识，进一步巩固共同思想政治基础。结合纪念改革开放30周年、新中国成立60周年和中国共产党成立90周年，组织开展学习贯彻科学发展观、践行社会主义核心价值体系、搞好政治交接等系列主题教育活动，统一战线广大成员坚持中国特色社会主义道路、理论体系和制度的信念更加坚定。特别是按照胡锦涛同志的要求，大力开展“同心”实践，引导民主党派等统一战线广大成员与中国共产党始终在思想上同心同德、目标上同心同向、行动上同心同行。

第二，服务科学发展，进一步发挥法宝作用。围绕“十一五”和“十二五”规划实施、转变经济发展方式、加强和创新社会管理、推动文化改革发展等重大问题，各民主党派、工商联和无党派人士深入考察调研、积极建言献策。支持非公有制企业积极应对国际金融危机冲击、加快转型升级。鼓励党外知识分子和归国留学人员投身科技创新和知识创新实践，为实施科教兴国战略和人才强国战略、提高我国自主创新能力贡献力量。特别是在推动扶贫开发、抗灾救灾、公益慈善等民生社会事业发展中，形成和扩大了统一战线服务科学发展“毕节模式”、“光彩事业”、“感恩行动”、“温暖工程”等特色品牌的影响，产生了显著的经济社会效益。

第三，突出工作重点，进一步促进五大关系和谐。坚持协商于决策之前和决策执行中，发挥民主党派和无党派人士参政议政、民主监督作用，畅通知情、沟通、反馈等渠道，支持民主党派加强自身建设，在新老交替基础上实现政治交接。大力推动少数民族和民族地区加快发展，深入开展民族团结进步创建活动；召开中央第五次西藏工作座谈会和中央新疆工作座谈会，妥善处置“3·14”事件、“7·5”事件，推动西藏、新疆跨越式发展和长治久安。全面贯彻中国共产党宗教工作基本方针，加大依法管理宗教事务工作力度，开展和谐寺观教堂创建活动，支持宗教界对宗教教规教义作出符合时代发展的阐释，发挥宗教界和信教群众在促进经济社会发展中的积极作用。推动落实支持非公有制经济发展的政策措施，加强非公有制企业党建工作，加强和改进新形势下工商联工作，开展优秀中国特色社会主义事业建设者评选表彰活动，引导非公有制经济人士自觉承担社会责任、积极构建和谐劳动关系。探索开展和做好自由择业知识分子工作。坚持“一国两制”、“港人治港”、“澳人治澳”、高度自治的方针，进一步增强港澳同胞的国家观念和民族意识；坚持两岸关系和平发展主题，全方位开展对台各领域、多层次交流交往；坚持凝聚侨心、汇集侨智、发挥侨力，鼓励和支持海外华侨华人参与祖（籍）国现代化建设和反“独”促统事业。

第四，加强队伍建设，进一步夯实统一战线持续发展的基础。制定下发《中共中央关于加强新形势下党外代表人士队伍建设的意见》和《2010—2020年党外代表人士教育培训改革和发展纲要》，全面推进统一战线各领域代表人士队伍建设。加强党外代表人士的选拔、培养、使用、管理工作，探索建立党外代表人士实践锻炼基地，推进与党外人士联谊交友工作的制度化规范化。同时，加强统战部门和统战干部队伍建设，认真落实中央关于选好配强各级党委统战部长要求，全党重视、全社会关心统战工作的局面进一步巩固。

2012年11月8日至14日，中国共产党胜利召开第十八次全国代表大会。中共十八大是在我国全面建成小康社会决定性阶段召开的一次十分重要的大会。会议高举中国特色社会主义伟大旗帜，以马克思列宁主义、毛泽东思想、邓小平理论、“三个代表”重要思想、科学发展观为指导，分析国际国内形势的发展变化，回顾总结过去五年的工作和中共十六大以来的奋斗历程及取得的历史性成就，确立科学发展观的历史地位，提出夺取中国特色社会主义新胜利的基本要求，确定全面建成小康社会和全面深化改革开放的目标，对新的时代条件下推进中国特色社会主义事业作出全面部署，对全面提高中国共产党建设科学化水平提出明确要求。十八大报告是中国共产党团结带领全国各族人民沿着中国特色社会主义道路继续前进、为全面建成小康社会而奋斗的政治宣言和行动纲领。

中共十八大对巩固和发展最广泛的爱国统一战线作出了重要论述。强调统一战线是凝聚各方面力量，促进政党关系、民族关系、宗教关系、阶层关系、海内外同胞关系的和谐，夺取中国特色社会主义新胜利的重要法宝。要高举爱国主义、社会主义旗帜，巩固统一战线的思想政治基础，正确处理一致性和多样性的关系。坚持“长期共存、互相监督、肝胆相照、荣辱与共”的方针，加强同民主党派和无党派人士团结合作，促进思想上同心同德、目标上同心同向、行动上同心同行。加强党外代表人士队伍建设，选拔和推荐更多优秀党外人士担任各级国家机关领导职务。全面正确贯彻落实中国共产党民族政策，坚持和完善民族区域自治制度，牢牢把握各民族共同团结奋斗、共同繁荣发展的主题，深入开展民族团结进步教育，加快民族地区发展，保障少数民族合法权益，巩固和发展平等团结互助和谐的社会主义民族关系，促进各民族和睦相处、和衷共济、和谐发展。全面贯彻中国共产党宗教工作基本方针，发挥宗教界人士和信教群众在促进经济社会发展中的积极作用。鼓励和引导新的社会阶层人士为中国特色社会主义事业作出更大贡献。落实中国共产党侨务政策，支持海外侨胞、归侨侨眷关心和参与祖国现代化建设与和平统一大业。

中共十八大还首次提出健全社会主义协商民主制度。强调社会主义协商民主是我国人民民主的重要形式。要完善协商民主制度和工作机制，推进协商民主广泛、多层、制度化发展。通过国家政权机关、政协组织、党派团体等渠道，就经济社会发展重大问题和涉及群众切身利益的实际问题广泛协商，广纳群言、广集民智，增进共识、增强合力。坚持和完善中国共产党领导的多党合作和政治协商制度，充分发挥人民政协作为协商民主的重要渠道作用，围绕团结和民主两大主题，推进政治协商、民主监督、参政议政制度建设，更好地协调关系、汇聚力量、建言献策、服务大局。加强同民主党派的政治协商。把政治协商纳入决策程序，坚持协商于决策之前和决策之中，增强民主协商实效性。深入进行专题协商、对口协商、界别协商、提案办理协商。

这些新论述新要求契合时代发展所需，符合统一战线实际，为巩固发展爱国统一战线、进一步做好新形势下统战工作提供了强有力的指导。

第三章
统一战线的地位作用

巩固和壮大最广泛的统一战线，是党和国家工作全局中一个极为重要的方面，也是中国共产党治国理政必须正确处理的一个基本问题。为什么中国共产党在力量弱小时需要统一战线，现在已经发展成为拥有 8 200 多万党员的世界第一大党，还需要统一战线？为什么中国共产党在没有夺取全国政权时需要统一战线，现在已经具有 60 多年执政经验和丰富执政资源，还需要统一战线？为什么中国共产党在革命斗争时期需要统一战线，在进行改革开放、全面推进中国特色社会主义现代化建设时期，仍然需要统一战线？科学回答这些问题，有利于从思想认识上更加重视统一战线，形成全党全社会共同做好统一战线工作的局面。

第一节　统一战线是中国共产党的重要法宝

在中国共产党 90 多年波澜壮阔的光辉进程中，统一战线作为中国共产党全局工作的重要方面，致力于团结一切可能团结的力量，调动一切积极因素，化消极因素为积极因素，最大限度地争取人心、凝聚力量，为完成中国共产党在各个时期的中心任务方面提供了广泛力量支持，作出了不可替代的历史性贡献。实践证明：什么时候重视统一战线，实行正确的理论和政策，党和人民的事业就胜利前进、蓬勃发展；什么时候忽视统一战线，党和人民的事业就会遭受挫折。

一、以毛泽东为核心的党的第一代中央领导集体提出统一战线是中国共产党克敌制胜的重要法宝

中国共产党历来高度重视发挥统一战线的重要作用。1935 年 12 月

27日，毛泽东在《论反对日本帝国主义的策略》中，专门强调了“民族统一战线”问题，指出目前“党的任务就是把红军的活动和全国的工人、农民、学生、小资产阶级、民族资产阶级的一切活动汇合起来，成为一个统一的民族革命战线”，“共产党和红军不但在现在充当着抗日民族统一战线的发起人，而且在将来的抗日政府和抗日军队中必然要成为坚强的台柱子”①。1936年9月23日，毛泽东接受美国记者斯诺访谈时，表述了统一战线具有的重要力量：“日本帝国主义是无法打败真正团结、武装和组织起来的中国人民的。”② 他还在《论持久战》中作出科学预测：“如能坚持抗战，坚持统一战线和坚持持久战，中国将在此阶段中获得转弱为强的力量”，“只有坚持统一战线，才能坚持战争；只有坚持统一战线和坚持战争，才能有最后胜利”③。

【拓展阅读】

抗日战争中统一战线的重要作用

抗日战争时期，中国共产党的几乎所有工作都是围绕建立和发展抗日民族统一战线而进行的。邓小平曾经讲过，刚到陕北时，“党把一些最好的干部派去做统战工作，加上其他方面的工作，在‘双十二’事变后形成抗日救国的新局面。抗日战争时期，我们部队到达华北、华中后，人人感到需要有统战工作，因为我们有了朋友就可以站住脚跟。那时甚至对一个碉堡的伪军，都拼命地去做统战工作”。到抗日战争胜利时，中共党员从4万多人发展到120多万，军队也从3万发展到132万，民兵发展到260万，抗日根据地的总面积近100万平方公里，人口近1亿。中国共产党领导的统一战线在抗日战争时期展示了前所未有的辉煌历史画卷。

1939年7月，毛泽东在欢送陕北公学学生出发上前线时讲话指出，据《封神演义》讲，当年姜子牙下昆仑山，元始天尊送给他三件法宝，杏黄旗、四不像和打神鞭。现在出发上前线，也送他们“三样法宝”，

① 毛泽东：《论反对日本帝国主义的策略》，见《毛泽东选集》，2版，第1卷，151、157页。

② 毛泽东：《和美国记者斯诺的谈话》，见《毛泽东文集》，第1卷，409页，北京，人民出版社，1993。

③ 毛泽东：《论持久战》，见《毛泽东选集》，2版，第2卷，465、466页。

这就是统一战线、游击战争和革命中心的团结。同年10月4日，毛泽东在《〈共产党人〉发刊词》中，深刻地总结了中国共产党成立以来18年的历史经验，进一步明确提出："统一战线问题，武装斗争问题，党的建设问题，是我们党在中国革命中的三个基本问题。正确地理解了这三个问题及其相互关系，就等于正确地领导了全部中国革命。而在十八年党的历史中，凭借我们丰富的经验，失败和成功、后退和前进、缩小和发展的深刻的和丰富的经验，我们已经能够对这三个问题做出正确的结论来了。就是说，我们已经能够正确地处理统一战线问题，又正确地处理武装斗争问题，又正确地处理党的建设问题。也就是说，十八年的经验，已使我们懂得：统一战线，武装斗争，党的建设，是中国共产党在中国革命中战胜敌人的三个法宝，三个主要的法宝。这是中国共产党的伟大成绩，也是中国革命的伟大成绩。"① 1939年12月，毛泽东又一次地深刻指出："中国无产阶级应该懂得：他们自己虽然是一个最有觉悟性和最有组织性的阶级，但是如果单凭自己一个阶级的力量，是不能胜利的。而要胜利，他们就必须在各种不同的情形下团结一切可能的革命的阶级和阶层，组织革命的统一战线。"② 不重视统一战线就会吃很大的苦头，不做统战工作马上就要面临生死存亡的考验。正是因为深刻地汲取了正反两方面的经验教训，以毛泽东为代表的中国共产党人格外注重巩固和发展统一战线，并充分发挥统一战线的优势和作用。

【拓展阅读】

解放战争中统一战线的法宝作用

解放战争时期，中国共产党通过在国民党军队中开展统战工作，促成了国民党军队师以上重大起义60余起，起义兵力达114万（不含投诚人员），占国民党总兵力的1/7以上；驾机起义43架；大小舰艇73艘；地区性起义面积553万平方公里，占全国总面积的一半以上，充分显示了统一战线配合武装斗争所取得的巨大成就，为新民主主义革命的胜利和新中国的诞生作出了重大贡献。

---

① 毛泽东：《〈共产党人〉发刊词》，见《毛泽东选集》，2版，第2卷，605～606页。

② 毛泽东：《中国革命和中国共产党》，见《毛泽东选集》，2版，第2卷，645页。

1949年新中国成立后，中国共产党成为执政党。当时，国内外一些人对中国共产党的执政能力特别是领导国家进行经济建设的能力产生怀疑。能否领导和管理好国家，巩固新生的人民政权，这是中国共产党面临的挑战和考验。为了战胜困难、经受住考验，毛泽东一方面要求全党同志牢记“两个务必”，“学会自己不懂的东西”，特别是“向一切内行的人们学经济工作”；另一方面进一步巩固壮大人民民主统一战线，把各民族、各阶级、各党派、各人民团体以及海外华侨都团结凝聚起来，共同建设新中国。1949年10月，毛泽东在同绥远负责人的谈话中再次强调：“没有统一战线，革命不能胜利，胜利了也不能巩固。搞统一战线哪能怕麻烦，怕捣乱，怕人家吃了你的饭？切不可叶公好龙。长征二万五千里不是因为有统一战线，而是因为太纯洁。这次政府的名单中，共产党人和进步人士还是一半一半好，要搞五湖四海。”[①] 当时，从中央到地方的各级政权，都是统一战线性质的人民民主政权，统一战线广大成员的积极性、主动性和创造性得到充分发挥，中国共产党的领导水平和执政能力得到极大增强，不仅领导人民迅速恢复了国民经济，而且取得了抗美援朝、土地改革、“三反”“五反”和社会主义改造等一系列伟大胜利。

1955年10月，毛泽东在资本主义工商业社会主义改造问题座谈会上强调：“统一战线到底还要不要？现在经常发生这个问题。这不是一个政党（共产党或者它的中央委员会），一个集团，少数人或者个别的人，说要就要、说不要就不要这么一个问题。这是要看统一战线存在下去有好处还是没有好处，对劳动人民事业，对走社会主义道路，有利益还是没有利益来决定的”，“我们的事业很宽广，每年都发展，我们不怕人多。我们已经在长期革命中证明，有统一战线比没有要好”[②]。

在1956年8月召开的中共八大会议上，中央明确提出必须继续巩固和扩大人民民主统一战线，要求共产党员必须与党外人士建立起良好的合作共事关系。同年2月，在毛泽东发表的《关于正确处理人民内部矛盾的问题》的著名讲话中，也全面系统地阐述了社会主义社会

① 毛泽东：《同绥远负责人的谈话》，见《毛泽东文集》，第6卷，14页。

② 毛泽东：《在资本主义工商业社会主义改造问题座谈会上的讲话》，见《毛泽东文集》，第6卷，494页。

的基本矛盾，强调了社会主义时期统一战线存在和发展的理论依据和客观必然性。

【拓展阅读】

新中国成立初期统一战线的法宝作用

1950年6月朝鲜战争爆发，战火迅速烧到我国东北边境。中共中央根据中国人民的意志和朝鲜民主主义人民共和国的要求，毅然作出“抗美援朝、保家卫国”的决策，并同各民主党派、无党派民主人士协商座谈，很快取得了一致意见。1950年11月4日，中国共产党同中国国民党革命委员会、中国民主同盟、民主建国会、中国民主促进会、中国农工民主党、中国致公党、九三学社、台湾民主自治同盟、无党派民主人士，以及中国新民主主义青年团联名发表《各民主党派联合宣言》，严正宣布：中国各民主党派誓以全力拥护全国人民的正义要求，拥护全国人民在志愿基础上为着抗美援朝保家卫国的神圣任务而奋斗。此后，在全国各阶层人民中开展起轰轰烈烈的抗美援朝运动。邓小平指出：由于加强了工作，各界都赞成、拥护，各民主党派发表联合宣言，资产阶级也出来游行，这样就长了自己的志气，灭了敌人的威风。我们有的同志不了解各民主党派联合宣言的意义，以为照例是官样文章，但是各阶层的人民很重视。这个宣言表明了抗美援朝是举国一致的。如果不要统一战线，内部不团结，能够抗美援朝吗？

二、以邓小平为核心的党的第二代中央领导集体提出新的历史时期统一战线仍然是一个重要法宝

中共十一届三中全会吹响了改革开放的时代号角，我国进入了以社会主义现代化建设为中心的新的历史时期。邓小平进一步发展了毛泽东关于统一战线是中国革命一大法宝的论断，对新时期统一战线的重要性作出了更加明确的阐述：“在我国新的历史时期，我们的革命的爱国的统一战线也进入了一个新的历史发展阶段。统一战线仍然是一个重要法宝，不是可以削弱，而是应该加强，不是可以缩小，而是应该扩大。”①

---

① 邓小平：《各民主党派和工商联是为社会主义服务的政治力量》，见《邓小平文选》，2版，第2卷，203页。

实行改革开放，建设中国特色社会主义，是一项前无古人、世无先例的伟大事业，也是一项空前巨大、空前复杂的社会系统工程，新情况、新问题层出不穷。面对各种疑虑、困惑和质疑，邓小平以大无畏的精神指出，“在前进的道路上，我们还会遇到困难和阻力，但是，只要我们坚持在四项基本原则的基础上，加强全国各族人民的大团结，不断发展和壮大革命的爱国的统一战线，任何困难都挡不住我们前进，任何阻力都将被我们打破。”① 这一论述，充分显示了统一战线在改革开放进程中的重要战略地位。

随着中国共产党和国家的工作重点转移，统一战线无论是工作范围还是工作任务都发生了重大的战略性变化，从过去主要为阶级斗争服务转变为为维护和发展安定团结的政治局面服务，为改革开放和社会主义经济建设服务，为社会主义民主和法制建设服务，为社会主义精神文明建设服务，为实行“一国两制”、和平统一祖国服务。邓小平深刻指出：“新时期统一战线和人民政协的任务，就是要调动一切积极因素，努力化消极因素为积极因素，团结一切可以团结的力量，同心同德，群策群力，维护和发展安定团结的政治局面，为把我国建设成为现代化的社会主义强国而奋斗。”② 不久，他又提出：“实现台湾归回祖国，完成统一大业，是全中国人民包括台湾广大骨肉同胞在内的共同愿望，也是我们革命的爱国的统一战线所面临的一项光荣的神圣的任务。”③ 新时期统一战线“还要为促进台湾归回祖国，完成祖国统一大业而共同努力”④。

【拓展阅读】

统一战线在引进港澳台资方面功不可没

香港“船王”包玉刚先生家的祖坟在浙江宁波，“文化大革命”中遭到严重破坏。过去包先生从来不回宁波，主要是因为祖坟问题伤透

① 邓小平：《各民主党派和工商联是为社会主义服务的政治力量》，见《邓小平文选》，2版，第2卷，206页。

② 邓小平：《各民主党派和工商联是为社会主义服务的政治力量》，见《邓小平文选》，2版，第2卷，187页。

③ 邓小平：《各民主党派和工商联是为社会主义服务的政治力量》，见《邓小平文选》，2版，第2卷，205页。

④ 邓小平：《各民主党派和工商联是为社会主义服务的政治力量》，见《邓小平文选》，2版，第2卷，203页。

了心。宁波市委统战部积极会同有关部门落实了包家的房产，修好了祖坟，还帮他查寻到家谱，证明他是包拯后代。包先生对此深受感动，也十分高兴，几次携家眷返回故乡。特别是邓小平亲自做海外华侨华人的统战工作，使包先生深受鼓舞，带动一大批“宁波帮”关心、支持家乡的建设和发展，掀起了海外华侨华人回国投资建设的热潮。

三、以江泽民为核心的党的第三代中央领导集体提出统一战线作为中国共产党一个重要法宝绝不能丢掉

进入20世纪90年代后，国际国内形势发生了重大而深刻的变化，出现了一些新的时代特点和发展趋势，对我国的经济、政治、文化和社会生活，对统一战线的巩固和发展，都产生了极为重要的影响。以江泽民为核心的党的第三代中央领导集体，着眼时代发生的重大变化，始终把统一战线作为党和国家工作全局中一个极为重要的方面，强调：“中国革命和建设的历史经验证明，把绝大多数人团结在共产党周围，结成最广泛的统一战线，是我们战胜一切困难、夺取革命和建设事业胜利的强大力量源泉，是我们党在政治上的一个巨大优势。它不仅是中国新民主主义革命的一个基本特点，也是建设中国社会主义的一大特色。”①

1990年，在第十七次全国统战工作会议上，江泽民同志在《努力发展最广泛的爱国统一战线》中指出：“统一战线历来是党的总路线总政策的组成部分。在社会主义现代化建设时期，统一战线在我们党的事业中同样具有重要的战略地位。”“今天，要建设有中国特色的社会主义，要实现统一祖国、振兴中华的大业，要挫败国内外敌对势力的颠覆、渗透与和平演变图谋，没有一个包括中华民族绝大多数人在内的最广泛的爱国统一战线，也是不可能的。”“只有到了共产主义社会，阶级和阶级差别消灭了，共产党消亡了，共产党领导的统一战线才会随之消亡。因此，巩固和发展统一战线，是我们党一项事关全局的长远的战略方针。”② 1999年9月，江泽民同志在《人民政协继往开来的

---

① 江泽民：《努力发展最广泛的爱国统一战线》，见《十三大以来重要文献选编》（中），1124页，北京，人民出版社，1991。

② 江泽民：《努力发展最广泛的爱国统一战线》，见《十三大以来重要文献选编》（中），1123～1124页。

方向和使命》中指出："在我国社会阶级关系和主要矛盾发生根本变化的历史条件下，在建设社会主义的历史进程中，统一战线仍然是中国共产党的总路线、总政策的重要组成部分，仍然是我们排除万难、夺取胜利的一大法宝。"①

随着统一战线实践的不断发展，中国共产党对统一战线地位作用的认识越来越深刻。特别是根据改革开放进入到发展社会主义市场经济的新形势和我国社会阶层结构的新变化，江泽民同志强调："统一战线历来是中国共产党团结最广大群众发展事业、战胜困难的重要法宝。在实现社会主义现代化、实现中华民族振兴、实现祖国完全统一的伟大事业中，党的统一战线工作是大有作为的。"② 针对党内和社会上仍有一些人不重视统一战线的情况，江泽民同志在2000年第十九次全国统战工作会议上进一步强调："统一战线作为党的一个重要法宝，绝不能丢掉；作为党的一个政治优势，绝不能削弱；作为党的一项长期方针，绝不能动摇。"③ 今后无论遇到什么情况，我们都要把坚持和发展中国共产党领导的爱国统一战线，作为关系党和社会主义兴衰存亡的长期战略方针，丝毫也不能动摇。

【背景材料】

轻视忽视统战工作的具体表现

长期以来，中国共产党党内和社会上轻视忽视统战工作的现象一直存在。最典型的观点有四种：一是"过时论"，认为新时期统一战线可以不要了；二是"上层论"，认为统一战线主要是做党外上层代表人士的工作，应由上级部门做，基层没有统战工作；三是"无关论"，认为统一战线工作主要是统战部门的事，与其他部门没关系；四是"敷衍论"，认为统一战线工作就是请客吃饭做样子，敷衍一下即可。

---

① 江泽民：《人民政协继往开来的方向和使命》，见《江泽民文选》，第2卷，412页，北京，人民出版社，2006。

② 《江泽民会见全国统战部长会议代表时强调　坚定信心团结一致加倍工作善为筹谋 继续推进建设有中国特色社会主义事业》，载《人民日报》，1998-02-14。

③ 江泽民：《进一步开创统一战线工作的新局面》，见《江泽民文选》，第3卷，143页，北京，人民出版社，2006。

四、 以胡锦涛为总书记的党中央提出统一战线是三个方面重要法宝

进入新世纪新阶段，面对风云变幻的国际形势和国内艰巨繁重的建设任务，以胡锦涛为总书记的党中央把巩固和壮大统一战线作为提高中国共产党执政能力的一项重要任务，作为发展中国特色社会主义事业的一项重要任务，作为增强中华民族凝聚力的一项重要任务，提高到执政兴国新的历史高度。

2002 年 12 月，胡锦涛同志在走访各民主党派中央和全国工商联时发表重要讲话，指出："统一战线是中国共产党团结一切可以团结的力量，夺取革命、建设和改革事业胜利的重要法宝，也是中国共产党执政兴国的重要法宝。""必须始终不渝地坚持统一战线这个重要法宝和战略方针，必须始终不渝地发挥共产党领导的多党合作和政治协商制度的优势，把一切积极因素充分调动和凝聚起来，万众一心地创造我们的幸福生活和美好未来。"① 2004 年，在庆祝中国人民政治协商会议成立 55 周年大会上，胡锦涛同志强调："统一战线始终是推进党和人民事业发展的重要法宝，也是中国共产党执政兴国的重要法宝。在中国共产党领导下，发展最广泛的爱国统一战线，实现各党派、各团体、各民族、各阶层及一切热爱中华民族的人们的大团结，是推进党和人民事业发展的必然要求。"②

2006 年 7 月召开的第二十次全国统战工作会议，从继续推进现代化建设、完成祖国统一、维护世界和平与促进共同发展这三大党和国家历史任务的战略高度出发，对统一战线法宝作用的认识作了进一步强调和深化。胡锦涛同志指出："我们的事业越发展，我们就越要巩固和壮大统一战线；统一战线的优势越得到发挥，团结的人越多，我们的力量就越强大，我们的事业就越能更好地向前发展。"③ 《中共中央

---

① 《胡锦涛在走访各民主党派中央和全国工商联时强调　把一切积极因素充分调动和凝聚起来　万众一心实现十六大提出的宏伟目标》，载《人民日报》，2002-12-29。

② 胡锦涛：《在庆祝中国人民政治协商会议成立五十五周年大会上的讲话》，《十六大以来重要文献选编》（中），338 页，北京，中央文献出版社，2006。

③ 《胡锦涛在全国统战工作会议上发表重要讲话强调　不断巩固和壮大统一战线　共同建设中国特色社会主义》，载《人民日报》，2006-07-13。

关于巩固和壮大新世纪新阶段统一战线的意见》指出："统一战线是我们党夺取革命、建设、改革事业胜利的重要法宝，是我们党执政兴国的重要法宝，是实现祖国完全统一和中华民族伟大复兴的重要法宝。"特别是2012年11月，中共十八大首次将统一战线是重要法宝写进大会报告，强调统一战线是凝聚各方面力量，促进政党关系、民族关系、阶层关系、海内外同胞关系的和谐，夺取中国特色社会主义新胜利的重要法宝。这一系列重要论述，是对统一战线重要地位和作用的新概括，丰富发展了统一战线的法宝内涵，巩固了团结、稳定、开拓、活跃的良好局面，为全面建成小康社会、促进改革开放和现代化建设事业发展凝聚起强大力量，为充分发挥统一战线作用创造了有利条件。

【统战典故】

中共中央总书记首次走访各民主党派中央和全国工商联机关

中共十六大闭幕后不久，胡锦涛、贾庆林、曾庆红等中央领导同志，就顶风冒雪逐一走访了八个民主党派中央和全国工商联机关，共商巩固和发展爱国统一战线、坚持和完善中国共产党领导的多党合作和政治协商制度的大计。这是中共中央总书记首次走访各民主党派中央、全国工商联机关，充分体现了对统一战线和多党合作的高度重视，极大地鼓舞了广大统一战线成员。

走访过程中，各民主党派中央、全国工商联提出了14个需要解决的实际问题。中共中央高度重视，有关部门在不到20天的时间里，解决了其中多数问题。对此，胡锦涛同志作出重要批示，要求没有解决的问题要继续抓紧协调解决，并在党外人士迎春座谈会上通报问题解决的情况。这次走访在统一战线和社会上引起了强烈反响，起到了重要的示范和带动作用。

第二节　巩固壮大统一战线是贯彻落实科学发展观、全面建成小康社会的必然要求

中国共产党的一切奋斗、领导人民推进的事业，归根到底都是为了实现最广大人民的根本利益，归根到底都要依靠最广大人民来完成。

全面贯彻落实科学发展观，全面建成惠及十几亿人口的更高水平的小康社会，是一项空前伟大的事业，也是一项空前繁重的任务。没有中国共产党领导的包括中华民族绝大多数人在内的、最广泛的爱国统一战线是不可能实现这一宏伟目标的。统一战线具有凝聚人心、汇聚力量的重要作用，参政议政、民主监督的政治优势，群英荟萃、智力密集的人才优势，协调关系、化解矛盾的功能优势，联系广泛、内引外联的资源优势，能够随着形势任务和社会结构的发展变化，为源源不断地凝聚和吸纳社会各方面的智慧，充分激发社会各方面的创造活力，发挥着不可替代的作用。

一、 实现经济又好又快发展离不开统一战线

统一战线为经济建设服务，既不同于经济部门，也有别于其他党务部门，其特点在于团结方方面面的力量，形成共谋发展的强大合力。

围绕经济社会发展重大问题议政建言。统一战线汇聚着各方面的代表人士和中高级知识分子、专家学者、专业技术人员，素有“人才库”、“智囊团”之称。长期以来，统一战线把推动科学发展作为第一要务，紧紧围绕事关国计民生的重大问题，围绕具有重大战略意义的建设项目，深入开展调查研究，积极建言献策，为党和政府科学决策提供了重要参考。从加快天津滨海新区、海峡西岸、北部湾等沿海经济区建设，到构建西部大开发、东北地区等老工业基地振兴、中部崛起等区域发展战略格局，从建设社会主义新农村到促进非公有制经济发展政策出台，无不饱含着统一战线广大成员的心血和汗水，无不凝结着统一战线广大成员的智慧和力量。中共十六大以来，统一战线着眼服务党和国家中心工作，积极搭建参政议政平台，引导各民主党派、工商联和无党派人士围绕制定实施国家发展规划、应对国际金融危机、加快经济发展方式转变、保障和改善民生等事关全局的重大课题深入调查研究，积极建言献策。仅 2006 年至 2011 年的 5 年间，各民主党派中央、全国工商联和无党派人士共报送调研报告 268 篇，提交发言 308 篇、提案 1 200 余件，产生了显著的经济效益和社会效益，成为党和政府民主决策、科学决策的重要依据。2008 年汶川特大地震发生后，各民主党派中央、全国工商联领导人和无党派人士及时深入地震灾区慰问考察、献计献策，提出意见建议 60 多条，被中央采纳 13 条，

创新了民主党派、工商联和无党派人士参政议政的形式。在统一战线的积极建议和大力推动下，天津滨海新区、海峡西岸经济区及中原经济区建设等上升为国家重要发展战略，青藏铁路沿线等地生态环境保护列入国家重点项目，为促进经济社会全面协调可持续发展作出了新的贡献。

【典型案例】

“863 计划”

1986 年 3 月，九三学社中央常委王淦昌和三位老科学家针对美国的“战略防御”计划和西欧的“尤里卡”计划，提出我国要“以力所能及的资金和人力跟踪世界战略性高技术发展的进程”的建议。中共中央和国务院十分重视这个建议，组织全国 200 多位专家对我国高技术的发展战略进行了全面论证。同年 11 月，中共中央、国务院下发了《关于转发〈高技术研究发展计划（863 计划）纲要〉的通知》，由此启动实施了我国著名的“863 计划”，推动了新时期我国科技事业的快速发展。

引导非公有制经济转变发展方式。非公有制经济发展始终与改革开放进程紧密相连，既是改革开放的重要成果，也是推进改革开放的重要动力，在促进我国经济社会发展方面发挥着越来越重要的作用。但从资源能源的供给能力、生态环境的支撑能力、技术含量的竞争能力和管理制度的保障能力看，非公有制经济发展也面临着体制性、结构性矛盾，迫切需要按照科学发展观要求，更新发展理念，转变发展方式，加快转型升级。统一战线在引导非公有制经济转变发展方式中肩负着重要职责和使命，通过采取“银企对接”、“校企对接”、“企企对接”等多种形式，协助搭建金融、技术、人才等服务平台，从人才智力、平台载体、经验借鉴等方面，全力助推非公有制经济结构调整步伐。

引导统一战线成员致力科技进步和自主创新。截至 2011 年 11 月，我国共有大专以上学历的知识分子 1.19 亿人，其中党外知识分子达 8 986万，占 75.1%，两院院士中共有党外院士 310 人，其中无党派院士 191 人。围绕提升自主创新能力，统一战线充分发挥党外知识分子作用，推动搭建公共服务平台，扶持自主创新联盟，协调组织行业力量联合攻关。吸引和鼓励留学人员回国创业和为国服务，积极参与关系国计民生重大科研问题的应用研究，在通信信息技术、农业高新技术、纳米技术、生命科学与人口健康、新能源利用等方面不断取得突破性科研成果，为加快形成以科技进步和创新为基础的新竞争优势作出了重要贡献。

【典型案例】

“世界杂交水稻之父”袁隆平

无党派人士袁隆平培育的杂交水稻，遍布全世界30多个国家和地区，为解决中国乃至世界的吃饭问题作出了巨大贡献，被誉为中国奉献给人类的“第五大发明”。2000年、2004年，在先后成功攻克超级杂交稻大面积亩产700公斤、800公斤两大世界难关的基础上，2011年9月，他领衔的科研团队又成功实现百亩超级稻试验田平均亩产突破900公斤的最高纪录，既标志着我国杂交稻技术在世界继续保持领先地位，也为保障我国粮食安全作出了重要贡献。

积极改善民生、推进区域协调发展。配合国家实施西部大开发、中部崛起、振兴东北地区等老工业基地和建设社会主义新农村等重大战略，统一战线始终把参与扶贫开发和帮助改善民生作为工作重点，踊跃参与扶贫开发、抗灾救灾、公益慈善等社会事业，特别是面向老少边穷地区和广大农村地区，做了许多顺民意、解民忧、惠民生的实事好事，形成了“光彩事业”、“智力支边”、“温暖工程”、“感恩行动”、“毕节模式”、“同心工程”等一批叫得响、影响大、口碑好的特色品牌，取得了显著成效。

【拓展阅读】

统一战线服务科学发展——“毕节模式”

“人穷、地乏、环境恶”，曾经是上世纪80年代中期贵州毕节的真实写照。寻找摆脱贫穷落后、生态恶化、人口膨胀困境的根本出路，成为当时毕节面临的最大难题。1988年4月，时任贵州省委书记的胡锦涛邀请中央统战部、国家民委、各民主党派中央、全国工商联负责人座谈，请中央智力支边领导小组指导毕节的改革试验与发展，得到了积极响应和大力支持。1988年6月9日，国务院正式批复同意建立

"毕节开发扶贫、生态建设试验区"，并逐步确定了"开发扶贫、生态建设、人口控制"三大主题。

20多年来，统一战线始终围绕三大主题参与试验区建设，坚持体现统战优势与立足当地实际相结合，发挥参与支持作用与激发试验区主体作用相结合，提炼"毕节模式"、发挥示范推动作用，实现了由定点扶贫向定点扶贫与定向扶贫并重转变、由建言献策向出主意与办实事并重转变、由各自行动向体现自身优势与形成整体效应并重转变，取得了显著成效，作出了重要贡献。2006年至2011年的几年间，统一战线参与试验区重大项目413个，投入和引进资金305亿元，建立产业示范基地32个，培训农村实用技术人才14.7万人。2010年开始实施的"助推发展、智力支持、改善民生、生态建设、示范带动"五大工程，涉及26类289个项目，投入资金100多亿元，协助招商引资协议金额670多亿元；建设饮水安全工程805处、小水窖1.3万多口，解决100多万农村群众吃水难问题；建设农村户用沼气池11万多口、农家书屋1 715个，实现全市村级卫生室全覆盖；培训专业技术人才和农民工10多万人次、教师1万多人次、各类干部3万多人次，引进资金新建和改扩建中小学、职业学校100多所，有力促进了毕节试验区经济社会发展和民生改善，被誉为"同心工程"。

有效开展内引外联工作。统一战线着眼国家实施"走出去"战略，鼓励和支持有能力、有实力、有信誉的非公有制企业走出国门。在巩固传统市场的基础上，积极开拓新兴市场，推动非公有制经济不断增加对高新技术、能源资源、基础设施等项目的投资和研发，增进我国与世界的民间经济交流与合作。广泛联络港澳同胞、台湾同胞和海外侨胞，积极帮助引进资金、技术、人才、项目和管理经验等，使他们成为到祖国大陆投资的"先遣队"和"主力军"。

二、发展社会主义民主政治离不开统一战线

发展民主政治是社会主义的本质要求，是建设中国特色社会主义的重要内容。统一战线作为社会主义民主政治的重要方面和体现，是坚持和完善我国社会主义政治制度、推进社会主义政治文明建设的重要力量。

统一战线在坚持中国特色社会主义政治发展道路中具有重要作用。中国特色社会主义政治发展道路，是统一战线广大成员共同团结奋斗的最大政治共识。改革开放以来，统一战线坚持用中国特色社会主义伟大旗帜引领前进方向，用马克思主义中国化最新理论成果增进广泛共识，用现代化建设伟大成就坚定共同信念，引导广大成员坚定不移地走中国特色社会主义政治发展道路。实践证明，越是坚持改革开放，坚持走符合中国国情的政治发展道路，越需要统一战线强化增进共识的政治功能，不断夯实团结奋斗的共同思想政治基础。

统一战线在发挥我国社会主义政治制度优势上具有重要作用。人民代表大会制度、中国共产党领导的多党合作和政治协商制度、民族区域自治制度、基层群众自治制度，构成我国社会主义政治制度的基本框架。人民代表大会制度作为我国的根本政治制度，代表广大人民的共同意志和根本利益，统一战线各方面人士通过人民代表人会，共同行使国家权力、管理国家事务，充分体现人民当家做主的社会主义民主本质。中国共产党领导的多党合作和政治协商制度作为具有中国特色的社会主义政党制度，既能实现广泛的民主参与，集中各民主党派、无党派人士的智慧，促进执政党和各级政府决策的科学化、民主化，又能实现集中统一，统筹兼顾各方面的利益要求；既能避免一党执政缺乏监督的弊端，又可避免多党纷争、互相倾轧造成的政治混乱和社会动荡，是实现人民当家做主的又一重要形式。民族区域自治制度体现了国家尊重和保障少数民族自主管理本民族内部事务的权利，体现了民族因素与区域因素、政治因素与经济因素、历史因素与现实因素、制度因素与法律因素的统一，是统一战线在社会主义民主建设中发挥作用的重要方面。

统一战线在不断扩大社会各界有序政治参与中具有重要作用。统一战线是社会各界政治参与的重要形式。中国共产党与各民主党派、无党派人士以共同致力于中国特色社会主义事业为目标，使我国政治发展既保持了团结稳定的良好局面，又创造了振奋活跃的民主氛围。各民主党派作为与中国共产党风雨同舟、肝胆相照的亲密友党和参政党，积极发挥参政议政、民主监督的作用，在国家政治生活中发挥着越来越重要的作用。随着社会主义民主政治的推进，需要统一战线关注广大成员的政治诉求，丰富政治参与形式，畅通利益表达渠道，推动社会主义民主政治稳步有序发展。

三、 推动社会主义文化大发展大繁荣离不开统一战线

随着世界多极化、经济全球化的深入发展和科学技术的日新月异，文化与经济、政治相互影响的程度不断加深，与科学技术的结合日益紧密，在综合国力竞争中的地位和作用越来越突出，已经成为国际核心竞争力的重要因素，成为民族凝聚力和创造力的重要源泉。只有大力提高文化软实力，形成与我国综合国力相适应的文化优势，才能在激烈的国际竞争中掌握文化领域话语权、占据文化发展制高点。统一战线积淀着厚重的文化底蕴，集聚着丰富的文化资源，在社会主义文化建设中具有独特的功能优势，是推动社会主义文化大发展大繁荣的重要力量。

统一战线具有价值整合优势。突出先进文化的引领作用，增进核心价值的社会认同，既是文化建设的方向所指，也是文化发展的目标所在。统一战线的文化底蕴和文化资源，集中体现为以团结合作、民主协商为鲜明特点的政党文化，以爱国进步、团结和睦为鲜明特点的少数民族文化，以护国利民、崇顺尚和为鲜明特点的宗教文化，以开拓进取、义利兼顾为鲜明特点的新的社会阶层人士信义文化，以同宗同源、念祖爱乡为鲜明特点的海内外同胞同根文化。同时，统一战线能够有针对性地加强广大成员的思想道德和科学文化建设，促进全社会共同理想和精神支柱的牢固确立，促进全民族科学文化素质的提高。

【拓展阅读】

同根文化促进两岸交流

亲情、乡情、友情是深入做好台湾人民工作的情感基础，以闽南文化、客家文化、妈祖文化和民俗文化等文化资源为纽带，统一战线通过恳亲会、修族谱等多种方式，吸引更多台胞来大陆寻根谒祖、探亲旅游，不断提升民间交流活动的层次，促进了两岸人员互动往来，增进了两岸同胞文化认同和情感融合。

统一战线具有文明传承优势。弘扬文明风尚，提升道德水平，是文化社会效益的重要体现，也是推进文化建设的本质追求。统一战线广大成员集中分布在教育科研、文艺宣传、新闻出版等文化领域，直

接从事精神文化产品的创作、传承和推广工作，既是先进生产力的开拓者，也是先进文化的生产者和传播者，能够在继承发展中华民族一切优秀文化传统、借鉴吸收一切外国优秀文化成果的基础上，以多层次的文化产品满足群众需求，以多样化的渠道载体传播中华文明，为增强人民群众的思想道德和科学文化素质、打牢中华民族的文化根基、提升中华文化的国际影响作贡献。

统一战线具有产业促进优势。在社会主义市场经济条件下，繁荣先进文化、满足群众精神文化需求，关键在于文化生产力的极大发展。大量从事文化产业的非公有制经济人士、自由择业者等统一战线成员，通过发展经营性文化产业、培育新型文化业态、打造特色文化品牌，能够深度参与文化产业结构调整，不断提高文化产业的规模化、集约化、专业化水平，推动形成以公有制为主体、多种所有制共同发展的文化产业格局。

统一战线具有活力激发优势。推动社会主义文化大发展大繁荣，动力之源在于最大限度激发全民族的文化创造活力。统一战线始终坚持马克思主义在意识形态领域的指导地位，秉持和而不同、求同存异的理念，有利于营造开放包容、民主和谐的文化生态，搭建各展其才、各尽其能的发展平台，充分激发各方面成员的创造潜力，正确处理文化传承与文化创新、弘扬中华文化与吸收外来文化的关系，推动文化创造活力持续迸发、优秀文化成果不断涌现。

四、 构建社会主义和谐社会离不开统一战线

统一战线秉持和而不同的文化理念、团结联合的鲜明主题、和衷共济的价值取向、政通人和的目标追求，促进政党关系、民族关系、宗教关系、阶层关系和海内外同胞关系协调有序，形成全社会和睦相处、和谐发展的良好局面。

统一战线是实现社会和谐的重要基础。全体人民各尽其能、各得其所而又和谐相处，是社会和谐的重要标志，也是党和国家事业发展的重要保证。统一战线作为一定社会政治力量的联合，涉及社会诸多领域，是中国共产党领导各党派团体和各族各界人士为实现社会和谐、建设美好社会不懈追求、团结奋斗的重要成果，其团结和谐历来是整个社会团结和谐的重要基础。特别是新世纪新阶段，统一战线已经发

展成为全体社会主义劳动者、社会主义事业的建设者、拥护社会主义的爱国者和拥护祖国统一的爱国者的联盟，范围更加广泛，内涵更加丰富。保持统一战线团结和谐，就能使整个社会更加生机勃勃、更加融洽和谐。

统一战线是实现社会和谐的重要方式。改革开放以来，随着社会主义市场经济的发展，我国社会一致性基础上的多样性有了很大发展。一方面，在经济上坚持公有制的主体地位，在政治上坚持中国共产党的领导地位，在指导思想上坚持马克思列宁主义、毛泽东思想、邓小平理论、“三个代表”重要思想、科学发展观为指导，广大人民群众在根本利益、共同理想、奋斗目标上的一致性大大增强。另一方面，我国经济、社会结构发生了深刻变化，出现了多种经济成分、多种分配方式，产生了众多利益群体和社会组织；人们思想活动的自主性、差异性明显增强，价值取向、行为方式日趋多样；多阶层、多党派、多民族、多宗教的格局继续存在，其内部状况也发生了新的变化；香港、澳门回归后，还形成了“一个国家、两种制度”的局面。统一战线作为同和异的矛盾统一体，坚持求同存异、体谅包容，通过平等相待、民主协商的方式，促进我国社会一致性和多样性的有机统一，形成谅解宽容、团结互助的良好风尚，将方方面面的不同包容进来、团结起来，进而形成为共同目标团结奋斗的政治局面。

统一战线是实现社会和谐的重要途径。和谐社会不是没有任何矛盾的社会，而是能够把矛盾控制在一定范围内，使其得到正确处理和有效化解的社会。统一战线工作作为中国共产党特殊的群众工作，能够协调各党派、各民族、各团体以及各方面成员之间的关系，引导广大统一战线成员正确看待改革过程中利益关系的调整和出现的各种问题，理顺情绪、化解矛盾，及时消除影响社会政治稳定的因素，通过减少阻力、增加助力、形成合力，促进社会的安定团结。

加强和创新社会管理是新形势下中国共产党治国理政的重大战略任务。统战工作与社会管理有着密切的内在联系。本质上都是做人的工作，做群众的工作，统一战线主要做党外人士这个特殊群体的工作。任务上都是协调社会关系，调节利益关系，统一战线侧重于协调政党、民族、宗教、阶层和海内外同胞关系，在维护共同利益基础上照顾同盟者具体利益。要求上都是增进团结和谐，无论是社会管理强调的最大限度激发社会活力、最大限度增加和谐因素、最大限度减少不和谐因素，还是统一战线强调的团结一切可以团结的力量、调动一切积极因素、化消极因素为积极因素，都是社会和谐的目标所向。统一战线服务社会管理包括两个方面的内容：一方面是统一战线内部社会管理，围绕正确处理政党关系、民族关系、宗教关系、阶层关系和海内外同胞关系，引导统一战线成员践行社会主义核心价值体系、规范自身行为，推动统一战线团体和各类组织健康有序发展、提升服务各自成员的能力和水平，有效解决社会领域统一战线重点难点问题、实现统一战线团结和谐；另一方面是统一战线服务社会管理，围绕构建中国特色社会主义社会管理体系、促进社会既充满活力又和谐稳定，主要通过议政建言提升社会管理决策水平，拓宽利益表达渠道反映社会各方面愿望诉求，调动丰沛资源参与和提供社会服务，发挥统战团体和代表人士作用，促进社会协同管理。

【典型案例】

构建非公有制企业和谐劳动关系

面对国际金融危机给我国经济社会发展带来的不利影响，统一战线充分发挥工商联、行业商会等作用，引导非公有制企业不裁员、不欠薪、不减薪，积极增加就业岗位，促进和谐劳动关系。针对转型升级过程中出现的各种矛盾纠纷，指导工商联加强与工会等的协调配合，推动建立完善企业主要出资人与员工沟通协商机制，形成互利共赢局面，为我国的经济社会发展营造稳定、和谐的社会政治环境。

第三节　巩固壮大统一战线是坚持“一国两制”方针、推进祖国完全统一大业的必然要求

保持香港、澳门长期繁荣稳定是新形势下中国共产党治国理政面临的重大课题，按照“一国两制”方针，实现祖国和平统一是党和国家的基本方针。统一战线作为推动和平统一、实施“一国两制”的重要力量，在正确处理好海内外同胞关系，保持香港、澳门长期繁荣稳定，推进祖国统一大业、实现中华民族伟大复兴等方面，承担着极其

重要的历史使命。

一、 统一战线在保持香港、澳门长期繁荣稳定中具有独特优势

香港、澳门回归以来，围绕保持香港、澳门长期繁荣稳定，统一战线高举爱国主义旗帜，广交朋友，联络感情，增进友谊，不断巩固和壮大爱国爱港、爱国爱澳力量，促进了人心回归，增强了港澳同胞对祖国的认同感和向心力。

坚定不移地贯彻“一国两制”、“港人治港”、“澳人治澳”、高度自治的方针。香港、澳门是世界透视中国、展示“一国两制”巨大优越性的窗口。香港、澳门回归祖国后，继续实行原有的社会制度和生活方式，社会政治条件极其特殊、极其复杂。统一战线秉持求同存异原则，积极促进港澳社会各阶层、各团体、各方面关系和谐，为港澳长期繁荣发展营造良好社会环境；坚持爱国一家理念，在爱国和拥护祖国统一的前提下，广交新朋友、深交好朋友、不忘老朋友，与不同阶层、不同界别、不同信仰、不同观点的人士都建立联系、保持交往；坚持以乡情、亲情、友情、商情为纽带，密切与港澳爱国社团的联络交往，通过他们团结所联系的各界别的港澳同胞，共同致力于维护港澳的繁荣、发展、稳定；坚持以爱国者为主体的“港人治港”、“澳人治澳”，支持特区政府有效施政。

【背景材料】

“糟糕而错误的”预言

香港在回归前曾不止一次被预言会走向衰败，特别是英国在撤退前就公开说过中国人没有能力治理好香港。1995 年 6 月 26 日，美国《财富》杂志更是以“香港之死”作为封面报道的题目，作者路易斯·克拉尔用“玩完了”判定这座城市的未来，宣称香港回归后中国会导致其“毁灭”。12 年后，香港回归 10 周年时，也是这本国际权威财经杂志在开篇坦承：“好吧，我们错了。”在题为“哎呀，香港根本死不了”的文章里表示：当年的预言是“糟糕而错误的”，今天的香港比过去任何时候都更具活力，“一国两制”下的香港将会持续繁荣。

全力支持香港、澳门发展经济、改善民生、推进民主。着眼港澳经济的长期稳定发展，统一战线努力推动内地与港澳形成更加紧密的经济一体化关系，积极促进港澳工商界到内地投资发展，引导内地非公有制企业“走出去”，使内地与港澳企业在资金、技术和规模等方面，不断拓展合作领域、提升合作层次、完善合作机制，实现互利共赢，并惠及港澳居民。如今的香港，不仅“马照跑、股照炒、舞照跳”，而且跑得更欢，炒得更高；澳门的博彩业也吸引了世界各地的游客。统一战线积极推动港澳地区民主政治的发展。2007年，十届全国人大常委会决定，2017年香港特别行政区第五任行政长官的选举可以实行由普选产生的办法；在行政长官由普选产生以后，香港特别行政区立法会的选举可以实行全部议员由普选产生的办法。2012年，全国人大常委会作出《关于澳门特别行政区2013年立法会产生办法和2014年行政长官产生办法有关问题的决定》，妥善解决了两个产生办法的修改事宜。这些重要举措有力地推动和保障了港澳政制发展，为特区政府施政创造了有利条件。

【数字说话】

回归后的香港和澳门更具活力

回归后的香港继续保持自由港和国际大都市特色，国际金融、贸易、航运中心地位更加巩固，截至2011年12月，已经连续18年被美国传统基金会评为全球最自由经济体。2009年香港外汇储备2 558亿美元，列全球第七，人均世界第二；2010年香港本地人均生产力达到47 142美元，居全球第六、亚洲第一；1997年，香港的人均GDP是2.7万美元，2011年这个数字跃升至3.4万美元。香港证券市场市值从1997年的4.3万亿港元，攀升到2012年4月的20.2万亿港元；首次公开集资额（IPO），从2009年起连续三年全球第一，过去10年一直位列全球五大交易所。从2004年到2011年间，香港经济增速达到5%，是同期其他发达经济体的两倍；总部设在瑞士日内瓦的世界经济论坛公布的《2009—2010年全球竞争力报告》显示，香港已经上升为全球第二的最具竞争力经济体。澳门经济在回归后实现了快速增长，摆脱了回归前连续4年的负增长，创造了连续6年年均实质增长超过11%的佳绩，2006年被《外国直接投资》杂志评为亚洲“最具经济发展潜力城市”之一；2009年人均GDP达3.89万美元，名列亚洲前茅；2011年在全球经济自由度指数排名上升至第19位，实现连续两年全球排名逐级上升。

密切内地同港澳的交流与合作，实现优势互补、共同发展。香港、澳门是长期受外国殖民统治的资本主义社会，历史和现实、内部和外部的诸多因素相互交织，港澳居民的思想观念、心理状况等与内地居民不同，同时港澳居民对内地的情况缺乏深入了解。统一战线高度重视加强同港澳社会各界，特别是专业界人士和年青一代的交流沟通。以经济为纽带，着力加强港澳青年一代企业家与内地的经贸合作交流；根据专业人士、知识分子等的心态和特点，适应港澳专业界团体与内地交流日益频繁的发展趋势，以《关于建立更紧密经贸关系的安排》（CEPA）为契机，推动内地有关部门和专业团体加强与港澳专业界的对口联系，通过学术研讨会、交流会、论坛等形式加强沟通交流，促进互信，增进认同。积极推动加强与港澳在经济、文化、教育、科技、体育等各领域的交流交往，广泛接触港澳各界人士和社团，增进了解、广交朋友、促进合作。加强内地与港澳大中小学校间的校际联系，增强港澳青年一代的祖国情、故乡情，通过深入开展“海外杰青汇中华”、“祭黄陵”、“寻根之旅”等一批有影响、有特色、有实效的活动，帮助港澳同胞增进对祖国大政方针政策、现代化建设和中华文化的了解，增强国家观念和民族意识，从而不断提高国家认同，进一步坚定对祖国和港澳前途的信心。

二、 统一战线在促进两岸关系和平发展中具有独特优势

解决台湾问题，无论是采取和平还是非和平方式，都与统一战线密切相关，特别是和平的方式，在一定意义上就是用统一战线的方式实现祖国统一。正如邓小平在改革开放初期指出的：“现在最大的统一战线问题，是台湾归回祖国、实现祖国统一问题。”① 始终不渝地坚持一个中国原则，促进两岸关系和平发展。始终坚持“和平统一、一国两制”方针，认真贯彻关于发展两岸关系、推进祖国和平统一进程的

① 邓小平：《新时期统一战线是社会主义劳动者与爱国者的联盟》，见《邓小平论统一战线》，158页。

八项主张，坚持两岸关系和平发展主题，坚持“一个中国”原则，坚决开展反分裂、反“台独”的斗争，最大限度地孤立“台独”分裂势力，最大限度地密切两岸人民的关系，最大限度地团结台湾一切拥护祖国统一的力量。认真做好台湾人民工作，真心诚意地团结广大台湾同胞。以共同的文化渊源、共同的民族感情和共同的民族利益为基础，抓住两岸关系和平发展的机遇，积极构筑发展两岸关系的桥梁，通过组织“千人夏令营”等上规模、成品牌的活动，全方位扩大对台各领域、多层次交流交往。积极促进岛内爱国统一力量发展壮大，指导和支持各民主党派、统战团体围绕促进两岸关系和平发展献计出力。在两岸同胞的共同努力下，两岸往来之便捷、经济联系之密切、各项交流之活跃、同胞感情之融洽、共同利益之广泛，呈现出前所未有的良好局面。坚决反对任何形式的“台独”分裂活动，维护台海地区和平稳定。积极动员广大统一战线成员坚决维护“一个中国”的原则立场，落实《反分裂国家法》，通过各种方式反对和遏制“台独”分裂活动，联系和推动五大洲 80 多个国家和地区的 180 多个反“独”促统组织，开展声势浩大的反“独”促统运动，在全世界范围内形成了强大的反“独”舆论环境，有力地打击了“台独”势力的嚣张气焰。

【拓展阅读】

更多人认同统一战线在两岸关系中的作用

顾毓琇先生曾说，发挥统一战线在统一祖国中的作用，就是要争取人心，不战而胜。甚至连前台湾“行政院长”郝柏村也在一定程度上认同了统一战线在促进两岸关系中的作用。1999 年 4 月，他在回乡扫墓后说：“统战如果是指沟通、交换意见、接触的观点，则对消除两岸双方敌意也是正面的。”

三、 统一战线在推动海外反“独”促统运动中具有独特优势

2011 年 11 月 30 日公布的数据显示，全球华侨华人约有 5 000 万，遍布五大洲 160 多个国家和地区。广大海外华侨华人始终心系统一，坚决反对各种分裂势力及其活动，有力维护了国家主权和民族尊严；

积极牵线搭桥，广泛促进两岸各领域交流合作，全面推进了两岸关系和平发展；利用人脉资源，积极争取更多国家和国际友人的理解支持，巩固发展了国际社会普遍承认一个中国的基本格局。国家发展的每一个成就，民族复兴的每一步征程，都熔铸了海外华侨华人的赤子之情，都饱含着海内外中华儿女的心血和智慧。

统一战线构建起全球最广泛的反“独”促统阵营。改革开放以来，统一战线充分发挥和平统一促进会、黄埔同学会、台胞联谊会、海外联谊会等爱国组织的作用，在港澳台同胞及海外侨胞中深入宣传“一个中国”原则，在世界各地召开全球华侨华人反对分裂、促进祖国统一大会。世界各地的华侨华人纷纷自发成立反“独”促统组织，在各个领域中开展形式多样、声势浩大的反“独”促统活动，形成了凡是华侨华人比较集中的地区都有反“独”促统组织的密集网络，形成了海内外中华儿女共同反分裂、反“台独”、促统一的新局面。

【典型案例】

海外统促会发挥独特作用

海外统促会根据自身特点，发挥各自优势，有效压缩了分裂势力的空间，争取了理解和支持。比如，华盛顿统促会注意和美国国会参众两院议员保持经常性沟通，每逢圣诞和新年都寄上贺信贺卡，在祝贺节日的同时也宣传了广大华侨华人反对“台独”、希望中国和平统一和增进中美友好的理念。芝加哥统促会突破华人圈，日益深入美国主流社会，开展了一系列促进中美关系改善、反对“台独”分裂活动的工作。尼日利亚统促会及当地华侨华人组织发行《西非统一商报》，发行范围覆盖了尼日利亚的主要城市及周边一些国家。该会还利用当地主要媒体刊登中国政府有关台湾问题的报道，在主要电视频道买下黄金时段播放有关专题节目，宣传中国的各项政策主张。

海外华侨华人是致力于反“独”促统的特殊力量。近年来，海外华侨华人自发组织起来成立各种各样、各个层面的社团组织，开展以促进祖国统一大业为宗旨的反“独”促统活动。他们孤立少数分裂分子，阻止“台独”、“藏独”、“东突”等分裂势力在海外华人中的渗透和扩张，以团结包容的原则最大限度地团结旅居海外的同胞，特别是已经融入当地主流社会的华侨、华人和华裔新生代。积极做好所在地主流社会和主流媒体的工作，争取他们对中国和平统一政策的理解和支持，通过广泛的接触、交流和联谊，团结了一切可以团结的力量，扩大了国际反“独”促统阵线。

海外华侨华人是增进中华民族认同的推进者。中华文化是中国和平统一的精神基础，是联结海内外中华儿女的情感纽带。共同的文化渊源、共同的民族感情、共同的民族利益，使得海外华侨华人能够充分发挥血缘、亲缘的优势，促进两岸同胞的沟通和理解，为遏制“台独”分裂势力及其活动、促进祖国和平统一贡献智慧和力量。针对“台独”分子推行“文化台独”，企图割裂台湾文化与中国文化的关系，弱化台湾民众对中华民族的认同感，侵蚀台湾民众的“中国情结”，在岛内培植分裂主义土壤的行为，海外华侨华人与之针锋相对，利用各种渠道向所在国和世界展示中华文化一脉相承、博大精深的优秀文化传统，既争取国际社会对中国和平统一事业的理解和支持，又可以在全球范围内揭露少数分裂分子的阴谋，形成反分裂、促统一的有利环境。针对西方敌对分子对我西藏、新疆等少数民族文化政策的污蔑，海外华侨华人向居住国民众介绍中华文化传统，以大量的事实佐证了我国政府在保护、抢救、弘扬少数民族文化上耗费人力、物力、财力和心血，澄清了分裂分子所谓的“文化灭绝论”，消弭了所在国一些民众的误解和曲解。

第四节　巩固壮大统一战线是坚持走和平发展道路、为我国发展争取良好国际环境的必然要求

进入新世纪以来，世界经济格局发生新变化，正处于大发展大变革大调整时期；和平、发展、合作的时代潮流愈益强劲，开放合作、互利共赢成为国际社会广泛共识；综合国力竞争和各种力量较量更趋激烈，多边主义和国际关系民主化深入人心，国际力量对比出现新态势，世界政治力量对比有利于我们争取较长时期的和平国际环境和良好的周边环境。同时，全球思想文化交流交融交锋呈现新特点，意识

形态领域斗争日趋复杂，我国发展面临着诸多来自国际方面的压力和挑战。统一战线在对外开放中的地位作用日益增强，成为推动我国扩大对外交往的重要渠道。

一、 对外交流交往中涉及统一战线的内容不断增加

围绕和平与发展的主题，通过统一战线方式做好相关方面工作，使中国和平发展的主张能为多数国家所理解和支持，最大限度地维护国家的主权和利益。同时，随着政府职能的转变，统战工作的空间得到进一步延伸，具有经济性、民间性、统战性特点的社团和组织，对外交流交往日益密切。随着全球化的推进，跨国公司将成为主导全球经济事务的一支重要力量。据统计，目前全球500强跨国公司中，已有400多家在我国设立了企业，其中设立研发机构的有200多家。统一战线“足不出户”就能与跨国公司接触，将统战工作的影响扩散到世界范围。

二、 对外交流交往中涉及统一战线的对象不断增多

进入改革开放新时期，特别是随着对外开放和国际合作交流的扩大，统一战线已经扩展成为两个范围的联盟。从大陆范围内看，海外留学人员不断增多。从1978年到2011年年底，我国各类出国留学人员总数为224.51万人。随着我国“走出去”战略的实施，不少非公有制经济人士到国外经商办企业。从大陆范围外看，许多港澳台同胞在国外居住、留学和经商，是华侨华人的重要组成部分。他们都是推动我国对外交流交往的重要力量，也是为我国的和平发展营造良好外部环境的重要力量。

三、 对外交流交往中涉及统一战线的范围不断扩大

从最初的经济特区到沿海开放城市和内地的全面开放，我国与世界各国在政治、经济、文化等方面的交流交往日益频繁，逐步形成了全方位、多层次、宽领域的开放体系和开放格局，统一战线对外交往的领域越来越多。随着我国更多企业“走出去”，对外贸易将进一步发展，人员交往将进一步增加，有利于通过与世界各国的经贸往来及人员交往，将统战工作的触角延伸到海外，更加广泛地开展海外统战

工作。

四、 对外交流交往中涉及统一战线的反渗透斗争不断加剧

境外敌对势力不愿看到中国发展起来，纷纷把我国视为潜在的主要威胁和竞争对手，千方百计对我进行遏制和打压。他们打着“民主”、“人权”、“自由”的旗号，利用民族、宗教等问题加紧进行“西化”、“分化”，严重危害我国国家安全和核心利益；通过推销其文化和价值观念冲击中华民族传统文化，淡化海外华侨华人，尤其是华裔新生代对民族文化的认同。在西方敌对势力的支持、操纵和指使下，“台独”、“藏独”、“东突”、“民运”分子、“法轮功”等内外勾结，手段日益多样，形式更加隐秘，活动十分猖獗。统一战线处在抵御国际敌对势力西化分化的前沿阵地，肩负着坚持和发展好我国社会主义政治发展道路，维护民族团结、宗教和谐和社会稳定的重任。广大统一战线成员要保持清醒认识，自觉抵御西方政治制度、政党制度的渗透和影响，倍加珍惜中国人民自己创造和发展的社会主义政治文明成果，倍加珍惜来之不易的民主团结、和谐稳定的良好局面。

第五节 巩固壮大统一战线是加强中国共产党的执政能力建设和先进性建设、完成中国共产党的执政使命的必然要求

统一战线与中国共产党的建设和执政能力息息相关。进入新世纪新阶段，中国共产党执政面临着更为错综复杂的国际国内环境，承担着推进中国特色社会主义伟大事业的神圣使命，需要进一步发挥统一战线的独特优势作用，为加强执政能力建设和先进性建设、完成中国共产党执政使命作出更大贡献。

一、 统一战线是中国共产党加强同各方面群众联系、巩固执政基础的重要途径

始终保持同人民群众的血肉联系，不断增强自身的凝聚力、影响

力和战斗力，是中国共产党执政的基本前提和重要保证。中国共产党来自于人民，服务于人民，只有得到人民群众的支持，执政才有牢固的根基和力量之源。统一战线能够把不同阶层、不同群体、不同党派、不同民族、不同信仰，以及生活在不同社会制度下的人们，都团结和凝聚在中国共产党周围，使中国共产党的阶级基础不断巩固、群众基础不断扩大。

统一战线大团结大联合的永恒主题，为巩固中国共产党执政基础赢得力量。一个政党、一个政权，其前途与命运从根本上取决于人心向背。实践反复证明，执政党只有得到人民的信赖和拥护，才能实现长期执政、稳固执政。正如毛泽东指出的："我们的势力越大，胜利的把握就越大，这是很硬的道理。"① 新时期爱国统一战线超越了不同社会制度和意识形态的界限，涵盖了各党派、各团体、各阶层、各民族、各界人士，以及港澳同胞、台湾同胞和海外侨胞，是全体社会主义劳动者、社会主义事业的建设者、拥护社会主义的爱国者和拥护祖国统一的爱国者的最广泛联盟。统一战线的队伍越壮大，团结的领域越宽广，中国共产党执政之基就越稳固。

统一战线凝聚人心、汇聚力量的根本任务，为巩固中国共产党执政基础赢得共识。统一战线在赢得各方人士的信赖、建立共同思想政治基础方面，具有独特的优势和无可替代的作用。统一战线团结的程度越深，凝聚起来的力量就越大。通过团结、教育和引导，使统一战线各方面成员理解、认同、接受和拥护中国共产党的政治主张，深化和发展同中国共产党团结合作的政治共识，为推进党和国家事业同心同德、共同奋斗。

统一战线照顾同盟者利益的基本原则，为巩固中国共产党执政基础赢得民意。利益关系是人类一切社会关系的基础，利益问题是涉及社会全体成员和社会各个方面的全局性问题。在新的历史条件下，全国各族人民的根本利益是一致的，同时不同阶层、不同群体又有这样那样的具体利益。统一战线始终坚持求大同、存小异，在维护共同利益的基础上，关注并尊重社会各界成员的特点，坚持照顾同盟者利益，

---

① 毛泽东：《在西北野战军前委扩大会议上的讲话》，见《毛泽东文集》，第5卷，26页，北京，人民出版社，1996。

保持并促进了政党关系、民族关系、宗教关系、阶层关系和海内外同胞关系的和谐。

二、统一战线是反映社情民意、促进决策科学化民主化的重要途径

统一战线是中国共产党联系人民群众、倾听人民意愿的重要渠道。通过统一战线，能够把人民群众大量的、分散的意见和要求集中起来，合理地吸收到中国共产党各项方针政策中，使中国共产党各项主张成为广大人民群众的共同意志，成为广大人民群众的自觉行动。

统一战线能够为中国共产党畅通民意表达渠道。党外代表人士，特别是各级人大代表和政协委员分别来自不同地区和界别，分别联系和代表着不同地区、不同阶层、不同党派、不同民族、不同团体的群众，他们生活在人民群众中间，了解社情民意和人民群众心声，通过广开言路、各抒己见、知无不言、言无不尽，提供大量滞留于基层、散佚于民间的鲜活情况、意见和建议，及时准确地反映不同阶层、不同群体中具有倾向性、普遍性、苗头性的意见和诉求，使党和政府及时体察民情、充分反映民意、广泛集中民智、真正顺乎民意、切实赢得民心。

【典型案例】

最早的党派提案

全国政协第一届全体会议期间，中国致公党以本党派名义提出的《由中央人民政府研究和实行护侨政策案》，是人民政协历史上最早的党派提案，对于中国共产党制定正确的华侨政策，维护华侨的合法权益、保护华侨的生命财产和人身自由，发挥了积极作用。

统一战线能够为中国共产党科学执政提供支持。一个政党执政的成功，在于路线的正确和决策的科学。我国正处在大发展、大变革、大转型的历史进程中，前进道路上可能遇到的困难与问题更加难以预测，党和国家作出科学决策、引领科学发展、实现科学执政的任务比以往更加繁重和艰巨。统一战线许多成员具有较高的文化水平和专业技能，是各行业、各领域、各方面的优秀人才，更是党科学执政的

"智囊团"和"人才库"。通过统一战线广开言路、广集众智，充分激发和运用社会各方面的智慧和创造活力，有利于帮助中国共产党更好地实施科学有效的执政方略，制定切实可行的政策举措，减少和避免决策失误，使执政更好地把握时代性、体现规律性、富于创造性。

三、统一战线是发挥民主监督作用、加强党风廉政建设和反腐败斗争的重要途径

"廉者，政之本也"。我国社会主义国家的性质决定了廉洁施政是中国共产党始终坚持的根本准则，反对腐败是中国共产党必须始终抓好的重大政治任务。统一战线能够充分发挥民主党派、工商联和无党派人士的民主监督作用，及时发现和指出工作中存在的不足和问题，有利于中国共产党保持清正廉洁，提高拒腐防变和抵御风险的能力。胡锦涛同志指出，民主党派的民主监督，特别是民主党派对中国共产党的监督，是我国社会主义监督体系的重要组成部分，也是中国共产党为人民执好政、掌好权的重要保障。

民主监督是中国特色社会主义监督体系的重要组成部分。加强党风廉政建设和反腐败斗争作为一项系统工程，必须充分发挥好党内党外两个方面的作用，既要重视中国共产党的纪律监督、人大的法律监督，又要发挥统一战线的民主监督作用。民主监督是一种"柔性"监督，虽然没有法律上的强制力，但可以与国家权力机关和国家行政机关的权力监督相互补充、相互促进，能够起到其他监督形式所不能达到的作用，是一种不容忽视、不能取代的监督形式。统一战线的民主监督与其他形式的监督共同建立起对权力的约束机制，共同构筑起整治腐败的防火墙，共同健全防治腐败的预警体系，使权力运行更加透明，反腐制度更加完善，全面提高中国共产党执政的公信力。

民主监督是中国共产党为人民执好政、掌好权的重要保障。民主监督是按照一定的章程、遵循一定的程序、通过一定的组织渠道来落实的，具有严肃、规范的要求。民主监督虽然没有强制力，但已载入宪法、写进党章，有法可依、有章可循。民主监督具有鲜明的建设性，以合理的意见、建议和批评，发挥应有的制约和校正作用，实现高度集中与发扬民主的统一。这与西方政党制度中反对党和在野党以执政

党为对立面搞权力制衡有本质区别。

民主监督与中国共产党自身的内部监督相辅相成。行使民主监督权利的人民政协、民主党派和无党派人士等具有位置超脱的特点，能够不受地方或部门利益的局限，较客观地提出建议和批评；具有智力密集的特点，能够基于专业优势和自身特长提出真知灼见；具有联系广泛的特点，能够了解到其他渠道难以掌握的社情民意，更全面地反映各方面情况。特别是民主监督作为一种政党之间的监督，能够使执政党听到不同的声音，提供单靠自身监督所不容易提供的监督。这种挚友、诤友式的批评，能够更好地防止和纠正工作中偏离党和人民利益的行为，保持谦虚谨慎、不骄不躁的作风，更加自觉地抵制、克服官僚主义和各种消极腐败现象。

第四章
中国特色的政党关系

当今世界多数国家实行政党政治，由于各国政党制度不同，政党关系也多种多样。我国为什么不能实行西方的两党制和多党制？中国共产党和各民主党派之间是什么关系？为什么中国共产党在多党合作中居于领导地位？中国共产党领导的多党合作和政治协商制度属于什么类型的政党制度？这些都是正确认识和处理好我国政党关系需要把握的基本问题。

第一节　中国共产党领导的多党合作和政治协商制度的历史必然性

政党制度是国家政治制度的重要组成部分，是世界多数国家维持国家政权系统正常运转和对国家事务进行管理的重要政治形式。一个国家实行什么样的政治制度和政党制度，是由该国的政治经济状况、民族文化传统和特定的社会历史条件等共同作用的结果。我国确立和实行中国共产党领导的多党合作和政治协商制度（以下简称我国多党合作制度），是由我国国情决定的，是我国社会历史发展的必然选择。

一、民国初年竞争型政党政治的尝试

1840年鸦片战争以后，由于帝国主义的侵略和外国资本主义的入侵，中国逐步由封建社会变为半殖民地半封建社会。帝国主义和中华民族的矛盾、封建主义与人民大众的矛盾，构成近代中国社会的主要矛盾。推翻帝国主义和封建主义的统治、实现民族独立和人民解放，

是中国民主革命的总任务。为了救亡图存，一些有识之士把目光投向西方，研究并宣传西方的政党政治。1905年8月，孙中山领导的第一个资产阶级政党——中国同盟会成立，从而揭开了中国政党政治的序幕。

1911年辛亥革命成功推翻了清朝统治，结束了中国两千多年来的封建帝制，开启了民主共和新纪元，并为政党的兴起和发展提供了适宜的土壤。“集会结社，犹如疯狂，而政党之名，如春草怒放，为数几至近百。”① 各政党围绕国会选举和组织责任内阁展开了激烈的角逐，试图在中国建立起西方竞争型的政党制度。从1912年12月至1913年2月，经过两个多月的明争暗斗，国民党在国会选举中获得大胜。在众、参两院870个议席中，国民党得392席，占45.1%；共和党、民主党、统一党三党合计占224席，占25.7%；其他党派和界别占29.2%。

国民党在国会选举中的胜利，并没有奏响资产阶级议会政党政治的凯歌。1913年3月，袁世凯派人暗杀了宋教仁，打破了国民党议会政党政治的梦幻。1914年1月，袁世凯在利用国会完成了选举其为中华民国正式大总统的使命后，下令取消第一届国会，资产阶级议会政党政治试验破产。此后，除国民党继续坚持斗争外，其他政党大多烟消云散。在北洋军阀统治时期，虽然中华民国的框架得以保留，但已经沦为北洋军阀统治的工具。

【拓展阅读】

民国时期议会制乱象

中国照搬西方议会政党制度，自1912年唐绍仪组建第一届内阁开始，到1928年为止，16年10易国家元首，组阁45届，总理更迭59人次，任期最长者不超过一年，最短者不过一天而已。国会、宪法层出不穷，组成5届国会，颁布7部宪法。总统、内阁、国会、宪法变换之频仍，以及所造成的社会动乱，为中国历史所罕见，为世界历史所少有。

民国初年竞争型政党政治尝试的历史性悲剧，给后人留下了极其宝贵的经验和教训。第一，民国初年政党政治的实践相对于封建专制，

① 丁世铎：《民国一年来之政党》，载《国是》杂志，1913（1）。

是历史的巨大进步。其结果虽然失败了，但政党思想的传播、政党组织的建立和政党政治的实践，为后来政党制度的建立和发展摸索了经验。第二，实践证明，西方的议会制、竞争型的政党制度不适合中国国情，照抄照搬必然导致失败。痛定思痛，孙中山明确指出："中国几千年以来社会上的民情风土习惯，和欧美的大不相同。中国的社会既然是和欧美的不同，所以管理社会的政治自然也是和欧美不同，不能完全仿效欧美，照样去做，像仿效欧美的机器一样。"① 总结历史教训，毛泽东也明确指出：在中国，不能搞资产阶级的议会制和三权鼎立，因为"议会制，袁世凯、曹锟都搞过，已经臭了"②。

二、 国民党统治时期一党专制的失败

1927年4月18日，蒋介石国民政府在南京成立，开始实行"一个政党、一个主义、一个领袖"的一党专制，共产党被取缔转入地下，一些左翼政党不能公开活动并不断遭到迫害。20世纪30年代，蒋介石的独裁专制思想达到登峰造极，公开赞同和推行法西斯主义，疯狂迫害和打击中国共产党、第三党及其他党派。抗日战争全面爆发后，迫于国内外压力，蒋介石政府表面上允许共产党和其他党派合法存在，但实际上始终不忘"溶共、限共、防共、反共"，并掀起三次反共高潮，其一党专制的实质没有发生根本变化。抗日战争结束后，国民党政府独裁统治的反动面目迅速暴露，拒绝中国共产党和民主党派提出的建立民主联合政府的主张，发动全面内战，最终导致了政治上的孤立、经济上的崩溃和军事上的失败。随着人民解放战争的胜利，国民党政权在大陆垮台，一党专制也随之寿终正寝。国民党一党专制逆世界民主政治潮流，违背民意，不得人心，同样是行不通的。正如毛泽东指出的："不论是对于过去历史上说，对于当前任务上说，对于中国社会性质上说，所谓一党主义都是没有根据的，都是做不到的。"③

---

① 孙中山：《三民主义·民权主义》，见《孙中山全集》，第9卷，320页，北京，中华书局，1986。

② 毛泽东：《在中共中央政治局会议上的报告和结论》，见《毛泽东文集》，第5卷，136页。

③ 毛泽东：《论新阶段》，见《毛泽东军事文选》，184页，北京，中国人民解放军战士出版社，1981。

三、 中国共产党领导的多党合作和政治协商制度的创立和发展

近代中国政治发展呼唤符合中国国情的政党制度。这一重任历史地落到中国共产党、各民主党派和无党派人士肩上。经过不懈努力，一种新型的政党制度——中国共产党领导的多党合作和政治协商制度最终形成，成为世界政党制度史上的一朵奇葩。

1921年中国共产党的成立，标志着中国革命进入了崭新的发展阶段。中国共产党分析了中国社会性质和阶级状况，总结了中国社会发展的历史经验和教训，清醒地认识到，要彻底战胜帝国主义和封建主义，取得中国革命的完全胜利，必须团结一切进步力量，形成强大合力。因此，中共二大提出了建立民主联合战线的主张，促成了第一次国共合作。抗日战争爆发后，中国共产党从中华民族的根本利益出发，提出建立抗日民族统一战线，促成了第二次国共合作。在反对国民党专制独裁统治的斗争中，中国共产党不断加强同各民主党派和无党派人士的团结合作。

【统战典故】

"君子协定"

中国共产党与以民盟为代表的民主党派结成了反内战反独裁的政治联盟。在1946年初召开的政协会议上，周恩来率领的中国共产党代表团同各民主党派和进步势力携手合作。会前中国共产党与民盟有一个"君子协定"，即对政协会上各种重大问题的讨论，中国共产党与民盟都要事先交换意见，取得一致。开会期间，"共产党同民盟双方的代表每天晚间总是聚在一起共同讨论这些问题"。"白天开会，晚上到特园碰头，互相交换情况和意见"。例如，在代表名额问题上，中国共产党与民盟密切合作。政治协商会议最初商定的名额是：国民党9名，共产党9名，民盟9名，社会贤达9名，共36名。后来，国民党为了拉拢青年党，对民盟进行分化瓦解，以孤立共产党，硬要民盟让出5个名额给青年党。其间，周恩来等一再到特园向民盟负责人表明态度，民盟9个代表席位不能动，不能让步，"希望民盟坚持这个意见"，并鼓励民盟内部除青年党外，今后要加强团结，准备在政协会中共同斗

争。最后商定的结果是青年党单独参加政协会议，不占民盟名额，由中国共产党让出2名，国民党让出1名，总名额增加到38名，民盟维持9个名额不变。最后确定的名额是：国民党8名，共产党7名，民盟9名，青年党5名，社会贤达9名。由于中国共产党主动让出两个名额，解决了民盟的名额问题，粉碎了国民党妄图通过分化和削弱民盟，操纵“多数”，以控制政协的阴谋。

我国的各民主党派，主要产生于抗日战争时期和解放战争时期，当时其社会基础是民族资产阶级、城市小资产阶级，以及同这些阶级相联系的知识分子和其他爱国分子，有着反帝、爱国、民主的政治要求，是中国社会的进步力量。在抗日战争时期，民主党派积极参加中国共产党领导的抗日民族统一战线，广泛开展抗日民主运动，同中国共产党一道，共同为坚持抗战、团结、进步而努力，反对国民党顽固派的投降、分裂、倒退行径。抗日战争胜利后，民主党派同中国共产党一道，反对国民党蒋介石集团的内战、独裁政策。1948年，中国共产党发布著名的“五一口号”，提出召开新政协会议、成立民主联合政府的主张，得到各民主党派和无党派人士的积极响应。他们纷纷宣布“愿在中共领导下，献其绵薄，共策进行，以期中国人民民主革命之迅速成功，独立、自由、和平、幸福的新中国之早日实现”①，并积极参加新政协会议和建立新中国的筹备工作。1949年9月，中国人民政治协商会议第一届全体会议在北京隆重召开，标志着我国多党合作制度正式确立。

【拓展阅读】

各民主党派积极响应“五一口号”

1948年4月30日，《晋察冀日报》首次发表了《中国共产党中央委员会发布“五一”劳动节口号》(简称“五一口号”)，发出了“各民主党派、各人民团体、各社会贤达迅速召开政治协商会议，讨论并实现召集人民代表大会，成立民主联合政府！”的号召。“五一口号”得到了全国各民主党派、各人民团体、各界民主人士、国内少数民族和

① 《李济深沈钧儒等五十余民主人士抵达解放区，声明彻底支持毛主席八项和平条件，希望全国人民共同行动将革命进行到底》，载《人民日报》，1949-01-24。

海外侨胞的热烈响应。5月4日，陈嘉庚代表新加坡华侨致电毛泽东，响应“五一口号”。5月5日，中国国民党革命委员会李济深、何香凝，中国民主同盟沈钧儒、章伯钧，中国民主促进会马叙伦、王绍鏊，致公党陈其尤，中国农工民主党彭泽民，中国人民救国会李章达，中国国民党民主促进会蔡廷锴，三民主义同志联合会谭平山，无党派人士郭沫若在香港联合致电毛泽东，完全赞成“五一口号”，称：“适合人民时势之要求，尤符同人等之本旨，曷胜钦企。”5月7日，台湾民主自治同盟发表声明，称“五一口号”“正切合全国人民目前的要求，也正切合台湾全体人民的愿望”。5月23日，中国民主建国会在上海秘密举行理监事会议，会议一致通过了赞同中共“五一口号”，筹开新政协，成立联合政府的决议。6月4日，在港的各界人士柳亚子、茅盾、章乃器等125人联合发表声明，赞同中共“五一口号”。6月9日、6月14日、6月16日、6月25日，中国致公党、中国民主同盟、中国农工民主党、中国国民党革命委员会分别发表响应“五一口号”的声明。1949年1月26日，九三学社在北平《新民报》上发表《拥护中共“五一”号召暨毛泽东八项主张的宣言》。响应中共“五一口号”，表明我国各民主党派抛弃了“不右倾、不左袒”的“中间路线”，自觉地、郑重地选择了中国共产党的领导和与中共团结合作的立场。这是我国民主党派历史上的重大里程碑。

中华人民共和国成立后，中国共产党在执政条件下进一步加强同各民主党派的团结合作，不断推进多党合作的理论创新和实践发展。针对党内一部分同志因为骄傲情绪和居功思想，瞧不起民主党派和民主人士，认为他们只不过是“一根头发的功劳”，对于安排他们的代表人物担任人民政府的职务不服气，毛泽东明确指出：“对民主党派及非党人物不重视，是一种社会现象，不仅党内有，党外也有。要向大家说清楚，从长远和整体看必须要民主党派。”“认为民主党派是‘一根头发的功劳’，一根头发拔去不拔去都一样的说法是不对的。从他们背后联系的人们看，就不是一根头发，而是一把头发，不可藐视。要团结他们，使他们进步。帮助他们解决问题。”“要给事做，尊重他们，当做自己的干部一样，手掌手背都是肉，不能有厚薄。对他们要平等，不能莲花出水有高低。”[①] 在中国共产党的支持和帮助下，民主党派组织得到巩固和壮大，多党合作事业健康发展。

社会主义改造基本完成后，各民主党派赖以存在的阶级基础发生了根本性变化，不少人因此认为民主党派的历史任务基本结束，民主党派已经是可有可无，寿命不长了，维持三五年也就完了。在此情况下，中国共产党吸取了苏联实行一党制的教训，明确提出了“两个万岁”的思想，指出“要有两个万岁，一个是共产党万岁，另一个是民主党派万岁，资产阶级不要万岁，再有两三岁就行了”。“我们有意识地留下民主党派，这对党、对人民、对社会主义很有利”[②]。随后，中共八大明确提出了“长期共存、互相监督”的方针，从而在社会主义条件下进一步确立了我国的多党合作制度。遗憾的是，1957 年反右派斗争扩大化后，多党合作事业遭受挫折，“文化大革命”期间甚至被迫中断。

中共十一届三中全会后，以邓小平为核心的党的第二代中央领导集体，深刻总结新中国成立后我国多党合作事业的经验教训，科学分析了新的历史时期我国社会主要矛盾、社会结构和阶级关系发生的深刻变化，在多党合作事业和民主党派工作上拨乱反正，明确民主党派的性质是各自所联系的一部分社会主义劳动者和一部分拥护社会主义的爱国者的政治联盟，明确多党合作是中国政治制度的一个特点和优势，将“八字方针”发展为“长期共存、互相监督、肝胆相照、荣辱与共”的“十六字方针”，提出了一整套关于多党合作和政治协商的理论和政策，使坚持和完善中国共产党领导的多党合作和政治协商制度，成为中国特色社会主义理论和实践的重要组成部分，我国多党合作事业由此迈上了崭新的历程。

中共十三届四中全会后，以江泽民为核心的党的第三代中央领导集体面对错综复杂的国内外局势，进一步提出必须巩固多党合作的政治格局，制定颁发了《中共中央关于坚持和完善中国共产党领导的多党合作和政治协商制度的意见》，把“中国共产党领导的多党合作和政

---

① 中共中央统战部研究室编：《第一次全国统战工作会议概况》，见《历次全国统战工作会议概况和文献》，6 页。

② 李维汉：《回忆与研究》（下），813～814 页，北京，中共党史出版社，1986。

治协商制度将长期存在和发展”写入宪法，推动多党合作和政治协商逐步走上制度化轨道。

中共十六大以来，以胡锦涛为总书记的党中央继往开来、与时俱进，继续推进我国多党合作事业蓬勃发展。先后制定颁发了《中共中央关于进一步加强中国共产党领导的多党合作和政治协商制度建设的意见》、《中共中央关于加强人民政协工作的意见》，成为指导新世纪新阶段我国多党合作制度建设的纲领性文件。

【拓展阅读】

多党合作制度载入宪法

1993年初，民建中央领导人获悉八届全国人大一次会议要修改宪法，于是建议将多党合作制度载入宪法，并进行了相关的调研工作。2月14日，中共中央向第七届全国人大常委会提出了关于修改宪法的八条建议，并没有涉及多党合作问题。由于这份建议案已经向社会公布，民建内部有人便表示，中共中央总览全局，这次没提出多党合作问题，肯定有所考虑，我们是不是暂时搁置，以后再提？但民建中央领导人认为，只要建议理由充分，符合邓小平理论，符合中共中央关于此次修改宪法是要使邓小平理论在宪法中得到体现的总原则，就应当善于把握机遇，尽到民建的参政党职责。3月1日，民建中央正式向中共中央提出把多党合作制度写进宪法的建议。3月6日，在江泽民同志主持的民主协商会上，民建中央领导人再次建议把多党合作制度写进宪法。民建的建议，得到了中共中央的采纳。3月14日，中共中央向八届全国人大一次会议主席团提出了《关于修改宪法部分内容的补充建议案》，其中第一条就是在宪法序言第十自然段增加“中国共产党领导的多党合作和政治协商制度将长期存在和发展”。最终，八届全国人大一次会议正式通过了这一修改宪法的建议。

实践证明，我国多党合作制度，既深深根植于中国的土壤之中，又合乎世界政党政治发展的潮流，是中国社会历史发展的必然结果，是包括民主党派、无党派人士在内的全体中国人民的自觉选择，符合中国特色社会主义事业的发展要求和全国各族人民的根本利益。

第二节 中国共产党领导的多党合作和政治协商制度是我国的一项基本政治制度

我国是工人阶级领导的、以工农联盟为基础的人民民主专政的社会主义国家。与这种国体相适应的政权组织形式是人民代表大会制度，与这种国体相适应的政党制度是中国共产党领导的多党合作和政治协商制度。我国多党合作制度是我国的一项基本政治制度，是具有中国特色的社会主义政党制度，体现了社会主义民主的本质要求，是人民当家做主的重要实现形式。

一、中国共产党领导的多党合作和政治协商制度的基本格局

我国多党合作制度的基本格局初步形成于中国人民政治协商会议第一届全体会议。当时参加新政协的党派界别共 14 个，即中国共产党、中国国民党革命委员会、中国民主同盟、中国民主建国会、中国民主促进会、中国农工民主党、中国人民救国会、三民主义同志联合会、中国国民党民主促进会、中国致公党、九三学社、台湾民主自治同盟、无党派民主人士、中国新民主主义青年团①。此后不久，中国人民救国会宣布解散，三民主义同志联合会、中国国民党民主促进会和中国国民党革命委员会合并，最终形成了由中国共产党、八个民主党派和无党派人士构成的多党合作的基本格局。

1. 中国共产党是执政党

中国共产党是中国工人阶级的先锋队，同时是中国人民和中华民族的先锋队，是中国特色社会主义事业的领导核心，代表中国先进生产力的发展要求，代表中国先进文化的前进方向，代表中国最广大人

---

① 1957 年，中国新民主主义青年团召开三大，改名为中国共产主义青年团，不再具有党派性。

民的根本利益。中国共产党的最高理想和最终目标是实现共产主义。中国共产党以马克思列宁主义、毛泽东思想、邓小平理论、“三个代表”重要思想、科学发展观作为自己的行动指南，在社会主义初级阶段领导和团结全国各族人民，以经济建设为中心，坚持四项基本原则，坚持改革开放，自力更生，艰苦创业，为把我国建设成为富强、民主、文明、和谐的社会主义现代化国家而奋斗。截至2011年年底，中国共产党党员总数达8 260.2万名，中共基层组织总数达402.7万个。

2. 八个民主党派是参政党

《中共中央关于进一步加强中国共产党领导的多党合作和政治协商制度建设的意见》明确指出：各民主党派同中国共产党长期风雨同舟、患难与共，为中国革命、建设、改革事业作出了重要贡献。在新世纪新阶段，民主党派是各自所联系的一部分社会主义劳动者、社会主义事业建设者和拥护社会主义爱国者的政治联盟，是接受中国共产党领导、同中国共产党通力合作的亲密友党，是进步性与广泛性相统一、致力于中国特色社会主义事业的参政党。民主党派的基本职能是参政议政、民主监督。参政的基本点是：参加国家政权，参与国家大政方针和国家领导人选的协商，参与国家事务的管理，参与国家方针政策、法律法规的制定和执行。参政党概念的提出，突破了以往非执政党即在野党和反对党的思维定式，赋予政党功能以新的内涵，是对马克思主义政党学说的重大发展，也是对世界政党理论发展的重大贡献。截至2011年年底，我国8个参政党共有党员88万余人。

中国国民党革命委员会，简称民革。1947年11月，中国国民党民主派和其他爱国民主人士第一次联合会议在香港举行。1948年1月1日，会议宣布中国国民党革命委员会正式成立。目前，民革主要以同原中国国民党有关系的人士、同民革有历史联系和社会联系的人士、同台湾各界有联系的人士、法律界代表性人士以及其他人士为对象，着重吸收其中有代表性的中上层人士和中高级知识分子。历任主席为李济深、何香凝、朱蕴山、王昆仑、屈武、朱学范、李沛瑶、何鲁丽、周铁农。现任主席万鄂湘。截至2011年年底，民革在30个省、自治区、直辖市建立了组织，共有党员10万多人。

中国民主同盟，简称民盟。1941年3月19日在重庆秘密成立，当时名称是中国民主政团同盟。同年11月6日，张澜在重庆公开宣布中国民主政团同盟成立。1944 年 9 月，中国民主政团同盟在重庆召开全国代表会议，决定将中国民主政团同盟改为中国民主同盟。目前，民盟主要由从事文化教育以及科学技术工作的高中级知识分子组成。历任主席为黄炎培、张澜、沈钧儒、杨明轩、史良、楚图南、费孝通、丁石孙、蒋树声。现任主席张宝文。截至 2011 年年底，民盟在 30 个省、自治区、直辖市建立了组织，共有盟员 22.4 万多人。

中国民主建国会，简称民建。1945 年 12 月 16 日，由爱国的民族工商业者和有联系的知识分子发起，在重庆成立。目前，民建主要由经济界人士组成。民建历任领导人和主席为黄炎培、胡厥文、孙起孟、成思危。现任主席陈昌智。截至 2011 年年底，民建在 30 个省、自治区、直辖市建立了组织，共有成员 13.9 万多人。

中国民主促进会，简称民进。1945 年 12 月 30 日在上海正式宣告成立。目前，民进主要由从事教育文化出版工作的高中级知识分子组成。历任主席为马叙伦、周建人、叶圣陶、雷洁琼、许嘉璐。现任主席严隽琪。截至 2011 年年底，民进在 29 个省、自治区、直辖市建立了组织，共有成员 12.7 万多人。

中国农工民主党，简称农工党。1930 年 8 月 9 日，国民党左派领导人邓演达在上海主持召开了第一次全国干部会议，成立中国国民党临时行动委员会，1935 年 11 月 10 日改名为中华民族解放行动委员会，1947 年 2 月 3 日改名为中国农工民主党。目前，农工党主要由医药卫生界高中级知识分子、环境保护和人口资源领域的代表性人士组成。历任领导人和主席为邓演达、黄琪翔、章伯钧、季方、周谷城、卢嘉锡、蒋正华、桑国卫。现任主席陈竺。截至 2011 年年底，农工民主党在 30 个省、自治区、直辖市建立了组织，共有党员 12.3 万多人。

中国致公党，简称致公党。1925 年 10 月，由华侨社团发起，在美国旧金山成立。目前，致公党主要由归侨侨眷中的中上层人士、归国留学生中的代表性人士组成。致公党历任主席为陈其尤、黄鼎臣、董寅初、罗豪才。现任主席万钢。截至 2011 年年底，致公党在 18 个省、自治区、直辖市建立了组织，共有党员 3.7 万多人。

九三学社。1944 年年底，一批进步学者为争取抗战胜利和政治民主，继承和发扬五四运动的反帝爱国与民主科学精神，在重庆组织了民主科学座谈会。为纪念 1945 年 9 月 3 日抗日战争和世界反法西斯战争的伟大胜利，改建为九三学社。1946 年 5 月 4 日，在重庆正式召开九三学社成立大会。目前，九三学社主要由科学技术界高中级知识分子组成。九三学社历任主席为许德珩、周培源、吴阶平。现任主席韩启德。截至 2011 年年底，九三学社在 30 个省、自治区、直辖市建立了组织，社员人数达 13 万多人。

台湾民主自治同盟，简称台盟。在台湾人民“二二八”起义以后，由一部分从事爱国主义运动的台湾省人士于 1947 年 11 月 12 日在香港成立。台盟主要由台湾省籍人士组成。台盟历任主席为谢雪红、蔡啸、苏子蘅、蔡子民、张克辉。现任主席林文漪。截至 2011 年年底，台盟在 13 个省、直辖市建立了组织，共有成员 2 600 多人。

3. 无党派人士

在新民主主义革命时期，一般称无党无派的知名人士为社会贤达。1949 年中国人民政治协商会议成立后，专门设立了无党派民主人士界别。《中共中央关于进一步加强中国共产党领导的多党合作和政治协商制度建设的意见》明确指出：无党派人士是我国政治生活中的一支重要力量。目前，无党派人士指没有参加任何党派、对社会有积极贡献和一定影响的人士，其主体是知识分子。无党派代表人士主要有李鼎铭、郭沫若、马寅初、巴金、程思远、袁隆平等。

二、中国共产党领导的多党合作和政治协商制度的基本特征

我国多党合作制度产生于中国共产党同各民主党派和无党派人士团结奋斗的风雨征程，发展于建设中国特色社会主义的伟大实践，其基本特征是共产党领导、多党派合作，共产党执政、多党派参政，具有鲜明的中国特色和中国气派。

在政党关系上，坚持共产党领导、多党派合作。政党关系是一个国家极为重要的政治关系。什么样的政党关系，取决于所实行的政党制度的性质和类型，反映着一个国家的基本政治面貌。西方两党制和多党制以不同政治利益集团通过选举和竞争掌握权力为基本特点，这决定了其政党之间必然要为争取选民、上台执政而相互争权夺利和彼此排斥倾轧。实行一党制的国家，大多不允许其他政党存在和发展。

我国实行的多党合作制度，既不同于西方两党制和多党制那种你上我下的权力争夺型的政党关系，也不同于一党制那种权力垄断型的政党关系，而是一种崭新的合作型政党关系。各民主党派和无党派人士自觉接受中国共产党领导，与中国共产党亲密合作，共同致力于中国的革命、建设和改革事业。江泽民同志指出："这既避免了多党竞争、相互倾轧造成的政治动荡，又避免了一党专制、缺少监督导致的种种弊端。我国政党制度的巨大优势就在这里，同国外一党制和多党制的根本区别也在这里。"①

在政权运作方式上，坚持共产党执政、多党派参政。政党制度与一个国家的政权性质和运作方式密切相关，与各政党在国家政治生活中的地位和作用紧密相连。在实行西方两党制和多党制的国家里，几百年来形成的政权运作方式是各政党轮流执政，只有执政党才能主导国家行政权力，在野党或反对党一般不能直接参与政府对国家事务的管理。在实行一党制的国家里，由于一党独揽国家权力，缺少必要的监督，往往容易导致政治专制和体制僵化。我国是一个社会主义国家，中国共产党作为执政党，依法长期执政，这是宪法确定的。中国共产党真诚同党外人士合作共事，充分听取各民主党派和无党派人士的意见和建议，自觉接受他们的民主监督，努力实现科学执政、民主执政、依法执政。各民主党派作为同中国共产党通力合作的中国特色社会主义参政党，参加国家政权，参与国家大政方针和国家领导人选的协商，参与国家事务的管理，参与国家方针政策、法律法规的制定和执行，在国家社会政治生活中发挥着重要作用。

在协调利益关系上，坚持维护国家和人民的根本利益、照顾同盟者的具体利益。政党制度的一个重要功能，就是反映、协调和整合利益诉求。实行西方两党制和多党制的国家，由于各党派不可调和的利益冲突，无论哪个政党上台执政，都不可能代表全体人民的意愿和利益。在我国，中国共产党始终代表最广大人民的根本利益，民主党派和无党派人士反映和代表各自所联系群众的具体利益和要求，都把建设富强、民主、文明、和谐的社会主义现代化国家作为最大共识。同

① 江泽民：《进一步开创统一战线工作的新局面》，见《江泽民文选》，第3卷，144页。

时，在同民主党派和无党派人士合作中，中国共产党始终坚持照顾同盟者的具体利益，通过制定方针政策、法律法规和相应措施，保障他们及所联系群众的权益，并通过民主协商最广泛地听取社会各方面的意见愿望，最大限度地满足社会各方面的利益诉求。

在民主实现形式上，坚持充分协商、广泛参与。在西方两党制和多党制下，各政党为了赢得更多的选票，一般也会适当考虑普通民众的意愿，但归根结底是受垄断资本利益集团左右的。我国多党合作制度以合作、参与、协商为基本精神，以团结、民主、和谐为本质属性，是中国共产党和中国人民在民主形式方面的伟大创造。中国共产党同各民主党派和无党派人士就事关国计民生的重大问题进行直接协商，在人民政协同社会各界人士广泛协商，能够在中国特色社会主义共同目标下把中国共产党领导和多党派合作有机结合起来，实现了广泛参与和集中领导的统一、选举民主与协商民主的统一、社会进步和国家稳定的统一、充满活力和富有效率的统一，体现了我国社会主义政治制度和政党制度的特点与优势。

【背景材料】

从美国国债危机看“驴象之争”

2011 年 5 月 16 日，美国国债终于触及国会所允许的 14.29 万亿美元上限，到了 8 月 2 日，若不提高债务上限或削减开支，政府就会开始债务违约，这种情况可能让国际金融市场陷入混乱。奥巴马总统多次强调，如果两党在最后期限前未达成协议，将是美国历史上首次发生债务违约。民主党和共和党的分歧在于：方案是否覆盖大选年，以及谁来为削减债务埋单。民主党希望提高债务上限方案覆盖到 2012 年 11 月美国大选之后，这样在大选前就不需要再就减少赤字问题讨价还价。而共和党仅同意达成为期六个月的短期提高债务上限方案，这样在 2012 年大选前可以再次利用债务问题打击民主党选情。经过两个多月的激烈争吵，就在距违约期限还有几个小时的最后时刻，两党才达成妥协，奥巴马签署了美国参议院通过的提高债务上限和削减赤字的方案。由此可见，美国国家的利益、国民的利益，完全成为民主党和共和党争夺权利的砝码、政治游戏的工具。

三、中国共产党领导的多党合作和政治协商制度的基本方针

"长期共存、互相监督、肝胆相照、荣辱与共"（简称"十六字方针"）是我国多党合作制度的基本方针，是中国共产党与民主党派、无党派人士和谐关系的集中体现，是我国多党合作事业健康发展的重要保证。

1. "十六字方针"的形成过程

早在新民主主义时期，毛泽东就明确指出："共产党的这个同党外人士实行民主合作的原则，是固定不移的，是永远不变的。""共产党是为民族、为人民谋利益的政党，它本身决无私利可图。它应该受人民的监督，而决不应该违背人民的意旨。"① 新中国成立前夕，毛泽东在中共七届二中全会上进一步强调："我党同党外民主人士长期合作的政策，必须在全党思想上和工作上确定下来。"② 正是在这一思想指导下，新中国成立之时，就创立了我国多党合作制度。

1956 年社会主义改造基本完成后，国际国内形势发生了巨大变化。从国际上看，当时处在社会主义阵营的国家，由于受苏联一党制的影响，大都建立了一党制。从国内看，民主党派的社会基础发生了根本性变化，社会主义改造完成后，民族资产阶级、城市小资产阶级已不复存在，民主党派面临着"皮之不存，毛将焉附"的存废问题。在我国多党合作制度何去何从的历史关头，1956 年 4 月 25 日，毛泽东在《论十大关系》中对这一问题给予了明确的回答："究竟是一个党好，还是几个党好？现在看来，恐怕是几个党好。不但过去如此，而且将来也可以如此，就是长期共存，互相监督。"③ 同年 9 月，中共八大将"长期共存、互相监督"方针写入了决议。"八字方针"的提出，反映了民主党派阶级基础的变化，民主党派由以民族资产阶级、城市小资产阶级为阶级基础的政党，转变为一部分社会主义劳动者和拥护

---

① 毛泽东：《在陕甘宁边区参议会的演说》，见《毛泽东选集》，2 版，第 3 卷，809 页。

② 毛泽东：《在中国共产党第七届中央委员会第二次全体会议上的报告》，见《毛泽东选集》，2 版，第 4 卷，1437 页。

③ 毛泽东：《论十大关系》，见《毛泽东文集》，第 7 卷，34 页。

社会主义爱国者的政党。“八字方针”提出后，各民主党派深受鼓舞，普遍表示满意和拥护，认为是民主党派新生命的开始。

中共十一届三中全会后，民主党派的性质重新得到科学界定。1981年年底召开的第十五次全国统战工作会议提出，在新的历史时期，“一定要同党外朋友真正建立起‘肝胆相照、荣辱与共’的关系”[①]。1982年9月，中共十二大报告明确指出：中国共产党要继续坚持“长期共存、互相监督”，“肝胆相照、荣辱与共”的方针，加强同各民主党派、无党派人士、少数民族人士和宗教界爱国人士的合作。“十六字方针”的确立，标志着中国共产党与民主党派、无党派人士的合作关系发展到一个新的阶段，为我国多党合作制度的坚持和完善奠定了坚实的基础。

2. “十六字方针”的基本内涵

“八字方针”发展为“十六字方针”，既是对中国共产党同民主党派、无党派人士长期合作历史经验的高度概括和总结，也是我国和谐政党关系的真实写照，包含着极其丰富的思想内涵。

长期共存，顾名思义，就是中国共产党同民主党派共存亡。“我们党的寿命有多长，民主党派的寿命就有多长，一直要共存到将来社会的发展不需要政党的时候为止。”[②] 中国共产党和各民主党派怎样才能长期共存？很显然，是不能采取西方国家各政党之间的激烈竞争方式共存的，只能通过合作的形式共存，采用协商的方式共事。毛泽东指出：“在一切有愿意和我们合作的民主党派和民主人士存在的地方，共产党员必须采取和他们一道商量问题和一道工作的态度。那种独断专行，把同盟者置之不理的态度，是不对的。”[③] 因此，必须有尊重友党及和友党同志用谦和的商量态度解决问题的精神，不应独断。这既是长期共存的前提和基础，也是长期共存的一个重要内涵。中国共产党和民主党派总有一天会结束自己的历史使命，完成历史使命之时，就是中国共产党和民主党派共同消亡之日。毛泽东指出：“共产党和民主

---

① 胡耀邦：《在全国统战工作会议上的讲话》，见《新时期统一战线文献选编》，165页，北京，中共中央党校出版社，1985。

② 周恩来：《长期共存，互相监督》，见《周恩来统一战线文选》，350页。

③ 毛泽东：《中国共产党在民族战争中的地位》，见《毛泽东选集》，2版，第2卷，526页。

党派都是历史上发生的。凡是历史上发生的东西，都要在历史上消灭。因此，共产党总有一天要消灭，民主党派也总有一天要消灭。消灭就是那么不舒服？我看很舒服。共产党，无产阶级专政，哪一天不要了，我看实在好。我们的任务就是要促使它们消灭得早一点。”①

【统战典故】

中国共产党劝止民主党派“光荣结束”

面对新中国成立初期中国革命和建设形势、任务发生的根本性变化，一些民主党派领导人认为民主党派为之奋斗的目标、任务已经实现，没有继续存在的必要，存在功成身退、鸟尽弓藏的思想。对此，毛泽东明确指出：“从前有句话说‘飞鸟尽，良弓藏’。现在应该改作‘飞鸟尽，良弓转’——转向更好更进步的方面去。……新中国的建立，如‘大厦将建，独木难支’，不能只靠一个党派。一个篱笆三个桩，一个好汉三个帮，需要多党派齐心努力，共建大厦。”② 1949年12月18日，救国会举行茶话会宣布解散，周恩来在茶话会召开两小时后赶到会场并发表了讲话，“救国会过去做了很多工作，是共产党的好朋友，我们同甘共苦地合作过，今后还有很多工作需要你们做，你们还可以发挥很大作用，共同建设社会主义嘛！为什么要解散？也没有和我商量一下。现在你们已经宣布了，我来晚了。”③ 与此同时，九三学社、民盟、农工党、民进等也酝酿光荣结束。毛泽东于1950年3月访苏返京后，听说救国会解散，深为惋惜，说救国会是进步团体，不应当解散。当他又听说九三学社也要解散，当即表示不同意，明确指示九三学社不但不能解散，而且还要继续发展。④ 经过中国共产党及其领导人及时劝止，民主党派在新的历史进程中得以继续存在并发展。

互相监督，就是各党派互相提意见，作批评。为什么要互相监督？“这是因为一个党同一个人一样，耳边很需要听到不同的

---

① 毛泽东：《论十大关系》，见《毛泽东文集》，第7卷，35页。

② 关世雄主编：《中国共产党统一战线史》（社会主义时期），67页，北京，中国文史出版社，1993。

③ 李庚：《关于救国会在抗战时期的历史情况》，见《爱国主义的丰碑》，294页，北京，群言出版社，2002。

④ 参见许德珩：《难忘的回忆》，92页，北京，中国青年出版社，1985。

声音。”[①] 第一，中国共产党应当虚心接受民主党派的监督。所谓互相监督，当然不是单方面的，中国共产党可以监督民主党派，民主党派也可以监督中国共产党。但互相监督首先应当是民主党派对中国共产党的监督。执政的共产党因为威信很高、居于领导地位而最容易犯错误，犯了错误影响也很大。因此，“我们要加强党内的自我批评和依靠广大劳动人民的监督来克服缺点和错误，这是主要的一面。但是我们还应当借助于各民主党派和无党派民主人士的批评来克服缺点和错误”[②]。“这些党外的民主人士，能够对于我们党提供一种单靠党员所不容易提供的监督，能够发现我们工作中的一些我们所没有发现的错误和缺点，能够对于我们的工作作出有益的帮助。”[③] 第二，民主党派也要接受中国共产党的监督。任何政党和个人，犯错误总是难免的，中国共产党会犯错误，民主党派也会犯错误。要从团结民主党派出发，对他们的错误和缺点进行认真的和适当的批评，帮助民主党派提高认识，改正错误。第三，互相监督只有在国家宪法和相关法律范围内，在遵守共同政治准则的基础上才能发挥积极作用。

肝胆相照，描述的是中国共产党同民主党派的亲密友党关系。它表明各民主党派同中国共产党之间彼此真心相见、披肝沥胆、坦诚相待。各民主党派同中国共产党在性质、阶级基础、政治纲领等方面有差异，双方在国家政治生活中的地位作用不尽相同，但相互之间没有根本的利益冲突，都是为着共同的目标，即把中国建设成为一个富强、民主、文明、和谐的社会主义强国而奋斗。中国共产党坚持照顾同盟者利益，各民主党派、无党派人士拥护中国共产党的领导，为中国共产党执好政掌好权出主意、想办法，当挚友、建真言。

荣辱与共，集中体现了中国共产党同民主党派、无党派人士在我国社会政治生活中是命运共同体。它表明中国共产党同民主党派在长期共存和团结合作过程中，始终做到风雨同舟，同甘苦，共患难。同

---

① 毛泽东：《关于正确处理人民内部矛盾的问题》，见《毛泽东文集》，第7卷，235页。

② 毛泽东：《对中共八大政治报告稿的批语和修改》，见《建国以来毛泽东文稿》，第六册，146～147页，北京，中央文献出版社，1992。

③ 邓小平：《关于修改党的章程的报告》，见《邓小平文选》，2版，第1卷，225页，北京，人民出版社，1994。

时，共同奋斗的历史、共同的使命、共同的责任，把中国共产党和民主党派的命运联系在一起，都以国家之兴为荣，以国家之衰为辱，形成了一种荣辱与共、生死相依的密切关系，一荣俱荣，一损俱损。

3. “十六字方针”提出的意义

“十六字方针”是中国共产党与民主党派、无党派人士团结合作实践经验的高度概括和科学总结。这一方针的提出，对于推进社会主义民主政治建设，坚持和完善我国多党合作制度，加强执政党和参政党自身建设，都具有重大的理论意义和实践意义。

“十六字方针”进一步巩固了中国共产党领导的多党合作格局。“十六字方针”的形成，为中国共产党领导的多党合作格局的巩固提供了更加坚实的政策基础。对民主党派来说，这一方针更是一个根本性的安排，即从根本上解决了民主党派存废的问题，中国共产党与各民主党派同呼吸、共命运。民主党派不仅不会因为重大历史事件的出现和民主党派组织领导集体的更替而消亡，而且要随着社会主义建设事业和多党合作事业的发展而不断发展壮大。

“十六字方针”为正确认识与处理中国共产党和民主党派、无党派人士的关系指明了方向。“十六字方针”深刻反映了新时期民主党派、无党派人士社会基础的重大变化，进一步深化了中国共产党同民主党派、无党派人士的诤友关系，使新时期中国共产党同民主党派、无党派人士长期共存的社会基础更加坚实，互相监督的内容更加丰富，合作共事更加和谐。

“十六字方针”的实质是发扬和扩大社会主义民主。各民主党派、无党派人士在“十六字方针”指引下，积极开展政治协商、民主监督、参政议政工作，有助于党和政府决策的科学化、民主化，符合我国社会主义民主政治发展的客观要求和价值取向。正如周恩来所说：“长期共存、互相监督的方针，实际上是扩大民主。我们是六亿人口的国家。要把六亿人的生活搞好，建设社会主义，没有互相监督，不扩大民主，是不可能做得好的。因此，互相监督的面还要扩大，不能缩小。”①

“十六字方针”提出后，在各民主党派中产生了强烈反响。各民主党派纷纷召开会议，发表声明表示拥护和支持，指出“十二大把与民

① 周恩来：《长期共存，互相监督》，见《周恩来统一战线文选》，351页。

主党派‘长期共存、互相监督’，建立‘肝胆相照、荣辱与共’的关系作为中国共产党的长期方针确定下来，体现了中国共产党和民主党派的关系越来越密切。既然是荣辱与共，目标一致，我们就需要同心同德，赤诚相见，真正做共产党的诤友”①。

【拓展阅读】

雷洁琼大姐的“心声”

民进老一辈领导人雷洁琼曾说：民主党派在几十年的历史中，走过了一条同中国共产党风雨同舟、患难与共的道路，形成了与中国共产党团结合作的优良传统。我真诚地希望民主党派的新人们，将同中国共产党团结合作的光荣传统继承下来，并不断地发扬光大，在进入新的世纪的时候，再谱写肝胆相照、荣辱与共的新篇章。

四、 中国共产党领导的多党合作和政治协商制度的衡量标准

用什么标准来衡量我国的政党制度，是一个重大的理论和实践问题。一直以来，对我国政党制度总有一些模糊认识甚至是错误观点，认为我国也应像西方国家那样，实行多党竞争、轮流执政。产生这种误解的一个很重要的原因，是把西方国家的政党制度模式作为衡量我国政党制度的标准。因此，准确把握衡量我国政党制度的标准，有利于人们正确认识和理解我国政治制度与政党制度的优势，有利于有效抵御西方国家政治制度和政党制度的渗透与影响。

中国共产党始终坚持马克思主义唯物史观，立足我国基本国情，对我国政治制度和政党制度的衡量标准进行了深刻论述。早在新民主主义革命时期，毛泽东就指出：“中国一切政党的政策及其实践在中国人民中所表现的作用的好坏、大小，归根到底，看它对于中国人民的生产力的发展是否有帮助及其帮助之大小”②。在改革开放新的历史时期，邓小平强调指出：“评价一个国家的政治体制、政治结构和政策是否正确，关键看三条：第一是看国家的政局是否稳定；第二是看能否

---

① 雷洁琼：《同心同德赤诚相见做共产党的诤友》，载《人民日报》，1982-09-17。

② 毛泽东：《论联合政府》，见《毛泽东选集》，2版，第3卷，1079页。

增进人民的团结，改善人民的生活；第三是看生产力能否得到持续发展。”① 在2000年第十九次全国统战工作会议上，江泽民同志明确提出：“衡量中国的政治制度和政党制度，最根本的是要从中国国情出发，从中国革命、建设、改革实践的效果着眼，一是看能否促进社会生产力持续发展和社会全面进步；二是看能否实现和发展人民民主，增强党和国家的活力，保持和发挥社会主义制度的特点和优势；三是看能否保持国家政局稳定和社会安定团结；四是看能否实现和维护最广大人民的根本利益。”② 2005年颁发的《中共中央关于进一步加强中国共产党领导的多党合作和政治协商制度建设的意见》进一步指出：“衡量我国的政治制度和政党制度，最根本的是要从我国的国情出发，以能否促进社会生产力持续发展和社会全面进步，能否保持和发挥社会主义制度的特点和优势，能否实现和发展人民民主，增强党和国家的活力，能否保持国家政局的稳定和社会安定团结，能否实现和维护最广大人民的根本利益为标准。坚持和完善我国的政党制度，要借鉴人类政治文明的有益成果，但绝不能照抄照搬别国政治制度的模式。”

我国政治制度和政党制度衡量标准的提出，为正确认识我国多党合作制度的优越性提供了科学的判断依据，不仅澄清了人们在我国政治制度和政党制度上的模糊认识，更为坚持和完善我国多党合作制度指明了方向。

【拓展阅读】

政党制度与生产力发展水平的关系

是否有利于生产力发展，是衡量政党制度优劣的一个重要标准，但由于各国社会的经济基础和历史传统不同，同一政党制度在不同国家对生产力发展会产生不同的结果。两党制和多党制在英、美等西方国家实行，与在非洲等发展中国家实行，与在东欧原社会主义国家实行，结果大相径庭。特别是不能用各国当前生产力发展水平衡量其政党制度的优劣。因此，不能因为西方国家目前比我国生产力水平高，

① 邓小平：《怎样评价一个国家的政治体制》，见《邓小平文选》，1版，第3卷，213页，北京，人民出版社，1995。

② 江泽民：《进一步开创统一战线工作的新局面》，见《江泽民文选》，第3卷，144页。

就认定西方政党制度比我国政党制度优越，就认为我国应当照搬照抄西方政治制度和政党制度。

五、中国共产党领导的多党合作和政治协商制度的政治准则

坚持中国特色社会主义政治发展道路是中国共产党和各民主党派在长期团结合作中形成的政治共识，是推进多党合作事业健康发展的政治保障。坚持我国多党合作制度，保持我国政党关系长期和谐，根本在于坚持走中国特色社会主义政治发展道路，具体就是要始终坚持《中共中央关于进一步加强中国共产党领导的多党合作和政治协商制度建设的意见》提出的六条重要政治准则。

第一，坚持以马克思列宁主义、毛泽东思想、邓小平理论、“三个代表”重要思想为指导。中国共产党保持党的先进性，完成执政兴国、执政为民的历史使命，必须以科学理论为指导；民主党派保持进步性和广泛性，与中国共产党通力合作，共同致力于社会主义建设事业，同样需要科学理论的指导。

第二，坚持中国共产党的领导。这是我国多党合作事业取得成功的根本保证。实现中国共产党对我国多党合作的坚强领导，需要根据形势的发展和任务的要求完善领导方式和领导方法，不断提高领导水平。中国共产党对民主党派的领导是政治领导，政治协商是实现这种领导的重要民主形式。

第三，坚持社会主义初级阶段的基本路线、基本纲领和基本经验。社会主义初级阶段的基本路线、基本纲领和基本经验，系统回答建设中国特色社会主义的基本理论和实践问题，体现了中国共产党对人类社会发展规律、社会主义建设规律、执政规律的认识。只有坚持社会主义初级阶段的基本路线、基本纲领和基本经验，使之贯穿于多党合作事业发展的全过程，才能使多党合作始终保持正确的发展方向，始终保持旺盛的生机和活力。

第四，坚持“长期共存、互相监督、肝胆相照、荣辱与共”的基本方针。坚持这一方针，有利于妥善处理中国共产党和各民主党派之间的关系，有利于调动各民主党派参政议政和民主监督的主动性和积

极性，有利于推动中国共产党与各民主党派的团结合作，建立起挚友和净友的关系，促进政党关系的和谐。

第五，保持宽松稳定、团结和谐的政治环境。历史经验表明，能否正确处理不同意见和差异，影响着多党合作事业的健康发展。只有始终保持宽松稳定、团结和谐的政治环境，从增进团结的角度出发，采取求同存异、体谅包容的态度，加以正确的教育和引导，才能在新的基础上达到新的团结，始终保持多党合作的生机活力。

第六，中国共产党和各民主党派都必须以宪法为根本活动准则，负有维护宪法尊严、保证宪法实施的职责。宪法是国家的根本大法，是国家政治和社会生活的最高行为规范，任何组织或者个人都不得有超越宪法的特权。中国共产党作为执政党，要率先垂范，依照宪法规范自己的领导方式和行为方式，做遵守宪法和法律的模范。各民主党派作为参政党，也要自觉地以宪法为根本活动准则，积极履行宪法赋予的职责，共同把建设中国特色社会主义伟大事业推向前进。

【背景材料】

一些非洲国家照抄照搬西方政治制度的结果

非洲国家自独立以来，在短短的几十年内政党制度就出现了三次大的浪潮，即经历了“多党制——一党制——多党制”的马鞍形发展道路。第一次浪潮发生在独立初期的20世纪60年代。非洲大多数国家纷纷模仿西方宗主国的政治体制进行政权建设，实行英国的议会内阁制或者法国的总统共和制。在政党制度方面实行多党制。第二次浪潮发生在20世纪70年代至80年代中期。非洲许多国家的政治体制从分权制向集权制过渡，政党制度由多党制向一党制转变。第三次浪潮发生在20世纪80年代末和90年代，由一党制再变为多党制。结果，20世纪90年代初期，非洲大陆战乱不息，有14个国家已经面临严重危机或正处于民族内战之中。进入新世纪，一些非洲国家仍然处在动荡之中。

第三节 中国共产党领导的多党合作和政治协商制度的功能作用

新中国成立60多年来，我国社会面貌发生了历史性转变，综合国力大幅跃升，人民生活明显改善，国际地位显著提高，中华民族巍然屹立于世界民族之林。这得益于中国共产党的领导，得益于社会主义制度的优越性，得益于走中国特色社会主义道路，同时也与始终坚持中国共产党领导的多党合作和政治协商制度密不可分。这一制度在促进我国革命、建设和改革事业，全面建成小康社会，实现中华民族伟大复兴的历史进程中具有不可替代的功能作用。

一、 我国多党合作制度的重要功能

我国多党合作制度以共同事业为目标，以发扬民主为理念，以合作共赢为准则，具有政治参与、利益表达、社会整合、民主监督和维护稳定的独特功能，为中国特色社会主义事业提供了重要制度支撑。

1. 政治参与

我国多党合作制度为各民主党派的政治参与开辟了制度化渠道，把各种社会力量纳入政治体制，巩固和扩大人民民主专政国家政权的基础；调动各方面积极性，广集民智，广求良策，推动执政党和政府决策的科学化、民主化；在保持社会稳定的前提下，推进社会主义民主积极稳步发展。

我国多党合作制度的政治参与功能具有鲜明的特点：首先，这是一种合作性参与，把民主党派成员和无党派人士吸纳进人大、政府、政协、司法机关，通过合作共事，他们直接参与对国家事务的管理；其次，这是一种协商性参与，主要是通过政治协商，把各种政治愿望和意见建议输入政治系统与政治过程，进而影响党和政府决策施政；再次，这是一种有序性参与，既能满足人民群众日益增长的参与诉求，把人民群众的政治参与纳入制度化轨道，又能避免盲目参与带来的无序混乱，体现政治参与扩大与政治参与有序的有机统一。

2. 利益表达

我国是一个人口众多的大国，存在不同的阶级、阶层和社会群体。人民内部在根本利益一致的基础上存在着具体利益的差别和矛盾，特别是随着社会主义市场经济的发展，经济体制深刻变革，社会结构深刻变动，利益格局深刻调整，思想观念深刻变化。我国多党合作制度能够有效反映社会各方面的利益、愿望和诉求，畅通和拓宽社会利益表达渠道，协调利益关系，照顾同盟者利益，从而保持社会和谐稳定。

我国多党合作制度的利益表达功能具有鲜明的特点：一方面，具有较强的规范性，即这种表达是在多党合作和政治协商的体制框架内，遵循多党合作的政治准则，实现不同利益的协调与整合，并以最广大人民群众的根本利益为最大利益；另一方面，具有较强的实效性，不仅仅是停留在表达民众利益需求上面，而是确保社情民意进入决策者的视野，使党和政府的各项决策尽可能照顾到不同方面的利益需求。

【典型案例】

民盟对收入分配问题提出建议

收入分配改革事关基本民生和经济社会持续、健康发展全局，是党和政府在新的发展阶段深化改革的重点领域，也是亿万人民深切关注的热点与焦点。为了助力收入分配机制完善，促进社会和谐发展，2010 年 5 月，民盟中央领导人率调研组在广东省进行了调研，在实地考察、问卷调查和专家研讨的基础上撰写了《“完善收入分配机制，促进社会和谐发展”调研报告》，并据此撰写了《关于完善收入分配机制促进社会和谐发展的建议》。该建议得到了中共中央和国务院的高度重视，并获中共中央和国务院领导的重要批示。同年 9 月，国家发展和改革委员会牵头召集有关部委召开会议，讨论这一建议的落实问题。

3. 社会整合

我国现代化建设的艰巨性和复杂性，要求政治制度具备高度的社会整合功能。我国多党合作制度以中国共产党的坚强领导为前提，又有各民主党派的广泛合作，从而形成强大的社会整合力。在建设中国特色社会主义大目标下，中国共产党紧密团结民主党派，形成高度的政治认同，促进政治资源的优化配置，调动各方面的积极性，引导和组织社会沿着现代化的方向不断前进。

我国多党合作制度的社会整合功能具有鲜明的特点：一是有坚强的领导核心，中国共产党将社会各方面团结凝聚起来；二是有坚定的政治共识，在中国特色社会主义伟大旗帜下实现大团结大联合；三是有共同的奋斗目标，把社会各方面的智慧凝聚到社会主义现代化建设上来。

4. 民主监督

民主监督是中国共产党和各民主党派之间的互相监督。这种监督是在坚持四项基本原则的基础上通过提出意见、批评、建议的方式进行的政治监督，是我国社会主义监督体系的重要组成部分。由于中国共产党处于领导和执政地位，更加需要自觉接受民主党派的监督。

中国共产党与各民主党派互相监督，有利于强化体制内的监督功能，避免由于缺乏监督而导致的种种弊端。各民主党派反映和代表着各自所联系群众的具体利益和要求，能够反映社会上多方面的意见和建议，能够提供一种中国共产党自身监督之外的监督，有利于执政党决策的科学化、民主化，更加自觉地抵制和克服官僚主义和各种消极腐败现象，加强和改进执政党的工作。

我国多党合作制度的民主监督功能具有鲜明的特点：首先，这是一种政治监督，必须在坚持四项基本原则的前提下进行，必须遵守多党合作的政治准则；其次，这是一种非国家权力监督，它不具有法律的约束力和权力的强制力；再次，这是一种建设性的监督，不以相互拆台为目的，而以共同发展共同进步为导向；最后，这是一种有组织的监督，在政党制度层面开展的、有组织的政治行为，具有层次高、范围广、形式灵活等优势。

5. 维护稳定

我国多党合作制度以共产党领导、多党派合作，共产党执政、多党派参政为显著特点，执政党与参政党在“十六字方针”的指导下，形成了一种和谐的政党关系，没有政党轮替与竞争，本身就是一种稳定的政治格局。同时，我国多党合作制度有助于促进社会的和谐与稳定。中国共产党通过与民主党派的团结合作，准确了解和及时回应社会各方面的利益诉求，引导社会各方面正确认识改革发展中利益格局的变化，消除影响社会稳定的各种因素，为改革开放和现代化建设创造良好的社会环境。

二、 我国多党合作制度的重要作用

中国共产党领导的多党合作和政治协商制度符合中国特色社会主义事业的发展要求，符合全国各族人民的根本利益，在我国经济社会发展中发挥着极其重要的作用。

1. 服从服务大局、广泛凝聚力量

新中国成立后，围绕土地改革、抗美援朝、“三反”“五反”和社会主义改造等，各民主党派和无党派人士积极响应中国共产党号召，同全国人民一道，为恢复和发展国民经济、巩固新生人民政权、推动各项社会改革、促进社会主义革命和建设，发挥了积极作用。改革开放以来，各民主党派和无党派人士充分履行参政议政、民主监督职能，紧紧围绕经济建设这个中心，就深化经济体制改革、加快经济发展方式转变、构建社会主义和谐社会、建设社会主义新农村、实施可持续发展战略、应对国际金融危机冲击等事关国计民生的重大问题，积极开展考察调研，提出真知灼见，得到高度重视，许多被采纳，促进了党和政府决策科学化、民主化。各民主党派和无党派人士还着眼促进城乡区域协调发展，深入革命老区、民族地区、边疆地区、贫困地区和中西部地区推动实施“智力支边”、“温暖工程”等活动，开展职业培训、兴教办学、捐资救灾、扶危济困等公益事业，产生了良好的经济效益和社会效益。

【典型案例】

台盟助推国家“建设海峡西岸经济区”战略

海峡西岸经济区建设是台盟长期关注的课题。2008 年，围绕如何以海峡西岸为衔接区，进一步促进台湾与祖国大陆融合的问题，台盟开展考察调研，形成了构建“海峡经济区”的战略设想。2008 年 7 月，在胡锦涛同志主持的经济形势高层协商会议上，台盟提出构建“海峡经济区”的设想和建议，得到中共中央领导同志的高度重视。2009 年，建设海峡西岸经济区正式成为国家战略。

2. 充分发扬民主、扩大有序参与

各民主党派和无党派人士广泛参加人大、政府、政协，同中国共产党合作共事，是我国政治体制的一个鲜明特色。新中国成立以来，中国共产党同党外人士在人大、政府、政协和司法机关的合作共事形成制度。截至2011年年底，全国各级人大代表中有党外人士17.6万名，各级政协委员中有党外人士42.1万名，县处级以上党外领导干部3.3万名，29个省、区、市政府有党外副省长、副主席、副市长。越来越多的党外干部还担任了各级政府部门正职，在各自领导岗位上发挥了重要作用。同时，中国共产党在重大决策之前和决策执行过程中，坚持同各民主党派和无党派人士充分协商，坚持在人民政协同各党派团体和各族各界人士广泛协商，也是我国社会主义民主的一大特色。目前，无论是党和国家的重大方针政策、国家领导人选的酝酿、重要会议及通过的文件决定、宪法和重要法律的修改，还是国民经济和社会发展的中长期规划、政府工作报告的出台，中共中央都要与各民主党派中央和无党派人士进行协商，广集民智、广求良策。仅中共十六大以来的10年中，中共中央、国务院召开和委托有关部门召开的协商会、座谈会、情况通报会等就有190多次。

3. 积极协调关系、维护社会和谐

新中国成立以来，无论面临什么样的复杂形势和艰巨任务，各民主党派和无党派人士始终同中国共产党保持政治方向一致、根本利益一致、奋斗目标一致，互相支持、互相帮助、互相监督，形成了稳定的政党格局。特别是面对国际敌对势力把政党制度作为西化、分化我国的重要突破口，各民主党派和无党派人士始终立场坚定、旗帜鲜明，坚持和发扬同中国共产党风雨同舟、患难与共的优良传统，加强对各自成员的思想政治引导，深入开展走中国特色社会主义政治发展道路主题教育活动，坚决抵御各种错误思潮的影响，不断巩固同中国共产党团结合作的共同思想政治基础。同时，各民主党派和无党派人士积极代表和反映各自成员及所联系群众的意见、愿望、诉求，引导他们正确认识改革发展中利益关系的变化，协助党和政府做好沟通思想、理顺情绪的工作，及时消除影响社会稳定的各种因素，为社会主义现代化建设营造安定团结的社会环境。

4. 加强团结联谊、促进祖国统一

各民主党派、无党派人士在港澳同胞、台湾同胞和海外侨胞中具有广泛的联系和影响，是维护和促进祖国统一的重要力量。长期以来，各民主党派、无党派人士始终高举爱国主义、社会主义旗帜，积极开展各种形式的团结联谊活动，加强同港澳各界人士的联系，宣传中央对港澳的方针政策，团结广大爱国爱港、爱国爱澳人士，坚持“一国两制”、“港人治港”、“澳人治澳”、高度自治的方针，为促进港澳回归、保持港澳繁荣稳定作出重要贡献。积极开展对台湾人民的工作，大力宣传“和平统一、一国两制”的基本方针，促进两岸经济、科技、文化、卫生、体育等领域的交流合作和人员往来，协助党和政府做好争取台湾民心的工作，增进台湾同胞对中华民族和中华文化的认同感与归属感。大力开展反“独”促统活动，通过召开座谈会、发表声明等方式，表达中华儿女坚决反对“台独”、期盼祖国早日完成统一大业的强烈愿望。加强与海外华侨华人的联系，弘扬中华优秀文化传统，宣传中国特色社会主义事业的伟大成就，介绍我国政治制度和政党制度的独特优势，增强了海外同胞的民族认同感和自豪感。

第四节　推动执政党建设与参政党建设相互促进

我国多党合作事业的巩固和发展，既取决于中国共产党领导水平和执政能力的提高，也取决于民主党派自身建设和民主党派成员素质的不断增强。要使执政党建设与参政党建设相互促进，更好地统一于多党合作、共创伟业的历史进程中。

一、帮助、支持民主党派加强自身建设是中国共产党的政治责任和优良传统

支持和帮助民主党派加强自身建设，既是多党合作的重要内容，也是中国共产党的重要责任。新中国成立初期，基于对民主党派性质与作用的认识，毛泽东提出了对民主党派“团结、建设、进步”的方针。根据这一精神，第一次全国统战工作会议明确提出了中共对民主党派工作的总方针，即热情帮助民主党派团结、进步和发展，提高他们为实现《共同纲领》奋斗的水平，在国家政治生活和经济建设中同他们真诚合作，充分发挥他们的积极作用。在这一总方针的指导下，

中共中央制定了一系列政策措施：一是支持各民主党派召开全国代表大会或中央会议；二是支持各民主党派明确指导思想，组织成员认真学习《共同纲领》、时事政策等；三是支持各民主党派进行成员登记、整顿组织、健全机构，确定各自的工作范围和发展对象的重点。在中国共产党的支持与帮助下，各民主党派成员数量大幅度增加。据统计，新中国成立初期各民主党派成员约 1.1 万人，1957 年增加到 10 万多人。

中共十一届三中全会后，中国共产党积极帮助民主党派恢复活动、发展组织、开展工作。为了帮助各民主党派发展组织，中共中央建议民主党派组织发展实行“巩固与发展相结合、坚持‘三个为主’的方针”。着眼各民主党派与中国共产党亲密合作关系更好的延续与发展，着眼民主党派老一代领导人的坚定政治信念、优秀品质和优良作风的更好延续与发展，协助民主党派培养和物色新一代代表性人士，实现领导班子成员的新老交替和政治交接，使多党合作的优良传统代代相传。

为了帮助各民主党派建设成为适应时代要求的参政党，《中共中央关于坚持和完善中国共产党领导的多党合作和政治协商制度的意见》、《中共中央关于进一步加强中国共产党领导的多党合作和政治协商制度建设的意见》、《中共中央关于加强新形势下党外代表人士队伍建设的意见》对支持民主党派加强自身建设提出了明确的要求和具体规定，强调支持民主党派按照各自章程规定的参政党建设目标，以思想建设为核心，以组织建设为基础，以制度建设为保障，把自身建设提高到新的水平。

【拓展阅读】

《一九五一年协助各民主党派发展党员的建议》的出台

1951 年 1 月 16 日，第二次全国统战工作会议召开。会议的中心议题是讨论反帝爱国统一战线和帮助各民主党派发展组织问题。毛泽东在听取会议的汇报时说，“去年说要巩固，今年说要发展，如果今年还只是一个巩固，那是不行的。因为社会上有民主党派的阶层和人物存在，所以就应当发展。中国人口四万万七千五百万，所有民主党派不到二万人，今年发展一倍也不过四万人，并不算多。这个问题应该写出几条指示发到各地去”。根据毛泽东的指示，会议提出了《一九五一年协助各民主党派发展党员的建议》，要求各地在1951年协助各民主党派发展成员1～2倍，发展地区主要是大中城市和省会；发展成员的条件应该是拥护《共同纲领》并愿为其实现而奋斗。经过各民主党派的努力，加上中国共产党的积极帮助，到1953年初，各民主党派成员发展了2倍。

二、 参政党建设的目标、内容与原则

建设一个什么样的参政党和怎样建设参政党，是民主党派自身建设面临的重大理论和现实问题，具体涉及参政党建设的目标、内容和原则等。

参政党建设目标。我国参政党建设目标的确立，经历了一个逐步认识和深化的过程。2002年各民主党派全国代表大会修订各自《章程》时，都根据自身性质、地位和特点，提出了自身建设的基本目标，概括起来就是努力建设成为与中国共产党长期亲密合作、能够经受住各种困难和风险的考验、致力于建设中国特色社会主义事业的参政党。具体表现在以下几个方面：一是要继承和发扬民主党派的优良传统，与中国共产党长期亲密合作；二是提高坚持走中国特色社会主义道路的自觉性和坚定性；三是进一步提高参政议政、民主监督的能力和水平；四是提高领导班子的政治责任，能够经受各种困难和风险的考验；五是团结带领广大成员及所联系的群众在多党合作的道路上不断前进。

参政党建设内容。1999年各民主党派中央联合制定的《各民主党派中央关于加强自身建设若干问题座谈会纪要》中提出，各民主党派加强自身建设要以搞好政治交接为主线，以领导班子建设为重点，以思想建设为核心，以组织建设为基础，以制度建设为保障。2007年12月，胡锦涛同志在中共中央召开的各民主党派中央、全国工商联新老主要领导人座谈会上提出：按照各自章程规定的参政党建设目标和原则，坚持以思想建设为核心，以组织建设为基础，以制度建设为保障，全面加强自身建设，以班子建设带动队伍建设，不断提高参政议政、民主监督能力。这是对参政党建设总体框架和基本内容的精辟概括。

——思想建设。在参政党建设的各项内容中，思想建设是带有根

本性的建设，是参政党建设的灵魂和核心，是完成参政党一切工作任务的前提和生命线。搞好思想建设是民主党派发扬优良传统、充分发挥作用的重要保证，是民主党派沿着正确政治方向前进的重要条件。特别是在新的历史条件下，民主党派成员结构、组织状况发生了很大变化，思想建设面临着很多新的课题，要求民主党派建立健全思想教育机制，加强思想引导，把认同和坚持中国特色社会主义政治发展道路作为思想建设的主题，通过多种途径和形式，不断提高广大成员的政治素质和思想道德水平，坚定走中国特色社会主义政治发展道路的信念和信心，始终与中国共产党在思想上同心同德、目标上同心同向、行动上同心同行。

——组织建设。组织建设是参政党建设的基础，关系到民主党派队伍的整体素质，关系到参政党职能的履行和作用的发挥，关系到多党合作制度的长期存在和发展。1996 年中共中央统战部邀请各民主党派中央负责人座谈时共同协商制定的《关于民主党派组织发展若干问题座谈会纪要》、2004 年再次制定的《关于进一步做好民主党派组织发展工作座谈会纪要》，对民主党派的组织发展工作和组织建设都有明确规定和论述。

民主党派组织建设的重点是领导班子建设。坚持民主集中制原则，建立健全民主党派领导班子决策机制，增强领导班子的团结，全面提高领导班子成员的政治把握能力、参政议政能力、组织领导能力和合作共事能力。着眼多党合作事业的长远发展和民主党派的特点，逐步形成与干部人事制度改革相衔接的民主党派干部培养、选拔和任用机制，建设一支数量充足的后备干部队伍，为多党合作持续发展、政党关系长期和谐提供组织保证。

民主党派组织建设坚持“三个为主”（以协商确定的范围和对象为主，以大中城市为主，以有代表性的人士为主）、注重质量、保持特色、组织发展与后备干部队伍建设相结合的原则，坚持做好组织发展和成员的教育管理工作。加强机关建设，配备好机关工作班子，通过教育培训、轮岗交流、挂职锻炼等途径，加强机关干部培养，健全以岗位责任制为核心的管理机制，提高工作质量和工作效率。

——制度建设。加强参政党建设，重在制度。1999 年《各民主党派中央关于加强自身建设若干问题座谈会纪要》把制度建设看作是参政党自身建设中带有根本性、长期性和保障性的建设，是工作经验的升华和规范。根据制度建设的内在规律，在坚持科学性和可行性统一、实体性和程序性统一、稳定性和灵活性统一的基础上，把加强制度建设与建立健全参政党的工作机制有机结合起来，逐步建立一套适合民主党派自身特点、有利于促进民主党派工作规范化和科学化运行的制度，健全参政党的工作机制，保证参政党更好地发挥作用。

参政党制度建设既重视各项具体制度建设，也注重各项运转保障机制的建设和操作程序的完善。贯彻民主集中制的原则，建立议事办事规则，增强领导班子的内部团结，提高凝聚力和执行力；建立谈心会制度，沟通思想、交换意见，不断提高解决自身问题的能力；健全参政议政机制，发挥参政党整体功能，提高参政议政水平；建立内部监督机制，加强对领导班子的监督，保证民主党派各项工作规范有序。

参政党建设原则。根据民主党派的性质、地位和特点，结合新时期的形势和任务，参政党建设的主要原则包括：

第一，坚持中国共产党的领导。坚持中国共产党的领导是多党合作的首要前提和根本保证。参政党只有自觉自愿接受中国共产党的领导，才能不断前进、不断进步、不断发展。加强参政党建设，首先就是要坚持中国共产党的领导，提高接受中国共产党领导的自觉性和坚定性，坚决抵制“政治多元化”、“政党轮替”等错误思潮的影响，巩固多党合作的政治基础。

第二，发扬社会主义民主。人民民主是社会主义的生命，是我国多党合作制度的本质属性。只有充分发扬民主，才能充分调动民主党派广大成员的积极性和创造性。在参政党建设中体现发扬民主的原则，必须认真贯彻“长期共存、互相监督、肝胆相照、荣辱与共”的方针，为社会主义民主政治建设作出积极贡献。

第三，体现政治联盟的特点。新世纪新阶段，民主党派是各自所联系的一部分社会主义劳动者、社会主义事业建设者和拥护社会主义爱国者的政治联盟。这决定了民主党派在一致性基础上，有其广泛的包容性和多样性。只讲一致性，民主党派就没有存在的必要性；只讲多样性，民主党派就不成为民主党派。加强参政党建设，应当充分考虑民主党派政治联盟的特点，坚持一致性与多样性的统一，既讲共同理想，又讲求同存异，在坚持四项基本原则的基础上，实行广泛的团结，为社会主义现代化建设事业凝聚力量。

第四，体现进步性与广泛性的统一。进步性与广泛性相统一是民主党派的特点。民主党派的进步性，集中体现在各民主党派同中国共产党通力合作，共同致力于建设中国特色社会主义事业。民主党派的广泛性，是同其社会基础及其自身特点联系在一起的。进步性和广泛性的统一，是民主党派长期存在的理由，也是多党合作的基础。在复杂多变的国际形势和开放性、多样性的社会环境下，更加需要参政党继续坚持和发展进步性，加强与中国共产党的亲密合作。随着改革的深化和社会多样性的发展，更加需要参政党继续保持广泛性，从而更好地发挥参政议政、民主监督作用。

三、 执政党建设与参政党建设相互促进的基本要求

执政党建设与参政党建设相互促进的目的，是使执政党和参政党在素质和能力方面共同进步、共同提高，推进多党合作事业的健康发展。具体包括三个方面的内容。

第一，中国共产党作为执政党要协助和推动民主党派加强自身建设。这是执政党的政治责任。多党合作是以民主党派的存在和发展为前提的，民主党派自身建设水平影响和决定着多党合作的水平。协助民主党派加强自身建设，对于民主党派在开放性、多样性的社会环境中，坚持正确的政治方向，全面完成政治交接的任务，更好地履行参政党的职能，从政治上、思想上、组织上巩固和发展同中国共产党的长期合作，具有重要而深远的意义。

第二，各民主党派作为中国共产党的亲密友党，要加强对中国共产党的监督，支持其提高领导水平和执政水平。民主党派对中国共产党进行民主监督，既是多党合作的重要内容，也是我国政党关系和谐的重要表现，对中国共产党能起到预警、纠错和维护作用。民主党派要充分发挥民主监督职能，真正成为中国共产党的诤友，帮助中国共产党提高执政能力，巩固执政地位。

第三，中国共产党和各民主党派要相互学习借鉴自身建设方面的成功经验和做法。特别是民主党派要善于学习和借鉴中国共产党在自身建设方面积累的丰富经验，提高自身建设科学化水平。比如，中国共产党把思想建设作为自身建设的核心，历来重视理论指导和理论创

新，建设学习型政党等，都值得参政党建设学习借鉴。

民主党派学习中国共产党自身建设的经验，并不是照抄照搬共产党自身建设的所有做法，而要根据自身特点，坚持参政党建设的基本原则。中国共产党支持民主党派加强自身建设，不是按照共产党自身建设的目标和布局去要求民主党派，而是帮助它们遵循参政党自身建设的原则和规律，按照参政党自身建设的目标，自觉自主自为地进行。

第五章
中国特色的民族关系

在漫长的历史进程中，我国各族人民密切交往、相互依存、交流融合、休戚与共，形成了中华民族多元一体的格局。如何认识中华民族是56个民族多元一体的大家庭？如何看待我国的民族问题和中国共产党的民族政策？为什么要坚定不移地维护民族团结？这些问题都是关系到我国社会民族关系和谐的重大问题，也是做好民族工作需要正确认识和处理的重大问题。

第一节　我国民族关系的基本内涵

民族关系始终是我们这个统一多民族国家至关重要的社会政治关系。在祖国大家庭里，各民族之间是平等、团结、互助、和谐的社会主义民族关系，汉族离不开少数民族，少数民族离不开汉族，各少数民族之间也互相离不开，形成了福祸与共、休戚相关的命运共同体。

一、民族的基本概念

1. 民族的含义

科学界定和阐释民族的深刻内涵，是正确认识和解决民族问题的前提条件。中国共产党把马克思主义民族理论与解决中国民族问题的实践相结合，不断深化对民族和民族问题的认识。2005年中央民族工作会议指出：“民族是在一定的历史发展阶段形成的稳定的人民共同体。一般来说，民族在历史渊源、生产方式、语言、文化、风俗习惯以及心理认同等方面具有共同的特征。有的民族在形成和发展的过程中，宗教起着重要作用。”① 这一科学定义和论断，是对马克思主义民族理论的继承和丰富发展，体现了中国共产党对我国各民族实际和民族工作规律的深刻把握。

2. 民族的形成、发展与消亡

民族形成于原始社会后期。在这一时期，随着生产的发展，人类社会出现了三次社会大分工，导致了氏族、部落的解体，为民族地域联系的形成创造了条件。交往的频繁、人口的增加，不同氏族、部落之间互相杂居、移民的现象逐渐增多，原来的血缘组织逐渐被地域组织取代。“住得日益稠密的居民，对内和对外都不得不更紧密地团结起来。亲属部落的联盟，到处都成为必要的了；不久，各亲属部落的溶合，从而各个部落领土溶合为一个民族的共同领土，也成为必要的了。”② 同时，生产和交换的发展，也使人们彼此间的经济联系日益密切，使原来比较接近的部落语言逐渐形成为新的人们共同体语言，共同心理素质也在共同的经济利益和要求的基础上逐渐形成，于是民族共同体形成了。

人类形成以地域划分的民族，开始是以农业公社和家长制家庭公社为基础的，这是从无阶级社会到有阶级社会的过渡。随着社会进入奴隶制社会和封建制社会，民族也就发展到古代民族阶段。在古代民族时期，经过民族迁徙、融合等过程，形成了一些很大的民族。在欧洲，经过罗马帝国时期民族的融合，又经过德意志人的入侵，逐渐产生了一些新的民族，成为现代民族的先河。我国从原始社会到奴隶社会，黄帝后裔的氏族部落在进入黄河流域后，逐渐同夷人部落、羌人部落结合为部落联盟。这个部落联盟已超出了血缘关系，按地域互相结合。传说中的尧、舜、禹就是推举产生的部落联盟的首领。这说明，这种部落联盟已经开始融合为华夏民族了。在奴隶社会和封建社会的发展过程中，以华夏民族为基础，逐渐融合东方、南方、西方、北方的许多民族，在秦汉时期形成了强大的汉族，以后又经过多次民族大融合，形成比较稳固的统一的多民族国家。

---

① 《中央民族工作会议精神学习辅导读本》，10～11 页，北京，民族出版社，2005。

② 《家庭、私有制和国家的起源》，见《马克思恩格斯全集》，中文 1 版，第 21 卷，187 页，北京，人民出版社，1965。

现代民族最初产生于资本主义上升时期的欧洲，又随着资本主义和社会主义的推进，在世界得到扩展，其形成途径主要有三条：一是民族自身发展的结果，以西欧为先导的大部分欧洲民族是这样发展的；二是殖民地和半殖民地民族解放运动的结果；三是无产阶级革命的结果。

我国社会主义民族大家庭，是各民族自身发展与社会主义制度相结合的产物。我国的一些少数民族在新民主主义革命胜利之后，经过社会改革，从原始社会末期、奴隶社会、封建社会，直接进入社会主义阶段。

民族作为一个历史范畴，是人类社会发展到一定阶段的产物，有其特定的产生和发展规律，是不以人的意志为转移的。在人类社会发展的进程中，民族的消亡比阶级、国家的消亡还要久远。“先是阶级消灭，再是国家消亡，最后是民族消亡。这将是一个漫长的历史过程。在民族未消亡以前，忽视民族差别和民族特点是错误的。”①

二、 中华民族多元一体的格局

我国各民族的起源和发展有着本土性、多元性、多样性的特点。距今四五千年前，中华大地上就形成了华夏、东夷、南蛮、西戎、北狄五大民族集团。各民族在发展中互相吸收，经过不断的迁徙、杂居、通婚和交流，逐步融合为一体，又不断产生新的民族。其结果是有的民族延续至今，有的却由于融合、战争，以及生态环境恶化和改换名称等原因而消失在历史的长河中，包括显赫一时的匈奴、月氏、鲜卑、柔然、吐谷浑、突厥、党项、契丹和塞种人等。

我国各民族形成和发展的情况虽然各不相同，但总的方向是发展成为统一的多民族国家，汇聚成为统一稳固的中华民族。今天中国的疆域和版图，是中华大家庭中各民族在长期的历史发展中共同开发形成的。汉族的祖先最先开发了黄河流域和中原地区，藏族、羌族最先开发了青藏高原，彝族、白族等民族最先开发了西南地区，满族、锡

---

① 江泽民：《必须树立马克思主义的民族观和宗教观》，见国家民族事务委员会、中共中央文献研究室编：《民族工作文献选编》（1990—2002年），2页，北京，中央文献出版社，2003。

伯族、鄂温克族、鄂伦春族等民族的祖先最先开发了东北地区，匈奴、突厥、蒙古等民族先后开发了蒙古草原，黎族最先开发了海南岛，台湾少数民族的先民最先开发了台湾岛，等等。

早在先秦时期，我国先民的“天下”观念和“大一统”理念便已形成。公元前 221 年，秦朝实现了我国历史上第一次大统一，在全国设郡县加以统治，今天广西、云南等少数民族较为集中的区域都纳入秦朝管辖之下。汉朝进一步发展了统一的局面，在今新疆地区设置西域都护府，管辖包括新疆地区在内的广大地区，并增设 17 郡统辖四周各民族，形成了包括今天新疆各族人民先民在内的疆域宽广的国家。秦汉开创了中国统一的多民族国家基本格局。

汉朝以后的历代中央政权发展和巩固了统一的多民族国家的格局。唐朝设安西和北庭两大都护府，管辖包括今天新疆在内的西域地区，设道、府、州或羁縻府、州，管辖中南和西南各少数民族。蒙古族建立的元朝，在南方部分少数民族聚居的府、州设土官（以少数民族首领充任并世袭的地方行政长官），在中央设宣政院统辖西藏事务，在西藏分设三路宣慰使司都元帅府，西藏从此处于中央政府有效行政管理之下，同时设澎湖巡检司管理澎湖列岛和台湾。元朝的民族成分包括现今中国绝大多数民族。满族建立的清朝，在西域设伊犁将军并建新疆行省，在西藏设驻藏大臣，确立由中央政府册封达赖、班禅两大活佛的历史定制，在西南一些少数民族地区实行废除土司制度、选派官员统一管理的“改土归流”（少数民族地方行政长官由中央政府委派）政治改革，最终确定了今天中国的版图。

我国历史上虽然出现过短暂的割据局面和局部分裂，但国家统一始终是主流和方向。统一多民族国家的长期延续，极大地促进了各民族之间的经济、政治和文化交流，增进了各民族对中央政权的向心力和对中华文化的认同感，增强了中华民族的凝聚力、生命力和创造力，促进形成了中华文明的统一性和多样性。历史上，占中国人口多数的汉族主要生活聚居在黄河、长江中下游地区。这里气候温和、土地平坦且肥沃，宜于农耕。而少数民族，大多分布于周边地区，这些地区多草原、沙漠、森林、高原、高山、丘陵、湖泊等，宜于牧业、狩猎、渔业。周边少数民族与中原地区通过“茶马互市”、“绢马互市”等，既满足了中原农业、交通和军事对马匹的需求，也满足了少数民族的日常生活所需，促进了经济互补和共同发展。少数民族建立的辽、金、西夏、大理等政权，在制度建立、疆土治理方面，明显吸收了汉族中原政权的统治经验，融入了中原文化的很多元素。随着各民族之间交往和融合程度的加深，交错杂居、共生互补的格局逐步形成，相互依存、共同发展的关系日趋稳固。

1840年鸦片战争之后的100多年间，中国屡遭西方列强的侵略、欺凌，亡国灭种的危机把我国各民族的命运更加紧密地联结在一起。在国家面临被列强瓜分、民族生死存亡的危急关头，各族人民奋起反抗、共赴国难。19世纪，新疆各族人民支持清朝军队消灭了中亚浩罕汗国阿古柏的入侵势力，挫败了英、俄侵略者企图分裂中国的阴谋。西藏军民在1888年的隆吐山战役和1904年的江孜战役中，重创英国侵略者。自1931年“九一八”事件后，在反抗日本帝国主义侵略的抗日战争中，我国各族人民同仇敌忾、浴血奋战，其中的回民支队、内蒙古大青山抗日游击队等许多以少数民族为主的抗日力量，为抗战胜利作出了不可磨灭的贡献。各族人民在反抗外来侵略的同时，针对一小撮民族分裂分子在外部势力扶持下策划制造的“西藏独立”、“东突厥斯坦”、伪满洲国等分裂行径，进行了坚决的斗争，捍卫了国家统一和领土完整。

在近代反侵略、反分裂的伟大斗争中，各民族在历史上形成的不可分离的关系变得更加牢固，各民族福祸与共、休戚相关的命运共同体的特征更加凸显，各族人民作为国家主人的责任感得到了进一步激发和增强，我国各民族共同的文化和心理特征更趋成熟。

【名词解释】

中华民族称谓的由来

“中华民族”是近代以来才有的民族学名称，其称谓的形成与发展也经历了数千年的演变。“华”始于中国历史上五帝时代之最后一帝舜的名字“华”。在舜建立国家政权后，人们以舜的名字称呼人民为“华”。“华”作为中国人的称呼从此流传下来，即使迁徙到海外，也约定俗成地对中国人叫海外华人。“中华”一词，始见于裴松之注《三国志·诸葛亮传》，后在唐代法律中正式出现。唐朝永徽四年（公元653年）颁行由长孙无忌领衔撰文的《律疏》（后称《唐律疏议》），对“中华”一词释文如下：“中华者，中国也。亲被王教，自属中国。衣冠威仪，习俗孝悌，居身礼仪，故谓之中华。”意思是说，凡行政区划及文化制度自属于中国的，都称为中华。“民族”一词是外来词汇，是在19世纪末叶从日本传入中国的。1899年，梁启超在《东籍月旦》一文中，通过对欧洲世界史著作的评介，破天荒地使用了“民族”一词。1901年，梁启超发表《中国史叙论》一文，首次提出了“中国民族”的概念。在“中国民族”的基础上，1902年梁启超正式提出了“中华民族”的称谓。1905年，梁启超又写了《历史上中国民族之观察》一文，从历史演变的角度重点分析了中国民族的多元性和混合性，并提出：“中华民族自始本非一族，实由多民族混合而成”。由此，梁启超真正完成了“中华民族”一词从形式到内容的革命性创造。这就是，中华民族指中国境内的所有民族，汉满蒙回藏等为一家，是多元混合的。由于梁启超崇高的地位和影响，“中华民族”一词一经提出，就在社会上引起了很大的反响。五四运动之后，“中华民族”一词逐渐普及，几乎家喻户晓。尤其在反抗日本侵略的抗日战争中，“中华民族”在焕发出无穷的智慧和力量的过程中，融进了每个中国人的血液中。

新中国成立之前，我国究竟有多少个民族、各民族的族称是什么，始终没有搞清楚。新中国建立后，党和政府为制定和实施民族政策，组织力量对民族成分和民族族称进行辨别。经过30多年的努力，科学地理清了我国民族大家庭的基本构成，确认了56个民族成分，即汉、蒙古、回、藏、维吾尔、苗、彝、壮、布依、朝鲜、满、侗、瑶、白、土家、哈尼、哈萨克、傣、黎、傈僳、佤、畲、高山、拉祜、水、东乡、纳西、景颇、柯尔克孜、土、达斡尔、仫佬、羌、布朗、撒拉、毛南、仡佬、锡伯、阿昌、普米、塔吉克、怒、乌孜别克、俄罗斯、鄂温克、德昂、保安、裕固、京、塔塔尔、独龙、鄂伦春、赫哲、门巴、珞巴和基诺族。其中，汉族人口占绝大多数，其他55个民族人口相对较少，习惯上称为“少数民族”。

60多年来，我国少数民族人口持续增加，占全国人口比重呈上升之势。根据6次全国人口普查，少数民族人口1953年为3 532万人，占全国总人口的6.06%；1964年为4 002万人，占5.76%；1982年为6 730万人，占6.68%；1990年为9 120万人，占8.04%；2000年为

10 643 万人，占 8.41%；2010 年为 11 379 万人，占 8.49%。

我国各民族的人口分布呈现大散居、小聚居、交错杂居的特点。汉族地区有少数民族聚居，民族地区也有汉族居住，你中有我、我中有你；许多少数民族既有一块或几块聚居区，又散居全国各地。西南和西北是少数民族分布最集中的两个区域。西部 12 个省、自治区、直辖市居住着全国近 70%的少数民族人口，边疆 9 个省、自治区居住着全国近 60%的少数民族人口。随着我国经济社会发展，少数民族人口分布范围进一步扩大，目前全国散居地区少数民族人口已超过 3 000万。

【背景材料】

民族地区的战略地位

我国少数民族聚居区大都地广人稀，资源富集。民族地区的草原面积、森林和水力资源蕴藏量，以及天然气等基础储量，均超过或接近全国的一半。全国 2.2 万多公里陆地边界线中的 1.9 万公里在民族地区。在全国国家级自然保护区面积中民族地区占到 85%以上，是国家的重要生态屏障。

三、平等、团结、互助、和谐的社会主义民族关系

民族关系，过去、现在、将来都是涉及党和国家工作全局的一个重大关系。能不能正确处理民族关系，在很大程度上决定着我国能不能实现民族团结、促进社会和谐、维护国家统一、保卫领土完整。

长期以来，我国各族人民互相尊重、互相学习、互相帮助，不断巩固和发展全国各族人民的大团结，形成了平等、团结、互助、和谐的社会主义民族关系。同时也要看到，我国各民族间的共同因素在不断增多，但民族特点、民族差异和各民族在经济文化等方面的发展差距将长期存在。特别是冷战结束以来，民族因素、宗教因素在国际环境中的影响明显上升，一些地区民族主义思潮和活动日趋活跃，民族分裂势力、宗教极端势力、暴力恐怖势力相互勾结、相互利用，使民族因素、民族问题、民族矛盾呈现出更为复杂的局面。历史和现实、国外和国内的大量事实表明，一个国家，没有各民族和睦相处、和衷共济、和谐发展，就没有社会安定团结、国家繁荣昌盛。

平等、团结、互助、和谐的社会主义民族关系，体现了我国多民族的国情，体现了中华民族多元一体的格局，体现了各民族共同团结奋斗、共同繁荣发展的鲜明主题，体现了构建社会主义和谐社会对民族关系的总体要求，体现了民族团结进步事业的现实需要，是建设中国特色社会主义的应有之义，也是重要保障。

社会主义民族关系中的平等、团结、互助、和谐是一个有机整体。平等是社会主义民族关系的基石，各民族只有一律平等，才能共同行使当家做主的权利，更好地参与国家事务和地方事务的管理。团结是社会主义民族关系的主线，各民族只有同心同德、携手共进，才能巩固发展民主团结、生动活泼、安定和谐的政治局面，形成中华民族的强大凝聚力和牢固向心力。互助是社会主义民族关系的保障，各民族只有互相支持、互相帮助、优势互补，才能实现共同发展、共同富裕。和谐是社会主义民族关系的本质，各民族只有和睦相处、亲如一家，才能充分发挥中华民族的整体优势和创造活力，更好地实现中华民族的伟大复兴。正确认识和处理我国民族关系，最根本的就是始终不渝地坚持民族平等，加强民族团结，推动民族互助，促进民族和谐。

【典型案例】

从“猺”到“瑶”

一位瑶族干部形象地说，旧中国，我们瑶族被称作“猺”，是“动物”；解放了，我们被称作“傜”，变成了“人”；民族识别后，我们被称作“瑶”，变成了“玉”。从“动物”到“人”再到“宝”，真正体现了新旧社会少数民族地位的不同。

四、坚持各民族共同团结奋斗、共同繁荣发展主题

中国共产党自成立以来，就把实现各民族平等、团结和共同发展作为重要历史使命，确立为民族工作政策的重要内容。在新民主主义革命时期，中国共产党公开宣布，“实行中国境内各民族一律平等政策”①，

① 中共中央统战部编：《民族问题文献汇编》，323页，北京，中共中央党校出版社，1991。

强调“团结则生，分裂则死”①，强调要更多地帮助和促进少数民族发展。

新中国成立后，以毛泽东为核心的党的第一代中央领导集体把促进各民族的团结摆到十分重要的位置。毛泽东指出，民族工作的基本任务是必须搞好汉族和少数民族的关系，巩固各民族的团结，来共同努力于建设伟大的社会主义祖国②，强调“帮助各少数民族，让各少数民族得到发展和进步，是整个国家的利益”③。周恩来还首次从民族繁荣的高度来论述民族问题，在1957年《关于我国民族政策的几个问题》中指出，我们对各民族既要平等，又要使大家繁荣。各民族繁荣是我们社会主义在民族政策上的根本立场。④ 根据这些重要思想，中国共产党采取了一系列处理民族问题的重要措施，促进了各民族的共同进步。

中共十一届三中全会后，以邓小平为核心的党的第二代中央领导集体彻底否定了“民族问题的实质是阶级问题”，把发展作为解决民族问题的关键，进一步强调要推进各民族共同繁荣，并明确将民族平等、民族团结和各民族共同繁荣并列作为解决中国民族问题的基本原则。1982年9月，中共十二大报告强调，“民族团结、民族平等和各民族的共同繁荣，对于我们这个多民族的国家来说，是一个关系到国家命运的重大问题”⑤。同年，全国人大五届五次会议通过的《中华人民共和国宪法》规定，“国家尽一切努力，促进全国各民族的共同繁荣”。1984年5月，全国人大六届二次会议通过的《中华人民共和国民族区域自治法》规定，“实行民族区域自治，体现了国家充分尊重和保障各少数民族管理本民族内部事务权利的精神，体现了国家坚持实行各民

---

① 中共中央统战部编：《民族问题文献汇编》，462页。

② 参见中共中央文献研究室编：《建国以来重要文献选编》，第八册，452～453页，北京，中央文献出版社，2011。

③ 毛泽东：《接见西藏国庆观礼团、参观团代表的谈话》，见《毛泽东文集》，第6卷，312页。

④ 参见中共中央文献研究室编：《建国以来重要文献选编》，第十册，216页，北京，中央文献出版社，2011。

⑤ 中共中央文献研究室编：《十二大以来重要文献选编》（上），35～36页，北京，人民出版社，1986。

族平等、团结和共同繁荣的原则”。从而把各民族平等、团结和共同繁荣的原则，以国家根本大法和基本法律的形式确立下来。

中共十三届四中全会后，以江泽民为核心的党的第三代中央领导集体从社会主义初级阶段我国社会的主要矛盾出发，进一步提出：“在新的历史时期，搞好民族工作，加强民族团结的核心问题，就是要积极创造条件，加快发展少数民族和民族地区的经济文化等各项事业，促进各民族的共同繁荣。”① 1999 年 9 月，江泽民同志在中央民族工作会议暨国务院第三次全国民族团结进步表彰大会上明确强调：“全党同志必须把加强民族团结、促进各民族共同发展和共同繁荣，作为整个社会主义初级阶段民族工作的行动纲领。”② 这些思想的贯彻落实极大地促进了民族地区经济和文化发展。

中共十六大以来，以胡锦涛为总书记的党中央适应时代要求，立足我国实际，顺应全国各族人民愿望，首次明确提出“各民族共同团结奋斗、共同繁荣发展”的科学论断。2003 年 3 月 4 日，胡锦涛同志在参加政协少数民族界联组会时强调指出：“实现全面建设小康社会的宏伟目标，要求更好地实现各民族的共同繁荣发展。实现各民族共同繁荣发展，需要各民族共同团结奋斗。共同团结奋斗，共同繁荣发展，是新世纪新阶段我国民族工作的主题。”③ 2004 年 10 月，胡锦涛同志在中央政治局第十六次集体学习会上再次强调，做好新形势下的民族工作，必须牢牢把握各民族共同团结奋斗、共同繁荣发展的主题。特别是在 2005 年的中央民族工作会议上，胡锦涛同志全面、系统、深刻地阐明了“两个共同”的科学内涵及辩证关系，指出：“共同团结奋斗，就是要把全国各族人民的智慧和力量凝聚到全面建设小康社会上来，凝聚到建设中国特色社会主义上来，凝聚到实现中华民族的伟大复兴上来。共同繁荣发展，就是要牢固树立和全面落实科学发展观，切实抓好发展这个党执政兴国的第一要务，千方百计加快少数民族和

---

① 中共中央文献研究室编：《十三大以来重要文献选编》（下），1839～1840 页，北京，人民出版社，1993。

② 中共中央文献研究室编：《十五大以来重要文献选编》（中），1052 页，北京，人民出版社，2001。

③ 胡锦涛：《共同团结奋斗　共同繁荣发展　实现全面建设小康社会宏伟目标》，载《人民日报》，2003-03-05。

民族地区的经济社会发展，不断提高各族群众的生活水平。只有各民族共同团结奋斗，各民族共同繁荣发展才能具有强大动力。只有各民族共同繁荣发展，各民族共同团结奋斗才能具有坚实基础。”①

“两个共同”的民族工作主题，集中概括了新世纪新阶段民族工作的指导思想、奋斗目标和根本任务，是民族工作的旗帜、方向和灵魂。在整个社会主义初级阶段，抓住了“两个共同”这个主题，就抓住了新形势下处理民族问题、做好民族工作的根本，就能在全面建设小康社会的历史进程中不断开创民族工作的新局面。

【数字说话】

民族地区的巨大变化

改革开放30多年来，民族地区的GDP由1978的324亿元增加到2010年的41 892亿元；民族地区人均GDP从1978年的248元增加到2010年的21 730元；“十一五”期间，民族地区的国内生产总值、财政收入更是以平均每年两位数的速度增长，高于全国平均增速，综合经济实力大幅提升，经济结构加快调整，特色优势产业进一步壮大；民族地区基础设施建设得到加强，到2009年年底，民族地区公路总里程达到88万公里，乡镇通公路比重达到98%，建制村通公路比重达到88%。

30多年来，民族地区社会建设、民生改善、文化发展方面取得的成就同样可以用数字来说明。2007年，民族地区的各类学校共70 457所，专任教师151万人，在校学生达2 852万人，基本实现了普及九年义务教育和扫除青壮年文盲的目标。少数民族在校大学生人数由1978年的3.6万人增加到2006年的107.55万人。1978年以来，民族地区卫生机构、卫生机构床位数、卫生技术人员都增长了约1倍，民族医药事业重新焕发生机。全国民族医院已达100多所，民族医药专业人员有1万多人，藏医、蒙医、维医、傣医等先后都被纳入了国家医师资格考试。到2010年，民族地区的全国重点文物保护单位已达366处，布达拉宫、丽江古城等被联合国公布为世界文化遗产。新疆维吾尔木卡姆艺术、蒙古族长调民歌、贵州侗族大歌、《格萨尔》史诗、青海热贡艺术、藏戏、新疆《玛纳斯》、蒙古族呼麦、甘肃花儿、朝鲜族

① 中共中央文献研究室编：《十六大以来重要文献选编》（中），903页。

农乐舞等入选联合国教科文组织“人类口头与非物质遗产代表作”。民族地区广播、电视覆盖率分别超过85%和90%，并建立了10个少数民族语电影译制中心，研发出电影译制数字化新技术。民族地区双语教学普遍推行，全国共有1万多所学校使用21个民族的29种文字开展双语教学，在校生达600多万人。

五、各民族交往交流交融

中华民族是几千年来我国各民族交往交流交融的产物。历史和实践证明，中国特色社会主义事业越是向前推进，维护国家统一和民族团结责任越是重大，越需要增进各民族交往交流交融，始终同呼吸、共命运、心连心，不断夯实全国各族人民大团结的深厚根基。2010年1月，胡锦涛同志在中央第五次西藏工作座谈会上明确指出，要把有利于民族交往交流交融作为衡量民族工作成效的重要标准。

民族交往指民族与民族之间的接触往来，以及族际关系的协调，是民族关系中的互动和民族关系的整合过程，也是民族生存和民族发展的一种方式。各民族之间的交往，既表现在历史上长期形成的茶马互市等密切的经济贸易联系，又表现在近现代中华民族抵御外侮中并肩战斗和相互配合等方面。

民族交流指各民族之间为生存和发展所需的各领域、各方面的交流，涉及物质资料的生产、精神产品的生产、人类自身的生产（即民族生命群体的延续）。民族交流是民族发展的重要因素，也是民族发展的重要动因和形式。各民族只有通过相互交流，才能实现政治、经济、文化、社会的全面发展。

民族交融指各民族在交往交流过程中相互学习、相互接近、相互认同，建设共同的精神家园。民族交融是一个长期的、自然的、缓慢的、时刻都在进行的历史过程。古今中外民族共同体的形成、变化、发展，都是与民族交融紧密相关的。民族交融不是消除民族差异，而是包容多样、存异求同，在相互认同基础上形成更大的命运共同体。

【拓展阅读】

历史上急于搞民族融合的“左”倾错误

苏联曾出现急于搞民族融合的倾向，认为在社会主义制度建立后民族问题就解决了。赫鲁晓夫和勃列日涅夫时期，甚至否认民族差别，认为已经形成了“新的历史共同体——苏维埃人”。苏联解体证明，这些思想和做法是不正确的。我国在这个问题上也走过弯路。1958年刮“共产风”，也刮了一阵民族融合风。一些地方强迫少数民族剪辫子、穿汉装，民族学校、民族商店等也抹掉“民族”二字，伤害了民族感情。

第二节　中国特色解决民族问题的正确道路

一个国家在解决民族问题上选择什么样的道路，是本国特定的经济条件、社会状况、文化传统和政治制度等各种因素共同作用的结果。中国特色解决民族问题的正确道路，是尊重历史、合乎国情的正确选择，是中国共产党团结带领各族人民在解决我国民族问题长期实践中不断探索的伟大成果。

一、中国共产党解决中国民族问题的探索

我国历史上，历代中央政权大都针对少数民族地区采取“因俗而治”的政策，创建了新疆伯克制、西藏噶伦制、蒙古盟旗制等带有民族自治色彩的管理模式，但这些政策都带有历史和阶级局限性，不可能从根本上解决民族问题。鸦片战争以后，中国逐步沦为半殖民地半封建社会，维护国家统一和民族团结，贯穿于争取民族独立、人民解放和国家富强的历史进程中，近代无数仁人志士和进步力量为此作出不懈努力，但也没能找到一条符合我国国情的解决民族问题的正确道路。

1921年中国共产党成立后，开始了解决我国民族问题正确道路的新探索。根据马克思列宁主义关于民族问题的理论和国家学说，结合我国民族问题的现状，中国共产党从成立之日起就明确提出了倡导民族平等、联合的原则。红军长征时期，先后途经12个省的14个少数民族聚居区，广泛接触苗、瑶、彝、藏、回等少数民族群众，深入了解各民族的历史文化和风俗习惯，尊重、关心他们的利益，帮助他们建立革命政权和革命武装，组织他们发展生产等，赢得了少数民族对

中国共产党和红军的衷心支持与帮助，对长征的胜利起到了重要作用。

【统战典故】

毛泽东等亲自做少数民族上层人物统战工作

在长征途中，毛泽东曾与彝族头人、周恩来曾与回民阿訇亲自交谈做工作，刘伯承争取团结了彝族首领小叶丹，朱德在四川甘孜团结争取了著名藏族上层人士格达活佛，留下了许多令人感动的佳话。

抗日战争时期，在陕甘宁边区，中共中央成立了专门研究民族问题的工作机构，在系统调查研究的基础上，编写了《关于回回民族问题的提纲》、《关于抗战中蒙古民族问题提纲》，确认了当时不被国民党承认的民族——回回民族，提出了回族、蒙古族与汉族一律平等，帮助发展民族经济，培养民族人才等民族政策。此外，还在所辖少数民族地区建立自治政权，在延安成立培养少数民族干部的民族学院。特别是 1947 年 5 月，针对当时一些人提出的内蒙古“独立自治”的错误倾向和分裂活动，中国共产党明确提出并建立了第一个省级自治区——内蒙古自治区。

新中国成立前夕，民族工作面临的形势十分复杂。一方面，少数民族主要聚居的西北、西南和中南一部分地区，还有相当多的地方没有解放，即使是那些已经解放的地区，人民政权也大都没有及时建立起来，社会秩序还不够稳定。有的地方虽已建立了政权也还很不巩固，少数民族对新兴的人民政权普遍抱有疑虑。另一方面，由于历史上统治阶级长期实行民族压迫政策，各民族之间，主要还是少数民族和汉族之间，存在着很深的隔阂，民族对立在一些地区甚至十分严重。同时，多种落后的经济社会制度并存于民族地区，不仅与我国即将建立的社会主义制度不相适应，也严重地束缚了少数民族自身的进步和民族地区社会生产力的发展。因此，当时中国共产党民族工作的首要任务是，确立新中国处理民族问题的基本原则和基本政策。1949 年 9 月，中国人民政治协商会议第一届全体会议通过的《共同纲领》，对新中国的国体、政体及基本政策作出了重大决策。这就是：按照中国国情建立单一制的统一的多民族国家，确认实行民族区域自治为解决国内民族问题的基本政策，用法律形式确定中国境内各民族的平等地位和平等权利。《共同纲领》把中国共产党一贯主张并已在解放区付诸实施的民族政策，明确为新中国的基本国策，特别是第一次明确规定在全国范围内实行民族区域自治，充分体现了中国共产党解决国内民族问题的基本原则和各民族的共同心愿。

新中国的成立开辟了我国各民族历史的新纪元。以毛泽东为核心的党的第一代中央领导集体，从我国多民族国情出发处理民族问题，根本改变了旧中国不平等的民族关系，奠定了新中国平等、团结、互助、和谐的民族关系的基础，保证了国家的统一和政权的巩固。党和政府慎重稳步推进民族地区的民主改革和社会主义改造，彻底废除了阶级压迫与剥削制度，实现了中华民族发展史上最广泛最深刻的社会变革。在全国范围内进行了民族调查和民族识别工作，使广大少数民族群众从此有了明确的族属，并得到了国家法律的保护。确立并实行了民族区域自治，保障了民族自治地方在国家统一领导下自主管理本地区内部事务的权利。大力培养少数民族干部，增进党同少数民族群众的紧密团结和联系。支持和帮助民族地区发展生产，实现了少数民族群众生产方式和生活水平的历史性飞跃，初步奠定了少数民族地区的现代工业基础。

改革开放新时期，以邓小平为核心的党的第二代中央领导集体，深刻总结新中国成立以来党在社会主义革命和建设中的经验教训，正确认识和界定社会主义民族关系的性质，大力平反冤假错案，恢复民族工作机构，妥善处理历史遗留问题，直接推动了民族理论和民族工作的思想解放，使我国民族工作重新走上了健康发展的轨道。1978 年五届全国人大一次会议决定，恢复中华人民共和国国家民族事务委员会；1979 年五届全国人大二次会议决定，恢复全国人大民族委员会。其他民族工作机构及各地各个民族事务工作机构也得到了恢复。把民族工作重心转移到经济建设上来，明确提出了“两个大局”的战略思想，强调如果搞两极分化，民族矛盾、区域间矛盾、阶级矛盾都会发展。恢复、建立民族自治地方，制定并实施《民族区域自治法》，标志着民族区域自治制度从此纳入法制轨道。广泛开展民族团结教育和民族团结进步表彰活动，民族工作一手抓发展，一手抓团结稳定，及时、妥善地处理了影响民族团结、破坏国家统一和社会稳定的事件，巩固了安定团结的大好局面。

以江泽民为核心的党的第三代中央领导集体，深刻把握冷战结束后复杂的国际国内形势和民族问题的发展变化，提出“民族宗教无小事”、“汉族离不开少数民族，少数民族离不开汉族，各少数民族之间也相互离不开”等重要思想，特别是作出实施西部大开发战略、全国对口支援西藏等重大决策，为民族地区加快发展奠定坚实基础。1997年，中共十五大首次把民族区域自治制度与全国人民代表大会制度、中国共产党领导的多党合作和政治协商制度一起，确定为我国三大基本政治制度。把培养选拔少数民族干部作为解决民族问题的关键，努力培养一支宏大的德才兼备的少数民族干部队伍。强调各民族要“同呼吸、共命运、心连心”，丰富了中国共产党民族团结政策的内涵。

以胡锦涛为总书记的党中央结合新的形势和新的任务，提出各民族“共同团结奋斗，共同繁荣发展”是新世纪新阶段民族工作的主题，提出正确处理民族问题是衡量中国共产党的执政能力和各级党政组织领导水平的重要标志，强调解决民族地区的困难和问题归根结底要靠发展，要增强各族群众对伟大祖国的认同、对中华民族的认同、对中华文化的认同、对中国特色社会主义道路的认同，进一步丰富和发展了中国共产党的民族理论政策。召开中央民族工作会议、中央第五次西藏工作座谈会、中央新疆工作座谈会、西部大开发工作会议，制定下发《中共中央、国务院关于进一步加强民族工作，加快少数民族和民族地区经济社会发展的决定》等一系列文件。国家在编制第十一个五年规划中，还第一次编制了扶持人口较少民族发展规划、兴边富民行动“十一五”规划和少数民族事业“十一五”规划三个专项规划。广泛开展民族团结进步创建活动，各民族大团结不断得到巩固和发展。

实践证明，中国特色解决民族问题的正确道路，集中体现了我国各族人民追求平等、谋求发展的根本要求，集中体现了社会主义制度的巨大优越性。新中国成立60多年来，正是始终坚持这条道路，少数民族和民族地区从封闭走向开放、从落后走向进步、从贫穷走向富裕，社会面貌发生了历史性巨大变化。

二、 中国特色解决民族问题正确道路的内涵

中国特色解决民族问题的正确道路，形成于新民主主义时期的革命斗争，发展于社会主义建设的伟大实践，完善于改革开放和现代化建设的历史进程，创造了处理民族问题的崭新模式，具有鲜明的中国

风格和独特品质。

第一，在政治方向上，始终高举中国特色社会主义伟大旗帜。举什么样的旗、走什么样的路，决定着一个国家解决民族问题道路的性质和根本走向。纵观中国共产党探索解决民族问题的历程，中国特色解决民族问题的正确道路，始终与全国各族人民共同建立新中国、共同致力中国特色社会主义事业相生相伴，始终以坚持社会主义制度、坚持走中国特色社会主义道路为方向指引。正是由于把中国特色社会主义作为共同理想，顺应各族人民意愿，凝聚各族人民意志，从而巩固了各民族团结友爱、休戚与共的生动局面；正是由于把中国特色社会主义作为奋斗目标，吸引和激发各族儿女投身改革开放和现代化建设，从而汇聚了各民族同心协力、奋发拼搏的强大合力。

第二，在制度设计上，始终坚持民族区域自治制度。民族问题的长期有效解决，需要对国家结构形式进行符合国情的创制，需要从国家制度层面进行切合实际的架构。中国共产党在解决和处理民族问题上，既没有盲目效仿实行联邦制，也没有简单沿袭和照抄照搬单一制，而是立足中国国情，将民族自治和区域自治有机地结合起来，创造了国家结构的新形式、民族关系的新模式。民族区域自治制度尊重民族情感，尊重各民族主体地位，尊重民族创造精神，符合中国特色社会主义事业的发展要求和全国各族人民的根本利益。

第三，在工作主题上，始终坚持各民族共同团结奋斗、共同繁荣发展。中国共产党立足于社会主义初级阶段基本国情，根据我国经济社会发展的阶段性特征和民族问题实际，将“两个共同”融会贯通、有机统一起来，明确为民族工作的主题，体现了中国共产党的民族理论一脉相承而又不断发展创新的成果，赋予了中国特色解决民族问题正确道路鲜明的时代特征和实践特色。

第四，在根本途径上，始终坚持推动少数民族和民族地区加快发展。发展是解决民族问题的关键，是中国特色解决民族问题正确道路的鲜明特质和内在要求。无论什么样的解决民族问题道路，只有让民族地区发展起来，让少数民族群众富裕起来，才能经得起历史和实践的检验。60 多年来，民族地区发生了翻天覆地的变化，极大地增强了少数民族群众对党和国家的认同感，有效地增进了各民族之间的和谐度，成为坚持走中国特色解决民族问题正确道路的强大动力。

第五，在精神纽带上，始终坚持“三个离不开”的思想。“汉族离不开少数民族，少数民族离不开汉族，各少数民族之间也相互离不开”，是我国各民族团结进步历史经验的高度概括，是中国特色解决民族问题正确道路的思想基础。在解决我国民族问题、增进各民族团结的长期实践中，中国共产党始终强调祖国大家庭强大的凝聚力和向心力，靠的是各民族之间剪不断的情感纽带，形成了虽有不同却亲如一家的生动格局。

第六，在民族关系上，始终坚持平等、团结、互助、和谐。民族关系是多民族国家中至关重要的政治和社会关系，也是检验民族政策的重要标准。中国共产党总结国内外处理民族关系的经验教训，在团结带领各族人民坚持走中国特色解决民族问题正确道路的过程中，尊重各民族的差异性和自主性，重视和强调各民族之间相互学习、相互帮助，形成了以平等为基石、以团结为主线、以互助为保障、以和谐为本质的社会主义民族关系，并始终将其贯穿于民族工作的各方面和全过程，不断丰富发展。

三、 民族区域自治制度是我国的一项基本政治制度

民族区域自治制度是我国解决民族问题的基本政策，也是我国的一项基本政治制度。我国的民族区域自治是指在国家的统一领导下，各少数民族聚居地方实行区域自治，设立自治机关，行使自治权。

1. 民族区域自治制度的形成和发展

确立和实行民族区域自治制度，是中国共产党坚持把马克思主义民族基本理论同我国民族问题实际相结合的重大成果，是合乎中国国情的唯一正确选择。早在红军时期，中国共产党就在革命根据地建立壮族、瑶族、苗族、土家族等少数民族革命政权，长征途中在藏族地区建立中华苏维埃中央博巴自治政府、在回民地区建立豫海县回民自治政府。特别是1947年建立内蒙古自治区，成为实施民族区域自治政策的一个成功范例。1949年，在中国人民政治协商会议筹备期间，对新中国是实行联邦制还是民族区域自治制度这一重大问题，中共中央采取了非常慎重的态度，广泛听取意见。根据我国历史情况、少数民族“大分散、小聚居”特点，采纳了“各少数民族聚居的地区，应实行民族的区域自治”的建议，载入具有临时宪法作用的《共同纲领》。

新中国成立后，民族区域自治制度不断巩固和完善。1955 年 10 月，新疆维吾尔自治区成立；1958 年 3 月，广西壮族自治区成立；1958 年 10 月，宁夏回族自治区成立；1965 年 9 月，西藏自治区成立。改革开放以来，制定并颁布了《中华人民共和国民族区域自治法》，以法律的形式把民族区域自治政策固定下来。截至 2008 年年底，我国共建立了 155 个民族自治地方，包括 5 个自治区、30 个自治州、120 个自治县(旗)。在 55 个少数民族中，有 44 个建立了自治地方，实行区域自治的少数民族人口占少数民族总人口的 71%，民族自治地方面积占全国总面积的 64%。还建立了 1 173 个民族乡，作为民族区域自治的重要补充形式。

【统战典故】

李维汉建议实行民族区域自治

在人民政协筹备期间，毛泽东就是否实行联邦制问题征求李维汉的意见。李维汉认为，我国同苏联国情不同，不宜实行联邦制。理由是：第一，十月革命后苏联少数民族约占全国总人口的 47%，与俄罗斯民族相差不远。我国少数民族只占全国总人口的 6%，并且呈现出“大分散、小聚居”的特点，汉族和少数民族之间，以及几个少数民族之间往往互相杂居或交错聚居。第二，苏联实行联邦制是逼出来的。马克思、恩格斯、列宁都主张在统一的（单一制的）国家内实行地方自治和民族区域自治，只在例外情况下允许联邦制。俄国经过二月革命和十月革命，许多非俄罗斯民族实际上已经分离为不同国家，布尔什维克不得不采取联邦制把各个国家联合起来，作为走向完全统一的过渡形式。我国则是各民族在中国共产党领导下由平等联合进行革命，到平等联合建立统一的人民共和国，并没有经过民族分离。中共中央和毛泽东采纳了李维汉的意见。

2. 民族区域自治制度的内容

我国民族自治地方的设立是根据当地民族关系、经济发展等条件，并参酌历史情况而确定的。目前，我国民族自治地方依据少数民族聚居区人口的多少、区域面积的大小，分为自治区、自治州、自治县三级，行政地位分别相当于省、设区的市和县。民族自治地方的人民代表大会和人民政府既是自治机关，也是国家的一级地方政权机关，根据本地方的实际贯彻执行国家的法律政策。民族区域自治是在国家统一领导下的自治，各民族自治地方都是国家不可分离的部分，各民族自治地方的自治机关都必须服从中央的领导。民族自治地方的自治机关依法行使以下权力：

自主管理本民族、本地区的内部事务。民族自治地方各民族人民行使宪法和法律赋予的选举权和被选举权，通过选举出人民代表大会代表，组成自治机关，行使管理本民族、本地区内部事务的权利。目前，全国155个民族自治地方的人民代表大会常务委员会中都有实行区域自治的民族的公民担任主任或者副主任。自治区主席、自治州州长、自治县县长全部由实行区域自治的民族的公民担任。同时，民族自治地方人民政府的其他组成人员，也合理配备了实行区域自治的民族和其他少数民族的人员。在自治机关所属工作部门的干部中，同样合理配备实行区域自治的民族和其他少数民族的人员。

享有制定自治条例和单行条例的权力。民族区域自治法规定：民族自治地方的人民代表大会除享有地方国家权力机关的权力外，还有权依照当地民族的政治、经济和文化的特点，制定自治条例和单行条例。《中华人民共和国立法法》还规定：自治条例和单行条例可以依照当地民族的特点，对法律和行政法规的规定作出变通规定。截至2011年8月底，民族自治地方共制定现行有效的自治条例和单行条例780多部。民族自治地方根据本地实际，对国家颁布的婚姻法、继承法、选举法、土地法、草原法等多项法律作出变通和补充规定。

自主安排、管理、发展经济建设事业。民族自治地方的自治机关根据法律规定和本地方经济发展的实际，合理调整生产关系和经济结构，自主地管理隶属于本地方的企业、事业单位。民族自治地方的自治机关依照法律规定管理和保护本地方的自然资源，有管理地方财政的自治权。在国家计划或规划的指导下，民族自治地方的自治机关根据本地条件，自主地制定经济社会发展计划、规划或目标，安排地方基本建设项目。民族自治地方依照国家规定，经国务院批准，可以开辟对外贸易口岸，民族自治地方的自治机关在对外经济贸易活动中，享受国家的优惠政策。

自主发展各项文化社会事业。民族自治地方的自治机关根据国家教育方针，依照法律的规定，决定本地方的教育规划，各级各类学校的设置、学制、办学形式、教学内容和招生办法。民族自治地方的自治机关自主地发展具有民族形式和民族特点的文学、艺术、新闻、出版、广播、电影、电视等民族文化产业。民族自治地方的自治机关组织、支持有关方面搜集、整理、翻译和出版民族历史文化书籍，保护名胜古迹、珍贵文物和其他重要历史文化遗产，继承和发展优秀民族传统文化。

3. 民族区域自治制度的特点

民族区域自治制度体现了民族因素与区域因素、政治因素与经济因素、历史因素与现实因素、制度因素与法律因素的有机结合，实现了我国社会主义多民族国家在民主基础上的高度统一，具有鲜明的中国特色，被国际上誉为解决民族问题的“中国模式”。

民族区域自治制度创造了多民族国家国家结构的新形式。由于国情和民族状况的差异，世界各国的国家结构形式多种多样，其中联邦制和单一制是两种主要形式。联邦制国家由相对独立的邦、州、省或共和国为单位组成；单一制国家由若干行政区域组成，权力集中于中央机构。我国在解决和处理民族问题上，既没有盲目效仿实行联邦制，没有简单沿袭中国历史上的单一制，也没有照抄照搬其他国家的单一制，而是立足中国国情，创造性地将民族自治和区域自治有机地结合起来。

民族区域自治制度创造了多民族国家民族关系发展的新形式。处理民族问题的不同制度模式对多民族国家中的民族关系发展会产生很大的影响。我国实行的民族区域自治制度，从国家制度层面尊重各民族的差异性和自主性，重视和强调各民族之间相互学习、相互帮助，推动各民族和睦相处、和衷共济、和谐发展，为不断巩固和发展平等、团结、互助、和谐的社会主义民族关系提供了重要保证。

民族区域自治制度创造了各民族共同繁荣发展的新模式。能否实现各民族共同繁荣发展，是衡量一个国家的民族政策和制度模式的根本标准。我国的民族区域自治制度，坚持国家帮助、发达地区支援与民族地区自力更生相结合，既努力缩小民族地区与发达地区的发展差距，又努力缩小民族地区内部的发展差距；既支持发展水平较高的民族更好地前进，又着力帮助特困少数民族、人口较少民族、边疆少数民族加快发展步伐；既推进民族地区经济发展和社会进步，又注重民族地区生态建设和环境保护。

民族区域自治制度探索了民主实现形式的新途径。民族问题不仅是一个社会问题，也是一个民主政治发展问题。解决民族问题的制度模式，实质上是一个国家民主政治的一种实现形式，体现着一个国家民主政治发展的程度。我国民族区域自治制度确保了少数民族各项权利得以实现，在国家法律框架下，少数民族有实现权利诉求的渠道。通过设立不同级别的民族自治区域，尽可能使所有少数民族都能享受自治权利，维护本民族的民主权益，真正实现了各族人民群众都能当家做主，都能广泛参与国家和本民族内部事务的管理。

第三节　全面贯彻落实党和国家的民族政策

新中国成立以来，中国共产党坚持从本国国情出发，总结历史经验，借鉴世界其他国家的有益做法，确立并实施了以民族平等、民族团结、民族区域自治和各民族共同繁荣为基本内容的民族政策，形成了比较完备的民族政策体系。

一、加快少数民族和民族地区经济社会发展

不断解放和发展生产力，实现各民族共同发展和繁荣，是中国共产党民族工作的根本宗旨和在民族政策上的根本立场。早在1952年11月，毛泽东在接见西藏致敬团代表时就指出："如果共产党不能帮助你们发展人口、发展经济和文化，那共产党就没有什么用处。"[①] 长期以来，党和国家把支持少数民族和民族地区加快经济社会发展作为国家发展建设的重要内容，从战略高度重视少数民族和民族地区发展，在不同时期针对少数民族和民族地区发展的实际，提出工作方针，作出战略部署，不断出台政策措施支持少数民族和民族地区发展。

从1953年开始的"一五"计划，国家根据建设的布局和资源条件，在苏联援建的156个大型建设项目中，安排了40个项目在少数民族地区。1964年下半年，中央基于战略考虑，决定对我国生产力布局

① 毛泽东：《接见西藏致敬团代表谈话的要点》，见《毛泽东文集》，第6卷，240页。

实行重大战略转移，开展了大规模的“三线”建设，把沿海和内地的一批大型工业企业搬迁到宁夏回族自治区和青海、甘肃、贵州、四川、湖南等省的民族地区。改革开放后，国家又在民族地区安排了一批重大工程项目，形成了若干重要的工业生产基地。2000年实施西部大开发战略，5个自治区、30个自治州、120个自治县全部纳入西部大开发范围或者参照享受西部大开发的有关优惠政策。

【典型案例】

“西新工程”的实施

2000年6月，以农工党中央主席为团长的“西部大开发”考察团对西藏进行考察时，发现境外达赖集团的分裂活动十分猖獗，他们利用大功率电台，企图通过舆论宣传破坏西藏人民的安定团结。因此，在同年9月召开的西部大开发战略意见建议座谈会上，考察团建议在西藏等西部省区加强广播的覆盖能力，以抵制境外敌台广播。这个建议引起了江泽民同志的高度重视。随后，以加强西藏、新疆等边远少数民族地区广播电视覆盖为重点的“西新工程”启动实施。十多年来，国家先后投资200多亿元，在民族地区基本建成了功能较齐、语种较全、覆盖面较广的广播影视体系，基本实现了“让党和国家的声音进入千家万户”的目标。

特别是中共十六大以来，中央把加快少数民族和民族地区经济社会发展摆在更加突出的位置，把改善各族群众生产生活水平作为民族工作的根本出发点和落脚点，强调将继续加强对少数民族和民族地区经济社会发展的扶持，完善与民族区域自治制度相适应的政策性转移支付制度，帮助民族地区建设一批对带动当地经济社会发展起重大作用的基础设施项目，优先安排同各族群众生产生活密切相关的中小型公益性项目。近几年，中央又通过制定一系列文件，支持东部地区产业向中西部地区有序转移，加快新疆、西藏、青海等四省藏区、宁夏、广西及云南边境地区发展。

【数字说话】

“十一五”期间民族地区经济发展情况

“十一五”期间少数民族和民族地区经济总量实现了两位数的增

长，2010 年少数民族和民族地区生产总值达到 41 892 亿元，按可比价格计算比 2005 年增长了 89.2%，年均增长 13.6%；地方财政一般预算收入从 1 330 亿元增加到 4 098 亿元，增长了 240%。截至 2010 年，少数民族和民族地区城镇居民收入达到 15 926 元，增长了 80.2%，农村人均纯收入 4 239 元，增长了 86.2%。5 个民族自治区已验收达标的“两基”县达到 686 个，占总数的 98.1%；民族地区每千人拥有卫生技术人员达到 3.3 人，比 2005 年提高了 22.2%；2000—2010 年，8 个民族省区的贫困人口从 2000 年的 3 144.1 万人减少到 1 034 万人，贫困发生率从 23.01%下降到 7%。

加快少数民族和民族地区发展，关键在于抓住深入实施西部大开发战略和主体功能区战略的机遇，推动民族地区加快构建现代化基础设施体系和国家生态安全屏障，为民族地区乃至全国可持续发展提供根本保障；抓住国内外经济结构调整的机遇，从民族地区自身资源条件、区域特点、产业状况出发，推进经济发展方式转变，高标准培育战略支撑产业，做强做大特色优势产业，努力提升民族地区经济整体实力；抓住全国对口支援西藏、新疆和其他民族地区的机遇，推进辖有民族自治地方的省、直辖市内比较发达地市对口支援自治州、自治县，形成多层次对口支援格局，不断增强民族地区发展合力，提升自我发展能力；抓住国家实施区域发展总体战略的机遇，推动国家扶持各民族自治区、青海等四省藏区、云南边境地区等一系列政策的落实，认真贯彻落实扶持人口较少民族发展、兴边富民行动、少数民族事业“十二五”规划，将优惠政策和扶持项目更多地向少数民族和民族地区倾斜，为少数民族和民族地区争取和创造更好的发展条件。

加快少数民族和民族地区发展，着力重点是解决各族群众最关心最直接最现实的利益问题，集中力量发展教育、科技、卫生等社会事业，突出抓好就业、社会保障、扶贫开发工作，不断提高公共服务水平。特别是要重点关注集中连片特殊困难地区的脱贫致富问题，积极推动新疆南疆地区、青藏高原东缘地区、武陵山区、乌蒙山区、滇西边境山区、秦巴山—六盘山区等民族地区的开发攻坚工程，为基本消除绝对贫困现象奠定坚实基础。

二、 依法保障少数民族和自治地方合法权益

我国《宪法》规定："中华人民共和国各民族一律平等。国家保障各少数民族的合法的权利和利益。"尊重和依法保障少数民族的合法权益，是我国社会主义政治文明的重要特色，是党和国家民族工作的重要内容。

除《宪法》外，国家许多法律法规都对维护少数民族和自治地方的合法权益作出了规定。1979年颁布的《全国人民代表大会和地方各级人民代表大会选举法》规定："自治区、聚居的少数民族多的省，经全国人民代表大会常务委员会决定，代表名额可以另加百分之五。"1993年颁布的《民族乡行政工作条例》规定，民族乡享有与民族自治地方的自治权相似的自主权，切实保障少数民族管理本民族内部事务的权利。1995年颁布的《中华人民共和国教育法》规定："少数民族学生为主的学校及其他教育机构，可以使用本民族或者当地民族通用的语言文字进行教学。"

《中华人民共和国民族区域自治法》是国家保障少数民族和民族地区各项权利的基本法律，是我国民族工作走上法制化、规范化轨道的重要保障。1954年宪法颁布后，我国便开始了民族区域自治法的起草工作。1984年5月，六届全国人大二次会议审议通过了《中华人民共和国民族区域自治法》，一些民族自治地方和多民族省制定了自治条例或规定。2001年2月，九届全国人大二十次会议通过了新修改的《中华人民共和国民族区域自治法》，明确了民族区域自治是国家的一项基本政治制度，规定了帮助民族自治地方发展是上级国家机关的职责，扩大了民族自治地方的自主权，要求有关上级国家机关和地方制定配套的法规和规章等。2005年5月19日，颁布了《国务院实施〈中华人民共和国民族区域自治法〉若干规定》，主要从加快经济社会发展、培养各类人才、维护民族团结、明确法律责任和建立监督机制等方面作了具体规定，特别是明确规定了上级人民政府贯彻民族区域自治法的职责和义务，规定了上级人民政府帮助和支持民族自治地方加快发展具体的政策措施。至此，我国初步建立起了以宪法和民族区域自治法为主干，包括国务院及其职能部门制定的行政法规、部门规章，以及民族自治地方制定的自治条例和单行条例，各省、自治区、直辖市和

地方各级人大、政府制定的民族方面的法规、行政规定等在内的民族法制体系。

《中华人民共和国民族区域自治法》自颁布以来，中央多次在全国范围内开展民族政策执行情况大检查，推动民族政策的全面贯彻落实，要求国家机关各部门、地方各级党委和政府，带头学习贯彻、模范遵守执行民族区域自治法，并大力加强民族区域自治法的宣传、教育，进一步提高各族群众和广大党员干部对民族区域自治法重要性的认识，不断增强遵守执行的自觉性。

近年来，为保障城市和散居地区少数民族的合法权益，国家制定实施《城市民族工作条例》、《民族乡行政工作条例》等法律法规，切实加强服务与管理，重点帮助他们发展生产、改善生活，满足他们在节庆、饮食、丧葬等方面的特殊需要。在贯彻落实涉及城市民族的政策法规过程中，重点把握和适应城市化的发展趋势，把切实保障少数民族群众的合法权益作为城市民族工作的重要原则，充分考虑少数民族群众的特点和实际，将民族政策体现和落实在各项具体工作中；把做好少数民族流动人口的服务管理作为城市民族工作的重要任务，将热情服务与依法管理有机结合起来，更新服务管理理念和方式，解决他们生产生活中的困难和问题；把不断加强社区民族工作作为推进城市民族工作的重要基础，将社区建设成为各族群众安居乐业的幸福家园；把排查化解涉及民族因素的矛盾纠纷作为城市民族工作的重要内容，建立和完善排查机制，不断提高预防和处理有关矛盾纠纷的工作水平。

三、 加强少数民族干部队伍建设和民族地区人才资源开发

少数民族干部和人才是少数民族中的优秀分子。他们熟悉本民族的语言、历史、传统和风俗习惯，熟悉当地政治、经济、文化的特点，是党和政府联系少数民族群众的重要桥梁和纽带。少数民族干部和人才的状况，是衡量少数民族发展进步的重要标志。长期以来，党和国家把加强少数民族干部队伍和人才队伍建设，作为促进各民族繁荣发展、搞好民族地区工作、解决民族问题的关键，作为管长远、管根本的大事，不断采取有力措施，加大培养选拔力度。

新中国成立伊始，国家就提出要普遍而大量地培养少数民族干部。

为此，国家专门创办了培养少数民族干部的民族院校。20世纪50年代建立了中央民族学院、西北民族学院、西南民族学院、中南民族学院、广西民族学院等10所民族学院。改革开放以来，国家又陆续创办了湖北民族学院、北方民族大学、大连民族学院等。随着时代的发展，这些民族学院大部分改扩建成民族大学，办学规模和水平不断提高。截至目前，全国已有15所民族普通高等院校。此外，国家还先后开办许多少数民族干部训练班、干部学校，并在普通高校举办民族班，不断加大少数民族干部的培养力度。

党和国家十分重视培养和选拔少数民族干部，民族区域自治地方少数民族干部配备均达到一定比例，一大批优秀的少数民族干部走上了各级领导岗位。在公开选拔、竞争上岗配备领导班子时，划出相应的名额和岗位，定向选拔少数民族干部。国家在招录公务员时，对少数民族考生适当放宽条件，通过划定比例、定向招考、适当加分等优惠政策，确保一定数量的少数民族考生进入公务员队伍。

党和国家不断加强对少数民族干部的教育培训工作。定期选送少数民族干部到各级党校和各类院校培训学习，有计划地组织少数民族干部到沿海发达地区参观考察，不断提高少数民族干部队伍的素质。

国家还有计划地组织开展干部交流、岗位轮换，选派大批少数民族干部到内地、基层、上级领导机关任职或挂职锻炼，让少数民族干部在实践中增长才干。从1990年起，国家开始选派西部地区和其他少数民族地区干部到中央国家机关和经济相对发达地区挂职锻炼。20年来共有5 000多名干部参加挂职锻炼，为民族地区培养了一大批党政领导干部和科技、经济管理人才，有力地推动了民族地区领导班子建设和干部队伍建设，促进了民族地区经济社会又好又快地发展。

【数字说话】

少数民族干部队伍情况

截至2011年，少数民族干部已达300多万人，比1978年增长了3倍多。全国公务员队伍中，少数民族占9.6%，其中县处级以上的少数民族干部占同级干部总数的7.7%。在中央和地方国家权力机关、行政机关、审判机关和检察机关都有相当数量的少数民族干部。13位全国人大常委会副委员长中，有少数民族2名；9位国务院副总理、国务委员中，有少数民族2名；25位全国政协副主席中，有少数民族5名。

党和国家高度重视培养民族地区现代化建设需要的各级各类人才。国家规定，高等学校和中等专业学校招收新生的时候，对少数民族考生适当放宽录取标准和条件，对人口较少的少数民族考生给予特殊照顾。每年都有成千上万的少数民族考生迈进高校的门槛。为加快民族地区人才培养步伐，国家在内地重点高校举办少数民族预科班、民族班，目前每年招生规模达3万人。

【数字说话】

各地举办少数民族预科班、民族班情况

1984年，国家作出“在内地创建西藏学校和开办西藏班”的决策。截至2011年，先后有21个省、市的31所学校开办内地西藏班（校），58所内地重点高中、90多所高等学校招收西藏学生。截至2010年年底，内地西藏班在校生总数约2.18万人。2000年，在北京、上海等12个内地大中城市13所学校举办内地新疆高中班。截至2011年，新疆高中班扩大到14个省（直辖市）、40个城市的76所学校，在校生规模达2.4万余人。

国家鼓励引导高校毕业生到民族地区工作。自1999年起，国家有关部门开展“博士服务团”选派工作，截止到2011年年底，已先后从中央国家机关有关部委和东部相对发达省市选派了12批、共1 473名取得博士学位的优秀青年科技人才到西部地区、革命老区和少数民族地区服务锻炼，提供人才和智力支持。

四、 保护和发展少数民族优秀文化

少数民族文化是中华文化的重要组成部分，是中华民族的共有精神财富。我国宪法规定，国家根据少数民族的特点和需要，帮助少数民族加快各项文化事业的发展。党和政府通过各种政策措施，尊重和保护少数民族文化，支持少数民族文化的传承、发展和创新，鼓励各民族加强文化交流，繁荣发展少数民族文化事业。国家专门成立全国少数民族古籍整理出版规划小组和办公室，对少数民族古籍进行挖掘、整理、保护。《国家珍贵古籍名录》第一、二批已收录少数民族古籍

377种，其中纳西族东巴古籍文献已列入联合国教科文组织“世界记忆遗产名录”。党和政府设立少数民族三大英雄史诗《格萨尔》（藏族）、《江格尔》（蒙古族）、《玛纳斯》（柯尔克孜族）专门工作机构，收集、整理、翻译和研究取得重大成果。

【数字说话】

少数民族文化得到有效保护

从20世纪50年代开始，国家组织3 000多名专家学者，历时30多年完成了“中国少数民族”、“少数民族简史”丛书、“民族语言简志”丛书、“民族自治地方概况”丛书和“少数民族社会历史调查资料丛刊”等五种少数民族丛书的调查、编纂和出版，合计403册，1亿多字，发行50多万册。20世纪80年代以来，国家投入巨资对西藏拉萨的哲蚌寺、色拉寺、甘丹寺，青海的塔尔寺，新疆的克孜尔千佛洞等大批全国重点文物保护单位进行维修。1989年到1994年，国家拨出5 500万元和1 000公斤黄金、大量白银等珍贵物资对布达拉宫进行维修。目前，民族自治地方全国重点文物保护单位有366个，世界文化遗产有拉萨布达拉宫历史建筑群、丽江古城，世界自然遗产有九寨沟、黄龙风景名胜区和“三江并流”自然景观。国家重视保护少数民族非物质文化遗产，国务院公布的两批国家级非物质文化遗产名录1 028项中，少数民族项目有367项，占35.7%。国家公布的三批共1 488名国家级非物质文化遗产项目代表性传承人中，少数民族项目代表性传承人有393名，占26.4%。新疆维吾尔木卡姆艺术和蒙古族长调民歌被列入联合国教科文组织第三批“人类口头和非物质遗产代表作”名录。

2009年6月，中央召开全国少数民族文化工作会，制定了《关于进一步繁荣发展少数民族文化事业的若干意见》，明确了繁荣发展少数民族文化事业的指导思想、基本原则，提出了一系列扶持少数民族文化事业发展的优惠政策措施。

一是强调坚持为人民服务、为社会主义服务的方向和百花齐放、百家争鸣的方针，尊重差异、包容多样，推动各民族文化相互借鉴、加强交流、和谐发展。坚持面向现代化、面向世界、面向未来，把握规律性，保持民族性，体现时代性，推动少数民族文化改革创新，不断解放和发展文化生产力。坚持贴近实际、贴近生活、贴近群众，生产更多各族群众喜闻乐见的优秀精神文化产品。坚持社会效益和经济效益相统一，把社会效益放在首位，充分发挥市场机制作用，促进文化事业和文化产业协调发展。坚持基本公共服务均等化，保障少数民族群众的基本文化权益。坚持因地制宜、分类指导，不断完善扶持少数民族文化事业发展的政策措施。

二是强调加强少数民族文化建设，以建设社会主义核心价值体系为主线，以完善公共文化服务体系为重点，以加强基础设施建设为手段，以推动文化创新为动力，以改革体制机制为保障，以满足各族群众日益增长的精神文化需求为出发点和落脚点。

三是强调统筹推进全国文化建设和少数民族文化发展，把繁荣发展少数民族文化纳入繁荣发展中华文化、提高国家文化软实力和国际竞争力的总体战略。统筹推进民族地区经济建设和文化建设，既通过加快民族地区经济发展，为少数民族文化发展奠定雄厚的物质基础，又更加重视民族地区的文化建设，使文化建设成为推动经济发展的强大动力，为各族群众提供更多更好的文化产品。统筹推进公益性文化事业和经营性文化产业，坚持把发展公益性文化事业作为保障各族人民基本文化权益的主要途径，同时要促进少数民族文化产业加快发展，不断满足各族群众日益增长的多方面的文化需求。统筹推进少数民族文化保护继承和创新发展，坚持古为今用，推陈出新，在保护继承的基础上大力推动少数民族文化创新和发展。统筹推进少数民族文化市场建设和管理，坚持“一手抓繁荣，一手抓管理”，建设繁荣、规范、有序的文化市场，抵御外来有害思想和文化渗透，切实维护民族地区文化安全和社会稳定。

第四节　坚决维护各民族大团结

民族团结是国家发展稳定、人民安居乐业的重要保证。我国社会主义现代化建设取得巨大成就，保持了改革、发展、稳定的良好局面，其中很重要的一个原因，就是我国 56 个民族始终同心同德、紧密团结。

一、 大力开展民族团结进步教育和创建活动

开展民族团结进步教育和创建活动，是加强民族团结、巩固和发展社会主义民族关系的好形式。早在1952年，吉林省延边朝鲜族自治州就将每年9月定为“民族团结宣传月”，得到了周恩来、朱德等中央领导的肯定和表扬。中共十一届三中全会后，针对“文化大革命”造成人们的民族政策观念淡薄的情况，中央在全国范围集中开展民族政策再教育。各地都高度重视开展民族团结月活动，群众性民族团结进步创建活动逐步在全国广泛地开展起来，推动形成了以维护民族团结为荣、以损害民族团结为耻的社会风尚。

在民族团结进步创建活动中，涌现出一大批自觉维护民族团结的模范集体和模范个人。1982年，国家民委倡议开展民族团结模范集体和模范个人表彰活动。到1988年，全国已有26个省、自治区、直辖市召开了民族团结表彰大会。在此基础上，1988年4月，国务院召开了第一次全国民族团结进步表彰大会。到2009年，国务院已先后召开了5次全国民族团结进步表彰大会，共表彰56个民族的民族团结进步模范6 481个，其中模范集体3 213个、模范个人3 268名，在全社会产生了广泛影响。

民族团结进步教育和创建活动突出群众性。充分尊重和体现各族人民主体地位，把实现好、维护好、发展好各族人民根本利益作为民族团结进步事业的出发点和落脚点，动员各族群众广泛参与，使每一位公民都自觉做民族团结进步事业的维护者和建设者，在共同推进民族团结进步事业中不断创造美好生活。在加强对各族群众进行教育的同时，注重教育各族干部特别是领导干部，使中国共产党的民族理论和民族政策、国家民族法律法规为广大干部群众所掌握，增强广大干部群众贯彻落实中国共产党的民族理论和民族政策、国家民族法律法规的自觉性和坚定性，形成全社会共同推进民族团结进步事业的强大合力。

民族团结进步教育和创建活动突出实践性。鼓励基层和群众积极探索实践，鼓励各地区因地制宜开展工作，为民族团结进步事业源源不断注入活力。把民族团结教育纳入公民道德教育全过程、社会主义精神文明建设全过程，推动中国共产党民族理论和民族政策、国家民

族法律法规进课堂、进教材、进头脑，推进民族团结和谐村寨、和谐社区、和谐单位、和谐家庭建设。广泛运用文艺作品、影视节目、报刊书籍、新闻宣传等形式，以及各类新兴媒体灵活多样地开展宣传教育，使“三个离不开”、“四个认同”深入人心，使维护民族团结、维护社会稳定、维护祖国统一成为各族人民的共同意志和自觉行动。

民族团结进步教育和创建活动突出时代性。根据党和国家事业发展要求，适应我国各族群众利益关系发展变化，着眼学习践行社会主义核心价值体系，不断丰富民族团结进步事业内涵、创新民族团结进步事业活动，增强民族团结进步事业的感召力、亲和力、影响力。

二、 妥善处理影响民族团结的社会矛盾和问题

民族和谐是社会和谐的重要基础。在全面建设小康社会的新阶段，我国民族关系进入一个新的发展时期。随着改革的深化和社会利益关系的不断调整，随着西部大开发战略的推进和城市化进程的加快，东西部之间，各民族之间的交往交流频繁，各民族在根本利益一致的前提下，因利益分配、风俗习惯、宗教信仰等因素引发的摩擦和纠纷有所增加，影响民族关系的矛盾、纠纷也呈上升趋势。一方面，在土地、草原、森林、矿山、水源等方面的矛盾和纠纷渐渐增多，一些地方时常发生涉及少数民族的经济纠纷和经济诈骗等违法犯罪行为，引发少数民族群众集体上访等群体性事件；另一方面，因风俗习惯和宗教信仰等因素引发的矛盾纠纷增加，同时城市中少数民族就业问题日显突出。

党和政府历来重视解决涉及民族因素的社会矛盾和问题。1987 年 4 月，中共中央、国务院批转中共中央统战部、国家民委《关于民族工作几个重要问题的报告》，指出：“对于民族关系方面发生的问题，应当采取说服教育、民主协商、积极疏导的方法加以解决。……总结历史的经验，在处理这类问题时，必须慎重从事，从有利民族团结出发，有什么问题就解决什么问题，不要轻率地扣这个帽子或那个帽子。”① 2001 年 9 月，中共中央办公厅、国务院办公厅转发了国家民委

---

① 金炳镐主编：《民族纲领政策文献选编》，第二编，714 页，北京，中央民族大学出版社，2006。

等七部委《关于正确处理新形势下影响民族团结问题的意见》，明确提出在处理民族关系方面发生的问题时，要始终高举维护人民利益、维护法律尊严、维护民族团结、维护国家统一的旗帜，严格区分两种不同性质的矛盾，善于运用法律手段处理问题。

按照中央精神，妥善处理涉及民族因素的矛盾和问题，要坚持团结、教育、疏导、化解为主的方针，具体问题具体分析，是什么问题就解决什么问题，避免事态扩大和矛盾激化。凡属违法犯罪的，不论涉及哪个民族、信仰何种宗教，都坚持运用法律手段处理问题，做到讲原则、讲政策、讲法制、讲策略。建立灵活高效的信息工作、矛盾纠纷协调排查、快速反应等机制，把引发民族关系突发事件的隐患解决在萌芽状态。

三、坚决防范和打击各种民族分裂活动

祖国统一、民族团结是各族人民之福，祖国分裂、民族离乱是各族人民之祸。民族分裂主义无论以什么形式、无论在哪里从事分裂祖国活动，都是国家的严重祸害，都是全国各族人民的共同敌人。坚决反对和打击一切形式的民族分裂活动，是一项长期的政治任务。

由于地理、历史和文化等原因，边疆少数民族地区一直是国际敌对势力对我实施西化、分化的重要目标。特别是随着冷战结束、世界向多极化发展，国际敌对势力不愿看到社会主义中国的迅速强大，利用民族、宗教问题对我实施西化、分化的渗透破坏活动呈加剧之势。近些年来，境内外各种分裂势力活动频繁，相互响应、勾连聚合，反分裂斗争形势更加复杂。拉萨“3·14”事件和乌鲁木齐“7·5”事件表明，分裂与反分裂斗争将是长期的、复杂的，有时甚至是十分激烈的。民族分裂势力、宗教极端势力、暴力恐怖势力“三股势力”已经成为我国国家安全和民族团结的重大威胁。

【典型案例】

拉萨“3·14”事件和乌鲁木齐“7·5”事件

2008年3月14日，在达赖集团的组织策划下，极少数不法分子在拉萨制造打砸抢烧事件，烧死砍死无辜群众18人，受伤382人，被毁商铺、民房、汽车直接财产损失近2.5亿元，人民群众的生命财产遭

受了巨大的损失，事件还波及四川、甘肃、青海等省藏区的一些地方。

2009年7月5日，在以热比娅为首的“世维会”组织策划下，新疆乌鲁木齐市发生打砸抢烧严重暴力犯罪事件，造成197人死亡，1 700多人受伤，财产损失巨大。

民族分裂主义的本质是反对中国共产党领导的社会主义制度，分裂祖国，破坏各族人民的大团结。反对民族分裂的斗争，不是民族问题，也不是宗教问题，但敌对势力往往打着民族和宗教的旗号来进行破坏活动，在一定程度上增加了问题的复杂性。国际敌对势力是各种民族分裂势力的幕后帮凶，境内外民族分裂势力是实施各种分裂活动的政治工具。

开展反分裂斗争必须始终高举维护社会稳定、维护社会主义法制、维护人民群众根本利益、维护祖国统一、维护民族团结的旗帜。加强反分裂的宣传教育，坚持用发展的生动事实说话，深入揭批民族分裂势力的反动本质，引导各族群众认清境内外民族分裂势力破坏民族团结的险恶用心，自觉树立“团结稳定是福、分裂动乱是祸”的意识，切实增强维护民族团结、祖国统一的责任感，从思想上、行动上筑牢反对分裂、维护稳定的钢铁长城。注重把受欺骗和胁迫的群众与民族分裂分子严格区分开来，以最大限度地团结和依靠各族干部群众，最大限度地孤立和打击极少数不法分子，不断巩固反分裂斗争的群众基础。积极主动做好消弭隐患和防范工作，完善常态和非常态下的维稳工作机制，严密防范和严厉打击渗透破坏和煽动、聚众闹事、暴力恐怖等分裂活动。牢牢掌握反对民族分裂势力、宗教极端势力、暴力恐怖势力斗争的主动权，对其破坏活动，一露头就打下去，坚决消灭在萌芽状态。

第六章
中国特色的宗教关系

我国是社会主义国家，又是多宗教国家。坚持唯物主义和无神论的中国共产党如何认识和对待宗教？我国实行宗教信仰自由政策，为什么又要依法加强对宗教事务的管理？宗教与社会主义社会能否相适应、怎样才能相适应？正确认识和处理这些问题，促进宗教关系和谐，是涉及党和国家工作全局的重要方面。

第一节　我国宗教关系的现状

我国是一个多宗教的国家。正确认识和处理好宗教关系，实现宗教与社会和谐相处、各宗教和谐相处、信教群众和不信教群众、信仰不同宗教群众和谐相处，是构建社会主义和谐社会的重要工作。现阶段我国宗教关系本质上是人民内部关系，总体上和谐有序，但也面临一些新情况新问题。

一、　我国宗教的基本情况

我国主要有五大宗教，即佛教、道教、伊斯兰教、天主教、基督教。此外，还有一些原始宗教、民族宗教和民间信仰。我国公民可以自由地选择、表达自己的信仰和表明宗教身份。

佛教产生于公元前 6 世纪至公元前 5 世纪的古印度，公元 1 世纪前后开始传入我国，迄今在我国已有 2 000 多年的历史。由于所译经典的语言文字、流传地域和民族等的不同，我国佛教分为三大语系，即汉语系佛教、藏语系佛教、巴利语系佛教，也分别称为汉传佛教（汉地佛教）、藏传佛教（俗称喇嘛教）、南传上座部佛教（俗称小乘佛教），在其内部又形成了众多的派别，在不同的地域和民族中流传与发展。在长期的历史发展中，佛教已经成为我国传统文化的重要组成部分，深入社会生活的各个方面。截至2008年年底，我国有佛教寺院2万余座，其中汉传佛教寺院1.5万余座，藏传佛教寺院4 000余座，南传上座部佛教寺院1 300余座，出家僧尼约20万人，其中藏传佛教的喇嘛、尼姑13万人，活佛1 700余位，巴利语系佛教比丘、长老近万人。①

道教是我国土生土长的宗教，起源于春秋战国时期，正式创立于东汉末年，其标志是太平道和五斗米道的出现，到现在已有1 700多年历史。道教承袭了我国古代的自然崇拜和祖先崇拜，是多神教，主要分为全真和正一两大派。道教在我国有深厚的传统文化根基，在普通民众中具有很强的生命力，其信众人数难以统计。截至2008年年底，我国有道教宫观近3 000座，乾道、坤道有5万余人。②

伊斯兰教产生于公元7世纪的阿拉伯半岛，创始人为穆罕默德。伊斯兰教形成后不久，就逐步传入我国，至今有1 300多年的历史，现在为我国回族、维吾尔族等10个少数民族中的绝大多数群众所信仰。截至2008年，我国有清真寺3.5万座，伊玛目、阿訇4万余名。其中，新疆清真寺2.4万余座，伊玛目和阿訇2.8万余名。③伊斯兰教有各种教派，最主要的是逊尼派和什叶派两大教派，我国伊斯兰教信教群众大多属于逊尼派。

天主教亦称罗马公教，自公元7世纪起几度传入我国，1840年鸦片战争后大规模传入。我国天主教的一个重要特点是教徒家庭世代相传，稳定性比较强。据中国天主教爱国会和中国天主教主教团统计，我国现有天主教徒约600万人，教堂及祈祷场所达6 300余所。④

我国所说的基督教，是指16世纪西欧宗教改革运动脱离天主教而形成的各个新宗派，以及从这些宗派中分化出来的众多宗派的统称。基督教于公元19世纪初传入我国，并在鸦片战争后大规模传入。我国现有基督徒约2 305万人，占全国人口总数的1.8%，其中已受洗者1 556万人。⑤

---

①②③ 《宗教信仰自由的伟大实践——新中国成立60年宗教工作综述》，见新华网，2009-09-04。

④ 参见马英林：《同心同德谱写中国天主教爱国爱教事业新篇章——在中国天主教第八届全国代表会议上的工作报告》，载《中国天主教》，2011 (1)。

⑤ 参见中国社会科学院世界宗教研究所课题组：《中国基督教入户问卷调查报告》，见《中国宗教报告 (2010)》，191页，北京，社会科学文献出版社，2010。

目前，全国共有各级宗教团体 5 500 多个，其中全国性宗教团体 7 个，即中国佛教协会、中国道教协会、中国伊斯兰教协会、中国天主教爱国会、中国天主教主教团、中国基督教三自爱国运动委员会、中国基督教协会。宗教团体的基本任务是协助党和政府贯彻执行宗教信仰自由政策，帮助广大信教群众和宗教界人士不断提高爱国主义和社会主义觉悟，代表宗教界的合法权益，组织正常的宗教活动，办好教务。宗教组织的经济来源主要是教徒捐献、房地产收入、生产劳动收入等。宗教团体是信教群众的组织，不是政府宗教事务部门的下属机构。

宗教团体办有培养宗教教职人员及其他宗教专门人才的各级宗教院校 110 多所，其中全国性的宗教院校 6 所，即成立于 1952 年的我国基督教全国性神学院——金陵协和神学院，成立于 1955 年的全国性伊斯兰教高等学府——中国伊斯兰教经学院，成立于 1956 年的汉语系高级佛学院——中国佛学院，成立于 1983 年的我国天主教高等学府——中国天主教神哲学院，成立于 1987 年的藏传佛教最高学府——中国藏语系高级佛学院，成立于 1990 年的中国道教学院。

我国与世界许多国家一样，实行宗教教育与国民教育分离的原则，在国民教育中不对学生进行宗教教育。宗教院校根据各教需要进行宗教专业教育，其办学方针和主要任务是培养和造就热爱祖国、接受党和政府领导、坚持走社会主义道路、维护祖国统一和民族团结，有宗教学识、立志从事宗教事业并能联系信教群众的宗教教职人员队伍。宗教院校不完全等同于过去传统的“灵修院”、“隐修院”、“丛林”、“经堂”等，而是在政府宗教事务部门行政管理下，由宗教团体举办的、培养宗教教职人员的新型学校。

宗教教职人员是对各宗教专门从事教务活动人员的通称。就我国五大宗教而言，主要包括：汉传佛教的比丘、比丘尼，藏传佛教的活佛、喇嘛、觉姆，南传佛教的长老；道教的道士、道姑（全真派称乾道、坤道）；伊斯兰教的阿訇、伊玛目、专职哈提甫；基督教的主教、牧师、长老；天主教的主教、司铎（神甫）、修士、修女。

宗教教职人员的职责主要是主持宗教活动，宣讲教规教义，参与宗教活动场所管理，为信教群众提供宗教礼仪服务等。他们不但同信教群众在精神上有密切联系，对信教群众的精神生活有不可忽视的重要影响，而且还在履行宗教职务的形式下进行着许多服务性劳动和社会公益方面的工作。目前，我国有宗教教职人员约36万人。

在我国，各种宗教地位平等，和谐共处，未发生过宗教纷争，信教与不信教公民之间彼此尊重，团结和睦。这既是由于受我国源远流长的传统思想文化中兼容、宽容等精神的影响，更是因为新中国成立后，党和政府制定实施了宗教信仰自由政策，确立了符合我国国情的政教关系。

【背景材料】

撒母尔·考比亚惊叹中国五大宗教和谐共存

世界基督教联合会前总干事撒母尔·考比亚博士在2006年年底访问中国时，对中国五大宗教和谐共存、共同发展的局面表示惊叹。他说："与五大宗教领袖和信徒的会面让我记忆犹新。在我到过的所有国家中，没有一个国家能像中国一样，让几大宗教如此和谐地发展。他们不仅分享了共同的价值观，我们还能看到佛教徒帮助基督徒修建教堂。作为世基联总干事，我有责任把这些故事传播到世界的其他地方。"

二、 我国宗教关系的内涵和性质

我国现阶段宗教关系的内涵，主要包括两个方面：一是以宗教为着眼点来划分，宗教关系体现为宗教内部关系（包括教派之间、地区之间、教职人员与信众之间、新旧教徒之间关系等），宗教与宗教之间的关系，宗教与社会之间的关系（包括宗教与政府、执政党、其他社会组织人士之间的关系等），宗教对外关系；二是以信教群众为着眼点来划分，宗教关系体现为信教群众与不信教群众、信仰不同宗教的群众、信仰同一宗教不同教派的群众之间的关系。

宗教关系本质上是一种社会关系。唯物史观认为，所谓社会关系，就是人们在共同的实践活动中结成的相互关系的总称。由于物质资料的生产是人类社会赖以存在和发展的基础，人在社会生产中结成的相互关系是一切社会关系的基础，社会生产关系决定其他社会关系的性质。宗教关系亦是如此，它建立在社会生产关系基础之上，其性质由社会生产关系的性质决定。

新中国成立前，我国宗教关系的性质受半殖民地半封建社会生产关系的影响和制约，带有深刻的“封建宗法性”和“洋教性”，宗教方面的矛盾既涉及人民内部矛盾，也涉及阶级对抗性矛盾。

新中国成立后，随着社会生产关系的深刻变革和宗教制度的重大改革，我国宗教状况发生了根本变化。1956 年，生产资料所有制改造的完成，标志着我国基本确立了社会主义生产关系，我国社会主要矛盾转化为人民日益增长的物质文化需要同落后的社会生产之间的矛盾。我国天主教、基督教通过反帝爱国运动，摆脱了帝国主义、殖民主义的控制，走上了独立自主自办教会的道路，成为我国宗教徒独立自主自办的宗教事业，洗刷了百年来的“洋教”特征。我国佛教、道教、伊斯兰教通过宗教制度的民主改革，废除了宗教封建特权和压迫剥削制度，去掉了长期存在的“封建宗法性”特征。这主要表现在：各宗教的教职人员和以上层教徒为代表的宗教界人士的政治立场发生了重大变化，他们大多数都站到了拥护社会主义制度、爱国守法的立场；各宗教在神学思想建设方面也努力适应新社会，创造了适应社会主义社会的神学体系。我国宗教由此成为在社会主义条件下存在和发展的宗教，成为摆脱了帝国主义势力控制和剥削阶级利用的宗教，成为爱国守法并能积极适应社会主义社会的宗教，成为基本上以合法宗教活动满足信教群众信仰的宗教。我国宗教关系也主要由阶级对抗关系转变为人民内部关系，即人民内部信仰和不信仰宗教的群众关系，以及信仰不同宗教群众的关系。

我国宗教走上与社会主义社会相适应的道路，但宗教领域的矛盾还将长期存在。宗教关系方面存在的矛盾主要是人民内部矛盾，这是妥善处理宗教关系需要把握的一个基本判断。由于现阶段我国宗教的社会作用仍然具有两重性，既有积极的一面，也有消极的一面，还会受到一定范围内存在的阶级斗争和国际上一些复杂因素的影响，宗教方面的矛盾也有可能在一定条件下转化为一定范围和一定程度上的对抗性矛盾。

三、 我国宗教关系的新变化

改革开放以来，我国宗教关系总体上保持了团结稳定的局面。各宗教都以各种方式调整自己，更好地与社会主义社会相适应。随着改革开放的不断深入，我国宗教关系呈现出一些新情况和新变化。

1. 宗教发展速度较快

信徒数量增长迅速。汉地佛教、道教除了正式皈依者增加外，在家信教的善男信女也大量增加，各地香火日盛。伊斯兰教、藏传佛教、南传上座部佛教是民族性较强的宗教，历史上就有约20个少数民族几乎全民信教。随着这些少数民族人口的稳步增长，信教群众的数目也不断增加。特别是基督教发展速度呈加快上升态势，新中国成立初期信徒人数70万，目前约有2 305万，增长近32倍，其中1993年以来信教的基督徒占信徒总数的73.4%。[①] 天主教虽然受体制严密性的限制，但教徒数量也有了较大幅度的增长。此外，一些民间的宗教信仰和少数民族传统宗教也有所发展，国外的一些宗教和教派也开始进入中国内地。宗教的社会影响增强，具体表现在：宗教活动场所增多，各类宗教活动日益频繁；宗教书刊越来越多，表现宗教内容的文艺作品日益增加；新闻媒介中宗教方面的信息量增多，旅游文化中的宗教成分日益浓厚等。

2. 传统宗教格局受到冲击

新中国成立以来，我国宗教基本稳定为五大宗教并存的格局，在分布上也呈现出比较明显的区域特点。汉传佛教主要分布在汉族人口集中区，藏传佛教主要分布在西藏、其他藏区和内蒙古地区，南传上座部佛教只分布在云南。穆斯林聚居区主要分布在西北各省、自治区，在中部和东部有一定数量的穆斯林散居。道教和天主教、基督教也主要分布在汉族人口集中区。改革开放以前，由于实行计划经济和严格的户籍制度，人们被固定在土地上和单位中，人口极少流动，宗教的这一区域分布特点得以保持。改革开放以来，情况发生了很大变化。由于实行对外开放，境外宗教乘机向我国渗透；随着社会主义市场经济发展，人员跨区域大范围流动。这些重大而深刻的变化，对我国的宗教格局和区域分布产生了冲击，五大宗教信教人数的增长呈不平衡状态，五大宗教之外的宗教已经出现，以不同方式在当今中国社会存

---

① 参见中国社会科学院世界宗教研究所课题组：《中国基督教入户问卷调查报告》，见《中国宗教报告（2010）》，192页。

在。各宗教、各教派因人员的大量流动而相互碰撞、融合，出现了我中有你、你中有我的复杂局面，宗教进入了一个相互交错发展的新时期。

【典型案例】

信教群众分布变化

1953年，浙江义乌穆斯林人口仅为2人，1964年为11人，到1989年，也仅有19人。自形成我国著名的小商品集散地之后，中东一些国家和我国西北地区的穆斯林前去经商，现在已有约2万穆斯林生活在那里，被人们称为当代中国东部新“番坊”。

3. 信众年龄、阶层结构发生变化

改革开放初期，我国信教群众结构呈现出“五多”的特点：年龄上以老年人居多，性别上以妇女居多，文化程度上以低文化水平居多，在城乡分布上以农村信教群众居多，在区域分布上以少数民族地区、经济不发达地区居多。近年来，我国信教群众结构“五多”的特点逐步消解，各阶层信教人数都有增加。中青年中信教的人越来越多，在我国信教群众中的比例持续上升。由于中青年信教群众的文化程度普遍比老年信教群众高，加上一些高学历人员信教，我国信教群众的平均文化程度逐步提高。随着农村人口向城市迁移和城市居民信教人数增多，城乡信教群众分布“一头沉”的格局正在被打破。我国信教群众的职业分布更加广泛，除工人、农民外，在新经济组织和社会组织中的非公有制经济人士、自由择业的知识分子当中，也有越来越多的人信教。在区域分布上，经济发展较快的东部沿海地区，宗教呈现出较快增长势头。我国信教群众中知识分子、高收入者、城市居民和中青年比例的增加，无疑将会对我国宗教的生存状态和前景产生越来越大的影响。

4. 宗教世俗化趋势增强

宗教的世俗化是指宗教的人间化，即教会和信徒不再用无形的墙壁将自己与世俗的生活隔绝开来，而是通过积极参与世俗生活来体现其宗教信仰。现阶段，我国宗教的世俗化明显增强，主要表现在宗教团体和信教公民更加注重现实生活，参与经济社会活动热情高涨；各宗教努力适应社会主义社会需要，不断对宗教教义进行解释，使之在现实中越来越适应世俗化的社会生活；各宗教积极参与社会公益活动，在社会募捐、救济等公益事业中发挥越来越大的作用；有的宗教团体还兴办经济实体，为自养提供更好的条件。在社会主义市场经济的影响下，我国宗教世俗化的倾向将会进一步加强。越来越多的教职人员会更加关注自己的世俗利益，享受现代化的世俗生活。

5. 宗教国际交流活跃

改革开放以来，我国宗教对外交流日益频繁。宗教团体同世界多数国家和地区的宗教组织建立或恢复了友好关系，积极参与国际宗教和平组织维护和平、反对战争活动，推动宗教对话与和谐世界的建设。世纪之交，中国宗教领袖代表团参加世界宗教领袖千年和平大会，提出了中国宗教界维护世界和平的主张，在国际社会上产生了较大影响。宗教性的留学及民间往来也日益活跃，境外宗教书籍报刊更容易传到国内。此外，对外文化、经济交流中宗教因素掺杂其内，旅游传教、探亲传教、文化传教、网络传教等各种渠道都在传播着国际宗教的思想与文化。这种宗教传播的影响有积极方面，也有消极方面，带来许多新的问题和挑战。

【典型案例】

中国教会圣经事工展

2006年，中国基督教“两会”主办的“脚前的灯、路上的光——中国教会圣经事工展”在美国洛杉矶、亚特兰大、纽约三地巡回展出，参观人数达2万多人，展示了我国宗教信仰自由的良好形象。2007年，中国基督教“两会”在德国科隆会展中心成功举办“中国教会圣经事工展”，参加展览活动的国际友人有三四十万人。展览活动通过展示中国教会出版、发行的《圣经》，与来自德国及欧洲其他国家的教会组织和信徒沟通交流等形式，展示中国基督教信仰自由状况，受到欧洲基督教教会领袖的充分肯定和广大公众的广泛好评。

四、 影响宗教关系的主要因素

宗教无论是作为观念形态，还是作为实体存在，都是社会整体的一部分。宗教关系受社会整体环境以及政治、经济、文化等因素的影响，从国内来看，主要是经济社会发展带来的宗教生存环境的变化，以及宗教自身传教方式的新变化等；从国际上看，主要是全球化背景下境外势力利用宗教对我国进行渗透，影响我国宗教关系。

1. 社会变革影响宗教关系

我国社会转型始于20世纪70年代末，经济结构、社会结构和利益格局深刻变化。社会转型和变革对我国现阶段宗教关系产生了深远的影响。主要表现在：

第一，宗教生存和发展的社会环境逐步改善。在社会变革的历程中，党和政府对宗教的认识越来越理性和开明，政策也越来越完善。"文化大革命"结束后，党和国家恢复落实宗教信仰自由政策，公民宗教信仰自由权利得到尊重和保护，恢复宗教组织活动，开放宗教活动场所，人们可以公开信奉宗教，自由表达宗教信仰。20世纪70年代末到90年代初，宗教信徒数量增长很快，人们对宗教的了解和认识越来越多，社会各界对宗教也越来越包容，越来越开放。

第二，人们精神需求多样，对宗教感兴趣的人增多。改革开放以来，人们思想活动的独立性、选择性、多变性、差异性明显增强，特别是社会主义市场经济快速发展和社会转型，对人们精神、心理乃至道德观、价值观、生活方式等方面产生很大影响，社会生活呈现出千姿百态的景象。积极与消极、进步与颓废、正面效应与负面效应的社会现象混杂出现，导致一部分人产生思想困惑和心态失衡，出现价值真空、价值错位、价值悬置、价值虚无等现象，有的人开始从宗教中寻求心理慰藉，对宗教的道德教化表现出浓厚的兴趣。

第三，宗教与民族联系紧密。在我国社会转型变革中，宗教在民族问题和民族关系中的地位和作用明显提高。改革开放以后，随着阶级身份的淡化，少数民族和民族地区群众的民族身份和宗教身份相对凸显出来，民族意识及民族性宗教观念增强，有的人甚至把宗教作为民族身份的象征，以便形成有民族特色的信仰文化。

2. 宗教自身变化影响宗教关系

传教方式更加灵活。现阶段，各宗教都表现出强烈的传教热情，宗教的传教方式也因此发生着重大变化，更加灵活多样。特别是以互联网为代表的现代通信设施、高科技传媒手段、大众化的宗教电子音像制品等的出现，促使电子传教时代的到来。虚拟教会、网络宗教组织、网络宗教团体应运而生，网络传教发展很快，形成了一个庞大的网上宗教世界。由于互联网的开放性、互动性与随意性，使得以互联网为载体的宗教活动，不再具有传统宗教的现实组织、活动仪式和修行方式，打破了宗教活动在寺院、清真寺、教堂等宗教活动场所进行的限制，传播更快、范围更广、影响更大、管理更难。

宗教自身表现形式日益灵活多样。为了让更多的人认识宗教，各宗教在传教过程中尽可能运用简明、通俗的形式，解读各自的教义，宗教的表现形式发生新变化，由过去以教会为中心的注重外在形式的“有形宗教”，向注重宗教的内在意义的“无形宗教”转变，宗教由“虔信的对象”向“消费的对象”转换。在这个过程中，宗教的神秘性和神圣性逐步受到消解，民众对宗教的认识和了解越来越便捷。

宗教领域涉及利益问题增多。我国社会转型过程中出现的矛盾和问题在宗教领域也有所反映。这主要表现在：有的地方滥建寺观，滥收僧尼，私办经文学校的现象突出；一些寺观内部管理混乱，一些寺庙随着经济实力的逐步增强，贪污腐败现象也时有发生；有的地方伊斯兰教、基督教内部教派纷争现象增多；一些地方的党政部门和单位为了推动当地经济，搞“宗教搭台，经济唱戏”，投资开发宗教设施或利用原有宗教设施搞旅游；等等。

3. 世界宗教发展态势影响我国宗教关系

全球化加快宗教传播和蔓延，同时也使宗教对国际关系和国际事务的影响复杂化。一是宗教意识形态的作用越来越强，不仅仅是一个信仰的问题，而且成为国际政治事务中的重要因素。二是宗教越来越成为全球化时代人们身份认同的重要方面，这种宗教身份认同在一定程度上影响对国家的认同感和民族的认同感。三是宗教越来越成为国际政治斗争的重要工具，一些国家利用宗教干涉别国内政，由此导致宗教极端主义和暴力恐怖主义日益活跃。

全球化背景下世界宗教发展态势对我国宗教关系的影响增大。主要是境外宗教组织加大对我国的传教力度，冲击我国现有宗教关系格局。境外许多宗教组织把我国看作是当今世界最大的信仰市场，通过各种渠道和方式进行传教布道，提高对“中国信仰市场”的占有率。目前，境外宗教组织除了通过宗教交流或派遣传教士的传统方法和途径，还利用经商、投资、教育、旅游、文化、体育、慈善等非宗教交流与合作渠道传播宗教。特别是境外宗教组织和机构针对我国内地开展远程宗教教育与培训，使传教的速度、广度和深度大大增强。

境外敌对势力利用宗教加大对我国的渗透力度，破坏我国宗教关系和谐。由于认为社会主义与宗教是天然的敌人，宗教能够起到削弱社会主义意识形态基础的作用，一些西方国家为了遏制我国的迅速崛起，在军事、经济手段有限的情况下，更加重视在政治、人权、民族、宗教等方面施加压力。他们以“人权卫士”自居，以“普世价值”为借口，运用舆论优势，指责我国压制宗教信仰自由，诋毁我国的国际形象。一些宗教组织对我国进行宗教渗透有着明确的政治意图，就是要通过改变我国民众的信仰，达到改变我国意识形态，进而改变我国社会主义制度的目标。这些渗透活动与正常的宗教文化交流混杂在一起，增加了我国宗教关系的复杂性。

第二节　坚持用马克思主义宗教观正确认识宗教

以科学的历史的观点分析宗教问题，深刻认识宗教问题的特殊复杂性，正确把握宗教的活动规律，是坚持马克思主义宗教观的基本要求，也是全面贯彻党和国家宗教政策、做好宗教工作的基本前提。2006年胡锦涛同志在第二十次全国统战工作会议上指出，全面认识宗教产生和存在的深刻历史根源、社会根源、心理根源，全面认识宗教在社会主义社会将长期存在的客观现实，全面认识宗教问题同政治、经济、文化、民族等方面因素相交织的复杂状况，全面认识宗教对相当一部分群众有较大影响的社会现象。

一、宗教是长期存在的社会历史现象

宗教的产生和长期存在有着深刻的社会历史根源，宗教不仅过去长期存在，将来也还会长期存在。

1. 宗教是一种客观存在的社会现象

宗教是一种有神论的思想信仰体系。马克思主义认为，“一切宗教都不过是支配着人们日常生活的外部力量在人们头脑中的幻想的反映，在这种反映中，人间的力量采取了超人间的力量的

形式”[①]。这深刻揭示了宗教的本质规定性。第一，宗教是“幻想的反映”，宗教信仰和崇拜的各种神灵，都是人幻想出来的东西，客观上并不存在。第二，宗教幻想有其客观的现实基础。宗教信仰和崇拜所反映的内容是与人们的日常生活密切相关的，是支配着人们日常生活的外在的客观力量，包括自然力量和社会力量。第三，宗教反映采取的是“超人间的力量”的特殊形式，因而具有神圣性。第四，人间力量超人间化的原因是外部力量对人们的支配。宗教所信仰和崇拜的对象并不是任何一种“外部力量”，而只是那些“支配着人们日常生活的外部力量”。因为当一种“外部力量”已经被人所掌握和支配以后，它就不再是人们生活的主宰，人们也就不会奉之为神圣而对之顶礼膜拜。

由此可见，宗教尽管表现形式纷繁复杂，但其实质是以神灵和超自然力量崇拜为基础的一种社会意识，属于“人民内部的思想问题”、“精神世界的问题”。正因为是精神现象，所以宗教是唯心主义的有神论，与唯物主义的无神论是对立的。

宗教是一种社会行为体系。宗教作为一种客观的社会现象，具有构成宗教所特有的基本要素，分为内在和外在两部分。宗教的内在要素是宗教观念和宗教感情，宗教的外在要素是宗教行为和宗教组织。各种宗教都有一套说明其信仰的观念，甚至形成一套论证其信仰的观念体系，构成完整的宗教世界观。宗教观念是宗教行为的内在根据，是宗教组织借以建立信仰体制的骨架，对整个宗教体系的构成起基础性的作用。宗教感情指的是宗教信仰者对各种超自然、超人间力量的信仰，在情绪上引起的种种反应。宗教行为是宗教信仰者内在的宗教体验和宗教观念通过外在的身体动作和语言形式表现出来的祈祷献祭、巫术、宗教禁忌、宗教礼仪等。这些宗教行为作为宗教观念的外在表现，从不同方面反映了宗教的本质。宗教组织是宗教徒在其中过宗教生活并通过它进行宗教活动的机构、团体、会社、社区或其他形式的群体。宗教制度是维系这种群体，规范宗教生活，指导宗教活动的规章、教法、体制、惯例和传统等的总称。一个比较完整的成型的宗教，便是上述内外四种要素的综合。

---

① 恩格斯：《反杜林论》，见《马克思恩格斯选集》，2 版，第 3 卷，666～667 页，北京，人民出版社，1995。

2. 宗教存在有着深刻的社会历史根源

宗教存在根源回答宗教为什么长期存在，以及怎样发展演变的问题。“宗教是人类社会发展一定阶段的历史现象，有它发生、发展和消亡的过程。宗教信仰，宗教感情，以及同这种信仰和感情相适应的宗教仪式和宗教组织，都是社会的历史的产物。”① 作为社会的历史的产物，宗教产生和长期存在有复杂的根源。2001 年全国宗教工作会议将宗教存在根源归纳为三点：自然根源、社会根源和认识根源。2006 年全国统战工作会议强调要全面认识和把握宗教产生和存在的深刻历史根源、社会根源、心理根源。

自然根源是宗教产生和发展最基本的根源。只要人们还不能正确解释自然界的一些现象，宗教就会存在。在人类社会初期，由于人类认识自然、改造自然的能力十分低下，人类不能理解自然界的很多现象，如天体运行、刮风下雨、闪电打雷、地震海啸、洪水干旱等自然灾害，也不能把握自己的命运，于是就想象有神秘力量在主宰宇宙万物，形成了以自然崇拜为核心的最早的宗教。恩格斯说：“宗教是在最原始的时代从人们关于他们本身和周围的外部自然界的错误的、最原始的观念中产生的。”② 它是自然力量在人们日常生活中的压迫，以及人们认识上不能理解和不可抗拒而求助于超自然的神秘力量的消极表现。

社会根源是宗教产生和发展的最主要的根源。在阶级社会中，阶级压迫、社会剥削制度所造成的巨大苦难的恐惧和绝望，是宗教存在的阶级根源和制度根源，而控制着人们的捉摸不定的、神秘的社会力量，则是宗教存在的深刻的社会根源。人们在物质生活和精神生活中遇到的困难和空虚等情况，贫困、疾病、灾害、犯罪等带来的社会不安和痛苦，以及生命和宇宙中还存在的许多尚未作出科学结论的现象，都可能促使人们到宗教中去寻找精神依托。

认识根源是宗教产生和发展的深层次根源。宗教是人类所特有的思维活动的产物，是人类在生产劳动的实践中逐步形成的抽象思维能

---

① 《关于我国社会主义时期宗教问题的基本观点和基本政策》，见《新时期宗教工作文献选编》，54 页，北京，宗教文化出版社，1995。

② 恩格斯：《路德维希·费尔巴哈和德国古典哲学的终结》，见《马克思恩格斯选集》，2 版，第 4 卷，254 页，北京，人民出版社，1995。

力发展到一定程度的必然结果。宗教产生和发展的认识根源是复杂的。人类认识自然和社会，有一个从简单到复杂的过程。在这个过程中，有些认识就有可能使抽象的概念、观念不知不觉地转变成幻想而导致宗教观念的产生。宇宙是无限的，而人的认识能力是有限的，只要人们的认识水平不能正确解释自然现象和社会现象时，宗教就会存在。

心理根源是人们对自然力量和社会力量的情感反映。人类形成宗教观念的认识过程，同时伴随着人的具体的情绪、情感等方面的心理活动，这些心理活动也构成了宗教产生的原因之一。如对超自然力量的至上感和万能感、神圣感和圣洁感、崇拜感和敬畏感等。从宗教的心理根源说，人的生命有限而向往无限，命运虽不能自控却要追求幸福，成为人们信仰宗教、寄托未来希望的两大主因。宗教以来世和天国安慰人们对死亡的恐惧，以神灵的威力使人敬畏和依赖，从而增强生活的信心，这是当前社会上一些人从宗教中寻求心理慰藉的重要原因。“只要人们还有一些不能从思想上解释和解决的问题，就难以避免会有宗教信仰现象。”①

3. 社会主义时期宗教长期存在

宗教在社会主义社会同样有长期存在的社会历史根源。一方面，由于社会主义制度的建立，我国宗教存在的阶级根源已经基本消失，宗教存在的自然根源、社会根源和认识根源也发生了很大变化。另一方面，由于我国社会正处在深刻变革时期，社会结构和社会利益格局正在发生着复杂而深刻的变化；由于我国生产力发展水平还不高，科学技术还不发达，人们的思想道德素质和科学文化素质也还不高；由于现实中存在的各种社会矛盾和问题对人们的困扰依然存在，社会力量和自然力量还有异己性和盲目性，加上全球化背景下外来宗教势力的影响，所以社会主义时期我国宗教存在的根源仍将长期存在。

宗教根源的长期存在决定了宗教存在的长期性。随着社会生产力的发展、文明的进步和人们思想觉悟的提高，宗教存在的基础和条件将逐渐减少，最终是要消亡的，但这将是一个十分漫长的过程。正如江泽民同志指出的：“宗教作为一种社会现象，具有漫长的历史，在社会主义社会也将长期存在。宗教走向最终消亡也必然是一个漫长的历

---

① 周恩来：《关于我国民族政策的几个问题》，见《周恩来选集》，下卷，267页。

史过程，可能比阶级和国家的消亡还要久远。"[1] 认为随着社会主义制度的建立和经济文化的一定程度的发展，宗教就会很快消亡的想法，是不现实的。认为依靠行政命令或其他强制手段，可以一举消灭宗教的想法和做法，更是背离马克思主义关于宗教问题的基本观点的，是完全错误和非常有害的。[2]

二、 宗教问题具有特殊复杂性

宗教问题的复杂性，主要表现在宗教自身结构的复杂性，以及宗教与政治、经济、文化、社会互动关系的复杂性。

第一，宗教意识、宗教思想和宗教表现形式复杂。经过数千年的发展演变，宗教教义、教理、教规浩如烟海，博大精深，宗教组织形式和体制千差万别，既有古老社会的各种烙印，又随着社会历史的发展而不断汲取新营养加以充实。宗教与其他各种意识形态，如哲学、文学、艺术、法律、教育、科技等互相影响，相互作用，展示了复杂的互动情形。不同时代，宗教与各种文化互相碰撞，互相融汇，其内部成分不断分解组合，又不断产生出新的宗教思潮和派别，出现新的宗教形式。

第二，宗教作用于社会的方式复杂。宗教总是与政治、经济、文化、社会问题相互交织，呈现出复杂的社会功能。宗教作为一种意识形态，为社会提供一种认识世界的方式，一套评判社会行为的价值观念和道德体系；作为一种社会实体，为社会提供一种组织社会的形式，一套调适和整合、凝聚社会的机制和体系。宗教功能的复杂性还体现为宗教具有显功能和潜功能、正功能和负功能，以及宗教功能的双重性和多变性等方面。

【拓展阅读】

耶路撒冷之争

耶路撒冷之争是宗教与政治、经济、文化、民族矛盾相互交错的

---

① 江泽民：《进一步开创统一战线工作的新局面》，见《江泽民文选》，第 3 卷，150 页。

② 《关于我国社会主义时期宗教问题的基本观点和基本政策》，见《新时期宗教工作文献选编》，55 页。

典型。作为犹太教、基督教的发源地和伊斯兰教的圣城耶路撒冷，凝结着阿拉伯和犹太两个民族的宗教感情。耶路撒冷原意为“和平之城”，然而在它 4 000 多年的历史中，这座“和平之城”曾 37 次被征服，不同的国家、不同的民族、不同的宗教为获得对耶路撒冷的所有权，在耶路撒冷历史上演出了一幕又一幕征战、厮杀、流血和死亡的悲剧。时至今日，巴勒斯坦与以色列的冲突纷繁复杂，其中最难以解决的，便是耶路撒冷的归属问题。

第三，宗教与政治和意识形态具有天然联系。宗教与政治属于两个不同的范畴，政治立场相同的人，可能信仰不同的宗教，政治立场不同的人又可能信仰同一种宗教。但是，宗教与政治又有联系，从宗教产生之日起，各种政治势力就把宗教当作一种重要手段，或者以宗教的名义，来推行自己的政治意图和战略。在阶级社会里，宗教不仅为剥削阶级提供了统治的外衣，还为被统治阶级的革命斗争提供了意识形态的外衣。

三、 宗教问题是群众性的社会问题

宗教是一种群众性的社会现象。宗教的存在，是以大量群众信奉为前提，并通过信教群众的宗教活动表现出来的。当今世界人口的大多数信仰宗教，我国信仰宗教的人数虽然占人口比例不算很大，但绝对数字并不小。由于宗教影响具有渗透性和弥漫性特点，宗教观念和宗教行为不仅影响广大信教群众，而且对不信教群众的社会行为也有不同程度的影响，宗教在我国仍有比较广泛的群众基础。同时，信仰宗教的群众构成复杂，既有不同的阶级、阶层、民族信仰同一宗教，也有不同的阶级、阶层和民族信仰不同宗教。各民族、阶层之间，其宗教仪式、信仰程度、宗教心理和宗教感情都异彩纷呈、千差万别，宗教与民族习惯、民族文化互相交织，表现出复杂的形态。因此，宗教的发展演变归根到底是顺应信教群众的社会需要而发展变化的，如何看待宗教现象，以及采取何种方式处理宗教问题，从根本上说是如何对待信教群众的问题。

做好信教群众工作，是宗教工作的根本任务。中国共产党始终强调，做好宗教工作，关系到加强中国共产党同人民群众的血肉联系，要坚持以人为本，最大限度地把信教群众团结起来，把他们的智慧和力量凝聚到实现全面建设小康社会、加快推进社会主义现代化的共同目标上来。

这就要求必须尊重信教群众的宗教信仰，不能因为信仰宗教而歧视他们，甚至把信教群众当作异己力量，他们也是建设中国特色社会主义的积极力量。必须防止把信仰上的差异扩大为政治上的对立，信教群众和不信教群众在根本利益上是一致的，都是中国共产党执政的群众基础，不能任意夸大信仰上的差异。必须教育引导信教群众处理好宗教追求与社会责任的关系，在信教群众中持久开展爱国主义、集体主义教育，普及科学文化知识特别是现代科学知识，开展健康向上的文化活动，塑造理性平和、积极向上的健康心态，增强信教群众的国家意识、公民意识、法制意识，使他们在行使宗教信仰自由权利的同时，切实履行宪法和法律法规规定的义务。必须贯彻落实中国共产党宗教工作基本方针，真心实意关心信教群众，帮助他们解决实际困难，组织和支持他们积极发展生产、改善生活、勤劳致富，使广大信教群众切实感受到党和政府的关怀与温暖，紧密团结在中国共产党周围，在建设中国特色社会主义中贡献积极力量。

四、 宗教的社会作用具有两重性

宗教的社会作用是宗教功能的动态表现，既有积极的一面，也有消极的一面。全面地、历史地认识和对待宗教的社会作用，是正确对待和处理宗教与社会主义社会关系的基本问题之一。

宗教的社会作用是宗教观念、宗教感情、宗教行为、宗教组织等宗教要素在动态整合中实现的，一般表现为：心理调适、道德教化、文化传承、群体凝聚、社会控制与整合等方面。心理调适主要是通过宗教信仰，为信众提供心灵归宿和庇护所，从而为社会成员提供心理上的慰藉和安全感。道德教化和文化传承指的是宗教通过教义、教规、戒律的宣讲，规范和指导人们的行为，型塑社会成员的人格，形成并传播特定的宗教文化。群体凝聚指的是宗教信仰和宗教感情使各种社会群体、个人和社会集团凝聚成具有共同价值观的统一体。社会控制与整合指的是宗教通过诉诸教义教规中的超自然力，为人类建构的社会秩序涂上神圣化的色彩，维护社会稳定，或对现存社会秩序提出质疑，消解社会结构，从而实现社会控制与社会整合。宗教所有的这些功能在具体发挥作用时，既可以成为推动社会稳定和谐、社会变革的积极力量，也可以成为导致分离族群、愚化民智、妨碍革新的消极力量。

宗教问题始终是一个十分敏感而又复杂的社会课题，处理得好，可以对社会发展和稳定产生积极作用，处理得不好，就会产生消极作用，甚至对社会产生很大的破坏作用。马克思主义认为，不要抽象地谈论宗教的本质和作用，因为宗教本身既无本质也无王国。也就是说，要弄清宗教的社会作用，就必须了解宗教在特定社会环境中的精神追求、价值判断、道德标准和政治意向等问题，把握宗教适应特定社会的态度和方式，从中评估宗教的社会作用和影响。

中国共产党对宗教社会作用的认识，经历了从主要揭示消极作用，到肯定宗教也有积极作用，进而提出“两重性”的过程。2001 年，江泽民同志在全国宗教工作会议上对宗教社会作用“两重性”作了全面阐述，强调：“在我国，宗教的社会作用仍然具有两重性，既有积极的一面，也有消极的一面，还会受到一定范围内存在的阶级斗争和国际上一些复杂因素的影响。”① 宗教中的积极因素可以肯定，但不能夸大，在肯定社会主义时期宗教有积极因素的同时，还要看到宗教也有消极的一面，要在充分发挥其积极作用的过程中抑制其消极作用。

社会主义社会为发挥宗教的积极因素、抑制宗教消极因素创造了有利条件。新中国成立后，我国各宗教通过开展反帝爱国运动和宗教制度的民主改革，政治上也发生了根本性变化。宗教界的爱国人士和广大信教群众拥护中国共产党领导，拥护社会主义制度，成为爱国统一战线的重要组成部分。在当代中国，社会主义现代化建设的目标，特别是建设中国特色社会主义伟大事业，符合包括信教群众在内的全体中国人的意志，为凝聚信教群众发挥积极作用提供了条件，也就客观上为宗教发挥积极作用提供了社会环境。全面地、历史地认识和把握宗教两重性，因势利导，鼓励宗教界弘扬宗教中的积极因素，抑制宗教中的消极因素，是积极引导宗教与社会主义社会相适应的重要任务。

---

① 江泽民：《论宗教问题》，见《江泽民文选》，第 3 卷，379 页。

第三节　中国共产党宗教工作基本方针

中国共产党在正确认识和处理宗教问题的长期实践中，形成和提出了做好宗教工作的基本方针。这就是：全面贯彻中国共产党宗教信仰自由政策，依法管理宗教事务，坚持独立自主自办原则，积极引导宗教与社会主义社会相适应。

一、全面贯彻中国共产党的宗教信仰自由政策

宗教信仰自由是指每个公民有信仰宗教的自由，也有不信仰宗教的自由；有信仰这种宗教的自由，也有信仰那种宗教的自由。宗教信仰自由政策是中国共产党基于马克思主义宗教观，基于我国人民民主政权的性质，基于在中国革命、建设和改革长期过程中处理宗教问题的经验提出来的，是一项带有根本性、长期性的政策。

宗教信仰自由是宪法赋予公民的一项基本权利。任何组织和个人不得强制公民信仰宗教或者不信仰宗教，不得歧视信仰宗教的公民和不信仰宗教的公民。信教公民和不信教公民、信仰不同宗教的公民应当相互尊重、和睦相处。

宗教信仰自由是权利与义务的统一。全面贯彻宗教信仰自由政策，一方面要求切实尊重和保护公民的宗教信仰自由权利。在多数群众不信教的地方，注意尊重和保护少数信教群众的权益；在多数群众信教的地方，注意尊重和保护少数不信教群众的权益。坚决纠正干涉宗教信仰自由、排斥和歧视信教群众、侵犯宗教团体和宗教活动场所合法权益的现象。

宗教信仰自由不等于宗教活动可以不受任何约束。宗教界人士和信教群众首先是中华人民共和国公民，要把国家和人民的根本利益放在首位，承担遵守宪法、法律、法规和政策的义务。宗教必须在宪法和法律规定的权利和义务范围内活动，宗教活动不得妨碍社会秩序和生活秩序。

各宗教一律平等。我国各宗教不论信众多少，影响大小，在法律面前一律平等，没有占统治地位的宗教，国家对各宗教一视同仁，不

加歧视。

实行政教分离的原则。任何人不得利用宗教干预国家行政，不得干预司法、学校教育和社会公共教育，不得干预婚姻和计划生育。绝不允许利用宗教反对中国共产党的领导和社会主义制度，破坏国家统一和国内各民族之间的团结。国家政权也不能被用来推行或禁止某种宗教。

无神论和有神论之间相互尊重。任何人都不应到宗教活动场所进行无神论的宣传。任何宗教组织与教徒也不应在宗教活动场所以外进行布道、传教、宣传有神论，散发宗教传单和其他未经政府管理部门批准出版发行的宗教书刊。

共产党员不得信仰宗教。坚持宗教信仰自由政策，绝不意味着共产党员、共青团员可以自由地信仰宗教。因为宗教信仰对于国家来说是私人的事情，而对于马克思主义政党来说却不是私人的事情。共产党员应该牢固树立马克思主义宗教观，不但自己不信教，还有义务宣传无神论。对那些参与信教活动的党员，要耐心进行教育，使他们逐步摆脱宗教束缚。对那些利用宗教谋取私利，甚至支持、策划违法活动的党员，一定要按照党纪国法严肃处理。

尊重宗教信仰自由不等于放弃思想政治教育和科学普及教育。对信教和不信教的公民，都要进行爱国主义、集体主义、社会主义的教育，都要加强法制教育和公民道德建设，都要大力开展普及科学文化知识特别是现代科学知识的工作。要加强对人民群众特别是青少年的科学世界观的宣传教育，不断提高全民族的思想道德素质和科学文化素质，努力使他们成为有理想、有道德、有文化、有纪律的社会主义建设者。开展这项工作，要注意把握政策，讲求方法，不能妨碍信教群众的信仰，不能伤害他们的感情。

总之，尊重和保护公民的宗教信仰自由，是宗教现象的客观规律所要求的，是尊重和保护人权的需要，是巩固和扩大中国共产党群众基础的需要，是把全体信教和不信教的群众团结起来，把他们的意志和力量集中到建设现代化的社会主义强国这个共同目标上来的需要，是维护宗教和睦、社会和谐的需要。

二、 依法管理宗教事务

邓小平曾经指出："对于宗教，不能用行政命令的办法；但宗教方面也不能搞狂热，否则同社会主义，同人民的利益相违背。"① 如何既充分地保障宗教信仰自由，又防止"同社会主义，同人民的利益相违背"的"宗教方面搞狂热"，关键在于依法管理宗教事务。

1. 依法管理宗教事务的含义和依据

依法对宗教事务进行管理，是指政府对有关宗教的法律、法规和政策的贯彻实施进行行政管理和监督。其目的是为了保障宗教信仰自由政策的贯彻和落实，其要旨是保护合法，制止非法，抵御渗透，打击犯罪，确保宗教活动规范有序进行。

宗教既具有神圣性，又具有社会性，这是依法管理宗教事务的基本依据。宗教的神圣性就是对神的信仰、敬畏和崇拜，主要通过经典、教规、教义等观念形态和宗教仪式等活动形态体现出来。宗教的社会性指宗教是具有社会组织（宗教团体）、社会设施（寺观教堂）和社会活动（有广大信教群众参与的宗教活动或其他活动）的社会实体。这种社会实体与社会整体之间必然产生若干的宗教事务或社会事务，成为政府依法管理的重要范畴。1991 年，《中共中央、国务院关于进一步做好宗教工作若干问题的通知》第一次提出"依法对宗教事务进行管理"。2001 年，全国宗教工作会议从保证国家长治久安、促进改革发展稳定大局的政治高度，强调依法管理宗教事务是我们实行依法治国方略的必然要求。2004 年，国务院颁布《宗教事务条例》，对涉及国家利益和社会公共利益的宗教事务作了明确规定，是政府管理宗教事务的重要法律依据，标志着宗教工作开始走上全面依法管理的轨道。

依法管理宗教事务，是为了使宗教活动纳入法律、法规和政策的范围，而不是去干预正常的宗教活动和宗教团体的内部事务。一方面，要求政府依法保护宗教团体和寺观教堂的合法权益，保护宗教教职人员履行正常的教务活动，保护信教群众正常的宗教活动，防止和制止

① 中共中央文献研究室编：《邓小平年谱（1975—1997）》（上），669 页，北京，中央文献出版社，2004。

不法分子利用宗教和宗教活动制造混乱、违法犯罪，抵制境外敌对势力利用宗教进行渗透。另一方面，宗教团体、宗教活动场所的自我管理，也应当遵守国家法律和有关规定。宗教信仰自由与依法管理宗教事务是一个问题的两个方面，宗教方面涉及国家利益和社会公共利益的事项和活动，必须纳入依法管理的范围，不能以宗教信仰自由和政教分离为借口，放弃或摆脱国家对宗教事务的管理。

2. 依法保护宗教活动规范有序

宗教团体、宗教活动场所、宗教教职人员，以及信教群众在国家有关法律、法规和政策范围内，按照各宗教教义、教规和传统习惯，在宗教活动场所，以及信教群众在自己家里进行的拜佛、诵经、烧香、礼拜、祈祷、乜贴、讲经、讲道、弥撒、受洗、受戒、封斋、终傅、追思及过宗教节日等活动，都属于正常宗教活动，受法律保护。任何干涉或侵犯正当的宗教信仰、正常宗教活动和宗教界的合法权益，都是法律、法规和政策所不允许的，一旦发生应当立即予以纠正，对触犯刑律的，要依法处理。

宗教必须在法律、法规和政策规定范围内活动。任何组织或者个人不得利用宗教进行破坏社会秩序、损害公民身体健康、妨碍国家教育制度，以及其他损害国家利益、社会公共利益和公民合法权益的活动，更不允许利用宗教反对中国共产党的领导和社会主义制度，破坏国家统一和各民族的团结。坚决打击各种不属于宗教范围的、危害国家利益和人民生命财产的迷信活动；坚决打击利用宗教进行的违法犯罪活动，抵制境外敌对势力利用宗教进行的渗透活动；有效防范和及时处置涉及宗教因素的突发性事件。要在宗教界开展普法宣传教育，提高宗教界人士和信教群众的国家意识、法律意识和公民意识，不断增强在法律范围内开展宗教活动的自觉性，保证宗教活动健康有序。

3. 积极稳妥地推进宗教事务管理法制化、社会化

坚持宗教事务管理的法制化、社会化方向，既是宗教事务管理的必然选择，也是加强和创新社会管理的内在要求。改革开放以来，根据依法治国方略，我国陆续制定颁布了《宗教事务条例》等一批行政法规、地方性法规和政府规章，为依法管理宗教事务提供了法律依据。做好新形势下的宗教工作，关键是制定和完善各项配套措施，使《宗教事务条例》确立的各项规章制度能够得到有效实施。要加强对执法

人员的教育培训，使其牢固树立法制观念和依法行政意识，依法规范管理行为，不断提高执法能力和管理水平，切实履行行政执法主体的职能。

此外，新形势下宗教事务管理要顺应社会管理改革与创新的要求，坚持以人为本，努力探索宗教事务的社会管理，尽可能用管理社会公共事务的法律法规来规范宗教事务，尽可能通过社会公共事务管理的方式来解决宗教领域的社会问题，尽可能调动社会力量加强对宗教事务的综合管理，切实增强宗教工作的针对性和有效性。

三、 坚持独立自主自办原则

独立自主自办，是指中国的宗教事务由中国宗教信徒自主办理，不受境外势力支配。“应在平等友好的基础上积极正确地开展宗教方面的对外交往，坚决抵制境外宗教敌对势力控制我国宗教的企图。”① 具体来讲，任何境外组织和个人，都不得在我国境内成立宗教组织、设立宗教办事机构或宗教活动场所、开办宗教院校，不得在我国公民中发展教徒、委任宗教教职人员或进行其他传教活动。这是做好宗教工作、保持宗教关系和谐必须坚持的基本原则。

1. 坚持独立自主自办原则是我国宗教界和广大信教群众的自主选择

我国各宗教坚持独立自主自办的原则，是基于我国曾经长期遭受帝国主义侵略和掠夺、有的宗教被帝国主义控制和利用的历史事实，宗教界和广大信教群众所作出的正确选择。在 1840 年鸦片战争以后的 100 多年时间里，天主教和基督教在西方列强支持下，一方面在中国享有种种传教特权，另一方面很多外国传教士为帝国主义侵略中国服务，成为帝国主义侵略中国的工具。新中国成立后，我国天主教界和基督教界的爱国人士和广大教徒，为维护国家和民族的独立、主权和尊严，发起了一场以“自治、自养、自传”为主要内容的反帝爱国运动。通过这场运动，在组织上摆脱了外国宗教组织的控制，经济上割断了与西方国家差会的经济联系，清除了教会中的帝国主义势力和外

① 《中共中央、国务院关于进一步做好宗教工作若干问题的通知》，见《新时期宗教工作文选选编》，216～217 页。

国传教士，走上了独立自主自办教会的道路。

【典型案例】

基督教的“三自”爱国运动

1950年1月，当时仍由美英差会控制的中华基督教协进会在上海举行执委扩大会议。会上，基督教知名人士吴耀宗提出去掉以前教会中所有的腐败的东西，实行基督教的“自立、自养”，得到了与会中国教会领袖的拥护和响应。1950年4月，华北地区的基督教知名人士吴耀宗、刘良模、邓裕志、涂羽卿等组团访问各地教会，随后与京、津部分教会人士谒见政务院总理周恩来。周恩来于5月2日、6日和13日，先后同他们进行了三次长谈。他指出，基督教最大的问题，是它同帝国主义的关系问题。

三次长谈后，访问团决定发起“三自”爱国运动。吴耀宗起草了一个文件，几经修改后形成《中国基督教在新中国建设中努力的途径》，提出中国基督教“自治、自养、自传”的主张和倡议。这一倡议得到广大爱国教徒的热烈响应，1950年9月23日，《人民日报》头版整版篇幅全文刊登了《中国基督教在新中国建设中努力的途径》和全国1 527位基督教教会及团体人士的签名，同时发表社论《基督教人士的爱国运动》。基督教“三自”爱国运动在全国蓬勃开展起来。

2. 支持宗教界在平等友好基础上开展对外交往

坚持独立自主自办不是“孤立办教”、自我封闭，因此并不排斥宗教界在平等友好的基础上同世界各国宗教组织和人士进行交往。开展宗教方面的国际交往，是我国人民与世界各国人民友好往来的一部分。其基本方针是：既要积极开展宗教方面的国际友好往来，又要坚决抵制外国宗教中的一切敌对势力的渗透。按照这个方针，外国宗教团体和宗教人士只要遵守中华人民共和国宪法和法律，尊重中国宗教独立自主的原则，均可与中国的宗教团体和宗教界人士进行友好交往。

随着改革开放不断深入，我国各宗教的对外交往日益增多，在国际领域内的活动更加活跃。目前，各宗教团体已同世界上70多个国家和地区的宗教组织建立或恢复了友好关系，我国宗教团体和宗教界人士同各国宗教界人士进行互相访问，开展宗教学术文化交流，参加国际宗教组织和国际宗教会议。我国各宗教分别参与“亚欧不同信仰间对话”等国际会议，“世界基督教会联合会”、“世界佛教徒联谊会”、“世界宗教和平者会议”等国际性组织活动，宣传共建和谐世界主张。我国佛教界先后举办了三届“世界佛教论坛”，道教界先后举办了“国际道德经论坛”和“国际道教论坛”，在国内外均产生良好影响。我国伊斯兰教一直与其他国家伊斯兰教组织保持着友好关系，从1991年至2010年赴麦加朝觐的中国穆斯林已超过13万人次。我国天主教界先后接待了来自世界五大洲数以万计的天主教神职人员和教徒，中国天主教也频繁出访世界各地天主教会，同各国天主教会和天主教人士广泛接触。我国基督教界与许多世界性教会团体，与世界范围内数十个国家及港澳台地区的教会组织、宗教领袖保持友好关系。宗教之间的国际交往已经成为我国开展民间外交的重要渠道。

【典型案例】

首届世界佛教论坛

2006年4月，首届世界佛教论坛在浙江杭州和舟山举行。这次论坛由中国佛教协会和中华宗教文化交流协会联合主办，是新中国成立以来在中国内地召开的第一个宗教多边国际会议，主题是“和谐世界、从心开始”。来自国内与世界37个国家和地区的1 000多位佛教界人士、有关政要、著名学者和知名人士均积极参与该论坛，堪称中国佛教一大善举，一件盛事。

坚持独立自主自办原则，要求我国宗教界在开展对外交流中增强自主意识，把握基本政策。宗教团体邀请境外宗教组织和宗教人士来访或应邀出访，须经省一级人民政府或国务院宗教事务局批准；重大涉外活动，须报国务院审批；宗教团体和寺观教堂接受境外宗教组织和宗教徒的大宗捐赠，须经省一级人民政府或国务院宗教事务局批准。

尊重和保护在华外国人的宗教信仰自由，保护其开展正常的宗教活动的合法权益。来华外国人要求参观访问中国开放的寺、观、教堂，到开放的宗教活动场所过宗教生活，按照宗教习惯对寺、观、教堂给予不附带条件的布施、乜贴、奉献等，中国各爱国宗教组织和广大教徒都抱着欢迎的态度，并为之提供方便。外国人可以邀请中国宗教教职人员为其举行洗礼、婚礼、葬礼和道场法会等宗教仪式。外国人进入我国境内可以携带自用的宗教印刷品、宗教音像制品和其他宗教用品。外国宗教徒在中国宗教活动场所，要服从中国宗教组织和教职人员的安排，遵守宗教活动场所的规定。外国人不得干涉中国宗教团体、宗教活动场所的设立和变更，不得干涉中国宗教团体对宗教教职人员的选任和变更，不得干涉和支配中国宗教团体、宗教活动场所的其他内部事务。

3. 提高各宗教自办教务能力

大力支持宗教界加强自身建设，推动教务健康发展。加强宗教院校建设，深化神学思想建设，以德性好、道风正、学识高为重要目标，努力造就一支高素质的教职人员队伍，增强宗教团体和宗教人士对信教群众的凝聚力和影响力；加强教会能力建设，不断提高教务管理能力、组织协调能力和抵御渗透的能力；加强制度建设，通过人才管理制度建设，推动教职人员队伍建设规范化，通过完善代表会议制度、联席会议制度、堂区民主管理制度等，探索和总结教会管理实践经验，推动宗教团体教务管理规范化、民主化。

【典型案例】

天主教“五型教会”

20世纪90年代末，傅铁山提出中国天主教会要成为“五型教会”。一是“圣事型”，即把天主教七件圣事，如领洗、婚配等要做到庄严、神圣；二是“道德型”，倡导教会多参与慈善事业；三是“文化型”，提高修道者的文化水平和能力；四是“服务型”，整个教会都是“众服之服”；五是“民间外交型”，在国际交往中，国家办不到的事情，宗教可以代替办一部分。他说，我们的教会过去在功能作用上更多的是强调“圣事型”，只关心对教友行圣事，让教友做补赎、救灵魂。这是对的，但不是教会的全部。今天，我们要在进一步完善“圣事型”教会的基础上，挖掘教会的潜力，发挥教会的优势，特别是在社会服务、道德服务、文化服务和民间外交服务方面的优势，为民众做好事，为社会作贡献。

四、 积极引导宗教与社会主义社会相适应

积极引导宗教与社会主义社会相适应，是党和国家宗教工作的基本目标，是构建和谐宗教关系的重要内容。

1. 宗教与社会主义社会相适应的含义

积极引导宗教与社会主义社会相适应，是从社会主义初级阶段这一基本国情出发，总结新中国成立以来宗教工作的成功经验作出的科学论断。在1991年下发的《中共中央、国务院关于进一步做好宗教工作若干问题的通知》中，第一次明确提出“使宗教同社会主义社会相适应”这一命题。1993年，江泽民同志在第十八次全国统战工作会议上指出，贯彻党的宗教信仰自由政策也好，依法加强对宗教事务的管理也好，目的都是要引导宗教与社会主义社会相适应。2002年1月，《中共中央、国务院关于加强宗教工作的决定》进一步对宗教与社会主义社会相适应的理论和实践意义、内容和途径等问题进行了总结概括和深刻阐述，主要是“两个基础”、“两个要求”和“两个支持”。

“两个基础”指的是“相适应”的现实基础，即我国社会主义制度的建立，建设中国特色社会主义，符合包括信教群众在内的广大人民群众的根本利益，这是做好宗教工作的政治基础；我国各宗教通过自身的改革和进步，也为社会主义社会发挥其积极因素打下了一定的基础。

“两个要求”是对宗教界的要求，即要求宗教界人士和信教群众热爱祖国，拥护社会主义制度，拥护中国共产党的领导，遵守国家的法律、法规和方针政策；要求宗教界人士和信教群众从事的宗教活动要服从、服务于国家的最高利益和民族的整体利益。

“两个支持”是对各级党委、政府和宗教工作部门的要求，即支持宗教界人士努力对宗教教义作出符合社会进步要求的阐释；支持宗教界人士和信教群众与各族人民一道，反对一切利用宗教进行危害社会主义祖国和人民利益的非法活动，为民族团结、社会发展和祖国统一多作贡献。

2006年7月，胡锦涛同志在第二十次全国统战工作会议上进一步指出，引导宗教与社会主义社会相适应，要鼓励和支持宗教界发扬爱国爱教、团结进步、服务社会的优良传统，支持他们为民族团结、经济发展、社会进步、社会和谐、祖国统一多作贡献，支持他们对宗教教义作出符合社会进步要求的阐释，支持他们增进信教群众对党和政府的理解，支持他们反对和抵制利用宗教进行危害社会主义祖国和人民利益的非法活动，使信教群众在全面建设小康社会的宏伟目标下最大限度地团结起来。

总之，积极引导宗教与社会主义社会相适应，不是要求公民放弃宗教信仰，不是改变宗教的基本教义，而是要求宗教在法律的范围内活动，其核心是发扬宗教中的积极因素，抑制宗教中的消极因素，使宗教成为社会和谐因素，使信教群众成为国家建设的积极力量，使宗教朝着符合时代发展和社会进步的方向健康发展。

2. 宗教与社会主义社会相适应的理论根据

历史唯物主义认为，社会作为人类生活的共同体，是经济基础与上层建筑的统一。经济基础决定上层建筑，上层建筑又反作用于经济基础。宗教属于意识形态上层建筑的范围，它虽然采取了超人间力量的神秘主义形式而更远离物质经济基础，但是归根结底也必须服从被经济基础决定这一客观规律，依赖、适应一定社会的经济制度。在这样的前提下，宗教才能进一步处理好与经济基础的关系、与政治上层建筑的关系、与其他意识形态的关系，在社会中找准位置，发挥应有的作用。当然，宗教也绝不是消极地适应社会，它对社会也发挥着能动的反作用，宗教的思想和活动对经济与政治也会产生影响。

从历史上看，宗教与所处社会相适应也是一个客观规律。宗教在原始社会产生以后，便随着社会形态的变化而改变着自己的性质和形式，这正是适应社会发展需要的结果，否则难以长期生存和发展。

【典型案例】

“唐武宗灭佛”

“唐武宗灭佛”是盛唐时期佛教势力与当时世俗社会冲突所导致的结果。经过唐太宗时的玄奘天竺取经、唐宪宗时的迎取佛骨等活动，佛教势力在唐朝初年迅速发展，到公元 841 年唐武宗李炎登基时，全国大中型寺院将近 5 000 座，小型庙宇更是多达 40 000 余座，僧尼近 30 万人，寺院奴隶达 15 万人。全国寺院占有良田数十万亩，寺院经济迅速膨胀，以至达到了“十分天下财，而佛有七八”的程度。在朝廷内部，以僧侣队伍为主体的政治势力参与朝廷重大政治、经济、军事决策，直接冲击国家政治秩序。加之大量青壮年为了逃避赋税徭役，纷纷投奔佛寺，使国家兵源日趋紧张，财税收入日益减少。在此背景下，唐武宗开始酝酿大规模灭佛行动。公元 842 年，唐武宗开始下令没收寺院财产，随后又下“杀沙门令”，敕令尽拆大型寺院、佛堂，勒令僧尼还俗。全国共有4 600座佛寺被毁，其他有关佛教建筑被毁4万余座，勒令还俗的僧尼达26万人之多，收寺院奴婢为两税户达15万人，没收寺院财产则无以计数。

3. 宗教与社会主义社会相适应的基本途径

由于宗教是立体化结构，包括精神信仰、教理教规、教团组织、活动交往、文化形态等多重要素，宗教适应社会主义社会也是多层面、多渠道和多样式的，包括经济方面、政治方面和思想文化方面，也包括如何挖掘宗教教义，特别是宗教道德中的积极因素，以适应社会主义社会。

从宗教活动层面看，宗教与社会主义社会相适应最重要、最基本的含义，就是宗教必须遵守国家的法律、法规及方针政策，维护国家统一、民族团结和社会稳定。这既关系到宗教能否与社会和睦相处，也关系到宗教能否有益社会、奉献人群。党和政府通过有针对性的工作，不断增进宗教界人士和信教群众对党和政府各项政策的理解，支持他们反对和抵制利用宗教进行危害社会主义祖国和人民利益的非法活动，从而使各宗教在健康、规范有序的社会活动中实现与社会主义社会相适应。

从宗教教义层面看，挖掘宗教思想、宗教教义和宗教道德中适应时代进步要求的内容，是宗教在深层次上与社会主义社会相适应的表现。近年来，我国各宗教根据新的历史条件，积极探索神学理论建设。比如，佛教界倡导人间佛教，发扬“庄严国土、利乐有情”的优良传统；道教界倡导“慈爱和同、济世度人”；伊斯兰教界深入开展“解经”，强调“两世吉庆”、“爱国是信仰的一部分”；天主教界开展民主办教，强调“爱国是天主的诫命”；基督教界开展神学思想建设，倡导建设“伦理型、服务性宗教”等，都努力使宗教的思想观念适应我国社会发展进步的要求。

【拓展阅读】

伊斯兰教“解经”和基督教神学思想建设

伊斯兰教“解经”工作由中国伊斯兰教教务指导委员会组织，自2001年起在全国各地伊斯兰教界开展，主要是对当代中国穆斯林的宗教生活和社会生活中遇到的问题，依据伊斯兰教经典及其内涵，从教义和教规的角度作出既符合伊斯兰教信仰精神，又符合时代发展要求的解释，正确引导穆斯林群众的宗教生活。2003年在抗击“非典”过程中，如何处理穆斯林患者的遗体成了一个难题。中国伊斯兰教协会会长陈广元从伊斯兰教教义上给予解释，指出穆斯林的丧葬在特殊情况下可以用其他方式代替土葬，也可采取灵活的“遥站”方式，为不在场的穆斯林举行殡礼，使这些问题得以妥善解决。十余年来，“解经”工作通过开展多种多样的学新卧尔兹、讲新卧尔兹、写新卧尔兹等形式，促进伊斯兰教与社会主义社会相适应。

1998年华东水灾，金陵神学院举办捐助活动，有一位年轻的牧师拒绝捐助。这引起了丁光训主教的思考，他说，如果只强调信的上天堂，不信的下地狱，那么像雷锋这么好的人，像焦裕禄、孔繁森这样的好干部，也要下地狱吗？丁光训主教敏锐地觉察到神学思想中某些落后保守的观念严重地影响中国基督教跟随时代进步的问题，随后提出了开展神学思想建设，树立正确的“圣经观”的思想。在他的推动下，1998年11月，基督教全国两会在济南召开全体委员会议，作出了《关于加强神学思想建设的决议》，中国基督教神学思想建设工作全面启动。

宗教与社会主义社会相适应是长期的、多层面的系统工程，需要党和政府积极引导，也需要宗教界自身不断努力。做好这项工作，需要采取慎重严谨的态度，耐心细致地做工作，根据各个宗教、各个地方的实际，坚持求同存异、团结多数的原则，把握方向，抓住重点，稳步推进，取得实效，使宗教不断适应社会的发展和进步，成为维护国家统一、民族团结、社会稳定的积极力量。

第四节　努力促进我国宗教关系和谐

保持和促进我国宗教关系和谐，关系到我国社会的和谐稳定，是新形势下做好宗教工作面临的重要任务，也是需要切实解决的重大课题。

一、加强马克思主义宗教观和中国共产党宗教政策宣传教育

坚持用马克思主义的立场、观点和方法认识人类社会的宗教现象和当前我国面临的宗教问题，是做好宗教工作的根本前提。只有牢固树立马克思主义宗教观，才能使宗教工作始终遵循中国共产党的根本宗旨和不同时期的任务，始终保持正确方向。

1. 全面把握马克思主义宗教观的精神实质

马克思主义宗教观是马克思主义理论的重要组成部分，是马克思主义关于宗教的本质、根源、特征、发展规律、社会作用等方面的基本观点，以及由此而应用于实践的马克思主义政党处理宗教问题的基本方针。马克思主义宗教观强调，要把宗教这一纷繁复杂的现象，放到人类社会生产力与生产关系、经济基础与上层建筑矛盾运动的历史进程中，放到宗教与经济、政治、文化、民族等社会诸方面的现实联系中，加以考察和分析。这是马克思主义宗教观最重要、最根本的方法论特点，即唯物史观的根本立场和方法，为深入观察宗教现象、科学分析宗教问题、准确把握宗教本质和规律提供了锐利的思想武器。

学习和研究马克思主义宗教观，最重要的是立足当代中国的实践，全面、深刻地理解马克思主义宗教观的精神实质，把握其既一脉相承又与时俱进的理论体系。既要破除对马克思主义宗教观个别结论的教条式理解，澄清附加在马克思主义名下的错误观点，又要对马克思主义宗教观基本原理作出准确而又符合时代要求的新阐发，体现时代价值。根据当今世界和平与发展的时代主题和经济全球化的时代特征，着眼推动科学发展、促进社会和谐、共建和谐世界，立足我国社会主义初级阶段的社会现实，具体考察当代中国宗教的特点，评估当代中国宗教特定的社会作用，以及宗教与社会其他要素的互动情形，不断赋予马克思主义宗教观鲜明的时代内容和时代特色，更加科学地指导和促进我国宗教关系和谐。

2. 学习和掌握中国特色社会主义宗教理论和政策

中国特色社会主义宗教理论和政策是马克思主义宗教观中国化的重要成果，是在我国改革开放和现代化建设的伟大实践中形成和发展起来的。主要内容包括：（1）宗教有其发生、发展和消亡的过程，在

社会主义社会将长期存在，不能用行政力量去消灭宗教，也不能用行政力量去发展宗教。(2) 宗教信仰自由受国家宪法保护，公民有信仰宗教的自由，也有不信仰宗教的自由。(3) 要宣传无神论，但不能把有神论和无神论的区别等同于政治上的对立。要坚持政治上团结合作、信仰上互相尊重。(4) 国家依法对宗教事务进行管理，保护正常的宗教活动和宗教界的合法权益，制止和打击利用宗教进行的违法犯罪活动。(5) 我国宗教方面的矛盾主要是人民内部矛盾，但在一定条件下也可能出现对抗性的问题，要严格区别、妥善处理两类不同性质的矛盾。(6) 坚持独立自主自办的原则，在平等的基础上开展宗教对外友好交往，抵御境外敌对势力利用宗教进行渗透，不允许境外任何组织、团体和个人干预我国宗教事务。(7) 爱国宗教团体是党和政府联系信教群众的桥梁，要支持他们加强自身建设，自主开展活动，充分发挥作用。(8) 爱国宗教界人士是团结信教群众、维护社会稳定的重要力量。(9) 积极引导宗教与社会主义社会相适应。宗教界人士和信教群众要树立公民意识，把爱国与爱教结合起来，在国家法律和政策范围内进行活动。(10) 所有宗教团体和宗教界人士都必须维护法律尊严，维护人民利益，维护民族团结，维护祖国统一。(11) 发挥宗教界人士和信教群众在促进经济社会发展中的积极作用。

3. 加强马克思主义宗教观教育不是反对宗教信仰自由

马克思主义宗教观教育的目的，是要向世人表明不信神的中国共产党人对宗教问题的科学态度，把宗教在现实社会中作用的两重性阐释清楚；是要让广大人民群众认识到只有唯物史观才能深刻揭示宗教本质、根源、功能和演变规律，从而使更多人接受马克思主义世界观，更好地避免“信仰主义”和“反宗教”两种倾向。加强马克思主义宗教观教育，不是用无神论去取代信教群众的宗教信仰，不会影响中国共产党的宗教信仰自由政策的贯彻落实。

二、 引导宗教界在经济社会发展中发挥积极作用

宗教界人士和信教群众是推动经济发展、社会和谐、国家安定的积极力量。中共十八大明确提出：“全面贯彻党的宗教工作基本方针，发挥宗教界人士和信教群众在促进经济社会发展中的积极作用。”这是党和国家对新形势下做好宗教工作提出的新任务新要求。

1. 宗教界在经济建设中的积极作用

引导宗教界发挥服务经济建设的积极因素，主要是团结信教群众与不信教群众一起，投身社会主义经济建设；支持宗教界根据自身特点和条件，发扬自养济生、以义导利的传统，提高自养能力；开发宗教文化资源，发展特色文化产业和旅游业，为转变经济发展方式作贡献；发挥宗教教义、教规中的道德劝善功能，推动经济伦理建设。

2. 宗教界在和谐社会建设中的积极作用

我国各宗教在其教义教规中，大都有崇尚和平、追求和谐的思想理念，如佛教中的“和合众缘”、“众生平等”，道教的“齐同慈爱，和光同尘”，伊斯兰教的“两世吉庆”，基督教的“作盐作光，荣神益人”，天主教倡导的“爱国是天主的诫命”等思想。各宗教团体、宗教界人士，通过深入挖掘、积极阐释宗教教义中的和谐思想，在宣传政策、协调关系、沟通思想、理顺情绪、化解矛盾、引导适应方面具有积极意义。不同宗教团体通过对话交流，包括不同宗教之间在宗教教义教理阐发、宗教道德建设等方面的相互学习和借鉴，有利于化解宗教张力，促进宗教关系和谐。

2011年1月28日，我国五大全国性宗教团体在全国人大会议中心发表《倡导宗教和谐共同宣言》（简称《宣言》）。《宣言》提出坚持爱国爱教、主张平等包容、弘扬和谐理念、反对歪曲利用、发挥积极作用五项原则主张，并一致同意，“在每年2月的第一个星期或者前后，佛教寺庙、道教宫观、伊斯兰教清真寺、天主教和基督教教堂，按各自传统或方式，传达不同宗教间和谐与善意的信息，倡导宗教和谐理念”。

3. 宗教界在文化建设中的积极作用

弘扬宗教道德中有利于社会主义道德建设的积极因素。宗教道德虽然形式上带有宗教的灵光，但内容上却与世俗道德在很多方面是一致的。经过新中国成立以来的宗教民主改革，我国各宗教道德体系中涉及人与人关系的规范与社会主义社会所提倡的道德原则基本上相适应。我国各宗教教义、宗教戒律等方面承载着大量的劝人向善、远离邪恶、清心寡欲、互助互济、乐善好施等思想。宗教的这种弃恶扬善伦理，与社会主义所倡导的社会公德、家庭美德、职业道德、个人修养，以及为人民服务的思想并不相悖。充分发挥宗教道德对于信教群众的教化与约束功能，可以对社会主义道德建设起到有益的补充作用。

【拓展阅读】

“人间佛教”思想

20世纪80年代，赵朴初首先提出“人间佛教”理念。在《中国佛教协会三十年》报告中，赵朴初对人间佛教的思想作了精辟的概括：“我们提倡人间佛教的思想，就要奉行五戒、十善以净化自己，广修四摄、六度以利益人群，就会自觉地以实现人间净土为己任，为社会主义现代化建设这一庄严国土、利乐有情的崇高事业贡献自己的光和热。”

宗教不等同于文化，但宗教经典、教义，宗教道德、艺术中积累着人类生命繁衍的文化信息，渗透着历史积淀的体验和哲理，孕育着民族优秀文化的因素，镌刻着人类精神文明发展的轨迹。宗教文化在历史、哲学、美学、伦理学、建筑、绘画、雕塑等领域，不同程度地促进了我国传统文化的发展。发挥宗教积极因素，需要鼓励宗教界适应时代进步和社会发展要求，对宗教文化进行科学梳理、深入挖掘，取其精华、去其糟粕，丰富社会主义文化建设的内容和形式，使其造福于社会。

4．鼓励、支持宗教界积极参与和兴办公益慈善事业

我国宗教界参与社会公益慈善事业具有深刻的信仰基础和悠久的慈善传统。1991年党和国家首次明确提出，要鼓励和支持宗教团体办好以自养为目的的生产、服务和社会公益事业。2012年1月中央统战部、国家宗教事务局等六部门联合印发《关于鼓励和规范宗教界从事公益慈善活动的意见》（简称《意见》）。《意见》明确了宗教界从事公益慈善活动应当遵循的基本原则、活动范围、基本形式，以及享受或者参照享受的扶持和优惠政策，使宗教界开展公益慈善活动更加规范、更加科学。随着中国共产党宗教工作方针政策的贯彻落实，我国宗教界参与和兴办社会公益慈善事业，进行了积极探索，取得了可喜的成绩。

【典型案例】

“爱德基金会”

1985年4月，丁光训主教发起成立了以教育、医疗卫生、社会救

助和农村发展为主的民间社会服务机构——“爱德基金会”，成为新中国宗教界开展社会服务工作的开端。从1985年到2005年，爱德基金会共筹集捐献资金近9亿元，资助项目遍及全国31个省、自治区、直辖市的200多个县市，项目受益人群达数百万人。

三、巩固和发展中国共产党同宗教界的统一战线

团结、争取和教育宗教界人士历来是中国共产党领导的最广泛的爱国统一战线的重要组成部分。在我国长期的革命、建设和改革开放中，中国共产党通过爱国统一战线工作赢得了宗教界人士的信赖和支持。我国许多爱国宗教人士，与共产党长期合作、肝胆相照，在联系广大信教群众、推动宗教改革、引导宗教与社会主义社会相适应等方面发挥了重要作用。

1. 政治上团结合作，信仰上互相尊重

政治上团结合作，信仰上互相尊重，是中国共产党处理同宗教界人士之间关系的基本原则。早在20世纪50年代，周恩来就有过精辟论述，指出“共信不立，互信不生”，首先是为共同事业团结合作，在团结合作中才能真正相互理解、相互尊重。这是对马克思主义宗教观的重要发展，也是对建立和发展中国共产党同宗教界统一战线思想的极大丰富。爱国主义和中国特色社会主义，既是中国共产党同宗教界人士之间在政治上实现团结合作的基础，也是在信仰上互相理解、互相尊重的基础。实践证明，只有在政治上真诚团结合作，才能真正做到在信仰上互相尊重；只有在信仰上互相尊重，才能有效巩固和加强政治上的团结合作，两者相辅相成，缺一不可。

【典型案例】

“我们国家一个最好的爱国者”

第十世班禅从11岁开始同中国共产党合作，16岁成为国家领导人，到51岁时圆寂，在其40多年的政治生涯中，同毛泽东、周恩来、邓小平等党和国家领导人以及各级党政军负责同志广泛接触，建立了深厚友谊，对中国共产党的感情也由最初的感恩到衷心的热爱和完全的信赖。第十世班禅曾说，“没有共产党就不会有我班禅的今天，也就不会有藏族人民的团结、进步和发展。因此，我热爱共产党，这绝不

是一句空话，而是我发自内心的声音，我要把它铭记在心里，落实在行动中”。特别是第十世班禅为和平解放西藏、维护国家统一作出了杰出贡献。1980年，邓小平会见第十世班禅时，曾赞誉他是“我们国家一个最好的爱国者”。

2. 支持宗教团体加强自身建设

宗教团体是我国各宗教各自组成的、由宗教教职人员和信教群众参加的爱国爱教的联合组织或教务组织，是党和政府联系信教群众的桥梁与纽带。我国的全国性宗教团体有中国佛教协会、中国道教协会、中国伊斯兰教协会、中国天主教爱国会、中国天主教主教团、中国基督教三自爱国运动委员会、中国基督教协会等。各宗教团体按照各自的章程选举、产生领导人和领导机构。

宗教团体既是教务组织，也是社会组织。加强宗教团体建设，既要提高教务管理能力，也要激发其作为社会组织的应有活力。重点是帮助和指导宗教团体健全各项规章制度，建立健全监督制约机制，依法依章搞好自我管理，增强自养能力；指导爱国宗教团体加强领导班子建设，使之善于从全局的高度观察问题，反映信教群众意愿，切实维护宗教界合法权益；引导爱国宗教团体转变工作作风，深入信教群众，反映信教群众的合理诉求，做好信教群众的教育引导工作，切实发挥宗教团体的桥梁纽带作用。

【背景材料】

七个全国性宗教团体

中国佛教协会是中国各民族佛教徒的联合组织，成立于1953年，会址在北京。其宗旨是：协助人民政府贯彻宗教信仰自由政策，维护佛教界的合法权益；弘扬佛教教义，兴办佛教事业，发扬佛教优良传统，加强佛教自身建设；高举爱国爱教旗帜，团结各民族佛教徒，倡导人间佛教思想，积极参加社会主义物质文明和精神文明建设，开拓创新，与时俱进，庄严国土，利乐有情，为祖国统一、世界和平作贡献。现任会长传印。

中国道教协会是全国道教徒联合的爱国宗教团体和教务组织，成立于1957年，会址在北京。其宗旨是：团结、带领全国道教徒爱国爱教，拥护中国共产党的领导和社会主义制度，兴办道教事业，弘扬道教教义，维护道教界合法权益；传扬道教文化，发扬优良传统，促进道教与社会主义社会相适应；积极参加社会主义物质文明、政治文明、精神文明和生态文明建设，发挥道教在构建和谐社会和促进经济社会发展中的积极作用，为维护宗教和睦、民族团结、社会和谐、祖国统一、世界和平作贡献。现任会长任法融。

中国伊斯兰教协会是中国各民族穆斯林的全国性宗教团体，成立于1952年，会址在北京。其宗旨是：团结和带领全国各民族穆斯林拥护中国共产党的领导和社会主义制度，遵守国家法律法规，走伊斯兰教与社会主义社会相适应的道路。弘扬伊斯兰教爱国爱教优良传统，践行敬主爱人，倡导两世吉庆，秉持和平中道思想，坚持独立自主自办原则，维护宗教和睦、民族团结、社会稳定、祖国统一和世界和平，为促进经济社会发展，构建和谐社会做出贡献。现任会长陈广元。

中国天主教爱国会是中国天主教神长教友自愿结成的非营利性爱国爱教的群众团体，成立于1957年，会址在北京。其宗旨是：团结、带领全国天主教神长教友，拥护中国共产党的领导和社会主义制度，遵守国家宪法、法律、法规和政策；高举爱国爱教旗帜，在政治、经济和教会事务上坚持独立自主自办原则，维护国家主权和教会事务自主权，与社会主义社会相适应，按照民主办教精神协助教务组织做好牧灵福传工作；引导全国神长教友在促进经济社会发展中发挥积极作用，为维护祖国统一、民族团结、社会和谐、宗教和睦、世界和平作贡献。现任主席房兴耀。

中国天主教主教团是中国天主教的全国非营利性教务领导机构，成立于1980年，地址在北京。其宗旨是：以圣经为依据，本着至一、至圣、至公，从宗徒们传下来的圣而公教会的传统精神，维护信德宝库，加强教会纪律，藉圣神赐予的恩宠，团结神长教友遵守宪法、法律、法规和政策，遵守社会道德风尚。奉行适合我国国情的独立自主自办教会和民主办教原则，努力与社会主义社会相适应，宣扬基督福音，广扬圣教。现任主席马英林。

中国基督教三自爱国运动委员会是中国基督教教徒的爱国组织，成立于1954年，会址在上海。其宗旨是：团结、教育全国基督教徒，热爱祖国，遵守国家法令，参加社会主义建设，坚持自治、自养、自传的原则，办好独立自主的中国基督教会。现任主席傅行伟。

中国基督教协会是中国基督教会的全国性教务组织，成立于1980年，会址在上海。其宗旨是：坚持自治、自养、自传，独立自主自办教会的原则，团结和带领全国所有信奉上帝、承认耶稣基督为主的基督徒，走爱国爱教、荣神益人的道路；在圣灵的引领下，同心合意，遵照圣经真理，制订和完善我国教会规章制度，办好教会。引导全国基督徒为构建社会主义和谐社会发挥积极作用，使中国基督教与社会主义社会相适应。现任会长高峰。

3. 加强宗教人才队伍建设

宗教界人士是指宗教教职人员中有一定影响和地位的人士，以及信教群众中的有代表性的人物。宗教界人士同信教群众在精神上有着密切的联系，他们的政治倾向、言行品德、宗教修养等对信教群众有着重要影响。宗教界人才队伍建设是以培养政治上靠得住、学识上有造诣、品德上能服众的爱国宗教界人士为目标的系统工程，关系我国宗教面貌及未来走向。通过加强宗教界代表人士队伍建设，能够保证宗教组织领导权牢牢掌握在爱国爱教人士手中，巩固和壮大中国共产党同爱国宗教界的统一战线。

加强宗教人才队伍建设，创新宗教人才培养模式是关键。目前我国对宗教人才培养的主要模式是宗教院校教育、培训班教育、委托高校培养等途径。创新宗教人才培养模式主要是：宗教团体内部建立人才档案、人才选拔制度、考核制度、竞争机制；人才培养经常化、制度化，努力开辟培养培训工作新渠道新模式；支持宗教团体办好各级各类宗教院校，真正把宗教院校办成培养合格的爱国宗教人才、正确阐释教义的重要阵地；对于宗教界代表人士，既要注意培养、安排，也要加强教育、引导。各级党政领导和统战、宗教工作部门要加强同宗教界代表人士的联系，及时掌握他们的思想动态，经常听取他们的意见和建议，把做深入细致的思想工作同帮助他们解决实际问题结合起来。

【典型案例】

中国藏语系高级佛学院

中国藏语系高级佛学院由第十世班禅额尔德尼·确吉坚赞和中国佛教协会原会长赵朴初发起倡办，经中共中央、国务院批准于1987年

9 月 1 日成立，是一所以藏传佛教为特色的佛教综合院校，是当代中国藏传佛教的最高学府。20 多年来，高级佛学院培养了一批爱国爱教、正信佛法、造诣精深、深受尊崇的藏传佛教高级人才。特别是从 2004 年建立和实施藏传佛教“拓然巴”高级学衔制度以来，中国藏语系高级佛学院共举行七届高级学衔授予仪式，截至 2011 年已有 77 名学僧顺利毕业并获得高级学衔。

四、 抵御境外势力利用宗教对我国进行渗透

抵御境外势力利用宗教进行的渗透活动，关系到我国宗教关系和谐的基本格局，更关系到国家的主权和统一，关系到中国共产党执政地位和中国特色社会主义事业的发展。

1. 境外势力利用宗教渗透的主要表现

所谓境外势力利用宗教进行渗透，是指境外团体、组织和个人利用宗教所从事的针对我国宗教界、宗教信仰和宗教政策的各种违反我国宪法、法律、法规和政策的活动。主要有两种情况：一是境外敌对势力利用宗教作为渗透的工具，打着宗教旗号，企图推翻中国共产党的领导、颠覆社会主义制度，破坏我国国家统一和民族团结；二是境外宗教团体或各种不同类型的宗教信仰者在我国非法传教，企图控制我国宗教团体，干涉我国宗教事务。境外利用宗教对我国进行渗透，既有宗教之外势力的利用，也有宗教内部势力的扩张。前者带有明显的政治意图，后者虽以宗教为目标，但实际上也是在意识形态领域与党和政府争夺群众，两者都会严重地冲击我国宗教关系格局，削弱中国共产党的执政基础和群众基础，影响社会稳定、民族团结和国家安全。

境外利用宗教进行渗透的方式主要包括：（1）空中布道。一些国家的卫星电视节目有专门针对中国的固定节目，欧美一些电台用汉语直接转达宗教指令。（2）互联网布道。目前有宗教网站、网页数十万之多，其中一些成为境外势力利用宗教渗透的重要渠道。（3）通过邮政、走私或在我国境内秘密印制宗教书刊、音像制品、宗教活动用品，大量邮寄散发。（4）以各种名义，直接派人来华进行宗教宣传，建立宗教组织。（5）利用经济、技术、文化交流进行宗教渗透。（6）以兴办医疗、助学、扶贫、救灾等慈善事业为名进行渗透。

2. 越是扩大开放，越要抵御渗透

抵御境外势力利用宗教对我国进行渗透，是党和国家在对外开放与参与经济全球化的时代背景下所面临的重大课题。要从党和国家事业发展的全局和战略高度，充分认识境外利用宗教对我国进行渗透的现实危害性，充分认识做好抵御渗透工作的长期性、复杂性、紧迫性。绝不允许任何境外宗教势力控制我国宗教，绝不允许任何境外宗教团体和个人干预我国宗教事务，绝不允许任何境外宗教组织用任何方式在我国传教。

处理扩大开放与抵御渗透的关系，要根据具体情况，分清性质，有针对性地开展工作。我国非宗教团体邀请或接待有宗教背景的各种团体和有重要影响的宗教人士来访、旅游，要向宗教事务管理部门通报；经贸、科技、文化、教育、卫生、体育、旅游等部门对外开展交流与合作，涉及境外宗教组织及其附属机构或个人，签订有关合作项目，不得带有传教、设立宗教机构、建立寺观教堂等宗教内容的条件。对因不了解我国法律法规和政策的非法传教行为，以教育和劝阻为主；对有组织的、有计划并长期在境内进行非法传教的，要坚决打击。对配合境外进行非法传教的境内人员，要根据情节轻重按参加非法和违法活动予以教育惩戒或法律处罚。注意防范和打击经济、教育、文化和社会服务等领域以合法交流为掩护的各类传教和渗透活动。进一步规范境内外国人的宗教活动，逐步纳入依法管理。及时、坚决打击暴力恐怖势力、宗教极端势力、民族分裂势力和邪教组织的分裂破坏活动，维护国家安全。

3. 强基固本形成合力

不断完善宗教涉外法律法规，特别是完善经济、文化、教育和社会公益等领域抵御渗透的法律法规。将抵御渗透工作融入依法管理宗教事务之中，同爱国主义、集体主义、社会主义教育相结合，同解决信教群众生产生活的实际困难相结合，同提高全体人民的科学文化素质相结合，同加强中国共产党基层组织和基层政权建设相结合。加强对宗教界坚持独立自主自办原则的教育，帮助信教群众分清正常宗教活动和打着宗教旗号的违法犯罪活动，认清境外敌对势力利用宗教分裂祖国、危害人民的本质，提高遵守法律和抵御境外渗透的自觉性与坚定性。

第七章
中国特色的阶层关系

阶层关系是社会关系的重要方面，直接影响社会的活力和稳定。中国特色的阶层关系是如何形成的？有何特点？新的社会阶层是什么样的社会群体？包括哪些人？新的社会阶层人士为什么是统一战线工作新的着力点？如何做好他们的工作？这些都是促进我国阶层关系和谐需要正确认识和回答的问题。

第一节　我国社会阶层关系的发展变化

新中国成立以来，我国社会结构经历了一个由固化到弹性的发展演变过程，阶层关系也经历了一个独特的演变过程，即从改革开放前的刚性的社会阶层关系到改革开放以来的阶层流动和变化的历史过程。

一、　新中国成立初期我国社会的阶级阶层结构及其变化

新中国成立初期，官僚买办资产阶级所占有的全部生产资料被收归国有，地主阶级的土地被没收归农民所有，官僚买办资产阶级和地主阶级退出了历史舞台，工人阶级、农民阶级、民族资产阶级、城市小资产阶级成为国内的四个基本阶级。

【背景材料】

划分阶级成分

1950年，中央人民政府政务院通过了《关于划分农村阶级成分的决定》，此后又在城市进行了阶级成分的划分。据此，我国社会阶级成分主要划分为：地主、富农、中农、贫农、资本家、工人、知识分子、自由职业者、职员、小业主、小手工业者、小商小贩、城市贫民、革

命干部、革命军人、宗教职业者。

随着社会主义改造的完成和社会主义制度的建立，我国经济制度和体制发生重大变革，公有制取代了私有制，借鉴苏联经验实行计划经济体制。我国社会阶级阶层结构也随之发生了深刻变化，通过对资本主义工商业的社会主义改造，民族资产阶级被消灭；通过对农业、手工业的社会主义改造和合作化运动、人民公社化运动，农民和农村手工业者成为人民公社社员，城镇手工业者则成为国营企业或集体企业职工。这样，我国整个社会结构演变为两个阶级和一个阶层，即工人阶级、农民阶级和知识分子阶层。知识分子成为工人阶级的一部分，这是我国阶层关系发生的一次重大变化。

与此相适应，统一战线的内部构成实际上发展为全体社会主义劳动者和拥护社会主义爱国者的联盟。社会主义劳动者包括工人阶级、农民阶级、改造成自食其力劳动者的原城市小资产阶级、改造成自食其力劳动者的原民族资产阶级。拥护社会主义爱国者是指拿定息、因各种原因无法参加劳动、但拥护社会主义的部分原民族资产阶级分子。“文化大革命”结束后，邓小平指出，社会主义劳动者之间也有统一战线。同时，适应团结港澳台同胞和海外侨胞的需要，明确提出新时期统一战线已经由“四个阶级”联盟发展为“三者”联盟，即工人阶级领导的、工农联盟为基础的，包括全体社会主义劳动者、拥护社会主义的爱国者、拥护祖国统一的爱国者的联盟。

社会主义改造完成后到改革开放以前，我国是一个典型的二元社会，即由占人口绝大多数的农民构成的农村（农业）社会，以及以干部和工人为主体所构成的城市（工业）社会。在这一社会结构中，每个人的身份被这种格局固化。由出生而决定的农业人口与非农业人口，以及由资历、学历和分配工作所决定的非农业人口中的工人和干部身份之分，对绝大多数人而言，是一次定终身。农村中除了少数人通过上学、参军、招工、招干等途径进入城市外，其余的人终身只能在农村务农。在农村实行的统一的标准劳动工分制，使农民除了因地域上的差异所带来的微小差别外，他们的生存方式及生活水平并无实质上的不同。作为“人民公社社员”，农民和城市职工一样被纳入了国家行政管理序列。在城市，则是实行“低工资、广就业”的就业制度和全国统一的八级工资制，无论是国家干部还是企业工人，都享受国家公费医疗和福利住房，都接受同样的行政化领导。而城市和农村几乎成为两个完全独立的世界。严格的户籍制、档案制和单位所有制，把所有的社会成员都限制在不同的地域或单位里，除了参军、升学外，几乎不存在其他社会流动渠道。

二、改革开放以来我国社会阶层关系的新变化

1978年的改革开放拉开了新时期我国阶层变动的序幕。伴随着所有制结构、就业结构和产业结构的调整，旧的社会结构开始松动，工人阶级、农民阶级、知识分子内部出现分化，新的社会阶层产生并不断发展壮大。

1. 工人阶级的新变化

总体规模不断扩大。随着产业结构的调整，第二、三产业在国民经济中的比重不断增加，吸纳劳动力的能力不断增强。随着城乡结构的调整，越来越多的农村人口向城市流动，为工人队伍的壮大提供了源源不断的人员补充。2011年我国城镇化率为51.3%，据有关部门测算，到2030年我国城镇化率将达到65%左右，这意味着将有2.3亿农村人口转移到城市，增加非农劳动力1.5亿人。工人队伍不断壮大，将逐渐成为我国社会阶层结构的主体。

整体素质显著提高。随着高等教育的普及，知识分子数量持续增加，将极大提升工人阶级的素质。随着资本和知识密集型产业快速发展，以脑力劳动为主的白领员工大量增加，将成为高素质工人队伍的重要组成部分。随着劳动密集型产业现代化程度的提高，将带动职业教育的发展，培养大量技术工人，使工人队伍的整体素质得到普遍提高。

内部结构不断分化。一是群体差异更加凸显，从事经营管理、科学技术、文化教育人员的收入水平进一步提高，工人阶级内部不同群体的收入差距有扩大的趋势。二是就业方向更加多元，将有更多的人到体制外就业，并且呈现出快速流动的特征。三是行业分布更加广泛，新兴产业和现代服务业就业人口显著增加，行业、职业的划分也进一步细化。四是劳动形态更加多样，体力支出、简单操作等单一型劳动形态逐渐减少，技术操作、咨询服务等复合型劳动形态将越来越多。

农民工群体持续壮大。截至 2011 年年底，我国农民工已达 2.51 亿，成为我国产业工人的重要组成部分，是新时期工人阶级的新鲜血液。随着城镇化和工业化进程的加快，农民工群体将呈持续发展之势。

2. 农民阶级的新变化

加速向社会主义新型农民转变。随着新农村建设和城乡统筹发展的不断深入，农民的科学文化水平逐步提高，现代经营理念逐渐增强，生活环境显著改善。由于城镇化进程的加快以及面临失地等现实问题，农民的法制观念、权利意识显著增强。总体上，有文化、懂技术、会经营的新型农民不断增加，成为新农村建设的重要力量。

传统农业人口逐渐减少。随着城乡结构调整和农业生产力的提高，居住在农村并从事农业生产的传统农业劳动者越来越少，迁移至城镇居住和工作的农村户籍人口越来越多，他们将随着户籍制度改革逐步融入城镇。

农民受城市影响的趋势不断增强。一是农民更加依附于城市，农民的收入水平、农村的发展水平越来越受到城市的影响。二是农民受城市文明的影响日益加深，在现代媒体普及和城乡交流不断加强的情况下，城市文明通过各种渠道传播到农村，农民的生活方式、思想观念、价值取向已经并将继续发生巨大变化。三是内部群体分化加速，日益分化演变为现代农业劳动者、农村经营管理者、涉农产业从业者。四是城市化背景下农村的社会问题日益凸显，给传统乡土社会带来一系列问题。

3. 知识分子阶层的新变化

不断分化为新的社会阶层。越来越多的知识分子从体制内就业转为体制外就业和创业，投身社会主义市场经济，成为新的社会阶层。

职业选择趋向多元。随着现代科技的发展和产业结构的调整，专业划分愈加细化，职业选择也随之更加多元。企业管理、装备制造、航空航天、生物技术、信息技术、国际商务、农业科技、金融、法律、新兴媒体等领域急需专业人才，将有更多的知识分子从事这些行业。

价值观多元化。经济社会的深刻变革和互联网的迅猛发展，对知识分子的思想观念产生巨大影响。同时，由于体制外就业和归国留学人员越来越多，知识分子的价值取向、行为方式呈现多元化态势。

中等收入群体越来越多，高收入群体稳步增加。知识分子是白领员工的主要来源，将成为中等收入群体的主体。同时，一部分知识分子把科研成果、文化创意等作为知识资本，以入股或创业等方式获得高收入。

4. 新的社会阶层出现并不断发展壮大

2001 年，江泽民同志在庆祝中国共产党成立 80 周年大会上的讲话中，首次明确提出民营科技企业的创业人员和技术人员、受聘于外资企业的管理技术人员、个体户、私营企业主、中介组织的从业人员、自由职业人员等新的社会阶层，都是有中国特色社会主义事业的建设者。

新的社会阶层的形成与发展经历了三个阶段：第一个阶段，以 1978 年中共十一届三中全会为标志，个体户、私营企业主等新的社会阶层开始出现。第二个阶段，以 1992 年邓小平南方谈话和中共十四大为标志，新的社会阶层全面发展。第三个阶段，以 2001 年江泽民同志“七一”讲话和 2002 年中共十六大为标志，新的社会阶层进入加快发展时期。

【数字说话】

新的社会阶层人数规模

关于新的社会阶层总人数，国家统计部门和其他部门均没有确切的统计数据。根据各方面材料推算，我国新的社会阶层人数约为 7 000 万人。其中，民营科技企业直接从事管理技术工作的有 234 万人，外资企业管理技术人员超过 400 万人，个体工商户超过 3 600 万户，私营企业出资人达 1 800 万人，中介组织从业人员约 175 万人，自由职业人员超过 1 000 万人。

民营科技企业的创业人员和技术人员。所谓民营科技企业，泛指以科技人员为主体，按照自筹资金、自愿组合、自主经营、自负盈亏的原则创办和经营，主要从事技术开发、转让、咨询、服务和成果转化的经济组织。它们的创业人员和技术人员拥有数量不等的企业股权，掌握企业的核心技术和经营管理的专门知识。在科学技术向现实生产力转化的过程中，这是一支掌握了先进生产力的重要力量。

受聘于外资企业的管理技术人员。外资企业是指依照中国法律，在中国境内设立的由境外经济组织和个人投资的企业。在外资企业就职的中方管理技术人员通常年纪轻、学历高，许多人还有在国外留学、就业的经历。他们比较熟悉国外的管理制度和工作方式，一般在外企的一些部门担任骨干。

个体户。个体户即个体工商户，是拥有较少量私人资本并投入经营活动或金融债券市场而且以此为生的人。个体工商户通常以家庭为单位，独立经营，自负盈亏，是改革开放以来国内最早出现的一个新的社会阶层，也是社会主义市场经济中的活跃力量。

私营企业出资人。2010 年，中共中央、国务院制定下发的《中共中央、国务院关于加强和改进新形势下工商联工作的意见》，将私营企业主改称私营企业出资人。私营企业是指企业财产归私人所有、雇工人数较多的营利性经济组织。私营企业出资人正日益成为经济实力、经营范围与社会影响不断扩大的一个社会阶层，是社会主义市场经济的重要实践者。

中介组织的从业人员。中介组织泛指介于企业、个人之间，并为其服务、沟通、协调，以及对其监督的社会组织。它主要由三类组成：行业性中介组织，如行业协会、学会、商会、研究会；公证性中介组织，如律师、会计、资产评估等专业事务所，以及证券、仲裁等中介组织；服务性中介组织，如提供就业、广告、公关、房地产等服务的组织。这些组织的从业人员大多受过专门训练，专业化程度比较高。

自由职业人员。主要是指那些不固定供职于任何经济组织、事业单位或政府部门，凭借自己的知识、技能或专长为社会提供某种服务并获取报酬的人员，主要是一些文化艺术工作者和新闻从业人士。比如，自由音乐人、自由舞蹈人、自由撰稿人、自由经纪人等。

随着改革开放的深入和社会主义市场经济的发展，新的社会阶层队伍规模将进一步扩大，特别是民营企业的管理技术人员、中介组织从业人员、自由职业人员数量还有较大增长空间；群体意识将进一步增强，会运用更多方式和途径影响公共决策、维护群体利益；社会影响将进一步提高，在推动经济、政治、文化、社会发展中的作用更加凸显。同时，还将产生一些新的社会阶层和群体。

【背景材料】

新兴媒体从业人员群体

新兴媒体从业人员数量增长快、平均年龄低、文化程度高、社会流动性强。目前，仅从事网站内容工作的网络编辑就超过600万人，未来5年总增长量将超过30%，远远高于其他各类职位的平均增长量。新兴媒体从业人员的社会作用越来越突出。一是网民数量快速增长，成为新兴媒体从业人员发挥影响力的重要基础。二是新兴媒体强大的社会功能，为新兴媒体从业人员发挥影响力提供了广阔平台。据有关调查显示，71.9%的公众认为网络等新兴媒体表达将成为中国式民主建设的新通道，68%的公众认为这有助于人们提出对国家建设有意义的意见建议。

三、 经济发展方式转变对我国社会阶层结构的影响

经济发展方式的转变和经济结构的调整，必然会对社会结构特别是阶层结构产生重大影响。主要是：随着工业化进程的加快和产业结构的调整，就业结构将出现显著变化，更多的就业人口将从第一产业转入第二、三产业，意味着将有越来越多的农民转为工人；随着城镇化进程的加快和城乡结构的调整，特别是关于农民工政策的完善落实，将有越来越多的农民转为市民；随着科技的进步、创新力度的加大和要素结构的调整，劳动密集型产业现代化程度不断提高，技术和知识密集型产业快速发展，白领员工将越来越多；随着非公有制经济的发展和所有制结构的进一步调整，传统体制外从业的人员将显著增加，将有越来越多的人由单位人转为社会人；随着扩大内需方针的落实和收入分配结构的调整，社会成员之间收入差距扩大的趋势将逐步得到扭转，将有越来越多的人进入中等收入群体；随着全球信息化的发展和我国以信息化带动工业化、以工业化促进信息化战略的实施，互联网用户将显著增加。

我国社会结构和阶层结构持续变化，将会对统一战线内部结构及其他方面带来重大影响。

第一，工人阶级内部统一战线工作将愈益凸显。马克思主义统一战线理论认为，统一战线的根本问题是工人阶级自身团结统一和争取同盟军问题。这是因为，工人阶级内部存在着不同的阶层、群体，需要通过统一战线实现自身的团结，进而为团结其他社会力量奠定坚实的基础。从马克思主义统一战线实践看，工人阶级内部统一战线工作

始终是整个统一战线工作的重要内容。马克思恩格斯曾经直接参与领导的第一国际即国际工人联合会，就是一个各国工人阶级及其政党和政治派别的统一战线组织，主要是做工人阶级内部统一战线工作。由于知识分子是工人阶级的一部分，新中国成立后一直开展的党外知识分子工作，同样是工人阶级内部的统一战线工作。转变经济发展方式和调整经济结构，将使知识分子阶层不断扩大，党外知识分子统战工作任务加重。

第二，巩固发展工农联盟将愈益凸显。工人阶级和农民阶级占了我国人口的绝大多数，工农联盟是中国共产党夺取革命、建设和改革事业胜利的重要保证，是人民民主专政和中国共产党执政的重要基础。巩固和发展工农联盟，是中国共产党的一个重要方针，也是中国共产党的一大政治优势。转变经济发展方式和调整经济结构，加快工业化、城镇化、现代化进程，为巩固发展新型工农联盟提供了重大机遇，也带来一些新情况新问题。农民工是改革开放后新出现的社会群体，在巩固新型工农联盟中发挥着特殊的重要作用。因为农民工是一个亦农亦工的特殊群体，在户籍上属于农民，在职业上属于工人，中央已经明确为我国产业工人的重要组成部分。农民工既了解农民、又了解工人，既了解城市、又了解农村，成为联结工人与农民、城镇与农村的桥梁，在缩小工农差距和城乡差距、密切工农联系、加强工农联盟等方面，发挥着不可替代的独特作用。

第三，城市统一战线工作将愈益凸显。新中国成立后，统战工作重心在城市，因为统战工作对象集中在城市。转变经济发展方式和调整经济结构，将加快我国城镇化进程，使统一战线成员进一步向城市聚集，城市统战工作将更为繁重。一是由于民主党派发展成员以大中城市为主，随着以大城市为依托、中小城市为重点、辐射作用大的城市群的逐步形成，民主党派工作任务将加重。二是伴随着经济发展、城市化步伐加快，各民族交往交流交融将愈益频繁深入，进入城市的少数民族群众将大量增加，城市民族工作将比以往任何一个时期都更为突出。三是随着城市化率的提高，生活在社区的统战成员将显著增加，社区在统战工作中的依托地位将更加重要。四是发展中小城镇是推进城市化的一个重要方向，中小城镇将聚集越来越多的统战资源，决定了统战工作的重心要下移，中小城市日益成为基层统战工作的重点。

第四，非公有制经济领域统一战线工作将愈益凸显。转变经济发展方式和调整经济结构，将促进非公有制经济持续发展，统一战线成员在该领域的集中度将进一步提高，非公有制经济领域统战工作任务加重。一方面，私营企业出资人数量继续呈快速增长态势，在推动科学发展、促进社会和谐中的作用日益突出，其参政议政愿望也日益强烈，需要加大统一战线工作力度，将他们紧密团结在中国共产党周围，成为合格的中国特色社会主义事业建设者；另一方面，外商投资企业中港澳台同胞和海外侨胞占了相当部分，需要重视做好他们的统战工作，既发挥其在国家改革开放、现代化建设中的重要作用，又发挥其在促进港澳繁荣稳定和两岸关系和平发展中的独特作用。

第五，网络统一战线工作将愈益凸显。信息网络的发展，既对传统统战工作模式提出了挑战，也给统战工作手段创新带来了机遇，网络统战必将快速兴起。因此，需要进一步加强网络统战研究，明确网络统战的特点、内容、机制等，探索做好新兴媒体从业人员工作，使互联网成为宣传统一战线理论政策的平台，加强与统一战线成员联谊交友的平台，开展各种统战工作和活动的平台。

第二节　巩固发展新形势下的工农联盟

工农联盟是马克思主义的一个基本战略思想。工农联盟不断巩固，中国革命、建设和改革就能顺利进行，统一战线也就能蓬勃发展。这是历史和实践证明的一条基本经验。

一、工农联盟是统一战线的基础

马克思主义认为，农民是无产阶级天然的同盟者，无产阶级及其政党要取得胜利，必须同广大农民联合，处理好与农民的关系。特别是在一个农民占人口多数的国家里，不论在反对封建主义还是反对资本主义的革命斗争中，也无论在巩固无产阶级政权和无产阶级政党的长期执政地位中，无产阶级及其政党是否得到农民的支持，直接关系到革命和建设事业的成败。马克思恩格斯在全面论证工农联盟思想时指出，如果无产阶级革命得不到农民的**“合唱”，“它在一切农民国度中的独唱是不免要变成孤鸿哀鸣的”**[①]。俄国十月社会主义革命胜利后，列宁明确指出，无产阶级专政的最高原则就是维护无产阶级同农民的联盟，使无产阶级能够保持领导作用和掌握国家政权。当进入大规模恢复和发展国民经济时期，列宁又指出，在这个过渡时期，在农民占大多数的国家里，我们必须会采取从经济上满足农民要求的办法，采取尽量多的措施来改善农民的经济状况；并认为这个问题对苏维埃政权来说，是当时最重要的经济问题和政治问题。[②]

我国是一个农民众多的国家。中国共产党在领导革命、建设和改革的长期实践中，坚持把马克思主义关于建立同盟军的思想与中国实际结合起来，始终高度重视农民问题，不断加强工农联盟，并在此基础上积极发展与其他阶级的联盟，形成了各个时期最广泛的统一战线。

工农联盟是人民民主专政国家政权的基础，也是统一战线的基础。新中国成立不久，毛泽东在谈到统一战线时明确指出：“要在工人阶级领导下，以工农联盟为基础，把小资产阶级、民族资产阶级团结起来。”[③] 在农业合作化中，他又强调，只有使全体农村人民共同富裕起来，“工人和农民的联盟才能获得巩固”，否则，“这个联盟就有被破坏的危险”[④]。从这个思想出发，中国共产党坚持了工人阶级的领导地位，并通过土改和互助合作，极大地调动了农民投身革命、建设的积极性。尽管后来在探索社会主义建设道路过程中出现了严重失误，但农业和农民却始终没有被忘记，工农联盟不断巩固发展。

中共十一届三中全会后，随着各方面改革的不断深入，我国社会结构发生了深刻变化，出现了私营企业主等许多新的社会阶层，统一战线已经发展成为包括全体社会主义劳动者、社会主义事业的建设者、拥护社会主义的爱国者和拥护祖国统一的爱国者的广泛联盟。在这个联盟中，工人阶级（包括知识分子）和广大农民始终是推动我国先进生产力发展和社会全面进步的根本力量。继续巩固和发展最广泛的爱

---

① 马克思：《路易·波拿巴的雾月十八日》，见《马克思恩格斯选集》，2版，第1卷，684页，北京，人民出版社，1995。

② 参见《列宁全集》，中文2版，第41卷，23～24页，北京，人民出版社，1986。

③ 毛泽东：《不要四面出击》，见《毛泽东文集》，第6卷，75页。

④ 毛泽东：《关于农业合作化问题》，见《毛泽东文集》，第6卷，437页。

国统一战线，必须最大限度地加强工人、农民、知识分子的联盟。

二、 坚持全心全意依靠工人阶级的方针

建设中国特色社会主义，必须坚持全心全意依靠工人阶级的方针，这是由中国共产党和国家的性质、工人阶级的特点及其历史地位决定的。

我国是社会主义国家，中国共产党的工人阶级先锋队性质，决定了工人阶级在国家的领导地位。毛泽东指出："人民民主专政需要工人阶级的领导。因为只有工人阶级最有远见，大公无私，最富于革命的彻底性。整个革命历史证明，没有工人阶级的领导，革命就要失败，有了工人阶级的领导，革命就胜利了。"① 中国共产党在领导革命、建设和改革的全部实践中，都紧紧依靠工人阶级，巩固自己的阶级基础，这是事业胜利的根本保证。

工人阶级是近代以来我国社会发展特别是社会化大生产发展的产物，是我国先进生产力和先进生产关系的代表。它始终站在时代前列，推动着先进生产力和先进生产关系的发展，并善于顺应社会前进的潮流不断发展自身的先进性。邓小平指出："工人阶级最重要的特点之一就是同社会化的大生产相联系，因此它的觉悟最高，纪律性最强，能在现时代的经济进步和社会政治进步中起领导作用。"②

工人阶级是改革开放和社会主义现代化建设的基本动力。在当代中国，实行改革开放，进行现代化建设，解放和发展生产力，建设中国特色社会主义，符合工人阶级的根本利益。工人阶级由于其在社会主义现代化建设中的领导地位和高度集中统一等特点，成为国家和社会稳定的强大社会力量。改革开放以来，我国工人阶级队伍发生了明显变化，呈现出新的特点，工人阶级仍然是社会主义现代化的主要建设者、社会财富的主要创造者、先进生产力的代表者，仍然是人民民主专政国家的领导阶级。因此，中国共产党所领导的改革和社会主义现代化建设的全部活动与整个进程，都必须全心全意地依靠工人阶级，

---

① 毛泽东：《论人民民主专政》，见《毛泽东选集》，2版，第4卷，1479页。

② 邓小平：《工人阶级要为实现四个现代化作出优异贡献》，见《邓小平文选》，2版，第2卷，136页。

这在任何时候、任何情况下都不能动摇。①

全心全意依靠工人阶级，发挥工人阶级的领导作用，必须保障包括农民工在内的全体职工的合法权益，巩固工人阶级的主人翁地位。在深化改革、建立现代企业制度、推进城镇化的过程中，党和政府要通过政治、经济、法律、舆论、行政等手段，切实保障职工的民主权利，落实职工的知情权、参与权、表达权和监督权，解决农民工、下岗和特困职工遇到的生产生活问题，维护广大工人的权益，不断满足他们日益增长的物质文化需求，积极组织他们参与社会事务管理，充分调动他们的积极性和创造性。同时，教育引导广大工人认清自己的光荣使命，增强责任意识，发扬识大体、顾大局的优良传统，正确认识和对待改革发展过程中利益关系与利益格局的调整，继续发挥主力军作用。

三、 农民阶级是人数最多的基本依靠力量

建设中国特色社会主义，必须坚定不移地依靠广大农民群众，这是由农业、农村、农民问题的重要地位和作用决定的。在新中国成立初期，毛泽东曾经指出："人民民主专政的基础是工人阶级、农民阶级和城市小资产阶级的联盟，而主要是工人和农民的联盟，因为这两个阶级占了中国人口的百分之八十到九十。推翻帝国主义和国民党反动派，主要是这两个阶级的力量。由新民主主义到社会主义，主要依靠这两个阶级的联盟。"② 工人阶级正是与农民阶级结成了巩固的联盟，才掌握了新民主主义革命的领导权，完成了中国革命的任务，并进而走向社会主义。我国的国情决定了广大农民不但是我国新民主主义革命的主力军，而且是我国社会主义现代化建设和改革开放中人数最多、最基本的依靠力量。

中共十一届三中全会以来，我国农村发生了历史性的变化。在中国共产党领导下，广大农民表现出了可贵的创业革新精神，实行了以家庭联产承包为主要内容的责任制，农村改革和建设取得巨大成就，

---

① 参见江泽民：《在庆祝"五一"国际劳动节暨表彰全国劳动模范和先进工作者大会上的讲话》，载《人民日报》，1995-04-30。

② 毛泽东：《论人民民主专政》，见《毛泽东选集》，2版，第4卷，1478～1479页。

带动了整个改革和建设事业。改革开放和社会主义现代化建设符合广大农民的根本利益，他们衷心拥护中国共产党在社会主义初级阶段的基本路线、方针和政策，积极参与中国特色社会主义建设伟大事业。

依靠广大农民，调动农民的积极性和创造性，关系着改革开放和社会主义现代化事业的大局。这不仅是一个重大的经济问题，也是一个重大的政治问题。在全面建成小康社会和实现中华民族伟大复兴的过程中，要不断提高对农业、农村、农民问题极端重要性的认识，切实保障农民的合法权益和民主权利，切实减轻农民负担，提高农民的生活水平。同时，教育、引导、支持农民，提高广大农民的科学文化素质和思想道德水平，增强国家主人翁观念，培养造就一代新型农民，推动农村实现现代化，建设社会主义新农村。

四、 知识分子是我国工人阶级的一部分

在新民主主义革命中，先进的知识分子是首先觉悟的部分。没有知识分子的参加，革命的胜利是不可能的。同样，“我国的艰巨的社会主义建设事业，需要尽可能多的知识分子为它服务”①。在如何正确对待知识分子、发挥其作用的问题上，中国共产党既有过正确的认识和政策，也有过因对知识分子阶级属性认识上的偏差而发生的错误。中共十一届三中全会后，中国共产党总结了新中国成立以来在对待知识分子问题上的经验教训，确立了知识分子作为工人阶级一部分的重要地位。邓小平指出：“我国广大的知识分子，包括从旧社会过来的老知识分子的绝大多数，已经成为工人阶级的一部分，正在努力自觉地为社会主义事业服务。”② 在当代中国，知识分子作为工人阶级中掌握科学文化知识较多的主要从事脑力劳动的一部分，是先进生产力的开拓者和发展教育科学文化事业的基本力量，在社会主义现代化建设中具有不可替代的作用。特别是当前，依靠知识分子推动科技、经济发展和社会进步，已经成为我国改革开放和社会主义现代化建设事业发展

---

① 毛泽东：《关于正确处理人民内部矛盾的问题》，见《毛泽东文集》，第 7 卷，225 页。

② 邓小平：《新时期的统一战线和人民政协的任务》，见《邓小平文选》，2 版，第 2 卷，186 页。

的关键因素，离开了知识分子，科教兴国、人才强国和建设创新型国家的战略与目标都无法实现。

依靠知识分子，发挥知识分子的作用，必须努力营造更加有利于知识分子施展聪明才智的良好环境，在全社会进一步形成“尊重知识，尊重人才”的良好风尚；必须积极改善知识分子的工作、学习和生活条件，对有突出贡献的知识分子给予重奖，并形成规范化的奖励制度；必须在政治上对知识分子予以充分的信任，积极引导他们发扬热爱祖国、求实创新、拼搏奉献、团结协作的精神，更好地承担历史使命、发挥更大的作用。

五、 党外知识分子工作是统一战线的基础性工作

党外知识分子是我国知识分子队伍中人数众多的群体。目前，我国具有大专以上学历的知识分子 11 964 万人，其中党外知识分子占 75%，达 8 986 万人。党外知识分子具有“双重身份”。一方面，知识分子是工人阶级的重要组成部分，和工人、农民一道是社会主义现代化建设的基本依靠力量；另一方面，党外知识分子又是新时期爱国统一战线的重要成员，是统一战线工作的对象。这种“双重身份”是党外知识分子工作具有很强的政治性的重要体现。2000 年，江泽民同志在第十九次全国统战工作会议讲话中指出：“党外知识分子工作是统一战线的一项基础性工作，尤其要重点做好有代表性、有影响的党外知识分子的工作。”①

【拓展阅读】

为什么说党外知识分子工作是统一战线的基础性工作

新民主主义革命时期的统一战线，是工人阶级、农民阶级、城市小资产阶级和民族资产阶级四个阶级的联盟，其中城市小资产阶级的代表主要是党外知识分子。社会主义改造基本完成后，广大知识分子成为工人阶级的一部分，但同时仍作为统一战线成员在社会主义建设中发挥作用。新的历史条件下，党外知识分子是爱国统一战线各个领域代表性人士的源头。

---

① 江泽民：《进一步开创统一战线工作的新局面》，见《江泽民文选》，第 3 卷，148 页。

第三节 做好新的社会阶层人士工作

改革开放后出现的新的社会阶层主要由非公有制经济人士和自由择业的知识分子组成，集中分布在新经济组织、新社会组织中。新的社会阶层的出现，对统一战线的社会基础、内部结构和成员之间的关系产生了重大影响。正确认识和做好新的社会阶层统战工作，成为统一战线的重大理论和实践问题。

一、新的社会阶层人士是中国特色社会主义事业的建设者

2002年，中共十六大报告提出了私营企业主等新的社会阶层“都是中国特色社会主义事业的建设者”的重要论断，强调“对为祖国富强贡献力量的社会各阶层人们都要团结，对他们的创业精神都要鼓励，对他们的合法权益都要保护，对他们中的优秀分子都要表彰”。“不能简单地把有没有财产、有多少财产当作判断人们政治上先进和落后的标准，而主要应该看他们的思想政治状况和现实表现，看他们的财产是怎么得来的以及对财产怎么支配和使用，看他们以自己的劳动对中国特色社会主义事业所作的贡献。”2006年，胡锦涛同志在第二十次全国统战工作会议上进一步指出，要坚持充分尊重、广泛联系、加强团结、热情帮助、积极引导的方针，切实做好新的社会阶层人士的工作，尊重他们的劳动创造和创业精神，凝聚他们的聪明才智，引导他们做合格的中国特色社会主义事业的建设者。同年制定下发的《中共中央关于巩固和壮大新世纪新阶段统一战线的意见》也明确指出，团结新的社会阶层人士是统一战线的重要任务，要把新的社会阶层人士作为统一战线工作新的着力点，最大限度地把他们团结在中国共产党周围，充分发挥他们的作用，不断为实现中华民族的伟大复兴凝聚新力量。

1. 新的社会阶层的特点

新的社会阶层与社会主义市场经济体制的建立完善和非公有制经济发展壮大相伴而生，具有显著的时代特征。新的社会阶层成员尽管在社会职业、思想观念、文化层次等方面有所不同，但在共同的社会经济背景下，逐渐形成了一些群体特征。

第一，来源于社会各阶层和各领域。个体户大多来源于工人、农民、知识分子、干部、刚毕业的学生、退伍军人等；私营企业出资人、民营科技企业创业人员和技术人员、受聘于外资企业的中方管理技术人员以及中介组织的人员来自于社会各层次，几乎涵盖社会所有领域。

第二，具有较强的自主性和流动性。新的社会阶层自我选择职业、自我发展，在传统体制外独立存在，思想解放，思维活跃，勇于开拓。同时，新的社会阶层人士在不同的所有制、不同的行业、不同的地域和不同的社会层次上流动，社会身份变动较大。

第三，知识和人才资源丰富。随着所有制结构和分配方式的调整，以及人才市场的充分发育和人才流动机制的进一步完善，大量知识分子由国有企事业单位流向非国有企事业单位，包括受聘于外资企业和私营企业，合伙创办民营科技企业，或者从事自由职业，许多年轻的知识分子毕业后直接进入非国有企事业单位就业，还有许多归国留学人员在国内创业发展。

第四，内部构成差异性明显。新的社会阶层成员有不同的社会背景，来自不同的社会阶层，其职业构成、文化素质、收入发展水平具有很大差异。随着转变经济发展方式的不断推进，新的社会阶层内部构成将会进一步发展变化。

2. 新的社会阶层的作用

新时期以来，新的社会阶层在党和国家的正确路线方针政策引导下，以其创造性的诚实劳动和合法经营，在实现和提高自身价值的同时，为改革开放和社会主义现代化建设事业作出了重要贡献。

第一，新的社会阶层是推动我国生产力发展的积极力量。新的社会阶层中的相当一部分人员，既拥有生产资料，也掌握先进的科学技术，并通过自己的诚实劳动和合法经营，逐渐走上了致富的道路，促进了经济发展。目前，我国非公有制经济固定资产投资已经超过全国的60%，占国内生产总值的比重已经超过一半，出口贸易占到全国的60%，还提供了80%以上的城镇就业岗位和90%以上的新增就业岗位，为繁荣经济作出了越来越大的贡献。

第二，新的社会阶层是改革开放的支持者和参与者。他们属于改革开放以来先富起来的一批人，拥护中国共产党的领导、拥护改革开放政策，在发展社会主义市场经济的过程中贡献了自己的辛勤劳动和聪明才智，起到了一定的带头和示范作用。新的社会阶层中的不少代表人士已经担任了各级人大代表、政协委员，他们为经济建设、社会发展积极参政议政、建言献策，发挥了重要作用。

第三，新的社会阶层是社会发展进步的重要推动者。新的社会阶层人士直接参与科技、教育、文化、卫生等方面的建设，为推动社会全面发展贡献智慧力量。非公有制经济人士先富帮后富，通过捐资捐助等多种形式，积极支持社会福利和公益事业的发展。比如，1994 年实施的以非公有制经济人士为参与主体的“光彩事业”，将经济行为与道德行为有机结合起来，被联合国有关组织作为一种新型的扶贫开发模式向国际社会推广。

第四，新的社会阶层是提高我国自主创新能力的重要力量。新的社会阶层人士中的私营企业出资人、民营科技企业的创业人员和管理技术人员，掌握着企业的经营管理和核心技术，他们积极参与创新型国家建设，致力于把企业做好做强做大，勇于进取，开拓创新，不断适应市场需求，积极进行高新技术产业的开发与应用，推动民营科技企业快速发展，为增强我国的核心竞争力，实现由“中国制造”向“中国创造”的跨越作出重要贡献。

第五，新的社会阶层是维护社会和谐稳定的重要力量。在深化改革、扩大开放的条件下，新的社会阶层通过开办企业、兴办社会事业，吸纳了大量劳动力，有效地缓解了我国面临的人口与就业压力。特别是中共十七大报告提出实施扩大就业的发展战略，强调要坚持实施积极的就业政策，完善支持自主创业、自谋职业政策，加强就业观念教育，使更多劳动者成为创业者。实现这一目标，一个重要途径就是要鼓励非公有制经济发展，多渠道、多方式增加就业岗位，切实发挥主力军作用。

【拓展阅读】

对新的社会阶层社会属性的认识过程

改革开放后的一段时期内，社会上对新的社会阶层特别是私营企业出资人的认识存在着严重分歧，有的说是劳动者，有的说是爱国者，也有的说是剥削者，还有人说是新生的资产阶级。在这方面，中国共产党坚持解放思想、实事求是，逐步形成了对新的社会阶层的科学认识。

1985年，邓小平指出，在改革开放条件下，个别资产阶级分子可能会出现，但不会形成一个资产阶级。1991年，中共中央在批转中央统战部《关于工商联若干问题的请示》的通知中指出，对现在的私营企业主不应和过去的工商业者简单类比和等同，更不要像50年代那样对他们进行社会主义改造。2000年，江泽民同志在第十九次全国统战工作会议上指出，私营企业主等新的社会阶层“是有中国特色社会主义事业的建设力量”。2001年，江泽民同志在“七一”讲话中进一步指出，私营企业主等新的社会阶层与工人、农民、知识分子、干部和解放军指战员团结在一起，“他们也是有中国特色社会主义事业的建设者”。2002年中共十六大指出，私营企业主等新的社会阶层“都是中国特色社会主义事业的建设者”。这一科学论断，正确回答了人们普遍关心的私营企业主等新的社会阶层的社会属性问题。

二、 新的社会阶层人士工作的基本方针

新的社会阶层人士的出现和发展壮大，拓展了统一战线作用发挥的空间，成为统一战线工作的新领域。2006年第二十次全国统战工作会议对做好新的社会阶层人士工作作出了全面部署，提出了“二十字”的基本方针，即充分尊重、广泛联系、加强团结、热情帮助、积极引导，强调要把新的社会阶层人士团结在党和政府的周围，充分保护和调动他们的积极性、主动性和创造性，有效地引导他们在建设中国特色社会主义道路上健康成长。

充分尊重，就是要尊重新的社会阶层人士的劳动创造，尊重他们的创业精神，肯定他们为发展生产、解决就业、提供税收、增强国力作出的贡献。

广泛联系，就是要了解和掌握新的社会阶层人士的基本状况和发展变化，关注他们的利益诉求，畅通反映意见、建议的渠道。

加强团结，就是要凝聚他们的聪明才智，有计划、有系统地加强对新的社会阶层人士的培养，扩大他们有序的政治参与。

热情帮助，就是要完善和落实相关法律法规和政策措施，做好协调服务工作，维护新的社会阶层人士的合法权益，使他们掌握的资本、

技术、劳动、管理和信息等生产要素在建设中国特色社会主义事业中更好地发挥作用。

积极引导，就是要引导新的社会阶层人士坚持爱国、敬业、诚信、守法、贡献，致富思源、富而思进，积极回馈社会，扶贫济困，造福人民，做合格的中国特色社会主义事业的建设者。

三、 新的社会阶层人士工作机制

做好新的社会阶层人士工作，需要探索新的工作机制和方法。《中共中央关于巩固和壮大新世纪新阶段统一战线的意见》指出，要在党委统一领导下，建立由统战部门牵头、党政有关部门参加、社会有关团体参与的联席会议制度，形成开展新的社会阶层人士统战工作的合力。具体要坚持以社团为纽带、社区为依托、网络为媒介、活动为抓手，把新的社会阶层人士更广泛地团结和凝聚在党和政府周围。

以社团为纽带，就是建立健全工作机制，充分发挥社会团体在开展新的社会阶层人士统战工作中的作用。特别是发挥工商联、青联、妇联、侨联等统战性社团和行业协会的重要助手作用，着力推动非公有制经济组织、新社会组织的健康发展，进一步密切与新的社会阶层人士的联系。统战部门要加强对统战性社团的有关业务指导，促进统战性社团加强自身建设、扩大影响、增强凝聚力，加强与其他重要社团的联系沟通，通过走访、座谈、组织活动等形式建立联系机制。

【背景材料】

社团有关情况

截至 2011 年年底，全国共有社会组织 46.2 万个，其中社团 25.5 万个。新的社会阶层人士主要参与的社团，既包括统战系统单位主管的统战性社团，如海外联谊会、欧美同学会、工商联主管的行业性商会，也包括个体工商户协会、私营企业家协会、资产评估协会、注册会计师协会、律师协会等。

以社区为依托，就是把新的社会阶层人士统战工作纳入街道、社区党组织工作范围。一方面，及时了解社区中新的社会阶层人士的需求，反映、协调和解决他们遇到的问题；另一方面，充分发挥新的社会阶层人士的专业优势，为社区居民提供法律咨询，进行技能培训，开展文化活动。建立健全纵向到底、横向到边的覆盖全社区的统战工作网格，即建立从社区到院落、楼宇的统战工作组织体系，同时根据社区实际情况，在社区内成立各种界别的统战联谊组织。

以网络为媒介，就是注重运用互联网等现代科技手段，掌握情况、宣传政策、开展工作。通过网络有针对性地掌握和了解新的社会阶层人士的政治态度、利益诉求和思想动向，积极宣传正面声音、引导中间声音、化解负面声音，及时反映新的社会阶层人士的意见建议，为新的社会阶层人士提供服务。

【背景材料】

互联网改变信息传播状态

基于信息技术革命而诞生的互联网，通过手机短信、数字电视、博客、播客、微博等，彻底改变了信息传播的状态，即由一点对多点的传播变为多点对多点的即时传播。根据我国互联网络信息中心的统计，截至2012年6月，中国网民数量达到5.38亿，手机网民达到3.88亿，互联网普及率为39.9%，上网设备呈多元化发展。

以活动为抓手，就是组织新的社会阶层人士参与考察调研、扶贫济困、专业咨询等，寓统战工作于各类活动之中。通过开展各种灵活多样的社会活动，引导广大新的社会阶层人士加深对社会主义初级阶段基本国情、对党和国家大政方针、对统一战线政策的理解认知，加强与所联系群众的沟通交流，在发挥个人才干作用的同时，自觉接受思想教育、增强实践锻炼、提高眼界觉悟、培养参政能力，强化与党和人民一道走中国特色社会主义道路的政治共识。

四、引导非公有制经济健康发展和非公有制经济人士健康成长

改革开放以来，党和国家在鼓励、支持和引导非公有制经济健康发展的同时，高度重视引导非公有制经济人士健康成长。

1. 对两个“健康”的认识过程

中共十一届三中全会后，个体、私营等非公有制经济开始出现和

发展，个体工商户、私营企业主等非公有制经济人士队伍不断扩大。1982年，中共十二大指出，个体经济是“公有制经济必要的、有益的补充”。1984年10月，中共十二届三中全会通过的《中共中央关于经济体制改革的决定》指出，“我国现在的个体经济是和社会主义公有制相联系的”，“是社会主义经济必要的有益的补充，是从属于社会主义经济的”，要求为“个体经济的发展扫除障碍，创造条件，并给予法律保护”。1987年，中共十三大指出，私营经济是“公有制经济必要的和有益的补充”。1992年，中共十四大提出：“以公有制包括全民所有制和集体所有制经济为主体，个体经济、私营经济、外资经济为补充，多种经济成分长期共同发展。”1997年，中共十五大指出，“公有制为主体、多种所有制经济共同发展，是我国社会主义初级阶段的一项基本经济制度”，“非公有制经济是我国社会主义市场经济的重要组成部分”。2002年，中共十六大强调“必须毫不动摇地巩固和发展公有制经济”，“必须毫不动摇地鼓励、支持和引导非公有制经济发展”。2005年国务院下发《关于鼓励支持和引导个体私营等非公有制经济发展的若干意见》，提出了促进非公有制经济发展的政策措施。2007年中共十七大在坚持“两个毫不动摇”的基础上，强调坚持平等保护物权，形成各种所有制经济平等竞争、相互促进新格局。2012年中共十八大进一步强调，保持各种所有制经济依法平等使用生产要素、公平参与市场竞争，同等受到法律保护。从个体经济的存在到允许私营经济的发展，再到鲜明提出两个“毫不动摇”，充分表明中国共产党对非公有制经济地位作用的认识达到了新的高度，对做好非公有制经济人士统战工作也提出了更高的要求。

为了适应非公有制经济发展和非公有制经济人士队伍不断壮大的新形势，1991年7月中共中央批转了中央统战部《关于工商联若干问题的请示》，强调要做好非公有制经济人士的思想政治工作，对他们采取团结、帮助、教育、引导的方针，要求他们爱国、敬业、守法，努力培养一支非公有制经济代表人士队伍；同时强调对现在的私营企业主不应和过去的工商业者简单地类比和等同，更不要像50年代那样对他们进行社会主义改造。在中央精神的指导和推动下，非公有制经济人士统战工作蓬勃开展。

【统战典故】

邓小平会“五老”

改革开放初期，为了使国内的社会资金和管理人才能够进一步活跃起来，邓小平亲自做原工商业者的工作。1979年1月17日，邓小平在人民大会堂约见胡厥文、胡子昂、荣毅仁、古耕虞、周叔弢五位著名的工商界代表人物。邓小平说，中共十一届三中全会决定把工作重点转移到社会主义现代化建设上来。现在经济建设的摊子铺得大了，感到知识不够，资金也不足。要发挥原工商业者的作用，这也包括他们的子孙后辈。他们早已不拿定息了，只要没有继续剥削，资本家的帽子为什么不摘掉？落实政策以后，工商界还有钱，有的人可以搞一两个工厂，也可以投资到旅游业赚取外汇，手里的钱闲起来不好。你们可以有选择地搞。总之，钱要用起来，人要用起来。

2. 坚持“爱国、敬业、诚信、守法、贡献”要求

实现“两个健康”目标，需要引导非公有制经济人士把自身企业的发展与国家的发展结合起来，把个人富裕与全体人民的共同富裕结合起来，把遵循市场法则与发扬社会主义道德结合起来，自觉做到爱国、敬业、诚信、守法、贡献。

爱国就是要有振兴中华的爱国情怀，致富不忘国家和人民，把自己的命运自觉与国家紧密相连，与祖国同呼吸、共命运，时刻把国家利益放在心中，投身于改革开放和现代化建设事业，努力成为致力于国家富强、人民富裕、民族振兴的坚定实践者。

敬业就是要按照科学发展的要求，立足本业、锐意进取，在克服困难中取得进步，在解决问题中探索新方法，不断提高自身素质，把事业做好、做强、做大，增强竞争力，保持可持续发展，为振兴民族经济作出贡献。

诚信就是要遵循市场规则和行业规范，发扬中华民族优良传统，秉持诚信理念，加强自我约束和自我管理，守信用、讲信誉、重信义，维护正常的经济秩序，构建和谐劳动关系，树立良好的企业形象和社会形象，努力成为社会主义核心价值体系的自觉践行者。

守法就是要诚实劳动，依法经营，自觉遵守国家的法律法规、各项政策和规范，有序开展经营活动，发展事业，维护国家、集体的利

益，维护社会正常的秩序。

贡献就是要有致富思源、服务社会、回馈人民的思想意识，自觉承担社会责任，致富不忘国家、不忘人民，先富带动后富，积极参与公益慈善事业，为推动经济和社会发展发挥作用。

3. 开展非公有制经济人士工作的主要载体

改革开放以来，在非公有制经济人士统战工作的实践中，探索形成了一些切实可行的办法和行之有效的途径。

优秀中国特色社会主义事业建设者评选表彰活动。2004年，中央统战部、人事部、国家工商总局、全国工商联决定，在全国非公有制经济人士中开展表彰优秀中国特色社会主义事业建设者的活动，旨在全面展示广大非公有制经济人士的精神风貌，广泛宣传优秀中国特色社会主义事业建设者的先进事迹，调动非公有制经济人士投身建设中国特色社会主义事业的积极性、主动性和创造性，进一步促进非公有制经济健康发展和非公有制经济人士健康成长。

“光彩事业”。“光彩事业”是非公有制经济人士为响应“国家八七扶贫攻坚计划”，于1994年发起并实施的一项开发式扶贫的社会事业。“光彩事业”以消除贫困为宗旨，以义利兼顾、以义为先为核心理念，以开发资源、兴办企业、培训人才为主要内容，是先富帮后富、实现共同富裕的重要途径，是弘扬中华民族扶危济困传统美德的重要体现，是树立社会主义核心价值体系的生动实践。

【拓展阅读】

“光彩事业”成就

“光彩事业”自创立以来，在党和政府的关心支持下，在各级统战部门和工商联的大力推动下，共投入资金2 200多亿元，安排就业近800万人，带动近1 600万人脱贫致富，为促进共同富裕作出了积极贡献。在实施过程中，“光彩事业”着力打造非公有制经济人士自我教育的实践平台，在开展国情考察中增强社会责任，在参与公益慈善中提升精神境界，多位理事被评为“抗震救灾模范”、“优秀建设者”称号，被授予“最具爱心捐助个人”、“中华慈善奖”荣誉，“光彩事业”促进会还被评为“全国先进社会组织”，赢得了社会各界的尊重和赞誉。同时，“光彩事业”积极响应国家“走出去”战略，不断加强国际交流合作，组织非公有制经济人士赴非洲进行投资考察，在农业、能源、基础设施等领域落实合作项目，既为我国现代化建设营造了良好的外部环境，又为国际扶贫事业发展提供了力量支持。

“感恩行动”。“感恩行动”是引导非公有制经济人士知恩图报、贡献社会的重要活动，是统一战线学习践行社会主义核心价值体系的创新之举，主要内容是引导非公有制经济人士结对帮扶老革命、老党员、老模范，接受革命传统教育。广大非公有制经济人士在活动过程中受到深刻的革命传统教育、爱国主义教育、艰苦创业精神教育，进一步增强了感恩党、感恩国家、感恩人民的自觉意识。

【数字说话】

“感恩行动”有效开展

截至2012年7月底，有13.4万家非公有制企业参与“感恩行动”，受助对象达44万人，其中老革命、老党员、老模范“三老”人员16.9万人，资助金额73.3亿元，捐助物资价值3.2亿元，招工扶贫61.2万人，培训人员20万人，实施惠民项目7 942个，到位资金242亿元。

五、 加强和改进新形势下的工商联工作

工商联是中国共产党领导的以非公有制企业和非公有制经济人士为主体的人民团体和商会组织，是党和政府联系非公有制经济人士的桥梁纽带，是政府管理和服务非公有制经济的助手。做好工商联工作，有利于坚持和完善公有制为主体、多种所有制经济共同发展的基本经济制度，促进非公有制经济健康发展和非公有制经济人士健康成长，为坚持改革开放、推动科学发展、促进社会和谐凝聚力量。

1. 中国共产党高度重视工商联工作

早在1949年8月，为了适应新中国成立后对私营工商业进行整顿和改造，中共中央就作出了《关于组织工商业联合会的指示》。1953年10月，全国工商业联合会会员代表大会在北京召开。会上通过了《中华全国工商业联合会章程》，正式宣告中华全国工商业联合会（简称全国工商联）成立。在中国共产党领导下，工商联为巩固人民民主

专政，恢复和发展国民经济，团结、教育广大民族工商业者，实现对资本主义工商业改造发挥了重要作用。

改革开放以后，原工商业者人数越来越少，工商联面临新的定位问题。1991 年 7 月 6 日，中共中央批转《中央统战部〈关于工商联若干问题的请示〉的通知》，明确工商联作为党领导下的以统战性为主，兼有经济性、民间性的人民团体，是党和政府联系非公有制经济的桥梁。1993 年 10 月，经中共中央、国务院批准，中华全国工商业联合会同时又叫中国民间商会，从而进一步明确了工商联既是爱国统一战线组织，又是民间商会组织。2000 年制定下发的《中共中央关于加强统一战线工作的决定》进一步明确了工商联的性质，指出工商联是党领导下具有统战性、经济性、民间性的人民团体和民间商会，是党和政府联系非公有制经济人士的桥梁，是政府管理非公有制经济的助手。特别是 2010 年 11 月，中共中央、国务院专门制定下发了《中共中央、国务院关于加强和改进新形势下工商联工作的意见》，对加强和改进工商联工作作出了全面部署，是指导工商联工作的纲领性文件。

【背景材料】

工商联会员和组织机构情况

截至 2011 年年底，全国工商联会员总数达 238.8 万个，其中企业会员 131.1 万个；县级以上工商联组织 3 348 个（含新疆生产建设兵团工商联），覆盖了所有地级行政区划和 97.4%的县级行政区划；基层商会组织 43 855 个，行业组织 15 965 个，并与世界上 100 多个国家和地区的 400 多个组织、机构、商会、企业等建立了广泛联系。

2. 工商联工作的基本要求

工商联工作的对象主要包括私营企业、非公有制经济成分控股的有限责任公司和股份有限公司、港澳投资企业等，私营企业出资人、个体工商户、在内地投资的港澳工商界人士、原工商业者等。《中共中央、国务院关于加强和改进新形势下工商联工作的意见》着眼新形势新任务，在全面总结实践经验基础上，进一步明确了工商联的性质、指导思想、基本特征、基本任务等一系列重大问题。

工商联工作的指导思想。高举中国特色社会主义伟大旗帜，以邓小平理论、“三个代表”重要思想、科学发展观为指导，坚持中国共产党领导，坚持我国社会主义初级阶段基本经济制度，坚持团结、服务、引导、教育的方针，全面加强思想、组织、作风、制度建设，不断增强凝聚力、影响力、执行力，把工商联建设成为政治坚定、特色鲜明、机制健全、服务高效、作风优良的人民团体和商会组织，促进非公有制经济健康发展和非公有制经济人士健康成长，为全面建成小康社会、坚持和发展中国特色社会主义、实现中华民族伟大复兴贡献力量。

工商联的基本特征。统战性、经济性、民间性有机统一是工商联的基本特征。统战性主要体现在工商联是党领导的统一战线组织，决定了工商联的政治方向、政治地位和政治功能。经济性主要体现在工商联由工商界及其人士组成，直接服务于经济建设。民间性主要体现在工商联具有商会性质和职能，其组织方式和工作机制不同于政府机构。

工商联的基本任务。加强思想政治工作，引导非公有制经济人士学习贯彻中国共产党路线方针政策，遵守国家法律法规，培养拥护中国共产党领导、走中国特色社会主义道路的非公有制经济人士队伍；参加政治协商，发挥民主监督作用，积极参政议政；推动经贸交流和协作，促进经济社会发展；加强行业协会商会建设，服务非公有制企业发展；参与协调劳动关系，促进社会和谐稳定；反映非公有制企业和非公有制经济人士利益诉求，维护其合法权益。

3. 工商联的职能作用

工商联作为人民团体和民间商会，在我国经济、政治、文化、社会生活中有着重要影响，在促进非公有制经济健康发展、引导非公有制经济人士健康成长中具有不可替代的作用。

工商联在非公有制经济人士思想政治工作中的引导作用。引导非公有制经济人士爱国、敬业、诚信、守法、贡献，做合格的中国特色社会主义事业建设者，是工商联的重要职责。深入开展中国特色社会主义理论体系学习教育，引导非公有制经济人士树立中国特色社会主义共同理想，在中国共产党领导下坚定走中国特色社会主义道路。引导非公有制经济人士践行社会主义核心价值体系，树立义利兼顾、以义为先理念，加强企业文化建设，积极参与“光彩事业”及其他社会慈善事业，自觉履行社会责任，致富思源、回报社会，为推动科学发展、促进社会和谐作贡献。深入开展优秀中国特色社会主义事业建设者评选表彰活动，大力宣传先进典型事迹，协助党和政府加强舆论引导，营造有利于非公有制经济健康发展和非公有制经济人士健康成长的良好社会氛围。

工商联在非公有制经济人士参与国家政治生活和社会事务中的重要作用。工商联作为中国共产党领导的统一战线组织和人民政协的重要界别，担负着引导非公有制经济人士积极建言献策，有序参政议政的责任。密切同非公有制经济人士的联系，深入了解他们的意愿和要求，向党和政府提出相关意见与建议，参与国家有关方针政策、法律法规的制定和贯彻执行，促进非公有制经济市场环境、政策环境、法治环境、社会环境的改善。引导非公有制经济代表人士增强大局意识和责任意识，帮助其提高参政议政能力和水平，积极反映社情民意，有序参与政治生活和社会事务。

工商联在政府管理和服务非公有制经济中的助手作用。注重发挥工商联参政议政、民主监督的优势，建立相关重要经济决策委托工商联征询非公有制经济人士意见的制度，做出相关决策充分听取非公有制经济人士意见和建议。工商联积极探索建立适应社会主义市场经济要求的服务载体和机制，为非公有制企业提供信息、法律、融资、技术、人才等方面的服务，帮助非公有制企业更好地推进结构调整和自主创新，不断增强市场竞争能力、抵御风险能力、可持续发展能力。

工商联在行业协会商会改革发展中的促进作用。主要是工商联要认真履行社会团体业务主管单位职责，指导和推动商会组织完善法人治理结构、规范内部管理、依照法律和章程开展活动，充分发挥宣传政策、提供服务、反映诉求、维护权益、加强自律的作用。全国工商联作为有关社会团体业务主管单位，积极参与制定行业协会商会政策法律的有关工作。

工商联在构建和谐劳动关系、加强和创新社会管理中的协同作用。工商联同政府部门、工会组织和其他有关企业方代表一道，共同推动劳动关系立法和劳动关系协调机制建设，共同研究解决劳动关系中的重大问题和调处、仲裁劳动争议。引导非公有制企业依法与工会就职工工资、生活福利等涉及职工切身利益问题进行平等协商，签订集体合同。正确协调处理投资者利益和劳动者权益的关系，引导非公有制企业积极创造就业岗位，严格遵守国家相关法律法规和政策措施，尊重和维护员工合法权益，依法建立工会组织，开展工会活动。

六、 做好自由择业知识分子工作

自由择业知识分子是随着我国改革开放和社会主义市场经济体制的建立，在非公有制领域的新经济组织、新社会组织中成长起来的一个新的知识分子群体，具体是指不属于任何国有企事业单位，凭借个人的知识和技能，自由选择专业技术、企业管理或社会中介等工作的知识分子。自由择业知识分子是我国知识分子的重要组成部分，也是新的社会阶层的重要组成部分。做好自由择业知识分子统战工作，是新世纪新阶段统战工作的重要任务。

1. 自由择业知识分子的基本情况和特点

自由择业知识分子主要包括三个方面：一是民营科技企业、私营企业和外商投资企业中从事专业技术工作和管理工作的知识分子；二是中介组织从业人员，即以执业律师、注册会计师、资产评估师为代表的各类社会中介组织中的专业人士；三是自由职业人员，包括自由撰稿人、自由文化人、独立策划人、各类经纪人、个体医生等自雇知识分子。

自由择业知识分子大部分是从原有的知识分子队伍中分流出来的，主要依靠专业技术知识作为谋生资源，既不同于现行的干部人事管理体制内的知识分子，又有别于同属新的社会阶层的私营企业出资人和个体户。这一群体大多来自高等院校、科研院所、国家机关、企事业单位、归国留学人员，特别是越来越多的高校毕业生直接加入到这个队伍中。

2. 做好自由择业知识分子统战工作的意义

2000年第十九次全国统战工作会议发布的《中共中央关于加强统一战线工作的决定》，明确提出要将自由择业的党外知识分子纳入统战工作范围。

第一，有利于扩大党外知识分子工作的覆盖面。改革开放前，我国所有制形式比较单一，知识分子主要集中在国有企事业单位。改革开放后，随着社会主义市场经济的发展，社会结构发生了历史性的变迁，知识分子中的一部分人逐渐从原有体制内的专业技术或管理岗位走向体制外的生产、经营、开发和社会中介、自由职业等领域，成为自由择业知识分子，他们中的大部分都是党外知识分子。

第二，有利于加强对自由择业党外知识分子的政治引导。自由择业知识分子群体形成的时间虽然不长，但其中的一些特定群体既有一定的经济实力，又有很高的文化知识，既追求经济利益，同时政治参与愿望也很强烈。做好自由择业知识分子工作，引导他们有序政治参与，对于发挥我国社会主义政治制度的特点和优势、促进社会和谐稳定具有重要作用。

第三，有利于培养选拔党外知识分子代表人士。自由择业知识分子是以中青年党外知识分子居多数的群体。做好这一群体工作，将他们当中那些政治素质好、专业造诣深、社会影响大的优秀人才培养成党外代表人士，并通过他们影响和带动整个自由择业知识分子群体。

3. 积极发挥自由择业知识分子作用

《中共中央关于巩固和壮大新世纪新阶段统一战线的意见》中强调，新的社会阶层“主要由非公有制经济人士和自由择业知识分子组成”，其中关于新的社会阶层人士统战工作的方针政策，也为自由择业知识分子统战工作指明了方向，特别是帮助他们增强了以下方面的素质和能力，以便更好地做中国特色社会主义事业的优秀建设者。

一是政治把握能力。通过学习培训帮助自由择业知识分子认真学习、掌握中国特色社会主义理论体系，增强接受中国共产党领导的思想自觉，坚定不移地走中国特色社会主义道路。只有不断增强政治敏锐性和鉴别力，善于从政治上认识和处理问题，才能在错综复杂的矛盾和政治风浪面前明辨是非，保持政治上的清醒和坚定，经受住各种考验。

二是参政议政能力。通过开展学习培训，帮助他们了解统一战线，了解中国共产党领导的多党合作和政治协商制度，了解参政议政的内容、程序和特点，了解中央的要求和所联系群众的愿望。通过组织实践锻炼，帮助他们围绕党和国家工作的大局，积极参加考察调研，经常深入所联系群众中，及时反映社情民意，努力建言献策，供党委政府有关部门决策参考，在提高参政议政能力的同时又积极发挥作用。

三是持续发展能力。引导自由择业知识分子树立终生学习的信念，鼓励他们掌握本行业的先进知识，不断提高业务素质。引导自由择业知识分子树立远大的理想，将个人事业与党和人民利益紧密相连，谋划长远发展，保持创新精神，为中国特色社会主义事业努力贡献。引导自由择业知识分子保持高尚追求，自觉诚实守信，依靠诚实劳动、公平竞争发展事业，树立良好社会形象。引导自由择业知识分子增强国家公民意识，学习了解法律常识，遵守国家法律，善于运用法律手段解决纠纷、维护权益，成为遵纪守法的模范。

四是和谐共处能力。在自由择业知识分子中大力弘扬团结互助、扶贫济困的精神，引导他们积极参加"光彩事业"、"希望工程"等社会公益活动，热情帮助困难群众，实践先富帮后富、共同富裕的社会主义理想；引导他们运用正常沟通渠道和协调机制，以理性合法的形式表达利益诉求，妥善解决同其他阶层、群体的矛盾问题，促进社会和谐稳定。

第四节　努力促进我国社会各阶层关系和谐

全体人民各尽其能、各得其所而又和谐相处，是社会和谐的重要标志，也是党和人民事业发展的重要保证。正确认识和处理新形势下我国社会各阶层关系，需要科学分析和准确把握我国社会阶层结构发生的深刻变化，充分发挥社会各阶层在推动经济社会发展中的作用，努力使整个社会更加生机勃勃、更加融洽和谐。

一、　全面兼顾和实现社会各阶层群众的利益

利益是人们从事社会活动的动力，也是推动我国社会各阶层关系和谐的根本要素。利益关系是人与人之间的核心关系，是阶层关系的本质。胡锦涛同志在第二十次全国统战工作会议上指出，处理好新形势下的我国社会各阶层关系，很重要的一条就是要妥善处理社会各阶层的利益关系。

坚持把实现好、维护好、发展好最广大人民群众的根本利益作为作决策、办事情、做工作的根本出发点和落脚点，坚持发展为了人民、发展依靠人民、发展成果由人民共享，不断激发社会各阶层创造活力。

坚持和完善按劳分配为主体、多种分配方式并存的分配制度，坚持各种生产要素按贡献参与分配，在经济发展的基础上，更加注重社

会公平，合理调整国民收入分配格局，逐步缓解地区之间和部分社会成员之间收入差距过大的趋势，使全体人民朝着共同富裕的方向稳步前进。

坚持照顾同盟者利益，建立合理的利益激励机制，树立正确利益观念，引导统一战线广大成员和各界人士以理性、合法的形式表达利益要求、解决利益矛盾。

二、 正确认识和处理新形势下的社会各阶层内部矛盾

在我国社会主义时期，社会各阶层都属于人民范畴，其内部矛盾属于人民内部矛盾。1957 年 2 月，毛泽东在《关于正确处理人民内部矛盾的问题》的讲话中，第一次进行了系统阐述。改革开放时期是体制转换、社会变革、利益调整的时期，不同社会阶层之间的差距拉大，社会矛盾日益增多，妥善处理各阶层之间的矛盾纠纷，最大限度地激发和保护全体社会成员共推发展、共建和谐的积极性创造性，营造有利于经济、政治、文化、社会发展的良好环境，在中国特色社会主义建设中具有重要的全局意义和战略意义。

在社会利益多元化、各种社会矛盾复杂化的情况下，正确认识和处理各阶层内部矛盾，除了不断改进和用好传统的行政手段外，更多地要以协商、沟通、引导、服务等方式来增强社会的调控功能。胡锦涛同志在第二十次全国统战工作会议上指出，统一战线工作是党特殊的群众工作，是党加强同各方面群众联系、充分反映社情民意的重要途径，是扩大有序的政治参与和促进决策科学化、民主化的重要途径，是发挥民主监督作用、加强党风廉政建设和反腐败斗争的重要途径。通过统一战线这一重要途径，发挥其协调关系、化解矛盾的社会功能，能够及时消除影响社会稳定的因素，促进社会的安定团结，为构建社会主义和谐社会作出重要贡献。

特别是劳动关系事关我国城乡结构调整和阶层关系和谐，是社会关系中最重要、最基本的关系。非公有制经济组织作为吸纳就业的主渠道，是构建和谐劳动关系的重要方面。要引导非公有制企业积极承担服务管理员工的社会责任，完善治理结构和内部管理制度，全面执行劳动合同制度，签订集体合同，切实维护员工合法权益。充分发挥工商联在参与协调劳动关系三方会议中的作用，推动劳动关系法律法

规的完善和执行，积极参与非公有制企业劳动纠纷的调解、仲裁，加大参与调处劳动争议的工作力度。支持非公有制企业党组织开展创先争优活动，加强企业文化建设，提高诚信度和美誉度，提升员工的认同感和归属感，增强企业的凝聚力和竞争力。

【拓展阅读】

毛泽东提出正确处理人民内部矛盾

1957 年 2 月 27 日至 3 月 1 日，在北京中南海怀仁堂，毛泽东主持召开了最高国务会议第 11 次扩大会议，1 800 多位各方面人士出席会议。在 2 月 27 日下午的会议上，毛泽东发表了“如何正确处理人民内部矛盾”的重要讲话，从下午 3 时一直讲到将近 7 时。

在毛泽东亲自主持下，经多方征求意见和修改补充，他的讲话以《关于正确处理人民内部矛盾的问题》为题，全文刊发在 1957 年 6 月 19 日的《人民日报》上。全国其他主要报纸也都全文刊载。同一天，苏联《真理报》全文刊载了这篇文章，苏联其他几家重要报纸刊载了文章的摘要。文章发表后，在西方国家也引起强烈反响。美国《纽约时报》全文刊载并发表社论。其他许多国家的重要报纸都刊载了这篇文章的相关消息或内容摘要。

三、发挥非公有制经济组织和社会组织在加强和创新社会管理中的作用

改革开放以来，我国非公有制经济组织和社会组织蓬勃发展，已经成为社会组织结构的重要组成部分，成为我国经济和社会发展的重要力量。加强社会管理创新，推动社会和谐，要进一步加强和完善非公有制经济组织、社会组织管理，明确非公有制经济组织管理和服务员工的社会责任，推动社会组织健康有序发展。

在社会管理格局中，非公有制经济组织和社会组织是社会管理的协同主体。一方面，在市场和政府的权力责任顾及不到的地方，作为存在于政府与市场之间的各类非公有制经济组织和社会组织，就会适时补充政府未能顾及的空间，担负起一部分社会责任。另一方面，非公有制经济组织和社会组织协同政府进行社会管理可以促进政府职能

转变，将一些政府不该管、管不了也管不好的社会职能归还社会。发挥非公有制经济组织和社会组织联系政府与社会各阶层群众的桥梁纽带作用，重视做好非公有制经济组织和社会组织中新的社会阶层人士的工作，引导各阶层群众协调利益纠纷，为政府凝聚社会资源、做好社会服务提供有力支持，进一步维护社会稳定、促进阶层关系和谐。

第八章
中国特色的海内外同胞关系

大陆同胞、香港特别行政区同胞、澳门特别行政区同胞、台湾同胞、海外侨胞是血脉相连的中华儿女。统一战线在促进海内外同胞关系中能够发挥什么作用？为什么邓小平提出新时期最大的统一战线问题是台湾回归祖国、实现祖国统一问题？在“一国两制”条件下如何处理好港澳同胞与内地同胞的关系？在我国全面对外开放和经济全球化背景下，如何更好地发挥海外华侨的独特优势作用？正确认识和回答解决好这些问题，对于保持香港、澳门长期繁荣稳定，推动两岸关系和平发展，团结海内外中华儿女共同致力于实现祖国完全统一和中华民族伟大复兴具有重要意义。

第一节　中国特色海内外同胞关系的内涵

海内外同胞关系是中华民族在不同的国家和地区、在不同的社会制度和经济条件下休戚与共的骨肉同胞关系，是海内外同胞在中华民族大家庭中为了实现国家富强、民族振兴而团结奋斗、和谐发展的关系。

一、 中华民族大团结与国家统一、民族复兴

中华民族大团结是实现国家统一、民族复兴的重要保证。回顾历史，欧、亚、北非在历史上也曾经出现过多个版图辽阔的大帝国，如奥匈帝国、奥斯曼帝国等，时至今日这些大帝国已经分解为众多民族国家。只有中华民族命运相连、文化相通、血脉交融，不断融合形成了多元一体的格局。从秦汉一统天下，到明清定疆固土，中华民族虽

历经战和更替、聚散分合，但民族团结和国家统一始终是中华民族历史的主流。之所以如此，是中华民族自身固有的强大凝聚力。

海内外同胞是血脉相连的中华儿女，他们的目标是一致的。实现祖国统一和中华民族伟大复兴，让人民过上自由、民主、幸福的生活，是海内外同胞共同的奋斗目标，基于目标的一致性，形成了海内外同胞休戚与共、团结奋斗、和谐发展的关系。

二、 海内外同胞关系的历史渊源及发展

大陆同胞、香港同胞、澳门同胞、台湾同胞、海外侨胞之间的关系有其历史渊源。我国有几千万侨胞生活在海外，近代以来又先后出现了香港问题、澳门问题、台湾问题，海内外同胞关系随之形成。

1. 香港问题的由来

香港包括港岛、九龙和新界，面积 1 104.32 平方公里，截至 2011 年 6 月，人口约为 711 万。香港自古就是中国的领土。1840 年，英国发动侵略中国的鸦片战争。腐败的清政府在英国殖民主义者的坚船利炮下先后几次割地赔款，丧权辱国。1842 年强迫清政府签订《南京条约》，永久割让香港岛给英国。1860 年英国又强迫清政府签订《北京条约》，永久割占九龙半岛界限街以南地区。1898 年英国强迫清政府签订《展拓香港界址专条》，强行租借九龙半岛北部大片地区，期限为 99 年，到 1997 年止。从此，香港除了在 1941 年至 1945 年被日本占领外，一直在英国管治下。新中国成立后，我国政府明确宣布废除过去所有强加在中国人民身上的不平等条约，但对于香港等历史遗留问题，出于多方面的考虑，没有立即解决，一直维持香港现状。随着香港“租借”期日益临近，中国政府决定 1997 年收回香港。中英双方经过两年 22 轮慎重和耐心的谈判，1984 年 12 月中英两国政府签署了《关于香港问题的联合声明》，根据“一国两制”的原则，顺利达成了到 1997 年收回香港的协议。为了保持回归后香港的长期繁荣稳定，根据《中华人民共和国宪法》，全国人民代表大会特制定《中华人民共和国香港特别行政区基本法》，设立香港特别行政区，以保障国家对香港的基本方针政策的实施。1997 年 7 月 1 日，中国政府正式恢复对香港行使主权，香港顺利回归祖国。

2. 澳门问题的由来

澳门由澳门半岛、氹仔岛、路环岛和路氹城四部分组成，陆地面积约32.8平方公里，截至2011年年底，人口约为55万。澳门自古就是中国的领土。葡萄牙人自1553年（明嘉靖三十二年）以缴纳租金的形式获准定居澳门之后，明清政府还掌握着对澳门的管辖权。澳葡当局和葡萄牙人士也承认中国政府对澳门拥有主权，自认是租居澳门的臣民，服从管理。1849年因为清政府在鸦片战争中失败，澳门总督阿玛勒将清朝官员赶出澳门。1887年12月1日，清政府被迫与葡萄牙签订了《中葡和好通商条约》，承认了葡萄牙"永驻管理澳门及属澳之地"。然而，中国历届政府从未在澳门的主权上让步，也从未在法律上将中国对澳门的主权给予他国。新中国成立后，中国政府曾多次阐明澳门是中国的领土，澳门问题属于历史遗留下来的问题，并一贯主张在适当时机通过谈判和平解决，在未解决之前暂时维持现状。1986年中国与葡萄牙政府展开澳门问题的谈判，以解决澳门问题。在经历了四轮谈判后，1987年中葡两国政府签署了《中葡联合声明》及附件，同意通过外交途径，解决澳门问题。为了保持回归后澳门的长期繁荣稳定，根据《中华人民共和国宪法》，全国人民代表大会特制定《中华人民共和国澳门特别行政区基本法》，设立澳门特别行政区，以保障国家对澳门的基本方针政策的实施。1999年12月20日澳门回归祖国。

3. 台湾问题的由来

台湾包括福建省的金门、马祖等岛屿，总面积为36 188平方公里。截至2011年12月，人口约2 322万。台湾自古以来就是中国的领土。台湾古称夷州、流求，大量的史书和文献记载了中国人民早期开发台湾的情景。最早在公元230年（三国吴黄龙二年），吴国丹阳太守沈莹在《临海水土志》中记载了有关台湾的见闻。17世纪末大陆赴台开拓者超过10万人。至公元1893年（清光绪十九年）时，总数达254多万人。这一史实说明，台湾和中国其他省区一样，同为中国各族人民所开拓所定居。台湾的开拓发展史，凝聚了包括当地少数民族在内的中国人民的血汗和智慧。

中国政府先后在台湾建立了行政机构，行使管辖权。公元12世纪中叶，宋朝政府派兵驻守澎湖，将澎湖划归福建泉州晋江县管辖。元、明两朝政府在澎湖设置巡检司，负责巡逻、查缉罪犯，并兼办盐课。

1662年郑成功收复台湾后，在台湾设立了一府（承天府）二县（天兴县、万年县）。1683年（清康熙二十二年），清政府举兵攻克台湾。设"分巡台厦兵备道"及"台湾府"，隶属福建省管辖。1885年（清光绪十一年），清政府正式划台湾为单一行省，台湾成为当时中国的第20个行省。刘铭传为首任巡抚。

从16世纪开始，台湾成为外国殖民主义者觊觎的对象。1604年和1622年，荷兰殖民主义者两次侵占澎湖。1626年西班牙军队侵入台湾北部。1661年郑成功进军台湾，次年2月，打败并驱逐荷兰殖民者，收回被荷兰殖民者侵占38年的台湾。1894年，日本发动甲午战争，腐败的清王朝战败。1895年清政府在日本胁迫下签订丧权辱国的《马关条约》，割让台湾。消息传出后，举国同愤，反对割台。协理台湾军务的清军将领刘永福等和台湾同胞一道，与占领台湾的日军拼死搏斗，历经大小百余仗，持续5个月之久，给日军以沉重打击，用鲜血与生命捍卫领土，但终遭失败，台湾第二次沦为外国的殖民地。1937年，中国人民开始了全民族的抗日战争。1941年12月太平洋战争爆发后，中国政府发出《中国对日宣战布告》，明确昭告中外："所有一切条约、协定、合同有涉及中日关系者，一律废止。"《马关条约》自属废止之列。这一布告郑重宣布：中国将"收复台湾、澎湖、东北四省土地"。中国人民经过8年英勇抗战，终于取得抗日战争的伟大胜利。1945年10月25日，同盟国中国战区台湾省受降仪式在台北举行。中国受降主官代表中国政府宣告：自即日起，台湾及澎湖列岛已正式重入中国版图，所有一切土地、人民、政事皆已置于中国主权之下。至此，台湾、澎湖重归中国管辖。中国人民的抗日战争得到世界人民的广泛支持，台湾重新回到中国的怀抱。1943年12月1日，中美英三国签署的《开罗宣言》指出，三国之宗旨，在剥夺日本自1914年第一次世界大战以后在太平洋所夺得或占领的一切岛屿，在使日本所窃取于中国之土地，例如台湾、澎湖列岛等，归还中国。1945年7月26日，中美英三国签署（后有苏联参加）的《波茨坦公告》又重申："开罗宣言之条件必将实施。"同年8月15日，日本宣布投降，《日本投降条款》规定："兹接受中美英三国共同签署的，后来又有苏联参加的1945年7月26日的波茨坦公告中的条款。"

由此可见，台湾在第二次世界大战之后，不仅在法律上而且在事实上已归还中国。之所以会有台湾问题，完全是由国民党不顾全国人民的反对而发动内战造成的结果。1949年10月1日中华人民共和国成立，国民党统治集团退踞中国的台湾省，在外国势力的支持下与祖国大陆长期对峙，由此产生了台湾问题。台湾问题是中国政府和中国人民维护国家主权和领土完整、维护民族尊严、反对外来干涉的问题。台湾问题的本质是分裂与反分裂、“台独”与反“台独”的斗争，焦点是一个中国与“两个中国”的斗争。中国政府和中国人民坚持一个中国原则，坚决反对任何旨在分裂国家、分裂民族的各种阴谋，坚决反对任何制造“两个中国”、“一中一台”或搞“台湾独立”的图谋。

4. 华侨的历史

华侨是指定居外国的中国公民。他们是中国人民的组成部分，是中华民族的组成部分。中国人移居海外的历史悠久，早在两千多年前的先秦时期即有记载。《史记·秦始皇本纪》记载，秦始皇为求长生不老药，派徐福率数千人出海寻求，据说这些人到了日本。汉代以后，随着中国与海外关系的进一步密切，航海技术的进一步发展，更多的中国人前往海外。不少中国商人到了东南亚、南亚地区，有些商人经商，有的人从事垦殖业。从唐宋至明朝前期，华侨人数迅速增加，并广泛分布于海外，人数有10余万。他们大多居住在今天的印度尼西亚、新加坡、马来西亚、越南、泰国、菲律宾等地。从明朝中后期海禁开放至鸦片战争爆发前，华侨大量增加，人数增至100万。鸦片战争至中华人民共和国成立前，华侨急剧增加，遍及世界各地。这一时期，由于国内政治腐败、灾荒频仍、战火连年，大批沿海人民被迫前往海外谋生，其人数之多、规模之大、持续时间之长，为有史以来所未有。到第二次世界大战前夕，华侨总数达到1 000万以上，足迹跨越亚洲，远达美、澳、欧、非诸洲。从中华人民共和国成立至今，华侨的政治经济地位发生了深刻的变化，目前居住在世界140多个国家和地区的华侨华人超过5 000万，其中80%以上加入了所在国国籍。1978年以后，随着我国多层次、多渠道、多形式的对外开放，中国人移民海外也进入一个新的发展阶段，掀起了新中国成立后人数最多、规模最大、持续时间最长的移民高潮。留学是移民的主要途径之一，近年来技术移民和投资移民也成为重要途径。美国、加拿大、澳大利亚、新西兰、法国、英国等是华人的主要迁入国。人们习惯上把这些改革开放以来移居国外的人称为“新移民”。目前越来越多的中国人走出国门，并融入当地的生活，成为华侨华人中的新生力量。

【名词解释】

华侨、归侨、华人、华裔、侨眷

华侨是指定居国外的中国公民。归国华侨是指回国定居的华侨，简称归侨。不论年龄大小和何时回国，都是归侨。来华定居的外籍华人，在恢复中国国籍后，也称归侨。华侨或华侨后裔，加入或取得所在国国籍者，即外籍华人，简称华人。华裔则泛指有中国血统的人在国外生育的后代。侨眷是指华侨、归侨在国内的眷属，包括配偶、父母、子女（含媳妇、女婿）、兄弟姐妹、祖父母、外祖父母、孙子孙女、外孙子孙女，以及同华侨、归侨有长期抚养关系的其他亲属。华侨回国后，其国内眷属仍视为侨眷。外籍华人在华的具有中国国籍的眷属，与侨眷范围相等同（享受侨眷待遇）。在统战工作对象中包括出国和归国留学人员、海外侨胞和归侨侨眷。对华人的工作，在观念上必须同华侨的工作严格区别开来，既不能把他们当作一般外国人看待，又要注意华人与华侨的国籍区别。

第二节　处理中国特色海内外同胞关系的方针政策

新中国成立以来特别是改革开放以来，中国共产党和中国政府在解决台湾问题、香港问题、澳门问题，做好海外侨胞工作，推进祖国和平统一大业进程中，提出了一系列具有开创性的方针政策，促进了海内外同胞关系发展和全体中华儿女的大团结。

一、“一国两制”基本方针

“一国两制”是我国的一项基本国策。这一基本方针孕育于20世纪五六十年代，改革开放以后由邓小平正式提出。

1. “一国两制”的由来

邓小平指出：“我们的社会主义制度是有中国特色的社会主义制度，这个特色，很重要的一个内容就是对香港、澳门、台湾问题的处理，就是‘一国两制’。这是个新事物。这个新事物不是美国提出来的，不是日本提出来的，不是欧洲提出来的，也不是苏联提出来的，而是中国提出来的，这就叫做中国特色。”① “一国两制”科学构想是对毛泽东和周恩来关于和平解决台湾问题思想的继承和发展，并经历了长期的过程。

毛泽东、周恩来等中共中央第一代领导人为和平统一祖国作出了不懈努力。1955年4月，周恩来在万隆会议上提出了中国政府对解决台湾问题的立场和新的方式，强调中国政府愿意在可能的条件下，争取用和平方式解放台湾。1956年4月，毛泽东提出了“和为贵”、“爱国一家”、“爱国不分先后”、“以诚相见”和“来去自由”等主张。周恩来还在全国人大一届三次会议上指出：“我们愿意同台湾当局协商和平解放台湾的具体步骤和条件，并且希望台湾当局在他们认为适当的时机，派遣代表到北京或者其他适当的地点，同我们开始这种商谈。”② 同年9月召开的中共八大《关于政治报告的决议》中提出，应当争取用和平方式解放台湾。谈到香港问题时，1957年4月周恩来在上海对工商界人士说：“香港要完全按资本主义制度办事，才能存在和发展，这对我们是有利的。”③ 1957年4月，毛泽东在欢迎苏联最高苏维埃主席团主席伏罗希洛夫的酒会上表示：我们还准备第三次国共合作。1958年，毛泽东亲自起草《告台湾同胞书》，强调“我们都是中国人。三十六计，和为上计”，提出“举行谈判，实行和平解决”④。关于统一后台湾实行什么制度的问题，毛泽东指出，台湾如果回归祖国，照他们（蒋介石等）自己的生活方式，水里的鱼都是有地区性的，

---

① 邓小平：《会见香港特别行政区基本法起草委员会委员时的讲话》，见《邓小平文选》，1版，第3卷，218页。

② 周恩来：《台湾的解放一定能够实现》，见《周恩来选集》，下卷，202页。

③ 周恩来：《关于香港问题》，见《周恩来统一战线文选》，353页。

④ 毛泽东：《告台湾同胞书》，见《建国以来毛泽东文稿》，第7册，439、440页，北京，中央文献出版社，1992。

毛儿盖的鱼到别的地方就不行。① 1960年5月24日，周恩来请张治中致信蒋介石，“台湾的社会改革可以从缓，必俟条件成熟并征得蒋之同意后进行”②。1961年6月，毛泽东再次表示：“我们容许台湾保持原来的社会制度，等台湾人民自己来解决这个问题。”③ 1962年，由毛泽东亲自拟订，周恩来主持执行，通过张治中等多种渠道向台湾国民党传达了和平解放台湾的基本政策，其主要内容被概括为“一纲四目”，即两岸统一是“纲”；台湾人事大权自己定、军政建设经费不足时由中央拨付、社会改革可以从缓、互相不派人搞破坏为“四目”。这些表述，虽不是后来意义上的“一国两制”，但为“一国两制”的形成奠定了重要思想基础。

中共十一届三中全会重新确定实事求是的思想路线，党和国家实现工作重心转移，关于国家统一问题的新思路和新战略逐步得以确立。1978年11月14日，邓小平会见缅甸总统吴奈温时指出：“在解决台湾问题时，我们会尊重台湾的现实。比如，台湾的某些制度可以不动，美日在台湾的投资可以不动，那边的生活方式可以不动。”④ 1979年元旦，全国人大常委会在中美建交的同一天发表《告台湾同胞书》，宣布：“在解决统一问题时尊重台湾现状和台湾各界人士的意见，采取合情合理的政策和办法，不使台湾人民蒙受损失。”同年1月下旬，邓小平访问美国时又表示：“我们不再用‘解放台湾’这个提法了。只要台湾回归祖国，我们将尊重那里的现实和现行制度”；“重视台湾人民的意见，实行合情合理的政策。”⑤ 1981年9月，经中共中央政治局讨论决定，以全国人大常委会委员长叶剑英的名义，发表了和平解决台湾问题的九条方针政策（“叶九条”）。其中就包括国家实现统一后，台湾可以作为特别行政区，享有高度的自治权，并可保留军队；统一后，

① 参见《毛泽东会见曹聚仁谈话记录》，见《三中全会以来重大决策的形成和发展》，344页，北京，中央文献出版社，1998。

② 《周恩来年谱（1949—1976）》，中卷，321页，北京，中央文献出版社，1995。

③ 《毛泽东外交文选》，469页，北京，中央文献出版社、世界知识出版社，1994。

④ 《邓小平建设有中国特色社会主义论述专题摘编》（新编本），422～423页，北京，中央文献出版社，1995。

⑤ 《邓小平副总理在华盛顿重申中国希望和平解决台湾问题》，载《人民日报》，1979-02-01。

台湾当局和各界代表人士，可担任全国政治机构的领导职务，参与国家管理等。这九条方针是“一国两制”构想日趋成型的重要标志。

1982年1月，邓小平在会见美国华人协会主席李耀基时指出：九条方针是以叶剑英委员长的名义提出来的，实际上就是“一个国家、两种制度”。这是党和国家领导人首次提出“一个国家、两种制度”的概念。

“一国两制”提出后不久被法制化，上升为国家的意志。1982年宪法在其序言中规定：“台湾是中华人民共和国的神圣领土的一部分。完成统一祖国的大业是包括台湾同胞在内的全中国人民的神圣职责。”宪法第31条规定：“国家在必要时得设立特别行政区。在特别行政区内实行的制度按照具体情况由全国人民代表大会以法律规定。”

“一国两制”最初是为解决台湾问题而提出的，而最早运用于香港问题的解决，不久后又运用于解决澳门问题。1984年12月19日，中英两国在北京签订《关于香港问题的联合声明》，第一次将“一国两制”写进双边协定。1987年4月13日，中葡两国签署的《关于澳门问题的联合声明》规定，中国政府根据“一个国家、两种制度”的方针，设立澳门特别行政区。1997年7月1日，香港回归祖国。1999年12月20日，澳门回归祖国。香港特别行政区、澳门特别行政区开始实践“一国两制”的伟大进程。

2. “一国两制”的内涵

“一国两制”，概括地说，就是在统一的中华人民共和国境内，大陆坚持实行社会主义制度，而台湾、香港和澳门可以继续保持原有的资本主义社会经济制度和生活方式，在相当长的时期内不变。1993年，国务院台办、国务院新闻办发表了《台湾问题与中国统一》白皮书。白皮书提出了解决台湾问题的总方针、总政策，即“和平统一、一国两制”，其内涵具有以下几个基本点：

“一个中国”。世界上只有一个中国，大陆和台湾同属一个中国，中国的主权和领土完整不容分割，这是和平统一的基础和前提，坚决反对“两个中国”、“一中一台”和“台湾独立”。目前两岸虽然没有统一，但两岸同属一个中国的基本状况没有任何改变。就香港、澳门而言，它们是中华人民共和国主权国管辖下的特别行政区，不是独立的政治实体。

“两制并存”。大陆的社会主义制度和台湾、香港、澳门的资本主义制度，长期共存，共同发展，谁也不吃掉谁，谁也不以自己的制度去代替对方的制度，“井水不犯河水”。

“高度自治”。香港、澳门根据基本法享有行政、立法、司法等方面的高度自治权。在国际和国内经济体系中，香港、澳门都是独立的经济实体，实行独立的货币金融政策，为单独关税地区。就台湾地区而言，两岸统一后，它拥有在台湾地区的行政管理权、立法权、独立的司法权和终审权；党、政、军、经、财等事宜都由台湾地区自行管理，其中包括一定的外事管理权，可以同外国签订商务、文化、科技等协定。台湾地区方面还可出任全国性政权机构的领导职务，参与全国性事务的领导与管理。

“和平谈判”。邓小平说：“世界上有许多争端，总要找个解决问题的出路。我多年来一直在想，找个什么办法，不用战争手段而用和平方式，来解决这种问题。”① 中国用和平谈判方式与英国、葡萄牙妥善解决历史遗留问题。台湾问题是中国内战的遗留问题，需要由两岸中国人，通过和平谈判与民主协商的方式，来解决两岸统一和统一后的各种有关问题，以避免干戈相向和骨肉相残。统一前“过渡期”中的许多问题，也可通过和平谈判来协商处理。《反分裂国家法》第5条就规定：“以和平方式实现祖国统一，最符合台湾海峡两岸同胞的根本利益。国家以最大的诚意，尽最大的努力，实现和平统一。”

二、 处理香港、 澳门问题的方针政策

处理香港、澳门问题总的方针政策是“一国两制”，具体方针政策包括“港人治港”、“澳人治澳”和高度自治等。为保障国家对香港、澳门基本方针政策的实施，根据宪法，全国人大先后制定《香港特别行政区基本法》（简称《香港基本法》）和《澳门特别行政区基本法》（简称《澳门基本法》），规定特别行政区实行的制度。

1. “港人治港”

“港人治港”是邓小平于20世纪80年代提出的解决香港问题的新

① 邓小平：《稳定世界局势的新办法》，见《邓小平文选》，1版，第3卷，49页。

构想，指香港特别行政区的行政机关和立法机关由香港永久居民组成，而不是由中央政府派内地人去任职。

1984 年 6 月 22 日、23 日，邓小平在分别会见香港工商界访京团和香港知名人士时，正式提出“港人治港”。他说，要相信香港的中国人能治理好香港。不相信中国人有能力管好香港，这是老殖民主义遗留下来的思想状态。香港过去的繁荣，主要是以中国人为主体的香港人干出来的。中国人的智力不比外国人差，中国人不是低能的，不要总以为只有外国人才干得好。要相信我们中国人自己是能干得好的。①同年 12 月签署的《中英联合声明》规定：“香港特别行政区政府由当地人组成”，这是“港人治港”的具体体现。“港人治港”并不否定外籍人士在港任职的现实和可能。《中英联合声明》规定：“原在香港各政府部门任职的中外籍公务、警务人员可以留用。香港特别行政区各政府部门可以聘请英籍人士或其他外籍人士担任顾问或某些公职。”《香港基本法》第 101 条规定：“香港特别行政区政府可任用原香港公务人员中的或持有香港特别行政区永久性居民身份证的英籍和其他外籍人士担任政府部门的各级公务人员”，“香港特别行政区政府还可聘请英籍和其他外籍人士担任政府部门的顾问，必要时并可从香港特别行政区以外聘请合格人员担任政府部门的专门和技术职务。上述外籍人士只能以个人身份受聘，对香港特别行政区政府负责”。

“港人治港”有个界线和标准，就是必须由以爱国者为主体的港人来治理香港。邓小平在 20 世纪 80 年代就提出，未来香港特区政府的主要成分是爱国者，当然也要容纳别的人，还可以聘请外国人当顾问。爱国者的标准是，尊重自己民族，诚心诚意拥护祖国恢复行使对香港的主权，不损害香港的繁荣和稳定。只要具备这些条件，不管他们相信资本主义，还是相信封建主义，甚至相信奴隶主义，都是爱国者。②这一标准后来在《香港基本法》中得以体现。《香港基本法》第 104 条规定：“香港特别行政区行政长官、主要官员、行政会议成员、立法会议员、各级法院法官和其他司法人员在就职时必须依法宣誓拥护中华人民共和国香港特别行政区基本法，效忠中华人民共和国香港特别行政区。”

---

① 参见邓小平：《一个国家，两种制度》，见《邓小平文选》，1 版，第 3 卷，60 页。

② 参见邓小平：《一个国家，两种制度》，见《邓小平文选》，1 版，第 3 卷，61 页。

2. “澳人治澳”

澳门是中国的特别行政区域，由于历史原因，居民成分复杂，但居民中97%以上都是中国同胞。为了保持澳门回归后的继续繁荣和稳定，充分发挥澳门居民当家做主的热情和聪明才智，保证澳门高度自治的实现，中央制定了“澳人治澳”的原则。“澳人治澳”，即澳门特别行政区自治范围内的事务由澳门当地人自己管理，它是中华人民共和国对澳门实施的基本方针政策的主要组成部分。中国政府在《中葡联合声明》中指出：“澳门特别行政区政府和澳门特别行政区立法机关均由当地人组成。”此原则在《澳门基本法》中也得以体现。《澳门基本法》第3条规定：“澳门特别行政区的行政机关和立法机关由澳门特别行政区永久性居民依照本法有关规定组成”，在特别行政区任职的公职人员除在原澳门的留用人员、葡籍和外籍顾问外，都必须是永久性居民。“澳人治澳”并不否定外籍人士在澳任职的现实和可能。《中葡联合声明》规定：“原在澳门任职的中国籍和葡籍及其它外籍公务（包括警务）人员可以留用。澳门特别行政区可以任用或聘请葡籍和其它外籍人士担任某些公职。”《澳门基本法》第99条规定：“澳门特别行政区政府可任用原澳门公务人员中的或持有澳门特别行政区永久性居民身份证的葡籍和其他外籍人士担任各级公务人员，但本法另有规定者除外”，“澳门特别行政区有关部门还可聘请葡籍和其他外籍人士担任顾问和专业技术职务。上述人员只能以个人身份受聘，并对澳门特别行政区负责”。

就如“港人治港”有个爱国者标准一样，“澳人治澳”也必须由以爱国者为主体的澳人来治理澳门。《澳门基本法》第101条就体现了这个标准，即“澳门特别行政区行政长官、主要官员、行政会委员、立法会议员、法官和检察官，必须拥护中华人民共和国澳门特别行政区基本法，尽忠职守，廉洁奉公，效忠中华人民共和国澳门特别行政区，并依法宣誓”。在宣誓效忠问题上，澳门比香港有更严格的要求。《澳门基本法》第102条要求“澳门特别行政区行政长官、主要官员、立法会主席、终审法院院长、检察长在就职时，除按本法第一百零一条的规定宣誓外，还必须宣誓效忠中华人民共和国”。

3. 高度自治

依据《中华人民共和国香港特别行政区基本法》和《中华人民共

和国澳门特别行政区基本法》的规定，香港、澳门两个特别行政区都直辖于中央人民政府，除国防和外交事务属于中央人民政府管理外，特别行政区享有高度的自治权。特别行政区享有的高度自治权，在行政、立法和司法等方面都有具体的体现。

第一，在行政方面的自治权。特别行政区享有行政管理权。香港、澳门两个特别行政区都拥有自己单独的财税制度、货币发行体系和金融政策决定权。特别行政区保持财政独立，财政收入全部用于自身需要，不上缴中央人民政府。特别行政区实行独立的税收制度，参照原来实行的低税政策。自行立法规定税种、税率、税收宽免和其他税务事项。港元、澳元分别为港澳特别行政区的法定货币，继续流通。特别行政区不实行外汇管制政策，货币自由兑换。在对外贸易方面，特别行政区保持自由港地位，实行自由贸易，除法律另有规定外，不征收关税。特别行政区为单独关税区。此外，特别行政区在出入境管制、土地契约、航运、民用航空，以及教育、科学、文化、体育、宗教、劳工和社会服务等方面也都享有高度自治权。

第二，在立法方面的自治权。特别行政区享有立法权。立法会为特别行政区的立法机关。除了有关外交、国防和其他按基本法规定不属于特别行政区自治范围的法律，特别行政区不能自行制定外，其余所有民事的、刑事的、商事的和诉讼程序方面的法律都可以制定。特别行政区立法机关制定的法律须报全国人民代表大会常务委员会备案，备案不影响该法律的生效。全国性法律除列于基本法附件三的外，不在特别行政区实施。凡列于基本法附件三的法律，由特别行政区在当地公布或立法实施。

第三，在司法方面的自治权。特别行政区享有独立的司法权和终审权。特别行政区法院除继续保持本地原有法律制度和原则对法院审判权所作的限制外，对特别行政区所有的案件均有审判权。特别行政区法院对国防、外交等国家行为无管辖权。特别行政区法院在审理案件中遇有涉及国防、外交等国家行为的事实问题，应取得行政长官就该问题发出的证明文件，上述文件对法院有约束力。此外，全国人民代表大会常务委员会授权特别行政区法院在审理案件时对本法关于特别行政区自治范围内的条款自行解释。特别行政区法院在审理案件时对基本法的其他条款也可解释。但如果特别行政区法院在审理案件时需要对本法关于中央人民政府管理的事务或中央和特别行政区关系的条款进行解释，而该条款的解释又影响到案件的判决，在对该案件作出不可上诉的终局判决前，应由特别行政区终审法院请全国人民代表大会常务委员会对有关条款作出解释。如全国人民代表大会常务委员会作出解释，特别行政区法院在引用该条款时，应以全国人民代表大会常务委员会的解释为准。但在此以前作出的判决不受影响。

此外，在对外事务方面，特别行政区依法可以“中国香港”或“中国澳门”名义在经济、贸易、金融、航运、通信、旅游、文化、体育等领域单独同世界各国、有关国际组织保持和发展联系，签订和履行有关协议。

当然，根据我国政治体制，香港特别行政区、澳门特别行政区所享有的高度自治权不是香港、澳门本身固有的，而是来自于中央的授权。高度自治不是脱离中央。香港、澳门回归后，中央人民政府负责管理香港特别行政区、澳门特别行政区的外交和防卫事务，以及其他不属于特区高度自治的事项。中央依法任命香港特别行政区、澳门特别行政区行政长官和行政机关的主要官员；对特别行政区的立法行使备案审查权；负责行使基本法的解释权和基本法的修改权。另外，全国人大常委会对特别行政区的政制发展有最终决定权。中央享有的这些权力都是与国家主权有关的，基本法关于中央与特区职权的划分是科学合理的，充分保障了特别行政区的高度自治权。

【统战典故】

老太太洗茶山

中英就香港政治体制争论最激烈时，李瑞环同志在政协港澳小组会上，讲了一个茶山的故事：宜兴有种紫砂壶，用的时间长了，壶中会长出茶山（注：即陈年茶垢），不放茶叶也有茶味。有位老太太家中有把上百年的老壶，她拿到市场上去卖，要价五钱银子。一位买主出价三两，说过会儿来拿。老太太心想，这么一把旧壶三两银子，里面太脏多不好意思，于是把茶山给刮净了。买主回来一见茶山没了，掉头就走，五钱也不买了。李瑞环说，香港那么小的地方，能够创造那么多世界第一，是因为香港有自己的特色，需要港人去理解并坚持它。

如果像老太太那样妄洗茶山，就有可能丢掉特色了。这一妙喻让在座众人拍案叫绝。

三、 处理台湾问题的方针政策

中共十一届三中全会后，中国共产党和中国政府根据国际国内形势变化，就对台政策进行了战略调整，逐步确立了新时期解决台湾问题的方针政策。2005 年十届全国人大第三次会议通过的《反分裂国家法》将有关方针政策法律化。

1. “和平统一、一国两制”方针

1982 年 1 月，邓小平首次提出“一个国家、两种制度”的概念，“和平统一、一国两制”成为解决台湾问题总的方针政策。1983 年 6 月，邓小平在会见美国新泽西州西东大学杨力宇教授时，谈到实现中国大陆和台湾和平统一的一些设想，其要点如下：（1）台湾问题的核心是“祖国统一”。“和平统一已成为国共两党的共同语言。”①（2）坚持一个中国，“制度可以不同，但在国际上代表中国的，只能是中华人民共和国”②。（3）不赞成台湾“完全自治”的提法，“完全自治”就是“两个中国”。自治应有一定的限度，“条件是不能损害统一的国家的利益”③。（4）两岸统一后，“台湾作为特别行政区”，可以实行与大陆不同的制度，可以有其他省区市没有而为自己所独有的某些权力。可以拥有立法权和司法权，案件的终审不用到北京。“台湾还可以有自己的军队，只是不能构成对大陆的威胁。大陆不派人驻台，不仅军队不去，行政人员也不去。台湾的党、政、军等系统，都由台湾自己来管。中央政府还要给台湾留出名额。”④（5）“和平统一不是大陆把台湾吃掉，当然也不能是台湾把大陆吃掉，所谓‘三民主义统一中国’，这不现实。”⑤（6）实现统一的适当方式是举行国共两党“平等会谈”，实行第三次国共合作，“不提中央与地方谈判”⑥，“双方达成协议后，可以正式宣布。但万万不可让外国插手，那样只能意味着中国还未独立，后患无穷”⑦。这就是海内外广为传颂的“邓六点”，是“和平统一、一国两制”总方针、总原则的具体化、系统化。

---

①②③④⑤⑥⑦ 邓小平：《中国大陆和台湾和平统一的设想》，见《邓小平文选》，1 版，第 3 卷，30、31 页。

2. 现阶段发展两岸关系、推进祖国和平统一进程“八项主张”

1995 年 1 月 30 日，江泽民同志发表了《为促进祖国统一大业的完成而继续奋斗》的重要讲话。讲话根据台湾政局和两岸关系的新变化以及国际形势发展变化的新特点，就现阶段发展两岸关系，遏制岛内分裂倾向，推进祖国和平统一进程，从政治、经济、文化和社会生活等方面，提出了八项主张。其主要内容是：（1）坚持一个中国原则，是实现和平统一的基础和前提。中国的主权和领土绝不容许分割。任何制造“台湾独立”的言论和行动，都应坚决反对；主张“分裂分治”、“阶段性两个中国”等，违背一个中国原则的主张，应坚决反对。（2）对于台湾同外国发展民间性经济文化关系不持异议。但是，反对台湾以搞“两个中国”、“一中一台”为目的的所谓“扩大国际生存空间”的活动。（3）进行海峡两岸和平统一谈判。在和平统一谈判的过程中，可以吸收两岸各党派、团体有代表性的人士参加。作为第一步，双方可以先就“在一个中国的原则下，正式结束两岸敌对状态”进行谈判。（4）努力实现和平统一，中国人不打中国人。我们不承诺放弃使用武力，决不是针对台湾同胞，而是针对外国势力干涉中国统一和搞“台湾独立”的图谋的。（5）大力发展两岸经济交流与合作。继续长期执行鼓励台商投资的政策。继续加强两岸同胞的相互往来和交流，增进了解和互信。采取实际步骤加速实现直接“三通”。（6）中华各族儿女共同创造的五千年灿烂文化，是维系全体中国人的精神纽带，也是实现和平统一的一个重要基础。两岸同胞要共同继承和发扬中华文化的优秀传统。（7）充分尊重台湾同胞的生活方式和当家做主的愿望，保护台湾同胞一切正当权益。欢迎台湾各党派、各界人士，同我们交换有关两岸关系与和平统一的意见，也欢迎他们前来参观、访问。（8）我们欢迎台湾当局的领导人以适当身份前来访问；我们也愿意接受台湾方面的邀请前往台湾。这“八项主张”把握了“和平统一、一国两制”方针的精髓，坚持了一个中国原则，发展了和平谈判的构想，赋予了两岸经济文化交流新的时代含义，深化了寄希望于台湾人民的思想，对于推动两岸关系发展、反对和遏制“台独”分裂活动、维护祖国和平统一发挥了重要的作用。

3. 新形势下两岸关系和平发展主题

2008 年 12 月 31 日，胡锦涛同志在纪念《告台湾同胞书》发表 30 周年座谈会上的讲话指出，经过 30 年的改革开放，中国的面貌发生了历史性变化，两岸关系站在了新的历史起点上，我们要牢牢把握两岸关系和平发展的主题，积极推动两岸关系和平发展，实现全民族的团结、和谐、昌盛，我们应该把坚持大陆和台湾同属一个中国作为推动两岸关系和平发展的政治基础，把深化交流合作、推进协商谈判作为推动两岸关系和平发展的重要途径，把促进两岸同胞团结奋斗作为推动两岸关系和平发展的强大动力，携手共进，勠力同心，努力开创两岸关系和平发展新局面。

胡锦涛同志在讲话中还提出了进一步发展两岸关系的"六点意见"。第一，恪守一个中国，增进政治互信。维护国家主权和领土完整是国家核心利益。世界上只有一个中国，中国主权和领土完整不容分割。两岸在事关维护一个中国框架这一原则问题上形成共同认知和一致立场，就有了构筑政治互信的基石，什么事情都好商量。第二，推进经济合作，促进共同发展。两岸同胞要开展经济大合作，扩大两岸直接"三通"，厚植共同利益，形成紧密联系，实现互利双赢。第三，弘扬中华文化，加强精神纽带。中华文化是两岸同胞共同的宝贵财富，是维系两岸同胞民族感情的重要纽带。两岸同胞要共同继承和弘扬中华文化优秀传统，使中华文化薪火相传、发扬光大，以增强民族意识、凝聚共同意志，形成共谋中华民族伟大复兴的精神力量。第四，加强人员往来，扩大各界交流。第五，维护国家主权，协商涉外事务。两岸在涉外事务中避免不必要的内耗，有利于增进中华民族整体利益。对于台湾同外国开展民间性经济文化往来的前景，可以视需要进一步协商。对于台湾参与国际组织活动问题，在不造成"两个中国"、"一中一台"的前提下，可以通过两岸务实协商作出合情合理安排。解决台湾问题、实现国家完全统一是中国内部事务，不受任何外国势力干涉。第六，结束敌对状态，达成和平协议。在一个中国原则的基础上，协商正式结束两岸敌对状态，达成和平协议，构建两岸关系和平发展框架。

胡锦涛同志的"六点意见"，一方面是对《告台湾同胞书》发表30周年来的大陆对台政策的总结，另一方面对未来两岸关系发展提出新的目标和规划，成为今后大陆对台政策的总纲。这"六点意见"和此前他在2003年到2006年间就新形势下发展两岸关系提出的六个"四点意见"，反映出中国共产党领导人面对世界大势和台海风云的变幻，在处理两岸问题时，更加自信、开明、理性、务实，更加重视两岸尤其是台湾地区的主流民意走向，更加强调两岸要排除干扰、维护和平、互利双赢。

【拓展阅读】

胡锦涛同志就新形势下发展两岸关系提出的六个“四点意见”

2003年3月11日，胡锦涛同志在参加十届全国人大一次会议台湾代表团审议时，就做好新形势下的对台工作谈了四点意见：一是要始终坚持一个中国原则；二是要大力促进两岸的经济文化交流；三是要深入贯彻寄希望于台湾人民的方针；四是要团结两岸同胞共同推进中华民族的伟大复兴。

2005年3月4日，胡锦涛同志在看望参加政协十届三次会议民革、台盟、台联界委员时，就新形势下发展两岸关系提出四点意见：第一，坚持一个中国原则决不动摇；第二，争取和平统一的努力决不放弃；第三，贯彻寄希望于台湾人民的方针决不改变；第四，反对“台独”分裂活动决不妥协。

2005年4月29日，胡锦涛同志在与中国国民党主席连战举行历史性会谈时，就发展两岸关系提出四点主张：第一，建立政治上的互信，相互尊重，求同存异；第二，加强经济上的交流合作，互利互惠，共同发展；第三，开展平等协商，加强沟通，扩大共识；第四，鼓励两岸民众加强交往，增进了解，融合亲情。

2005年5月12日，胡锦涛同志在与亲民党主席宋楚瑜举行会谈时，就当前改善和发展两岸关系提出四点看法：第一，坚持体现一个中国原则的“九二共识”，确立两岸关系和平稳定发展的政治基础；第二，推进两岸“三通”，开创两岸经济交流和合作的新局面；第三，早日恢复两岸平等对话和谈判，求同存异、扩大共识；第四，增进相互理解，密切两岸同胞的感情。

2005年7月12日，胡锦涛同志在会见郁慕明率领的新党纪念抗战胜利60周年大陆访问团时，就当前发展两岸关系提出四点看法：共同促进中华民族的伟大复兴；坚持一个中国原则；坚决反对和遏制“台独”；切实照顾和维护台湾同胞的切身权益。

2006年4月16日，胡锦涛同志在北京会见中国国民党荣誉主席连战和两岸经贸论坛上百位与会人士，就两岸关系和平发展提出四点建议：第一，坚持“九二共识”，是实现两岸和平发展的重要基础；第二，为两岸同胞谋福祉，是实现两岸关系和平发展的根本归宿；第三，深化互利双赢的交流合作，是实现两岸关系和平发展的有效途径；第四，开展平等协商，是实现两岸关系和平发展的必由之路。

4.《反分裂国家法》

2005 年 3 月 14 日，十届全国人大三次会议通过并公布《反分裂国家法》。这集中体现了全国各族人民不可动摇的反对分裂国家的坚强意志，具有最高的权威性。该法共十条，立法目的就是“为了反对和遏制‘台独’分裂势力分裂国家，促进祖国和平统一，维护台湾海峡地区和平稳定，维护国家主权和领土完整，维护中华民族的根本利益”；强调“世界上只有一个中国，大陆和台湾同属一个中国，中国的主权和领土完整不容分割。维护国家主权和领土完整是包括台湾同胞在内的全中国人民的共同义务。台湾是中国的一部分。国家绝不允许‘台独’分裂势力以任何名义、任何方式把台湾从中国分裂出去”；指出“台湾问题是中国内战的遗留问题。解决台湾问题，实现祖国统一，是中国的内部事务，不受任何外国势力的干涉”；声明“‘台独’分裂势力以任何名义、任何方式造成台湾从中国分裂出去的事实，或者发生将会导致台湾从中国分裂出去的重大事变，或者和平统一的可能性完全丧失，国家得采取非和平方式及其他必要措施，捍卫国家主权和领土完整”；还提出“维护台湾海峡地区和平稳定，发展两岸关系”的一系列具体措施。从此，坚持与贯彻党和国家对台工作方针政策，推动两岸关系和平发展，促进祖国完全统一，有了根本的法律依据和保障。

四、 侨务工作的方针政策

侨务工作是处理好海内外同胞关系的重要方面和内容，也是党和国家一项长期的战略性工作。做好这方面工作，必须掌握侨务工作的基本方针政策，把握侨务工作的基本原则。

1. 华侨工作的基本方针政策

我国政府现阶段对华侨工作的基本方针是，保护华侨的正当权益，发扬侨胞爱祖国、爱故乡的传统，促进华侨团结互助，教育华侨遵守住在国法律，尊重当地社会、民族习俗，鼓励华侨根据自愿的原则，加入住在国国籍，与当地人民友好相处并长期生存发展，为促进住在国的经济繁荣以及祖国和住在国的合作与交流发挥积极作用。

具体包括：（1）华侨是中国公民，中国政府有权利、有义务保护华侨的正当权益；（2）中国政府有义务提醒华侨遵守当地的法律，尊重当地社会、民族习俗，与当地人民友好相处；（3）尊重华侨自愿加入住在国国籍的意愿，鼓励华侨为发展中国与住在国政府之间的经济、文化、科学等领域的交流合作作贡献；（4）以凝聚侨心、汇集侨智、发挥侨力为目标，坚持把维护海外侨胞和归侨侨眷的根本利益作为侨务工作的出发点和落脚点，使海外侨胞对祖国的认同感和自豪感不断增强，热爱祖国、振兴中华的优良传统代代相传。

2. 新移民的特点和工作政策

改革开放以来，通过留学、投资、家庭团聚等方式移居国外者大幅增加，港澳台地区向外移民也有所增。这些新移民是华侨、华人的重要组成部分，但又具有不同于老一代华侨、华人的特点。（1）职业层次较高，经济实力较强。新华侨华人中大多数人拥有高学历、高学位，有些人还具备一定的社会和工作实践经验，凭着自己的学识与实力，经过几年的打拼，一些人成功地进入了世界著名的高等学府和科研机构，或者跨国公司和大型企业集团的管理层。（2）参与意识、自我价值实现意识较强。许多新华侨华人在国内有较好的知识技能或资金基础，他们往往是为发展事业而出国的，出国后关注的问题是如何发展，有较强烈的经济、社会、政治诉求和“落地生根”意识。（3）较容易融入当地主流社会。新华侨华人虽然在国内生活过，并多数仍与国内保持联系，对家乡的情感也不会轻易改变，但同时他们对住在国社会价值观念和生活方式也有较大程度的认同。在新的社会环境里，更多的是以一种开放、友好、发展的姿态来对待当地人和主流社会，积极适应主流文化，参与各种社会事务，寻找一切机会进入当地的主流社会。（4）参政和争取平等权益的自觉性有较大提高。近年来，随着华人经济、科技实力的增长和精英队伍的壮大，他们在住在国的公民意识和参政意识进一步加强，不少人积极参加当地的政治、经济和文化活动，并组织各种团体，比如政治性、权益性社团，维护自己的正当合法权利。许多新华人加入住在国各种党派，以多种形式参与政治。

【拓展阅读】

华人参政热情提高

2003年有25位华裔参与加拿大大多伦多地区各市镇议员及教育委员选举，有6人当选；2006年，华人在大多伦多地区参加地方选举的人数飙升至44人，有10人当选；2010年，又有41人在华人聚居的多伦多市、万锦市、烈治文山市、旺市等地区，参加市长、区域议员、市议员及教育委员选举。

开展新移民工作，应当本着“高度重视、广泛团结、突出重点、积极引导、热情服务”的精神，根据特点分层次地进行。在一视同仁、广泛团结的基础上，着重做好层次较高、进入当地主流社会、有发展前途的人士及社团的工作。通过保护权益、扶持服务、合作交流、培养凝聚力的工作，使其逐渐成为统一祖国、振兴中华的新生力量。

3. 归侨侨眷工作的基本方针政策

对归侨侨眷工作的基本方针是，保护归侨侨眷的合法权益，适当照顾他们的特点，发挥他们与海外有广泛联系的优势，为建设中国特色社会主义祖国而团结奋斗。

为保护归侨侨眷的合法权益，1990年9月7日第七届全国人大常委会第十五次会议通过了《中华人民共和国归侨侨眷权益保护法》（简称《归侨侨眷权益保护法》）。2000年10月全国人大常委会对《归侨侨眷权益保护法》进行了修改。一是增加和充实了权益保护法的内容，进一步强调对归侨侨眷的捐赠、子女升学、经济财产、社会保障、出入境、华侨农林场等权益的保护；二是突出了侵犯归侨侨眷合法权益应承担的法律责任；三是进一步明确了各级政府及其负责侨务工作的机构在维护归侨侨眷合法权益方面负有组织协调的职责；四是明确了全国侨联和地方侨联在护侨中的地位和作用。修改后的《归侨侨眷权益保护法》公布施行后，国务院又完成了《中华人民共和国归侨侨眷权益保护法实施办法》的修订，并从2004年7月1日开始施行。《归侨侨眷权益保护法》和《归侨侨眷权益保护法实施办法》的颁布，切实保障了归侨侨眷政治权益，依法维护了归侨侨眷财产权益，有效维护了归侨侨眷社会保障权益。

4. 侨务工作的基本原则

做好侨务工作既要掌握各项侨务工作具体方针政策，又要把握侨务工作的基本原则。主要有五个方面：

“三个有利于”的原则。开展侨务工作要有利于海外侨胞的长期生存和发展，有利于发展我国同海外侨胞住在国的友好合作关系，有利于推进我国现代化建设和祖国统一。

区别国籍界限的原则。开展侨务工作既要遵守《中华人民共和国国籍法》，注意外籍华人与华侨的国籍区别，又要尊重外籍华人的族裔感情和他们与祖籍国有着千丝万缕联系的实际，增进同他们的亲情乡谊。

公开合法的原则。开展侨务工作要遵循相关的国际条约和国际惯例，符合海外侨胞住在国的法律，做到合情、合理、合法，不授人以柄，不强人所难。

积极稳妥的原则。侨务工作是一项政治性和政策性很强的工作，应当服从与服务于党和国家的工作大局，既要积极进取，又要稳妥慎重，做到因地、因时、因人、因事制宜。

“一视同仁、不得歧视，根据特点、适当照顾”的原则。“一视同仁、不得歧视”，是指华侨、归侨侨眷和国内其他公民一样，享有宪法和法律规定的中国公民的同等权利，并履行宪法和法律规定的公民义务，任何组织或个人不得对他们有任何歧视。“根据特点、适当照顾”，是指国家根据实际情况和华侨、归侨侨眷的特点，对他们予以适当照顾。“一视同仁、不得歧视”与“根据特点、适当照顾”是相辅相成、辩证统一的，充分体现了我国侨务政策的原则性和灵活性的统一。

第三节　努力实现海内外中华儿女大团结

在新世纪，把我国建成富强民主文明和谐的社会主义现代化国家，实现祖国完全统一和中华民族伟大复兴，需要全国各族人民的大团结，需要海内外中华儿女的大团结。

一、高举爱国主义和社会主义两面旗帜

爱国主义、社会主义，是统一战线凝聚人心、汇聚力量的重要旗

帜。广大港澳台同胞及海外侨胞生活在不同的经济和社会环境中，身受不同文化意识形态的交叉影响，自然有不同的政治理念和权利诉求。做好对他们的团结凝聚工作，既要在爱国主义旗帜下尊重理解港澳台同胞和海外侨胞，也要使他们了解认同党和国家的工作，特别是理解和支持祖国内地在社会主义旗帜下实行的各项方针政策。

1. 当代中国爱国主义、社会主义的含义及其相互关系

爱国主义是人们对祖国积极的情感和支持的态度，人们因此而对祖国怀有深沉的挚爱，并自愿为祖国作出奉献以至牺牲。爱国主义既是一种政治立场、政治情感，又是一种价值理念、道德要求，它是爱国者对于国家的认知、情感和理性高度凝聚与升华的结果。爱国主义使得人们对祖国的成就和文化感到由衷自豪，强烈希望保留祖国的民族特色和文化传统，同时先天地对本国同胞抱有高度的亲近感、认同感。

长期的革命、建设和改革实践经验证明，只有社会主义能够救中国，只有社会主义能够发展中国。中国人民坚持走中国特色社会主义道路，就是在中国共产党的领导下，立足基本国情，以经济建设为中心，坚持四项基本原则，坚持改革开放，解放和发展社会生产力，建设社会主义市场经济、社会主义民主政治、社会主义先进文化、社会主义和谐社会、社会主义生态文明，促进人的全面发展，逐步实现全体人民共同富裕，建设富强民主文明和谐的社会主义现代化国家。

在当代中国，爱国主义和社会主义本质上是统一的。爱国主义具有团结整个中华民族的强大凝聚力，海内外一切中华儿女都可以在爱国主义旗帜下联合起来。凡是真正的爱国者，都希望国家发展、祖国统一，希望社会进步、和谐稳定，希望民族团结、民生幸福，希望祖国能克服一切内外的挑战和风险。所以，无论属于哪一个阶级、阶层，哪一个党派、集团，每一个爱国者都可以在上述共同愿景的条件下存异求同、团结合作。这种团结越是广泛，对中国特色社会主义事业就越是有利，对祖国统一和中华民族伟大复兴就越是有利。同时，无论是在政治、经济、文化领域，还是在社会领域，中国特色社会主义事业的每一项发展和进步，都直接有利于中国的现代化，有利于全体中国人的福祉，有利于祖国完全统一和中华民族复兴。这是近代以来一切爱国者和仁人志士前赴后继、梦寐以求的理想所在。

2. 用爱国主义、社会主义紧密团结海内外中华儿女

当代中国的统一战线包括两个范围的联盟：大陆范围内以社会主义为政治基础的团结全体劳动者、建设者与爱国者的联盟；大陆范围外以爱国和拥护祖国统一为政治基础的团结台湾同胞、香港同胞、澳门同胞、海外侨胞的联盟。在爱国主义和社会主义两面旗帜下，统一战线将一切可以团结的力量都团结起来，将一切可以调动的积极因素都调动起来，实现海内外同胞最广泛的大团结大联合，为建设中国特色社会主义事业，实现祖国完全统一和中华民族伟大复兴提供了最坚强的力量支持。

爱国主义、社会主义全面渗透、充分体现在统战工作各个方面。邓小平指出："大陆同胞，台湾、香港、澳门的同胞，还有海外华侨，大家都是中华民族子孙。我们要共同奋斗，实现祖国统一和民族振兴。"[①] 海内外中华儿女的大团结必须有坚实的政治基础。在祖国内地，要努力巩固工农联盟，紧密团结各党派、各民族、宗教界和新的社会阶层人士及其他方面人士，动员其直接参加社会主义各项建设。在港澳台海外，要确保和支持爱国者治港、治澳；要通过两岸同胞的团结合作来推动两岸关系和平发展，最终完成祖国统一；要珍视海外华侨纯朴、诚挚的爱国爱乡情感，不断强化祖国联系他们的最天然的纽带，努力将其转化为他们支持国内建设、支持祖国统一的精神动力。总之，爱国是政治上、心理上的最大公约数，是海内外同胞自发或自觉地走到一起实现民族团结的内在动力。国家富强、人民幸福、民族振兴，是党和国家全部工作的根本所在，是广泛团结、大力联合一切爱国力量的基础所在。爱国主义、社会主义指明了统一战线的基本方向，大陆范围内和大陆范围外两个范围的联盟构成了统一战线的整体格局，标志和体现了海内外中华儿女的大团结。

3. 正确认识与把握爱国主义和社会主义的关系

坚持爱国主义和社会主义，不仅要有原则上的坚定性，更要有政策和策略上的灵活性。

牢固确立爱国主义和社会主义的政治立场。港澳台海外统战工作

---

① 邓小平：《共同努力，实现祖国统一》，见《邓小平文选》，1版，第3卷，362页。

是党在特殊环境中针对特定对象开展的重要政治工作，因而有其艰巨性、复杂性和长期性。不管形势怎样变化、任务怎样繁重，都要牢记只有中国特色社会主义不断发展、中国国家力量和世界影响不断增强，才是团结广大海内外中华儿女工作不断取得突破性成就的根本所在。

因地制宜，灵活选择体现爱国主义和坚持社会主义的方式。在祖国内地，爱国意味着坚持中国共产党领导，热爱社会主义，积极参加社会主义现代化建设。在港澳台海外，爱国则有相对广泛、更为多样的体现，不能强行要求港澳台同胞和海外侨胞接受社会主义。这不是在模糊社会主义的立场和原则。相反，切实按“一国两制”要求解决好港澳台问题，从长远和战略上看更加有利于祖国内地的社会主义改革开放和现代化建设。

【统战典故】

邓小平的政治胸襟

邓小平在20世纪80年代初曾会见蒋经国的私人代表沈诚。会见时，在沈诚直言不讳剖白自己的反共立场后，邓小平回应道：“反共不要紧，只要不反华就好。”这一掷地有声的话语不是虚与委蛇，也非权宜应酬。邓小平曾就中华民族大团结发表过明确的见解：“只要站在民族的立场上，维护民族的大局，不管抱什么政治观点，包括骂共产党的人，都要大团结。”① 这种把政治原则性、策略灵活性有机结合起来的做法和境界，既坚持了自己的信念，又能够包容理解工作对象的政治理念；既坚持了根本原则，又体现了远见卓识和宽广的胸怀。

二、 保持香港澳门长期繁荣稳定

在恢复对香港和澳门行使主权以后，如何保持港澳长期繁荣稳定，是新形势下中国共产党治国理政的重大课题。

1. 保持港澳长期繁荣稳定意义重大

保持香港、澳门长期繁荣稳定，是政治上团结港澳同胞的经济和

---

① 邓小平：《保持香港的繁荣和稳定》，见《邓小平文选》，1版，第3卷，76页。

社会基础。香港、澳门的经济发展和繁荣、社会和谐与稳定，既为港澳同胞安居乐业所必需，又直接关系港澳同胞权利的实现与保障。唯有长期保持经济社会的繁荣稳定，才能广泛争取民心，从根本上增强港澳同胞对国家和民族的向心力、凝聚力。

保持香港、澳门长期繁荣稳定，关系“一国两制”的贯彻实施。“一国两制”科学构想及其在港澳回归祖国中的成功实践，是中华民族贡献于世界政治文明的重要成果。作为新事物，它在具体实践中难免会遇到各种矛盾。能否正确分析和妥善处理这些矛盾，关乎香港和澳门的稳定发展，并最终影响其现实基础的巩固。

保持香港、澳门长期繁荣稳定，体现着中国共产党和中国政府的治国理念与能力。香港回归时，境外曾有人对中国共产党和中国政府能否治理好香港公开提出质疑。实践证明，中国政府和港澳同胞完全有能力治理好香港、澳门。要坚决贯彻“一国两制”和基本法精神，继续保持香港、澳门长期繁荣稳定，进一步向世人昭示中国共产党和中国政府的执政水平、中国人民和港澳同胞的政治智慧。

保持香港、澳门长期繁荣稳定，对解决台湾问题具有示范和引导效应。“一国两制”最先是从和平解决台湾问题提出的，随后成功运用于解决香港、澳门问题。在“一国两制”下，香港、澳门的经济发展、社会稳定和民生福祉情况，对台湾同胞会产生重要影响。毫无疑问，保持香港和澳门的长期繁荣稳定，“一国两制”会得到越来越多港澳同胞的高度认同和支持，也会对台湾人民产生莫大的吸引力。这将有利于促进两岸关系和平发展，有利于两岸和平统一目标的实现。

保持香港、澳门长期繁荣稳定，能够促进祖国内地改革开放和现代化建设。在我国改革开放的历史上，港澳地区曾经发挥了重要的作用，今后还将继续发挥重要的作用。繁荣稳定的香港、澳门，将进一步促进祖国内地改革开放，全面推进社会主义经济、政治、文化、社会和生态文明建设，实现全面建成小康社会目标，不断增强我国综合国力和国际影响力。

【数字说话】

港澳同胞的历史性贡献

改革开放初期，国门初开、百废待兴，急需吸引外资。在这一历史性转变时刻，港澳同胞满怀爱国爱乡、造福桑梓之情，率先投资内地，目前在内地是遍地开花。“三来一补”、“筑巢引凤”、“外引内联”、“借船出海”等具有鲜明时代特色的词汇，都是在粤港澳合作中创造出来的。在港澳投资者的带动下，世界各地企业纷至沓来，带来中国改革开放急需的资金、技术和先进管理方式，推动内地的开放从沿海到内陆、从东部到西部、从城市到乡村。据商务部的最新统计数据，截至 2011 年年底，内地累计批准港澳投资项目分别为 33.6 万个和 12 839个。实际利用港资 5 267.1 亿美元，实际利用澳资 103.8 亿美元，港资在内地累计吸收境外投资中占 45.1%，澳资在内地累计吸收境外投资中占 0.9%。

2. 努力促进港澳地区经济社会全面发展

香港、澳门的经济具有独特优势和特色。香港是不可多得的自由港和世界性金融、贸易、航运中心，澳门的博彩、旅游业也是闻名遐迩。长期以来，正是这些特色和地位，确保和推动了两地经济发展。要从港澳实际情况出发，尊重港澳经济的特色及其发展规律，尊重两个特区政府和港澳同胞主导经济发展的自主性、创造性，积极主动地为两地经济健康、稳定发展创造良好条件，提供必要支撑，推动港澳两地发展再创新的辉煌。

支持香港、澳门特区政府和社会有效解决经济发展中的深层次结构问题。在国际经济体系中，香港的地位和作用始终面临严峻的竞争和挑战。近年来，香港经济体的创新活力和竞争实力等方面出现了一些问题，折射出其经济结构亟须调整、改革和完善。澳门回归以来，经济发展迅猛并取得了令人瞩目的成就，但也存在产业结构简单、整体发展不均衡等问题。因此，需要支持两个特区政府和社会进一步优化资源配置、调整经济结构、提高经济效率。

支持香港、澳门特区政府和社会改善民生，努力解决社会矛盾和社会问题。与已有的经济高效率相比，港澳地区的社会公平尚有待改进。回归后，高度自治的政治架构为从根本上解决这些矛盾和问题提供了有利条件。要支持两个特区政府始终贴近各阶层民众，在相关领域中作出持续、积极的努力。

促进香港、澳门同内地之间的交流合作，开创互助共赢的经济社会发展新局面。邓小平指出，在统一的国家内，在小范围内容许资本主义存在，更有利于发展社会主义。[①] 一方面，港澳地区不仅可以保持原有优势，还可以得到内地强有力的支持；另一方面，港澳有丰沛的资本，有先进的技术、理念和制度规范，也能有力带动周边区域经济以至促进内地整体的发展。抓住实施内地与香港、澳门更紧密经贸安排的机遇，大力加强港澳地区同内地特别是“泛珠三角”地区在经贸、科教、文体、卫生等领域的交流合作，实现优势互补和共同发展。切实实施并继续出台有利于港澳发展的政策措施，不断拓展合作领域、提升合作层次、完善合作机制，努力使内地同香港、澳门的合作更加富有成效。《中华人民共和国国民经济和社会发展第十二个五年规划纲要》第一次把港澳部分独立成章，把港澳纳入国家发展规划，包括：（1）支持巩固和提升香港国际金融中心、贸易中心、航运中心的地位，包括发展成为离岸人民币业务中心和国际资产管理中心；支持澳门建设世界旅游休闲中心，加快建设中国与葡语国家商贸合作服务平台。（2）支持香港发展环保、医疗服务、教育服务、检测和认证、创新科技、文化创意等六项优势产业，在内地拓展合作领域和服务范围。支持澳门推动经济适度多元化，加快发展休闲旅游、会展商务、中医药、教育服务、文化创意等产业。（3）支持进一步深化内地与香港、澳门交流合作，继续实施更紧密经贸关系安排。深化粤港澳合作，落实粤港、粤澳合作框架协议，促进区域经济共同发展。支持广东在对港澳服务业开放中先行先试，并逐步将先行先试措施拓展到其他地区。这必将为港澳发展提供新的机遇。

3. 协调、处理好港澳地区的政治关系

严格依照“一国两制”和基本法原则精神，处理好中央与特区政府的关系。无论是中央政府还是特区政府，都要依法治港、依法治澳，在港澳的所有治理行为，都要合乎宪法和基本法精神，都须严格遵循法治原则和法律规范。这是处理好中央政府与特区政府关系的根本，也是保持和提升中央政府与特区政府在港澳同胞中威望的关键。

着眼推动港澳社会的广泛团结，支持特区政府协调好与民众之间

---

① 参见邓小平：《中国是信守诺言的》，见《邓小平文选》，1版，第3卷，103页。

的关系。在宪法和基本法规定的框架内，支持特别行政区的立法、行政、司法机关和相关社会组织为民惠民，创新改革，科学决策、民主决策，不断提升公共治理水平。

因应港澳同胞的民主要求，根据实际情况，循序渐进地推进政制发展。如何处理香港、澳门政制发展问题，本质上不是要不要发展民主，而是要不要按照基本法的规定办事。基本法是特别行政区的宪制性法律文件，规定了政制发展的原则和程序，为特别行政区提供一个民主法治、稳定可行的政治体制。严格遵循基本法的规定，才能够妥善处理香港特别行政区、澳门特别行政区政制发展的问题。坚决反对外部势力借政制发展干涉香港、澳门事务。

【背景材料】

香港选制改革

香港特首选举和立法会议员选举一直是香港居民关心的重大政制问题。香港回归以前，港英当局曾一意孤行，疾速推进香港的代议民主。末代港督彭定康推行的政改方案违反了《中英联合声明》、违反了与《香港基本法》相衔接的原则、违反了中英两国外长所达成的谅解和协议，破坏了“港英最后一届立法局议员符合规定的条件都可以成为特别行政区第一届立法会的议员”的“直通车方案”。中国政府只好组织临时立法会，且成立选举委员会推举特首。经过回归后的几次选举，香港很多居民还是希望尽快实现普选特首和立法会议员。有鉴于此，全国人大常委会2007年年底决定，2017年香港特别行政区第五任行政长官可以由普选产生，此后香港特别行政区立法会选举可以实行全部议员普选产生的办法。香港有关评论指出，这一重大决定表明：第一，中央充分肯定香港人民的民主诉求是合理的；第二，中央主张香港政改要循序渐进，目的是要扎实地推进而不是否认普选；第三，中央贯彻基本法和推动香港民主政治发展的决心是坚定的。

4. 增进香港、澳门民众的广泛团结，发展壮大爱国爱港、爱国爱澳力量

香港、澳门社会各阶层、各界别利益多元、诉求多样，但绝大多数港澳民众都坚持爱国爱港、爱国爱澳立场，在根本利益上是一致的。高举爱国爱港、爱国爱澳的旗帜，增强广大香港同胞、澳门同胞的国

家观念和民族意识，积极引导香港、澳门各界人士紧密团结起来，积极促进一切有利于香港、澳门同胞福祉和国家根本利益的事，坚决反对一切有损于香港、澳门同胞福祉和国家根本利益的事。积极引导香港、澳门各界人士秉持讲大局、讲团结、讲包容的社会共识，集中精力发展经济，切实有效改善民生，循序渐进推进民主，包容共济促进和谐，始终以香港、澳门的整体利益和长远利益为重，以国家利益为重，理性沟通，求同存异，不断促进经济社会发展，共享发展成果。

三、 推动两岸关系和平发展

经历了60多年的变迁，海峡两岸从起初紧张对峙的态势逐渐走向今天交流互动的局面。在“和平统一、一国两制”方针指导和推动下，两岸关系和平发展成为鲜明主题。

1. 两岸关系和平发展的意义

尽管大陆与台湾尚未统一，但这并非中国领土和主权的分裂。20世纪40年代中国内战遗留并延续的政治对立，并没有改变大陆与台湾同属一个中国的事实。两岸统一不是主权与领土的再造，而是结束政治的对立。从对立对抗走向合作交流，走向和平发展，最终实现和平统一，是两岸关系发展的基本趋势。

两岸关系和平发展合乎两岸同胞切身利益。两岸人民是骨肉兄弟。两岸关系和平发展可以从根本上避免兵戎相见、骨肉相残的悲剧；可以逐渐弥合两岸人民因长期分离而造成的隔阂；可以把大量用于军事对峙的人财物力转向和平建设；可以促进两岸经济互补互利；可以使两岸中国人共享中国国家的尊严与福祉。这一切都从根本上有助于保障两岸人民的生命财产安全，有助于不断地提高和改善两岸人民的生活质量和水平，是两岸同胞切身利益所系。

【数字说话】

海峡两岸经济合作框架协议（ECFA）签署
实施给台湾同胞带来的好处

2011年6月，台湾“陆委会”举办“ECFA签署周年成效说明会”，对ECFA签署实施以来的成果予以积极评价。说明会提供数据显示：ECFA签署后，台湾失业率逐月下降，5月降至4.27%，为33个月来最低；1—4 月平均薪资为 52 505 元新台币，比上一年年均薪资大幅提高 8 075 元新台币。

两岸关系和平发展是祖国和平统一的前提和基础。两岸从军事对峙、政治对抗走向和平统一，应是一个循序渐进的过程。唯有和平发展，两岸人民才可能从对抗走向接触，因接触而彼此交流，由交流而彼此了解，借了解而相互信任。只有在高度政治互信的基础上，通过政治对话、政治谈判走向国家统一才是现实的、可能的。也只有在和平发展的进程中，两岸经贸关系、文教卫生和体育交流才能深入展开，两岸社会的联结才会越发紧密，两岸人民才能逐步在增进文化认同的基础上达成广泛政治认同，才会内在地、自觉地生成强烈的统一愿望，和平统一也将因此水到渠成。

两岸关系和平发展关乎中华民族的核心利益。领土与主权问题、国家安全问题，攸关现代民族国家核心利益。台湾问题之所以特殊，就在于一些国家借此干涉我国内政，企图打压和遏制中国和平发展。两岸同胞充分运用自己的政治智慧，推动两岸关系和平发展，独立自主、和平理性地解决台湾问题，可以斩断外国势力染指我国领土、主权与统一问题的触角，捍卫国家的独立与尊严，维护中华民族的根本利益。

两岸关系和平发展合乎当今世界和平与发展的潮流。促成两岸关系和平发展，将会成为和平处理领土与主权问题、国家统一问题的典范，将可为世界上存在类似问题的国家和地区提供可以参考的模式，也可为和平解决地区与国际矛盾问题提供有价值的思路。这些都将成为中华民族对于世界和平与发展的重大贡献。

2. 深化两岸经济、社会和文化交流

两岸同胞是血脉相连的命运共同体。实现中华民族伟大复兴要靠两岸同胞共同奋斗，两岸关系和平发展新局面要靠两岸同胞共同开创，两岸关系和平发展成果由两岸同胞共同享有。要深化两岸经济、社会和文化交流，把寄希望于台湾人民的方针贯彻到各项对台工作中去，理解、信赖、关心台湾同胞，最广泛地团结台湾同胞一道推动两岸关系和平发展。

进一步密切经贸关系。促成两岸经济体互通有无、分工合作，是人心所向、大势所趋。在祖国大陆经济发展势头强劲的条件下，两岸经贸关系发展有着广阔的空间和优越的条件。要开展经济大合作，扩大两岸直接“三通”，厚植共同利益，形成紧密联系，实现互利双赢。继续欢迎并支持台湾企业到大陆经营发展，鼓励和支持有条件的大陆企业到台湾投资兴业。期待实现两岸经济关系正常化，推动经济合作制度化，为两岸关系和平发展奠定更为扎实的物质基础、提供更为强大的经济动力。建立具有两岸特色的经济合作机制，最大限度实现优势互补、互惠互利。建立更加紧密的两岸经济合作机制，有利于台湾经济提升竞争力和扩大发展空间，有利于两岸经济共同发展，有利于探讨两岸经济共同发展同亚太区域经济合作机制相衔接的可行途径。

【数字说话】

两岸经贸关系越来越密切

两岸经贸交往从 1988 年开始逐渐恢复，一直保持较快的增长速度，并且已经达到很大的规模。据商务部统计，截至 2011 年 12 月底，大陆累计批准台资项目 85 772 个，实际利用台资 542 亿美元。按实际使用外资统计，台资在大陆累计吸收境外投资中占 4.6%。

推动两岸人民交往。增进彼此的了解和互信，是推动两岸关系和平发展的重要领域。要在实现全面“三通”和经贸互惠的基础上，积极鼓励和推动两岸教育、科技、文体、卫生交流，加强和拓展更广泛的社会事务领域的合作往来。特别是加强两岸青年交往，统筹发挥各民主党派、工商联、台联、统促会等社会团体的作用，走进去、迎进来，广交朋友、兼容并蓄，增进两岸人民的骨肉同胞情。

【数字说话】

两岸人员往来频繁

在长期隔绝后，1987 年开始两岸人员往来与交流，1987 年台胞来大陆 46 679 人次，2011 年台胞来大陆 526 万人次，大陆居民赴台 184 万人次，从单项交流转变为双向交流。

两岸人员交流和经贸往来的发展，是过去 30 多年两岸关系中最具活力的部分，对于两岸关系有十分深远的影响。随着两岸人员交流和经贸往来的密切，大陆同胞与台湾同胞良性互动、互信的关系逐步建立，对两岸关系和平发展产生了重大的影响。

加大文化交流力度，增强文化认同。中华文化源远流长、瑰丽灿烂，是两岸同胞共同的宝贵财富，是维系两岸同胞民族感情的重要纽带。中华文化在台湾根深叶茂，台湾文化丰富了中华文化的内涵。台湾同胞爱乡爱土的台湾意识不等于“台独”意识。两岸同胞共同继承和弘扬中华文化优秀传统，开展各种形式的文化交流，使中华文化薪火相传、发扬光大，以增强民族意识、凝聚共同意志，形成共谋中华民族伟大复兴的精神力量。加强两岸青少年交流，不断为两岸关系和平发展增添蓬勃活力。

【拓展阅读】

民革积极推动对台文化交流

近年来，民革发挥在对台交流交往方面的独特优势，采取“请进来、走出去”的双向交流思路，开拓工作渠道和工作领域，注重创新，务求实效。2011 年 3 月 18 日至 25 日，民革中央主席应台湾新同盟会许历农会长邀请，率中华中山文化交流协会参访团一行 20 人赴台展开为期八天的“回访之旅”，在岛内引起热烈反响，参访取得圆满成功，为海峡两岸高端参访写下了浓重的一笔。

保护好台湾同胞的合法权益。这是推动并深化两岸关系的重要保障。坚持以人为本，理解、信赖、关心台湾同胞，体察他们的意愿，了解他们的诉求，为他们排忧解难，满腔热情为台湾同胞多办好事、多办实事，依法保护台湾同胞正当权益。致力于维护台湾同胞在国外的正当权益。驻外使领馆加强同台湾同胞的联系，诚心诚意帮助他们解决实际困难。做好在大陆的台胞工作，不断增进、巩固两岸经济社会和文化交往关系。严格按照法律和政策的精神，向台胞提供细致的关照、热情的服务。无论何种情况下，都要充分尊重、信赖台湾同胞，只要是对其有利、对促进两岸交流与和平发展有利，都应当尽力去做、做到最好。

3. 促进政治对话、增进政治互信

在两岸人民积累了足够信任的基础上，通过政治对话最终解决祖国统一问题，是大势所趋。当前，大力推动两岸人民全面、深入、持久的交流，是建构这一政治基础的关键所在。

增进政治互信。两岸在事关维护一个中国框架这一原则问题上形成共同认知和一致立场，就有了构筑政治互信的基石，什么事情都好商量。两岸应该本着建设性态度，积极面向未来，共同努力，创造条件，通过平等协商，逐步解决两岸关系中历史遗留的问题和发展过程中产生的新问题。继续反对“台独”分裂活动是推动两岸关系和平发展的必要条件，是两岸同胞的共同责任。凡是有利于两岸关系和平发展的事都应该大力推动，凡是破坏两岸关系和平发展的事都必须坚决反对。两岸在涉外事务中避免不必要的内耗，有利于增进中华民族整体利益。对于台湾地区同外国开展民间性经济文化往来的前景，可以视需要进一步协商。对于台湾地区参与国际组织活动问题，在不造成“两个中国”、“一中一台”的前提下，可以通过两岸务实协商作出合情合理安排。解决台湾问题、实现国家完全统一是中国内部事务，不受任何外国势力干涉。

促进政治对话。海峡两岸中国人有责任共同终结两岸敌对的历史，竭力避免再出现骨肉同胞兵戎相见，让子孙后代在和平环境中携手创造美好生活。为有利于两岸协商谈判、对彼此往来作出安排，两岸可以就在国家尚未统一的特殊情况下的政治关系展开务实探讨。为有利于稳定台海局势，减轻军事安全顾虑，两岸可以适时就军事问题进行接触交流，探讨建立军事安全互信机制问题。在一个中国原则的基础上，协商正式结束两岸敌对状态，达成和平协议，构建两岸关系和平发展框架。

4. 深入开展反“独”促统运动

完成祖国统一是包括台湾同胞在内的全中国人民的神圣职责和共同义务，坚决反对“台独”是两岸同胞的坚定意志。

旗帜鲜明地坚持“一个中国”原则。世界上只有一个中国，大陆和台湾同属一个中国，中国的领土和主权不容分割。“一个中国”原则是处理两岸关系的根本，是两岸关系和平发展的政治基础。坚决反对一切把台湾从中国分裂出去的阴谋和企图，坚决反对一切外部势力染指台湾问题、干涉中国内政的行径。

毫不动摇地坚持和平统一原则。《反分裂国家法》是旨在促进和平统一的宪法相关法，其全部引导性条款和预防性规定，都是要尽可能避免战争，都是在尽全力维护台海和平、稳定与发展。要在确保两岸同属一个中国的现状不被破坏的条件下，坚持和平统一立场不动摇，争取实现和平统一的努力不停止。

“台独”意味着对抗，分裂就没有和平。“台独”分裂势力的最终企图，是要彻底改变法源和法统，最终切断台湾与中国的领土与主权联结，使台湾成为独立国家。这将危害国家核心利益，彻底断送两岸和平统一的前途。“台独”是两岸关系和平发展的最大障碍，是台海和平的最大威胁。中国政府不承诺在台湾问题上放弃使用武力，不是针对台湾人民，而是要避免“台独”分裂势力将两岸拖入战争的边缘。

【拓展阅读】

民进党否认“九二共识”不得人心

2011年8月，民进党“十年政纲”大陆政策部分发布，继续否认“九二共识”，招致岛内政、学、商各界强烈反弹和广泛忧虑。有评论指出，民进党、蔡英文两岸政策近乎诡辩，坐实了人们对其大陆政策“空”和“变”的揣测，表明其所谓“和而不同、和而求同”的说辞不过是一盘“空心菜”。因为，否认“九二共识”就毁掉了两岸关系和平发展的基础，亦即等同于废掉了ECFA本身。当时人们就预计，这不仅会给台湾带来麻烦，也将给民进党造成冲击。2012年1月，台湾地区领导人选举的结果证实了这一判断。在败选的现实和强大的民意面前，民进党内不得不表示将进一步反思其大陆政策。

四、 凝聚侨心、汇集侨智、发挥侨力

在我国革命、建设和改革的各个历史时期，广大海外侨胞和归侨侨眷为中华民族的独立和解放，为祖国的繁荣和发展，作出了重要贡献。进入新世纪以来，随着我国综合国力的增强和国际地位的提高，海外侨胞对祖国的向心力和凝聚力大大增强，一支更具活力、更有作为、更加宏大的对我友好力量不断壮大。

1. 做好侨务工作的意义

侨务工作是党和国家的一项重要工作。改革开放以来，我国海外侨胞的情况有了新的变化。首先是海外侨胞的数量剧增，世界各国都有他们的身影。其次，华侨在海外掌握的经济科技实力已很雄厚，他们在所在国的社会地位、政治影响也显著提高。再者，海外侨胞的政治倾向发生了很大变化，对祖国的认同感、对中华民族的自豪感都大大增强，同祖国在经济、科技和文化领域的交流合作也越来越密切。

2005 年，胡锦涛同志在全国侨务工作会议上指出，在凝聚侨心、发挥侨力，为实现全面建设小康社会的宏伟目标作贡献方面，侨务工作大有作为；在反对和遏制“台独”分裂势力、推动祖国和平统一进程方面，侨务工作大有作为；在开展民间外交、弘扬中华优秀文化，扩大中国人民与世界各国人民团结友好往来方面，侨务工作大有作为。

广大侨胞是我国改革开放和现代化建设的一支重要力量。新时期以来，海外侨胞都以自身具备的资本、技术和管理等诸方面优势，为祖国经济建设了作出了巨大贡献。海外侨胞致力于祖国建设的意愿始终强烈，他们真诚地希望国内社会和谐稳定、期盼祖国富强，期待国内同胞过上幸福生活。

广大侨胞是促进祖国和平统一的一支重要力量。海外侨胞深刻体会到，祖国强大、民族复兴离不开祖国统一。他们坚决反对“台独”，盼望祖国统一。做好侨胞工作，通过他们整合旅居海外的两岸民众，充分发挥其在两岸社会、国际社会中的积极影响，能够有效地遏制“台独”势力，支持和推进祖国和平统一事业。

广大侨胞是推进民间外交发展的一支重要力量。海外侨胞一方面为所在国作出贡献、赢得尊重，另一方面传承、传播中华文化，增进世界各地人民对中国的了解。做好侨务工作，能够丰富我国的民间外交，配合国家整体外交，增进中国人民同世界人民的友好关系。

2. 维护广大华侨的合法权益

侨务工作的出发点和落脚点，是积极保护好海外侨胞的利益。华侨是我国公民，依法享有与国内公众平等的各项权利。同时，由于侨居国外，他们又有一些特殊的利益诉求。这些权利要求关乎侨胞生存和发展，关乎其对于祖国的情感，因此必须慎重对待，将其作为做好侨务工作的重点，当作衡量、检验侨务工作成效的重要指标。

认真贯彻《归侨侨眷权益保护法》。准确把握相关法律、条例的基本精神，明确法律适用的范围和对象，严格按照法律规定的程序和措施，高度尊重并全面保护侨胞依宪法和法律而享有的政治、经济、财产、劳动、个人自由和社会保障等诸多权利。同时，认真协调好贯彻法律面前人人平等原则同保护侨胞群体相对独特权益之间的关系，处理好侨胞依法享有权利和积极履行义务之间的关系，使之同国内公民一样切实感受作为主人翁的自豪感和责任感。

建立和完善一整套行之有效的协调机制。侨务工作意义重大但千头万绪，且其功非在一时，需要各有关部门和方面统筹分工、密切配合。同时，要积极组织和动员各方面资源与力量，大力推动、全面保障服务侨胞的工作。

努力提高服务侨胞工作的水平。侨务工作是特殊的群众工作。高度重视侨务工作、努力提高相关的政策和服务水平，时刻关心和牵挂广大侨胞，密切联系侨胞个体、群体及其社团组织，深入了解、全面把握他们的所思、所想与所急，持之不懈地为广大侨胞办好事、办实事。对华侨各项合法的事业与社团活动予以积极的支持、帮助或引领。热情支持华侨回国投资、创业和发展，全面加强侨乡建设特别是切实促进侨乡的繁荣与和谐。

【典型案例】

中国政府利比亚撤侨行动赢得国际社会尊重

2011年年初，利比亚国内安全形势急转直下。胡锦涛同志作出指示，要求迅即采取有效措施，全力保障我驻利比亚人员生命财产安全。有关方面迅速动员海陆空三路力量，展开了冷战结束后规模最大的撤侨行动，并且前所未有地派遣军事力量护卫侨民。中国政府全力以赴、规模空前的撤侨行动引起国际社会广泛关注，无论是旅居国外的华侨，还是境外主要媒体都对中国政府迅速及时、有序有力有效的国家救援行动予以积极的评价。中国政府保护本国侨民的救援行动不仅展现了国家实力，更赢得了国际社会由衷的赞誉和尊重，并且进一步增强了海内外中华儿女的自豪感、向心力。

3. 充分发挥侨胞在祖国现代化建设和国家统一中的独特作用

祖国现代化建设和国家统一需要一切爱国者无私地奉献心力。尽最大努力凝聚侨心、汇聚侨智、发挥侨力，珍视和开发利用好侨胞这一中华民族重要的资源宝库，加强与海外侨胞的关系，不断密切同他们在心理与情感上的联系，真诚地尊重其意愿、成就和才干，善待他们、善用他们。

鼓励和支持侨胞关心和参与祖国现代化建设，为祖国建设引进资金、技术、人才牵线搭桥，为我国企业开拓国际市场献计出力。鼓励和支持侨胞积极传承与传播中华民族的优秀文化，使居住国民众更多地了解中华文化，增强中华文化在世界上的影响力。鼓励和支持侨胞发挥血缘、亲缘的优势，以共同文化渊源、共同民族感情、共同民族利益为基础，促进两岸同胞的沟通和理解，为遏制“台独”分裂势力及其活动、促进祖国和平统一大业贡献智慧和力量。鼓励和支持侨胞发挥桥梁和纽带作用，促进祖国同居住国的经济文化交流，为增进中国人民和各国人民的友谊作出贡献。

加强与华侨特别是华裔新生代代表人士的联系交流，努力做好侨团领袖和华裔新生代骨干代表人士工作，加大海外中文教育工作力度，使海外侨胞对祖国的认同感和自豪感不断增强，热爱祖国、振兴中华的优良传统代代相传。

第九章
党外代表人士队伍建设

统一战线工作主要是做人的工作，特别是做党外代表人士的工作。党外代表人士与一般群众、各领域杰出人才有何区别？为什么要培养选拔党外代表人士？怎样加强党外代表人士队伍建设、搞好党与党外人士的合作共事？正确认识和把握这些问题，不断加强党外代表人士队伍建设，关系中国共产党领导的多党合作格局的不断巩固，关系爱国统一战线事业的持续发展，关系我国社会主义政治制度特点优势的充分发挥。

第一节　党外代表人士队伍建设是统一战线的基础工程

加强党外代表人士队伍建设是统一战线的基础性、战略性工程，是新形势下搞好党与党外人士合作共事、发展中国特色社会主义民主政治的时代命题。

一、 党外代表人士队伍建设的重要意义

党外代表人士是我国政治格局中的重要力量，中国共产党历来高度重视党外代表人士队伍建设，始终把团结培养党外代表人士作为党和国家工作全局的重要方面，作为治国理政的政治优势。2012 年 2 月，中共中央专门制定下发了《关于加强新形势下党外代表人士队伍建设的意见》，明确党外代表人士队伍建设的指导思想和工作原则、目标任务和政策举措，是指导新形势下统一战线工作和党外代表人士队伍建设的纲领性文件。

第一，加强党外代表人士队伍建设，事关坚持和发挥我国社会主义政治制度的特点和优势。人民代表大会制度、中国共产党领导的多党合作和政治协商制度、民族区域自治制度、基层群众自治制度，是符合中国国情、具有中国特色的社会主义政治制度。党外代表人士作为我国社会主义政治制度的坚定拥护者和直接参与者，在反映统一战线各方面成员诉求、扩大公民有序政治参与、加强民主监督、保持社会和谐稳定等方面，发挥着不可替代的重要作用。因此，需要大力加强党外代表人士队伍建设，努力培养一大批与中国共产党同心同德、亲密合作、经得起考验的党外代表人士，依法参与管理国家事务和社会事务、管理经济和文化事业，长期坚持和不断完善我国社会主义政治制度。

第二，加强党外代表人士队伍建设，事关为全面建成小康社会提供人才支持。当前我国已进入全面建成小康社会的关键时期和深化改革开放、加快转变经济发展方式的攻坚时期，也是可以大有作为的重要战略机遇期，特别是随着工业化、信息化、城镇化、市场化、国际化进程不断加快，需要更加广泛地汇聚各方面人才。党外代表人士是我国人才资源的重要组成部分，在推进改革开放和社会主义现代化建设、实现祖国和平统一中具有独特作用。因此，需要大力加强党外代表人士队伍建设，努力形成党外人才不断涌现的生动局面，为推进人才强国战略、实现全面建成小康社会宏伟目标提供更加坚实的人才支撑。

第三，加强党外代表人士队伍建设，事关巩固中国共产党执政基础和扩大中国共产党群众基础。把不同阶层、民族、党派和团体等各方面社会成员团结和凝聚在中国共产党周围，是提高中国共产党执政能力、巩固中国共产党执政基础的重要方面。当前，我国经济体制深刻变革、社会结构深刻变动、利益格局深刻调整、思想观念深刻变化，既有的社会矛盾和问题同新生的各种矛盾和问题相互交织。党外代表人士是中国共产党团结凝聚广大统一战线成员的桥梁纽带，在加强和创新社会管理中具有独特优势。因此，需要大力加强党外代表人士队伍建设，充分发挥他们在引领所联系成员和群众致力共同事业中的特殊作用，推动实现政党关系、民族关系、宗教关系、阶层关系和海内外同胞关系和谐，巩固扩大中国共产党执政基础，筑牢中国特色社会主义事业根基。

第四，加强党外代表人士队伍建设，事关推动新形势下统一战线事业不断向前发展。加强对党外代表人士的团结培养，是统一战线事业持续发展的关键。近年来，党外代表人士队伍建设取得显著成效，但仍存在一些亟待解决的问题，主要是：重视程度不够高、工作机制不健全、联谊交友不深入、总量相对不足、结构不尽合理、实践锻炼不充分、代表性不够强等。因此，需要大力加强党外代表人士队伍建设，把握新形势下党外代表人士的特点和成长规律，着力培养大批高素质、有影响、作用大的党外代表人士，推动爱国统一战线不断巩固壮大。

【拓展阅读】

“一根头发与一把头发”的著名论断

1950 年 5 月，毛泽东在听取第一次全国统战工作会议情况汇报时指出：“要充分看到民主党派的作用。有人认为民主党派只是一根头发的功劳，一根头发拔不拔去都没有关系。这种说法是不对的。民主党派和民主人士是联系资产阶级、小资产阶级的，从他们的背后联系看，就不是一根头发，而是一把头发，就不可藐视。”毛泽东关于“一根头发与一把头发”的著名论断，深刻指出了党外代表人士在国家政治生活中的重要地位，阐明了党外代表人士队伍建设的重要意义。

二、 党外代表人士的内涵和特点

党外代表人士是与中国共产党团结合作、作出较大贡献、有一定社会影响的非中共人士。与一般党外人士的区别在于，他们代表性鲜明，能够起到示范引领作用。这种代表性是政治性、专业性、群众性的有机统一，即政治坚定、业绩突出、群众认同。政治坚定，就是坚持中国共产党领导，思想上同心同德、目标上同心同向、行动上同心同行，坚定不移走中国特色社会主义道路，积极为祖国统一和民族复兴贡献力量。港澳台海外代表人士主要是坚持爱国立场、拥护祖国统一。业绩突出，就是在本领域本行业造诣较深，贡献较大。群众认同，就是在所联系成员和群众中有较高的威信、影响力和良好的社会形象，能够发挥引领带动作用。其中，政治性是根本，专业性是前提，群众性是基础。

目前，党外代表人士队伍的主体是改革开放以后成长起来的。他们经历了从计划经济到市场经济的转轨，从相对封闭到全面开放的转变，从社会结构单一到多元的转型，是改革开放和现代化建设事业的参与者和受益者，具有以下鲜明特点：

一是政治认同较强，自觉拥护中国共产党的领导。由于亲身经历了改革开放带来的巨大变化，见证了中国共产党团结带领全国人民在妥善应对各种内忧外患、自然灾害、危机挑战等方面的卓越表现，他们切身感受到中国共产党路线方针政策的正确性，充分认识到社会主义制度的优越性，拥护中国共产党的领导，坚持中国特色社会主义道路，对党和国家事业发展前景充满信心。

二是专业造诣较高，参政议政愿望强烈。党外代表人士主要是中高级知识分子，集中在科教文卫以及非公有制经济组织和社会组织等领域，属于科研型、专家型、经营型、管理型人才，一般具有高学历、高职称等特点，是本领域的骨干和带头人，对经济社会发展贡献突出。他们普遍关心和热心国家政治生活与社会公共事业，积极利用各种组织平台和政治资源，就党和政府重视、人民群众普遍关注的重点热点难点问题发表自己的看法，提出意见建议，表现出较强的责任感和使命感。

三是思想观念活跃，价值取向比较务实。党外代表人士普遍视野开阔，善于独立思考。无论是对国内外形势发展，还是对各种社会问题，都有自己的看法。特别是随着对外开放的扩大，他们中许多人具有留学海外经历，受西方价值观念的影响较大。同时，他们普遍务实进取，关注个人事业的发展，注重个人价值的实现。

四是社会历练不够，组织领导能力有待提高。党外代表人士大多属于专家从政、教授从政，很多是直接从“专业门”跨入“行政门”。特别是他们普遍缺乏多岗位特别是不同领导岗位交流的机会，接受实践锻炼的“台阶”不多，参政议政经验不足，行政管理水平和社会活动能力有待于进一步提升。

五是所在领域影响较大，社会影响相对较小。党外代表人士大多在各自行业和专业领域内有较大建树与较高声望，但缺乏一定的社会认知度，往往是局限于一定范围的“小众代表”。

三、 党外代表人士的成长规律

在改革开放背景下成长起来的党外代表人士，其成长带有鲜明的统战特色和强烈的时代印记，既符合人才成长的一般规律，也具有自身的显著特点。

从成长阶段看，一般经历崭露头角、纳入视野、推荐使用和日臻成熟四个时期。崭露头角期，即个人事业取得一定成就后，政治参与意识不断增强，但政治鉴别和政治把握能力明显不足，需要及时物色发现。纳入视野期，即在组织引导下开始发挥专业优势参政议政，但实际水平与参与热情有一定差距，需要着力培养教育，全面提升素质。推荐使用期，即经过组织推荐选拔开始担任领导职务或社会职务，但行政管理等方面能力有待提高，需要积极搭建平台，强化实践锻炼。日臻成熟期，即能够较好地发挥组织领导、综合协调及引领带动作用，已经成为与中国共产党真诚合作的同盟者，但仍需要加强管理，不断增强代表性和影响力。

从成长路径看，一般从专业性人才成长为政治性人才。党外代表人士大都是技术科研型、专家学者型、经营管理型知识分子，作为专业性人才的特点鲜明、作用凸显。随着进入人大、政府、政协、司法机关或民主党派、工商联等组织，他们开始注重提高政治把握能力、参政议政能力、组织领导能力、合作共事能力，注重政治性人才功能和作用的发挥。这就需要把握党外代表人士实现角色转变的关节点，把工作重心放到提高综合素质上，强化政治培训和实践锻炼，推动党外代表人士逐渐成长为具有群众观点、大局意识、求实思维的高素质复合型人才。

【拓展阅读】

党外代表人士大都是技术科研型

抽样调查表明，担任行政司法机关领导职务的县处级党外领导干部中，来自高校、科研院所或其他科教文卫单位的占51%，行政司法机关内逐步成长起来的占34%，其他渠道占15%。作为专业性人才的党外领导干部如能较快实现角色转变往往成长潜力较大，从不同级别党外干部来源比例看，来自高校或科研院所的逐级提高，县处级为

19.4%，地厅级为39.7%，省部级为70%，显示了专家学者型党外干部具有较大的成长空间。

从成长条件看，一般从个人自然成长发展到个人努力与组织培养有机结合。党外代表人士在成长初期，基本都是凭借自身努力和突出贡献而初露锋芒。但随着社会政治生活的制度化、规范化和有序化，需要在坚持个人努力奋斗的前提下，通过组织有意识培养，把优秀的党外人才纳入多党合作和政治协商的范围，为他们提供学习锻炼的机会，帮助他们积累参政议政的经验，拓展发挥作用的舞台，不断增强社会知名度和影响力。

从成长空间看，大多成长为一定范围和领域内的“小众代表”。随着社会专业分工的细化，以及人们思想观念、价值取向日益多元，党外代表人士的代表性很难突破所在行业和部门，为各方所公认。在社会影响的广度、深度和持久性方面，党外代表人士更多的只是在一定范围、一定领域内具有一定的知名度。这就需要多渠道、广领域发现培养，注重培养党外代表人士群体，充分发挥群体效应。

四、 党外代表人士队伍建设的范围和任务

加强党外代表人士队伍建设，是一项多层次、多领域的系统工程，需要明确范围、抓住重点。

党外代表人士队伍建设的范围包括民主党派代表人士、无党派代表人士、少数民族代表人士、宗教界代表人士、非公有制经济代表人士、港澳台海外代表人士“六支队伍”。党外代表人士主要是人大代表、政协委员中的党外人士，在人大、政府及政府工作部门、政协、司法机关、国有企事业单位担任县处级（或相当于县处级）以上职务的党外干部，民主党派各级组织领导班子成员，工商联各级组织领导班子成员中的党外人士，在有关社会团体担任一定职务并发挥较大作用的党外人士。

党外代表人士队伍建设的目标是，适应新形势下坚持和完善我国社会主义政治制度、巩固和壮大爱国统一战线的要求，着眼贯彻实施《国家中长期人才发展规划纲要（2010—2020年）》，努力建设一支数量充足、结构合理、素质优良、作用突出的党外代表人士队伍。

第一，总量适度增长。按照各领域各层次的需要，在现有基础上，培养造就一大批能够与中国共产党亲密合作、具有一定社会影响、在各自领域发挥重要作用的党外代表人士。

第二，结构更加优化。各领域有影响的高层次党外代表人士比例稳步提高，后备人才队伍年龄结构、界别结构和专业结构更加优化，形成党外代表人士层次合理、分布均衡、衔接有序的人才梯队。

第三，素质不断增强。党外代表人士政治把握能力、参政议政能力、组织领导能力、合作共事能力进一步提高，更加适应致力中国特色社会主义事业的需要。

第四，作用更加突出。充分发挥党外代表人士在国家事务和社会事务中的政治参与作用、在优化决策中的议政建言作用、在所联系成员和群众中的示范带动作用，共同推动科学发展、促进社会和谐。

五、 党外代表人士队伍建设的总体要求和工作原则

加强党外代表人士队伍建设，必须高举中国特色社会主义伟大旗帜，以邓小平理论、“三个代表”重要思想、科学发展观为指导，坚持德才兼备、以德为先用人标准，以不断增强党外代表人士的代表性为重点，以广交深交党外朋友为基础，以加强理论培训和实践锻炼为途径，以提高素质、发挥作用为目标，进一步拓宽视野、整合资源、健全机制、创新方法，着力做好发现、培养、使用、管理工作，努力建设一支高素质的党外代表人士队伍，为统一战线服务推动科学发展、促进社会和谐创造良好条件。

党外代表人士队伍建设是一项政治性、政策性很强的工作，必须坚持和把握正确的原则。

第一，坚持党管干部、党管人才与发扬民主相统一。坚持中国共产党干部路线，贯彻中国共产党人才工作方针政策，严格选拔任用的标准和程序，坚持总体规划和重要政策由党委研究制定，重大人事安排由党委研究决定，重要决策部署由党委统一安排。同时，充分发扬民主，坚持群众路线，采取多种形式听取各方面的意见，使民主协商贯穿党外代表人士队伍建设工作始终。

第二，坚持进步性与代表性相统一。既坚持共同理想，坚定政治方向，坚持德才兼备、以德为先，强调团结合作的思想政治基础，又要从党和国家工作全局的高度来认识党外代表人士问题，从国家政治制度安排的高度来做好党外干部工作，做到求同存异，不搞“纯而又纯”，确保党外代表人士的质量和数量。

第三，坚持政治教育与实践锻炼相统一。以不断增强政治共识为核心，系统深入开展中国特色社会主义理论体系、中国特色社会主义制度和社会主义核心价值体系教育。同时，注重实践锻炼，使党外代表人士在投身中国特色社会主义事业伟大实践中增强合作共事意识，提高素质能力。

第四，坚持加强培养与注重使用相统一。坚持把教育培养作为基础环节，把作用发挥作为教育培养的导向，在使用中培养，有针对性地加强政治培训和岗位锻炼，努力造就懂专业、善管理、会领导的复合型人才，不断增强政治把握能力、参政议政能力、组织领导能力、合作共事能力。

第五，坚持组织培养与自我提升相统一。热情关心党外代表人士成长，积极创造条件，搭建成长台阶，帮助其扩大影响、发挥作用，协调解决他们工作生活中的困难和问题，为他们全面成长创造良好环境。同时坚持自觉、自主、自为方针，注重激发党外代表人士学习进步的内生动力，引导党外代表人士在实践中锻炼提升综合素质。

第六，坚持统筹推进与突出重点相统一。坚持以统筹思维谋划各个环节，以重点突破带动整体推进。统筹考虑党外代表人士的数量和比例，形成总量适应、分类选备的合理梯次结构。统筹当前和长远，加强后备人才发现和储备，重点围绕换届工作需要，加快对各民主党派和工商联各级组织负责人的培养。统筹推进“六支队伍”建设，着力抓好薄弱领域代表人士培养力度。

第七，坚持发挥骨干作用与发挥群体作用相统一。对于在统一战线各领域担任重要领导职务的骨干，要有针对性地突出加强培养、充分发挥作用。同时，注重发挥“集群效应”，加强民主党派、工商联和统战有关团体领导班子建设，优化班子结构、形成合理搭配，努力实现党外代表人士群体作用的最大化。

第二节　党外代表人士队伍建设的主要环节

培养造就一支政治坚定、业绩突出、群众认同的党外代表人士队伍，需要抓住发现、培养、使用、管理四个基本环节。这四个环节职能上紧密联系，工作中环环相扣，既相对独立，又相辅相成，贯穿党外代表人士队伍建设全过程。其中，发现是前提，培养是基础，使用是关键，管理是保障。抓住了这四个环节，就抓住了党外代表人士队伍建设的根本着力点。

一、 党外代表人士的发现储备

随着我国改革开放的不断深入，经济社会结构深刻调整，人才分布从体制内向体制外扩散，人才身份从单位人向社会人转变，各行业、各领域涌现出大量有成就、有声望的党外人士，既为发现党外代表人士创造了有利契机，也对拓宽视野、延伸手臂，不断扩大选才面、提高识才率提出新的挑战。《中共中央关于加强新形势下党外代表人士队伍建设的意见》明确指出，要把有组织、有计划地广泛物色发现党外代表人士作为一项基础性工作抓紧抓好。

1. 重视发挥高等学校、科研院所的重要源头作用

高等学校、科研院所知识分子人数众多、思想活跃，是党外人才成长的摇篮，也是党外人才发挥作用、展示才华的舞台。许多著名代表性人物，如马寅初、周培源、费孝通、钱伟长、雷洁琼、周谷城、苏步青、吴阶平、丁石孙等，都来自高校或科研院所，目前八个民主党派现任中央主席均来自或曾任职于高校、科研院所。因此，重视并发挥高等学校、科研院所在培养、选拔党外代表人士方面的重要源头作用，是统一战线工作的重要经验和基本要求。

2. 拓展党外代表人士发现领域和渠道

人才分布新的时代特点，要求我们在做好从科教文卫系统特别是高等学校选拔党外干部的同时，注重从国家机关、人民团体、国有企业中选拔党外干部，特别是要探索突破区域、部门、行业、所有制等限制，依托非公有制经济组织和新的社会组织等渠道拓宽发现人才视

野，积极探索从新的社会阶层和留学回国人员中选拔优秀党外人才，提高人才发现工作的社会参与度，以更好地适应加强党外代表人士队伍建设的需要。同时，还要建立健全党外代表人士推荐机制，在规范程序、严格把关、明确责任的前提下，创新工作方式，努力实现党内推荐与党外推荐、组织推荐与个人推荐、定期推荐与日常推荐有机结合，进一步发挥各民主党派、工商联和人民团体推荐党外领导干部人选的作用。

3. 加强党外代表人士后备队伍建设

做好各方面政治交接、实现统一战线可持续发展，重点在于建立一支素质优良、数量充足、结构合理的党外代表人士后备队伍。对那些在公开选拔、竞争上岗中暂时不能提拔使用、符合后备干部条件的党外优秀人才，可按规定程序列入相应的后备名单。协助民主党派加强领导班子后备干部队伍建设。加强各级工商联领导班子后备干部队伍建设。无党派、民族、宗教、港澳台海外等各领域都要建立相应的后备队伍名单，有重点地加强培养。建立党外代表人士后备队伍需要把握两个要点：一方面，应把党外代表人士后备队伍建设纳入中国共产党干部和人才队伍建设总体规划，并根据人大、政府、政协、法院和检察院、国有企事业单位、社会团体等方面推荐使用的需要，按照多于可配备职数的要求，建立党外代表人士后备名单，实现备用结合；另一方面，由于党外代表人士后备人才的特点和经历与党政领导班子后备干部存在较大差异，本身不一定是领导干部身份，因此要进行更有针对性地选拔、培养、使用和管理，促进其更好地成长成熟。

4. 把综合评价作为党外代表人士推荐使用的必经环节

探索开展党外代表人士综合评价工作，是创新识人载体的重要举措，规范选人标准的科学依据，同时也是树立正确育人导向的必然要求。把综合评价作为党外代表人士推荐使用的必经环节，建立科学实用的指标体系，分类开展综合评价工作，实现综合评价和现有评价方式相结合，不断提高选人识才的客观性、全面性、准确性。开展党外代表人士综合评价，一方面要根据政治性、专业性和群众性的要求，针对不同领域党外代表人士的特点，科学设置综合评价的指标体系；另一方面要准确把握综合评价的程序方法，建立党委统一领导，统战部门牵头实施，党政有关部门、民主党派、工商联和有关团体配合参与的党外代表人士综合评价工作机制，稳妥选择适当单位进行试点后总结推广，逐步将综合评价纳入人大、政协、民主党派、工商联、统一战线有关团体换届人事安排的工作程序。

【拓展阅读】

探索开展非公有制经济代表人士综合评价

2005年起，中央统战部研究制定了非公有制经济代表人士综合评价指标体系，会同有关部门开展综合评价试点工作。评价对象是已作或拟作安排的非公有制经济代表人士，评价内容包括思想政治、诚信守法、企业经营和社会责任等。2010年起，非公有制经济代表人士综合评价工作从局部试点向全国推广。统战部门在非公有制经济代表人士队伍建设中坚持“凡用必评”原则，非公有制经济代表人士安排担任工商联组织领导职务或政协委员、参与评优表彰，都必须把综合评价作为前置程序。2011年市县换届，中央明确要求，人大代表、政协委员人选中的非公有制经济人士，均由党委统战部门牵头开展综合评价。实践证明，通过开展综合评价，探索建立起一套在“体制外”甄别人才的有效机制，为推进非公有制经济代表人士队伍建设的制度化、规范化和程序化提供了重要支持。

5. 把一部分优秀人才留在党外

把一部分优秀人才留在党外，是坚持和完善中国共产党领导的多党合作和政治协商制度的需要，也是保证爱国统一战线持续发展的需要。新民主主义革命时期到社会主义现代化建设新时期，中国共产党始终坚持有计划、有意识地把一部分优秀人士留在党外发挥作用，为我国多党合作制度建设提供人才保证。目前党外人才整体较好，但数量总体不足，有的领域高层次人才匮乏，有的领域后备队伍不能满足持续发展的需要，甚至出现青黄不接、后继乏人的断层现象，这就更加需要有意识、有目的地把一部分优秀人才留在党外，为提高合作共事水平奠定基础。

二、 党外代表人士的教育培养

加强党外代表人士的教育培养，是事关统一战线长期持续发展的基础性工作，对于巩固党与党外人士长期合作的思想政治基础、坚持走中国特色社会主义政治发展道路，具有十分重要的意义。可以通过采取理论培训、实践锻炼和思想政治教育等切实举措，帮助党外代表人士成长进步。

1. 强化理论培训

理论培训主要是采取普遍轮训和重点调训相结合的办法，依托社会主义学院、党校、行政学院等平台，对党外代表人士进行系统政治培训。统一战线历来有开展理论培训的优良传统。理论培训的首要任务是坚持以政治培训为主，以不断增强政治共识为核心，系统深入开展中国特色社会主义理论体系和社会主义核心价值体系教育，引导党外代表人士始终与中国共产党在思想上同心同德、目标上同心同向、行动上同心同行。理论培训的内容是，不断完善以坚定走中国特色社会主义道路为主题，以基础理论、政治素养、统战政策、法律知识、能力培养为主要内容的教学布局。随着培训理念的更新，越来越强调尊重党外代表人士的主体地位，坚持“自觉、自主、自为”的方针，注重激发党外代表人士理论学习的内生动力。近年来，各级统战部门不断深化统一战线教育培训教学改革，创新培训方式，推广开展研究式、互动式、案例式、模拟式等教学方式，积极运用信息网络技术等新手段，极大地增强了理论培训的针对性和实效性。

2. 加大实践锻炼力度

实践锻炼主要是组织党外代表人士通过参加考察调研、社会服务、挂职锻炼等实践活动，了解社情民意，积累行政经验，提高综合素质能力。党外代表人士中很多是搞学术和科研出身的专家学者，相对缺乏行政领导岗位特别是政府及其工作部门岗位锻炼，加强实践锻炼是丰富行政工作经验、提高组织领导能力的重要途径和有效措施。应将党外干部纳入党政领导干部交流总体规划，组织党外干部到西部地区、东北老工业基地、经济相对发达地区、重大工程和上级机关挂职锻炼或任职。重视组织党外代表人士到沿海地区、中西部地区、民族地区考察学习，参与社会服务，在参与经济社会发展的实践中接受教育、增长才干。近年来，上海、重庆等地探索开展建立党外代表人士实践锻炼基地的工作，取得了很好工作成效和社会反响。2011 年至 2012 年，中央统战部在总结地方经验基础上，先后在上海、甘肃、贵州、北京、重庆建立了全国党外代表人士实践锻炼基地，两年共选派 31 名地厅级党外干部挂职担任省级政府部门或市级政府领导班子副职，取得了很好的效果。

3. 注重思想政治教育

随着我国经济社会结构的深刻变化，人们思想活动的自主性、选择性、独立性不断增强。统一战线处于我国改革发展的第一线和反分裂、反渗透的前沿，只有大力加强对党外代表人士的思想政治教育，才能不断巩固共同的思想政治基础，共同推进中国特色社会主义建设事业发展。坚持寓思想政治教育于日常工作之中，及时准确了解党外代表人士思想状况，有针对性地加强教育引导。加强历史知识学习和优良传统教育，积极开展主题教育活动，引导党外代表人士继承发扬老一辈党外代表人士的优良传统和崇高风范，始终与中国共产党风雨同舟、亲密合作。支持党外代表人士进行自我教育，在参政议政、考察调研和岗位实践中增进对党和国家政策、社会发展目标的认同，激发凝聚同心共识的内生动力。对党外代表人士中的不正确思想观点和行为，敢于批评，帮助提高认识、促进团结。

【拓展阅读】

党外代表人士赴西柏坡纪念中共“五一口号”发布60周年

2008年4月，中央统战部组织各民主党派中央新老领导人和无党派人士代表赴当年中共中央所在地西柏坡参观学习并举行纪念会，纪念中共中央发布“五一口号”60周年。一天半的学习参观活动，既有实地考察，又有参观学习，还有座谈交流，党外代表人士普遍受到了一次深刻难忘的坚持和完善多党合作制度的教育，更加自觉地接受中国共产党的领导，坚持走中国特色社会主义道路。

4. 发挥社会主义学院主阵地作用

社会主义学院是中国共产党领导的统一战线性质的政治学院，是民主党派和无党派人士的联合党校，是党和国家干部教育培训体系的重要组成部分，是党外代表人士教育培训的主阵地。长期以来，社会主义学院坚持社会主义办学方向，切实加强正规化建设，不断提高办学质量，充分发挥作为统一战线人才培养基地、理论研究基地、方针政策宣传基地的作用。各级党委政府加大对社会主义学院基础设施等方面的投入，积极帮助改善办学条件，提高办学水平。加强与民主党派、工商联和有关部门的协作，广泛吸纳社会力量，推动学科体系建设，逐步形成具有统战特色的优势学科，切实发挥科研的支撑作用，为提高教学水平、推动统一战线理论政策创新服务。

【拓展阅读】

中央社会主义学院在党和国家领导人关心下创立与发展

党和国家领导人历来关心和支持社会主义学院建设。1956 年，在毛泽东、周恩来等老一辈无产阶级革命家的亲自关怀下，中央社会主义学院在北京正式创立，毛泽东亲自为学院命名。中共十一届三中全会以后，中央社会主义学院在邓小平关心下恢复工作，邓小平亲笔题写了校名。1992 年，江泽民同志为中央社院题写了“爱国、团结、民主、求实”的八字校风。2006 年，在中央社院建院 50 周年之际，胡锦涛同志专门发贺信，对中央社院在新世纪新阶段的发展提出了明确要求，指明了前进方向。目前，全国 31 个省（区、市）、15 个副省级城市及新疆生产建设兵团都建立了社会主义学院，地（市）建立社会主义学院 364 所。社会主义学院的主阵地作用体现在培训规模和班次性质两方面。2007 年至 2011 年来共举办党外代表人士培训班 500 多期，培训 31 000 多人次；各级统战部主办的民主党派骨干班、中青班等主体班次均由社会主义学院承办。

三、 党外代表人士的推荐使用

选拔党外代表人士担任各级领导职务，是坚持中国特色社会主义政治发展道路的需要，是充分发挥多党合作制度优势的需要，有利于促进中国共产党实现科学执政、民主执政、依法执政，进一步巩固人民民主专政的国家政权。

1. 贯彻落实党外代表人士推荐使用的政策要求

中共中央历来重视党外代表人士的推荐使用，对人大、政府、政协、法院和检察院、国有企事业单位、社会团体等方面的推荐使用提出了明确要求，强调选拔和推荐更多优秀党外人士担任各级国家机关领导职务。

党外代表人士在人民代表大会中的推荐使用。中共中央有关文件规定，要保证民主党派成员和无党派人士在各级人大代表、人大常委会委员和人大专门委员会委员中占有适当比例，在各级人大领导班子成员中有适当数量；在全国和省级人大常委会中应有民主党派成员或无党派人士担任专职副秘书长。2008年全国人大换届后，十一届全国人大常委会副委员长共13人，其中党外代表人士6人；常委会委员共175人，其中党外代表人士49人；专门委员会组成人员235人，其中专委会党外副主任15人，委员34人；全国人大代表共2 987人，其中党外代表801人，广泛分布于各个领域。

党外代表人士在政府及其工作部门中的推荐使用。中共中央有关文件规定，省级、副省级城市和其他省会城市政府领导班子要配备党外干部，市、县政府领导班子配备党外干部数量要有增加。除有特殊要求的部门外，其他政府部门可选配党外干部担任领导职务，重点在行政执法监督、与群众利益密切相关、紧密联系知识分子和专业技术性强的部门配备。国务院有关部委领导班子配备党外干部的数量要逐步提高，以往配备过党外干部的部门有合适人选可积极配备。各省区市可明确需要配备党外干部的工作部门的适当比例。加大党外正职安排力度，对符合任职条件的党外干部，可根据工作需要选拔担任部门（单位）行政正职。领导班子职数已满又需要配备党外干部的，在领导班子出现空缺时，应优先配备党外干部。截至2011年年底，省市县三级人民政府和省、副省级市政府工作部门共配备党外干部3 369名。其中，29个省（区、市）人民政府配备了党外副省长（副主席、副市长），15个副省级城市配备党外副市长；全国381个市（地、州、盟、区）人民政府配备党外副职348名；全国2 799个县（市、区、旗）人民政府配备党外副职2 443名。各省（区、市）1 307个政府工作部门共配备党外厅（局）长359名。党外领导干部正职安排数量显著增加，国务院组成部门配备党外正职2名，各省（区、市）、副省级城市和省级人民团体、企事业单位领导班子中配备党外正职共137名。

党外代表人士在人民政协中的安排。中共中央有关文件规定，要保证党外人士在各级政协中占有较大比例，其中政协委员不少于60%，政协常委不少于65%，政协副主席不少于50%（此项要求不包括民族自治地方）。民主党派成员和无党派人士在政协各专门委员会负责人中应有适当数量，在委员中应占有适当比例。政协机关中要有一定数量的民主党派成员和无党派人士担任专职领导职务。全国政协和省级政协应有党外代表人士担任专职副秘书长。2008 年换届后，十一届全国政协副主席共 25 人，其中党外副主席 13 人，8 个民主党派中央、全国工商联以及无党派人士、民族宗教界人士、港澳人士都有安排；全国政协常委共 298 人，其中党外常委 195 人；全国政协各专门委员会主任、副主任共 122 人，其中党外副主任 33 人；全国政协委员总共 2 237人，其中党外委员 1 345 人。

党外代表人士在司法机关的推荐使用。中共中央明确要求，各级法院、检察院要逐步选配符合任职条件的党外代表人士担任领导职务，市、县两级法院、检察院领导班子中党外干部数量要进一步提高，特别是重点做好在省级法院、检察院领导班子中配备党外干部。截至 2011 年年底，31 个省级法院、检察院中分别有 18 个、16 个配备了党外干部，都配备党外副职的有 14 个；396 个市级法院、检察院中分别有 114 个、99 个配备；2 790 个县级法院、检察院中分别有 555 个、486 个配备。

党外代表人士在企事业单位和社会团体的推荐使用。高等学校领导班子中一般要配备党外干部，积极选配符合条件的党外人士担任行政正职。继续推动人民团体、科研院所、国有企业党外干部选拔任用。积极举荐党外代表人士到有关社会团体任职。进一步做好聘请党外代表人士担任政府参事、文史研究馆馆员、司法机关和政府部门特约人员的工作。

【背景资料】

党外干部担任国务院部委正职引起海外媒体广泛关注

2007 年，时任致公党中央副主席万钢和无党派代表人士陈竺先后被任命为科技部部长和卫生部部长，这是自 1972 年 10 月傅作义离任水利部部长，时隔 35 年后党外人士重又出任国务院部委正职，在海内外引起强烈反响，一些境外媒体纷纷进行报道。法新社 2007 年 4 月 28 日报道说，这创下了一项新纪录，体现了中共吸纳非共产党人士等其他社会精英入阁的决心。新加坡《联合早报》2007 年 5 月 4 日发表文章称，安排党外人士担任国务院部门正职，不仅能提高中共执政的效果，也能稳健地推进中国民主，还有利于共产党与官员的清廉。美国《侨报》2007 年 4 月 30 日发表文章称，在选拔非中共人士方面，当局的政策是务实富有前瞻性的，必将激励更多的非中共人士致力于民族复兴。

2. 正确把握推荐使用党外代表人士的原则标准

党外代表人士推荐使用既要坚持标准和条件，遵循人才成长的一般规律，又要充分考虑统战工作实际需要，不拘一格广纳群贤。一是坚持标准条件。把握德才兼备、以德为先的选人标准，特别是严把政治关，突出体现为是否与中国共产党“思想上同心同德，目标上同心同向，行动上同心同行”。在这个前提下，注重选拔那些专业上突出、群众中认同、参政议政能力较强的党外代表人士。党外干部选拔要参照执行《党政领导干部选拔任用工作条例》，担任法院、检察院领导班子领导职务的，还要具备相关法规要求的任职资格。二是解放思想、拓宽视野。牢固树立人才资源是第一资源的理念，以更宽的视野、更高的境界、更大的气魄，广开进贤之路，努力探索突破区域、部门、行业、所有制的局限，把各方面优秀党外人才及时发现出来、合理使用起来。根据经济社会发展带来的人才资源分布的新变化，积极探索从新的社会阶层和留学回国人员中选拔优秀党外代表人士担任领导职务。三是充分考虑统战工作实际需要。坚持从实际出发，客观、公正、全面地评价党外代表人士，既遵循一般规律，原则上按照干部选拔任用有关规定执行，同时又考虑到党外代表人士的特点，从贯彻中国共产党的统战政策和改善领导班子结构着眼，将原则性与灵活性有机结合，实现选人方式的不拘一格和用人标准的不降格以求。

3. 建立健全推荐使用党外代表人士工作机制

适应干部人事制度改革需要，完善选拔任用工作机制，对于加强党外代表人士队伍建设带有根本性、全局性、稳定性和长期性。在新形势下，健全完善党外代表人士推荐使用机制，关键是明确各部门职责，促进优势互补，形成工作合力。统战部门是牵头负责党外代表人士队伍建设的职能部门，在选拔使用方面负有重要职责。根据中共中央规定，党委统战部门要加强与组织部门沟通联系，研究重大政策、重要事项，认真做好党外干部的发现、推荐、培养，并协助做好党外干部考察等工作。党委决定对党外干部任免、调动、交流前，组织部门征求统战部门的意见。党委统战部门会商有关部门，负责做好党外人大代表、党外人大常委会组成人员候选人的推荐提名工作。各级政协委员的人选推荐工作，党内的由同级党委组织部门提名，党外的由同级党委统战部门提名，建议名单由统战部门汇总，在征求组织部门、政协党组意见后，报同级党委审定，然后按政协章程规定的程序办理。建立健全组织部、统战部联席会议制度，形成共同制订规划、共同物色选拔、共同培养教育、共同考察人选、共同向党委推荐、共同督促考核的工作格局。

近年来，一些地方在推动干部人事制度改革过程中，将采用竞争性选拔任用党政领导干部工作与推荐使用党外代表人士结合起来，定向公开选拔党外干部担任特定岗位领导职务，形成有利于优秀党外人才脱颖而出的机制，为推荐使用党外代表人士探索了一条新路。

【典型案例】

各地开展党外干部定向公开选拔

很多地方公开选拔党政领导干部时，都拿出一些行政执法监督、与群众利益密切相关、紧密联系知识分子和专业技术性强的部门岗位，定向公开选拔党外干部，一批年富力强的优秀党外干部脱颖而出走上领导岗位。比如，有的省以深化干部人事制度改革为契机，积极探索通过公开选拔、公推公选，促进优秀党外干部脱颖而出。在定向公开选拔党外干部时，根据实际情况适当放宽年龄要求和任职资历。有的市把党外干部列入全市公开选拔党政领导干部工作范围，明确具体岗位，公开选拔条件，促使一批党外干部脱颖而出，走上领导岗位。

四、 党外代表人士的管理

加强党外代表人士管理，是贯彻“党管干部、党管人才”原则的必然要求，是发挥统一战线和多党合作制度优势的必然要求，也是保障党外代表人士健康成长的必然要求。中共中央明确强调，注重党外代表人士的管理，提高管理的科学化水平。

加强党外代表人士管理，根本着眼点是坚持正确的政治方向，推动党外代表人士更好地发挥作用，为统一战线和多党合作提供更加坚实的人才支撑。具体目标是增进政治共识，践行“同心”思想；促进合作共事，更好地履职尽责、发挥作用；明确成长方向，激发内生动力，不断提高综合素质。管理重点主要是思想政治表现，特别是在关键时刻、重大问题上的政治态度和表现；参政议政情况，包括在本职岗位和人大、政协、党派履职情况，以及作为代表人士联系群众、服务社会等方面的表现情况；廉洁自律情况，包括遵守国家法律法规和廉政规定，以及接受监督等情况。

加强党外代表人士管理，需要遵循以下四个方面的原则：一是“同心”引领、夯实基础，加强正面教育引导，在思想上打牢致力共同事业的思想政治基础；二是平等相待、自觉自为，发扬统一战线自我教育、自我管理的优良传统，将外在的监督管理内化为自觉自律；三是以人为本、柔性管理，运用统一战线方式，通过沟通协商、照顾利益、联谊交友等方式增强管理的亲和力和有效性；四是统筹协调、宏观管理，统战部门牵头协调党外代表人士所在单位、所在党派以及人大、政协等多方面，共同实施管理。

加强党外代表人士管理，需要坚持分级分类管理，针对不同领域党外代表人士特点，探索运用民主评议、述职述廉、定期考核、诫勉谈话等方式，促进党外代表人士健康成长。从实践情况看，加强党外代表人士管理的着力重点有以下几个方面：

一是探索建立履职考核体系。担任政府、司法机关及国有企事业单位领导职务的党外干部，党委组织部门要在领导班子和干部队伍建设中注意加强管理，同时探索建立联系沟通机制，年度考核情况抄送党委统战部。人大、政协中的党外代表人士，党委统战部门要加强与同级人大、政协的联系，定期了解掌握党外代表（委员）出席会议活动、参与考察调研、提交提案建议等情况，变以往换届一次考察为任期内跟踪考核。各方面已作安排的党外代表人士，所在单位党组织要做好思想政治工作、加强日常管理考核；党委统战部门通过会议座谈、定期走访、个别谈话、开展活动、教育培训等多种形式和渠道，经常性地了解收集党外代表人士的表现，特别关注其在重大事件关键时刻的表现。

二是探索运用信息技术构建管理平台。运用新媒体打造宣传引导平台，积极利用网络和短信平台发布重要信息，宣传统战政策和党外代表人士中的模范典型，强化正面宣传的引领力和影响力。利用网络空间打造沟通交流平台，在主流门户网站开辟统一战线论坛，鼓励统战干部开设博客或微博，在虚拟空间中弘扬核心价值、增进政治共识。

开发数据库打造信息管理平台，建设统战系统通用、标准统一的党外代表人士数据库，努力实现各省区市、各领域的全覆盖，实现对党外代表人士基本情况、奖惩考核、教育培训、联谊交友等信息的动态管理。

三是统筹资源创新管理机制。党委统战部发挥牵头协调作用，从总体上掌握党外代表人士的情况。具体工作中，一方面，注重横向协调，积极与人大、政协、监察、组织等部门加强沟通，形成日常联系机制，重视发挥民主党派、工商联组织和相关统战社团作用，及时了解掌握党外代表人士的政治表现和参政议政情况；把党外领导干部管理纳入组织部与统战部联系制度的重要内容，互相通报考核情况，共同研究管理工作。另一方面，实现纵向联动，上下级统战部门按照分级负责原则，分工抓好党外代表人士管理。对拟推荐为更高层次安排的后备人选，由下级统战部门定期汇报考核结果、及时报告评价情况，形成各级统战部门信息资源共享、工作有序衔接的良好局面。

第三节　搞好中国共产党与党外代表人士的合作共事

中国共产党与党外代表人士的合作共事，是统一战线中最经常、最大量、最普遍的关系，存在于统一战线的各个时期、各个领域、各个层次、各个环节。毛泽东曾经说过，“国事是国家的公事，不是一党一派的私事。因此，共产党员只有对党外人士实行民主合作的义务，而无排斥别人、垄断一切的权利”①。重视加强党与党外人士的合作共事，是加强人民政权建设、巩固中国共产党执政地位的必然要求，是坚持和完善多党合作基本政治制度、推进社会主义民主政治建设的必然要求，也是实施人才强国战略、把全社会各方面的优秀人才集聚到党和国家事业中来的必然要求。

---

①　毛泽东：《在陕甘宁边区参议会的演说》，见《毛泽东选集》，2版，第3卷，809页。

一、 中国共产党历来高度重视与党外人士合作共事

中国共产党领导的国家政权建设，始于土地革命时期的革命根据地。当时政权的组织形式，基本上是套用苏维埃模式，称为中华苏维埃工农民主共和国。这是土地革命战争时期，中国共产党领导和建立的反对国民党统治的工农民主的民族统一战线在根据地政权上的体现。参加政权的主要是无产阶级和农民阶级，还有下层小资产阶级。1931年“九一八”事变后，中华民族面临着生死存亡的危机。1935年12月瓦窑堡会议后，中国共产党确立了争取联合民族资产阶级和一切爱国力量共同抗日的政治路线。毛泽东指出，“根据抗日民族统一战线政权的原则，在人员分配上，应规定为共产党员占三分之一，非党的左派进步分子占三分之一，不左不右的中间派占三分之一”①。抗日战争时期的政权建设，认真贯彻了“三三制”的原则，从组织上保证了中国共产党同党外人士的合作共事。解放战争时期，中国共产党继续坚持“三三制”政策，进一步发展了人民民主统一战线，团结了全国各民族、各民主阶级、各民主党派、无党派爱国人士及广大侨胞，最大限度地孤立了国民党反动派，很快取得了新民主主义的伟大胜利。

【典型案例】

实行“三三制”的典范

陕甘宁边区率先实行“三三制”，为各抗日根据地树立了榜样。该区在政府委员会选举中，共产党限制自己的候选人只占1/3，其他2/3分配给属于其他阶级、党派中的民主人士。共产党组织责成自己的党员选举他们，并号召群众选举他们。当选出的18名边区政府委员中有7名共产党员时，徐特立自行请求退出，依次由非党人士白文焕递补。党外人士李鼎铭还当选为边区政府副主席。

新中国成立前夕，毛泽东在中共七届二中全会上强调指出：“我党同党外民主人士长期合作的政策，必须在全党思想上和工作上确定下来。我们必须把党外大多数民主人士看成和自己的干部一样，同他们诚恳地坦白地商量和解决那些必须商量和解决的问题，给他们工作做，

---

① 毛泽东：《抗日根据地的政权问题》，见《毛泽东选集》，2版，第2卷，742页。

使他们在工作岗位上有职有权，使他们在工作上做出成绩来。”① 在中国人民政治协商会议第一届全体会议的662名代表中，共产党员占44%，非中共人士占56%，在普选的全国人民代表大会召开之前，国家一切大政方针都先经过政协全国委员会协商，然后建议政府施行。在1949年10月成立的我国第一届中央人民政府中，国家副主席6人中，党外人士3人；政府委员56人中，党外人士28人；政务院副总理4人中，党外人士2人；政务委员15人中，党外人士9人；最高人民法院院长和最高人民检察院副检察长由党外人士担任；政务院所辖4个委员会和30个部、会、院、团、行等机构中，担任正职的民主党派、无党派人士14人。地方各级政府机关、学校、企业和武装部队中，还有大量的党外工作人员。在1954年选举产生的第一届全国人民代表大会1 226名代表中，中共党员668人，占54.49%，党外人士558人，占45.51%，也充分体现了统一战线和多党合作的基本政策。

社会主义改造基本完成后，中国共产党仍然十分注重选拔民主人士担任国家机关领导职务，并发挥他们的重要作用。在1959年第二届全国人民代表大会产生的国务院中，有12名党外人士担任部委办局正职；省级人民政府中任领导职务的党外人士62名，其中正职3名。到20世纪60年代中期以后，由于“左”的思想影响，政权机关担任领导职务的党外人士逐步减少。在“文化大革命”中，统一战线遭到破坏，中国共产党同党外人士的合作共事也受到严重影响。

【统战典故】

真诚保障党外人士有职有权

新中国成立以后，中共中央十分强调党员在党与非党关系上应负主要责任，要求共产党员在政府工作中一定要同党外人士沟通政策思想，使他们有职有权。周恩来曾以“中财委”为例指出：“陈云同志主持中财委的工作，都是要各部部长对本部工作做报告。非党人士担任部长的就要非党人士做报告，如轻工业部就要黄炎培报告，水利部就要傅作义报告。开始他们情况不熟，报告后可由副部长补充，久了情

① 毛泽东：《在中国共产党第七届中央委员会第二次全体会议上的报告》，见《毛泽东选集》，2版，第4卷，1437页。

况熟了，连补充也不需要。同时有任务也责成他们负责完成，比如说河水决口，要水利部负责，傅作义自然会下去布置。有职、有权、有责，自然会发挥他们的积极性。这方式很好。政务院的政务会议每星期召开一次，有关文件等也交非党人士审查，一切指示、法令也要他们修改。这样，不仅不会动摇我们的政策，而且还会完善我们的政策。”① 当时，交通部党组个别领导成员就未能同党外人士搞好关系，中央领导责成交通部党组深刻检讨，中财委分党组向其所属各部、署、行、局党组发出关于交通部党组团结民主人士问题检讨的通报。毛泽东在通报上做出批示，要求将此件转发给中财委系统以外的各部门党组研究，对那些问题严重的部照交通部党组办法写出检讨申明书。

中共十一届三中全会后，中国共产党同党外人士的合作共事逐步得以恢复。邓小平在中国共产党第十二次全国代表大会开幕讲话中指出：“我国各民主党派在民主革命时期同我们党共同奋斗，在社会主义时期同我们党一道前进，一道经受考验。在今后的建设中，我们党还要同所有的爱国民主党派和爱国民主人士长期合作。”② 他还指示：“保证能够培养、选拔和选举优秀人才，不管是党员非党员，凡是能干的人就要使他们能充分发挥作用。”③ 1979 年，《中共中央批转中央组织部、统战部关于在国务院各部委和地方各级人民政府中安排党外人士担任领导职务的请示报告》规定，国务院各部委和地方各级人民政府，凡有条件和对象的单位，要考虑安排一些党外人士担任副职，国务院部长、司（局）长以及地方厅（局）长中也可安排条件合适的党外人士。在中共中央的推动下，1978 年五届全国人大会议后，先后安排 11 名党外人士担任国务院部委办局和直属事业单位副职，25 名担任省区市政府副职。1983 年六届全国政协 2 039 名委员中，非中共人士比例上升到 64%，人民政协的性质、作用被庄严地载入我国宪法。

---

① 周恩来：《发挥人民民主统一战线积极作用的几个问题》，见《周恩来统一战线文选》，175 页。

② 邓小平：《中国共产党第十二次全国代表大会开幕词》，见《邓小平文选》，1 版，第 3 卷，4 页。

③ 邓小平：《目前的形势和任务》，见《邓小平文选》，2 版，第 2 卷，271 页。

中共十三届四中全会后，中国共产党与党外人士的合作共事进一步规范发展。江泽民同志在1990年全国统战工作会议上发表讲话指出，中国共产党同党外人士实行民主合作的原则是坚定不移的。要在国家政治生活和社会生活的各个领域、各个环节包括社会基层单位，教育中国共产党内的各级干部善于同党外合作共事。积极举荐符合干部“四化”条件、德才兼备的党外干部，在各级政府和司法机关担任适当的领导职务，支持他们的工作，发挥他们的专长，保证有职有权有责。1992年9月，中央组织部、中央统战部联合下发了《关于加强和改善各级人民政府及司法机关中同党外人士合作共事的意见》。1995年4月，中央组织部和中央统战部联合召开新中国成立以来第一次全国培养选拔党外干部工作座谈会。在中共中央的高度重视和推动下，1998年九届全国人大会议后，先后有15名党外人士担任国务院部委办局和直属事业单位副职，31个省、自治区、直辖市政府全部配备了党外副省长、副主席、副市长或省长助理、主席助理。

中共十六大以来，以胡锦涛为总书记的党中央，高度重视同党外人士的合作共事，继续推进新世纪新阶段的党外干部培养选拔工作。经中共中央批准，中央组织部、中央统战部于2004年召开了第二次全国培养选拔党外干部工作座谈会，认真总结了培养选拔党外干部工作的做法和经验，明确了新形势下培养选拔党外干部工作总的要求和主要任务，对加强党外干部的培养教育、完善党外干部选拔任用工作机制、搞好合作共事等一系列重大问题进行了具体部署。2010年中共中央办公厅下发《2010—2020年党外代表人士教育培训改革和发展纲要》。2012年中共中央下发《关于加强新形势下党外代表人士队伍建设的意见》，这是新中国成立以来第一次以中共中央名义专门就党外代表人士队伍建设下发的文件，具有重要的里程碑意义。

【数字说话】

党外干部队伍建设成就显著

党外干部配备数量不断增多，截至2011年年底，全国机关干部中担任县处级以上职务的党外人士达到3.3万余人。安排层次不断提高，一批优秀党外干部走上正职领导岗位，国务院配备两位党外正部长，省（区、市）、市（地、州、盟、区）两级政府部门领导班子有党外正职近300名。队伍结构更加合理，据抽样调查，县处级及地厅级党外干部中研究生以上学历占37.4%，50岁以下的占80.8%，党外干部从以往主要集中在教科文卫等部门，逐步向关系国计民生的经济领域和关系群众切身利益的执法监督等领域拓展。

二、 合作共事的主要形式

一般意义上讲的合作共事，主要是指中国共产党与各民主党派、无党派人士在国家政权机关中的合作共事，包括选拔党外人士担任中央国家机关、地方政府及其工作部门、法院检察院的领导职务，并支持他们发挥作用，同时还包括人民代表大会、人民政协以及其他领域中国共产党与党外代表人士的合作共事。

1. 人民代表大会中的合作共事

人民代表大会是我国人民行使国家权力的机关，也是民主党派成员和无党派人士参政议政与发挥监督作用的重要机构。支持党外代表人士在人大中发挥作用，是中国共产党与党外人士在国家政权中合作的重要体现，也是党外人士参加国家政权、参与国家事务管理的一个重要方面。地方党委和有关部门在充分尊重选民意愿的基础上，根据选举法的规定，做好党外候选人的推荐和宣传介绍工作，保证党外代表人士占有一定比例。

党外人士参加人民代表大会，不代表党派，而是以人民代表身份，根据宪法和有关法律，按法定程序行使国家权力。中共中央要求，支持党外人大代表依法行使职权，认真办理党外人大代表的议案和建议，中共人大党组成员与担任人大领导职务的党外人士经常沟通思想，交换意见，真诚合作。

2. 政府和司法机关中的合作共事

中国共产党在革命、建设和改革的不同时期，先后出台了一系列政策、措施和制度性规定，选拔党外人士担任各级政府和司法机关的领导职务，并明确规定加大党外正职安排力度，符合任职条件的党外干部，可根据工作需要选拔担任部门（单位）行政正职。

中共中央文件还明确规定，在各级政府和司法机关担任领导职务的党外干部，在职权范围内与共产党员干部有同等的权力。他们根据集体领导和个人分工负责相结合的制度，参加行政领导，参与有关方针政策的研究和制定，参与全局性事务和重大问题的讨论决定，对分管工作享有行政管理的指挥权、处理问题的决定权和人事任免的建议权，中共党组（党委）会议一般要邀请领导班子中的党外干部列席。国务院和地方各级政府还根据需要召开有民主党派负责人和无党派人士参加的座谈会，就拟提交人民代表大会审议的政府工作报告、有关重大政策措施和关系国计民生的重大建设项目征求意见，通报国民经济和社会发展的有关情况。

【典型案例】

农业部党组重视加强党与党外人士的合作共事

农业部党组一直高度重视与党外人士搞好合作共事，始终坚持一视同仁，放手让他们大胆工作，敢于领导，勇于负责，努力使他们充分发挥作用。工作中，除研究党内问题外，部党组会议都要邀请党外副部长列席。凡是涉及农业和农村经济发展的重大决策、涉及群众利益的重要问题，部党组都要认真听取党外副部长的意见，充分发挥他们对重大问题的参与决策和民主监督作用。中央有关文件都送党外副部长传阅，部党组的政治理论学习也邀请他们参加，共同提高执行中国共产党路线、方针和政策的水平。部党组在领导班子分工中，对党外干部充分信任，保证他们有职有权有责，明确副部长分管业务范围内的工作，除重大问题需向部长请示或经党组会议、部常务会议讨论外，其他业务工作均由分管部领导全权负责。

3. 人民政协中的合作共事

支持党外代表人士在人民政协中履行职责、发挥作用，是合作共事的重要方面。在全国政协和有民主党派地方组织的省、市政协中，设置民主党派界别，在无党派人士界别和其他团体、方面及特邀界别中也安排了大量党外代表人士。中共中央要求，支持党外政协委员履行职责，认真办理党外政协委员的提案和建议；尊重和保障各民主党派在政协的各种会议上以本党派的名义发表意见的权利；尊重和保障各民主党派和无党派人士开展视察，提出提案、举报，反映社情民意，以及参与调查和检查活动的权利。政协机关为党外人士加强学习、开展活动、发挥作用创造条件。政协委员所在单位支持其参加政协活动，保障其各项待遇不因参加政协活动而受到影响。

除了上述三个方面外，人民团体、高等学校、科研院所、国有企业等单位也有大量党外代表人士。对于这些领域广泛存在的合作共事，中共中央也同样要求坚持政治上充分信任、工作上大力支持、生活上关心照顾，加强党与党外人士的合作共事，团结广大党外人士共同推进中国特色社会主义伟大事业。

三、 保障党外干部依法行使权力

根据中共中央有关文件规定，党外干部对分管工作享有行政管理的指挥权、处理问题的决定权和人事任免的建议权。在实际工作中，保障党外干部“三权”，是搞好合作共事、充分发挥作用的重要基础。

保障党外干部“三权”，根本着眼点是提高能力素质、更好地发挥作用。一方面，中共党组织要敢于、善于授权，给党外干部交任务、压担子，在实践特别是完成重大任务中经受锻炼、砥砺品质，提高政治把握能力、参政议政能力、组织领导能力、合作共事能力；另一方面，党外干部也需要在职权范围内，勇于承担责任，敢于行使权力，充分发挥主观能动性和创造性，争创一流业绩。

保障党外干部“三权”，关键是建立相关制度、理顺职责关系。其中主要有健全党组会议、行政会议议事规则，党组会议一般应邀请党外干部列席，党内有关文件送党外干部阅读，行政会议有关事项讨论决策充分听取党外干部意见建议。明确职责分工，进一步明确党外干部在领导班子中具体的工作职责、任务和权力范围，对其职责范围内的各项工作拥有决定权，党组全力支持党外干部做好行政工作。建立沟通协商制度，坚持有关重大事项党内党外充分协商，对党外领导干部分管工作范围内的重要事项应事先听取并尊重党外干部的意见和建议。

保障党外干部“三权”，基础在于党委重视支持、营造良好氛围。上级党委经常了解各单位党与党外人士合作共事情况，注意听取党外人士的意见和建议，对配备党外干部特别是党外行政正职的单位，把合作共事情况纳入班子考核内容，作为领导干部任用的重要依据。组织部门会同统战部门对合作共事情况进行检查考核，宣传部门加强对多党合作制度和合作共事典型的宣传报道，共同营造保障党外干部发挥作用的良好氛围。

四、 搞好合作共事需要处理好的关系

中国共产党同党外人士的合作共事，主要方面在中共干部特别是中共领导干部，同时也需要党外干部认真履行职责。从实践中看，搞好合作共事，需要处理好三个方面的关系。

1. 正确处理中共党组（党委）与党外领导干部的关系

党组（党委）尊重、信任党外干部，支持党外干部开展工作，是保证党外干部有职有权有责、充分发挥其作用的基本前提。中共党组织及中共党员，尤其是领导干部应尊重党外人士的职权，同党外干部建立起良好的合作共事关系。邓小平曾经指出，凡是党员与非党员合作不好，首先是党员负责、不管你有理无理，同党外人士搞好合作共事关系，是每个共产党员义不容辞的责任。在实际工作中，党组（党委）根据党外干部的特长，扬长避短，合理分工，调动他们的积极性和创造性。对党外干部分管工作范围内的重要事项包括人事问题，事先听取并尊重他们的意见和建议。除有特殊规定外，党组（党委）会议邀请领导班子中的党外干部列席，有关文件要送他们阅读学习，重大问题要向他们通报，使他们及时准确全面地了解中国共产党方针政策，提高执行中国共产党方针政策的自觉性和主动性。

在处理与党外干部关系问题上，党组（党委）同志尤其是主要负责同志要有宽广的胸怀，党外干部工作中遇到困难时，给他们撑腰；党外干部因经验不足、考虑不周，在工作中出现失误时，主动为他们挑担子；发现党外干部有缺点或不足时，满腔热情地给予帮助。党外干部自觉服从党组的领导，坚决执行党组作出的各项规定，切实履行岗位职责，真正发挥在参与决策、执行政策、联系群众等方面的作用。随着我国社会主义民主政治建设和多党合作事业的不断推进，党外干部担任行政正职的数量逐渐增多，需要在实践中积极探索规范党外正职与中共党组（党委）的关系，不断推进党与党外人士的合作共事。

2. 正确处理集体领导与发挥党外干部作用的关系

正确处理这一关系的实质，是坚持民主集中制，把集体领导和个人分工负责结合起来，这对于建立健全科学的领导体制和工作机制、保持领导班子的战斗力具有重要作用。党外干部与中共党员干部一样，

都要严格按照民主集中制原则，把参与集体决策、推动决策优化作为自身的重要职责，作为参政议政的重要方面。讨论问题时畅所欲言，充分发挥智力优势。形成决定后，就必须坚决贯彻执行，认真按照国家法律法规的要求，规范自己的言行，行使相应的权力，承担相应的责任，做到在其位、主其事、负其责，把精力才干集中到本职工作上，做到全身心投入、高效率做事。通过正确处理集体领导与发挥党外干部作用的关系，保持领导班子团结和谐的民主氛围，促进形成既有统一意志、又有个人心情舒畅的生动局面，彰显社会主义民主的特点和优势。

3. 正确处理党外干部履行岗位职责与做好其他工作的关系

担任各级领导职务的党外干部具有国家干部和代表人士的双重身份，拥有政治资源和专业特长的双重优势，承担依法施政和参政议政的双重责任。这种双重性要求党外干部既要积极履行领导干部的职责，也要发挥自身的特殊作用，将两者有机结合起来，统一于为全面建成小康社会作贡献的实践之中。

一方面，党外干部担负党和国家的重托，行使人民赋予的权力，要以履行本职岗位领导职责为主，这是党外干部从事其他兼职工作的前提和基础。从实践中看，党外干部履行领导职责、参政为民，关键要在以下几个方面做出努力：着眼改革发展全局，坚决执行中央大政方针，扎实做好分管领域和部门工作，成为科学发展观的坚定贯彻者；着眼人民幸福生活，深入了解当地群众在教育、劳动就业、社会保障、医疗卫生、住房等方面的基本需求，多干顺民意的实事、多办解民忧的难事、多做惠民生的好事，成为民生改善的积极推动者；着眼社会团结稳定，把握新形势下人民内部矛盾的特点，推动社会管理创新，注重促进社会各方面利益关系协调，成为社会和谐的自觉维护者。

另一方面，党外干部作为民主党派成员或无党派人士，是某一方面的代表性人士，担任了一些社会兼职，在社会中具有一定的影响力，在引领本党派成员和所联系群众方面负有重要责任。从实践中看，党外干部要在政治坚定上作表率，增强政治意识、大局意识、忧患意识，在错综复杂的形势下始终保持清醒头脑，引导各自党派成员及所联系群众始终坚持正确的政治方向；着眼推进我国社会主义民主政治制度化规范化程序化，推动各自党派发挥参政议政和民主监督作用，引导各自党派成员和所联系群众合理表达愿望诉求，促进选举民主与协商民主相结合，进一步扩大有序政治参与；统筹好履行岗位职责和在人大、政协中议政建言的关系，有针对性地围绕影响经济社会发展的重点难点和前瞻性问题，持续关注、跟踪调研，把岗位实践经验提炼上升为具有全局性的意见建议，形成切实管用的真知灼见和破解之策，进一步提高在人大、政协中建言献策的针对性和可操作性。

第十章
加强人民政协工作

中国人民政治协商会议（简称人民政协）是我国政治体制的重要组成部分，在我国社会政治生活中发挥着重要的作用。人民政协是什么性质的组织，与人民代表大会有何关系？在我国的政治生活中具有什么样的政治地位和职能作用？为什么不能把人民政协搞成权力机关？在社会主义民主政治建设中，如何善于运用人民政协这一政治组织和民主形式？正确认识和把握这些问题，对于巩固发展最广泛的爱国统一战线、坚持和发挥我国社会主义政治制度的特点优势、为中国特色社会主义事业凝聚强大力量具有重要意义。

第一节　人民政协的性质、地位和作用

人民政协是中国人民爱国统一战线的组织，是中国共产党领导的多党合作和政治协商的重要机构，也是在我国政治生活中发扬社会主义民主的重要形式。发展社会主义民主政治、建设社会主义政治文明，要善于运用人民政协这一政治组织和民主形式。

一、　人民政协的成立和发展

人民政协是中国共产党把马克思列宁主义统一战线理论、政党理论和民主政治理论同中国具体实践相结合的伟大创造，是中国共产党同各民主党派、人民团体和各族各界人士风雨同舟、团结奋斗的伟大成果。

1. 中国人民政治协商会议的筹备

1947 年下半年，随着人民解放战争进程的加快，建立人民当家做

主的国家政权、带领全国各族人民建设新生活的历史任务提到了中国共产党面前。1948年4月30日，《中国共产党中央委员会发布纪念“五一”劳动节口号》，号召各民主党派、各人民团体、各社会贤达迅速召开政治协商会议，讨论并实现召集人民代表大会，成立民主联合政府。① 这一正确主张立即得到各民主党派和无党派人士、各人民团体和各族各界人士的响应和拥护。随后，中共中央邀请各民主党派和各界民主人士代表到解放区，协商召开政治协商会议事宜。同年10月和11月，中共代表分别与到达河北平山和哈尔滨的民主人士就召开政治协商会议的问题进行协商，并达成了协议。1949年1月31日，北平和平解放。6月15日，政治协商会议筹备会在北平召开。毛泽东在新政治协商会议筹备会第一次全体会议开幕会上指出：“必须召集一个包含各民主党派、各人民团体、各界民主人士、国内少数民族和海外华侨的代表人物的政治协商会议，宣告中华人民共和国的成立，并选举代表这个共和国的民主联合政府，才能使我们的伟大的祖国脱离半殖民地的和半封建的命运，走上独立、自由、和平、统一和强盛的道路。”② 会议协商了参加政治协商会议的单位和代表名单，拟订了会议的各种文件草案，确定了第一届全体会议的召开日期和议程，决定将政治协商会议正式定名为中国人民政治协商会议。

2. 中国人民政治协商会议第一届全体会议召开

中国人民政治协商会议是同新中国一起诞生的。1949年9月21日至30日，中国人民政治协商会议第一届全体会议在北平隆重举行，标志着中国人民政治协商会议正式成立。毛泽东在开幕词中庄严宣告：“占人类总数四分之一的中国人从此站立起来了”，宣布了中华人民共和国的成立，并郑重指出，“中国人民政治协商会议宣布自己执行全国人民代表大会的职权”③。经过充分的民主协商，会议通过了具有临时宪法性质的《中国人民政治协商会议共同纲领》，通过了《中华人民共

---

① 参见《中国共产党中央委员会发布纪念“五一”劳动节口号》，见中共中央统一战线工作部编：《中国共产党统一战线文献选编》，第4卷，220页，北京，人民出版社，2005。

② 毛泽东：《在新政治协商会议筹备会上的讲话》，见中共中央统一战线工作部编：《中国共产党统一战线文献选编》，第4卷，398页。

③ 毛泽东：《在中国人民政治协商会议第一届全体会议上的开幕词》，见中共中央统一战线工作部编：《中国共产党统一战线文献选编》，第4卷，440页。

和国中央人民政府组织法》、《中国人民政治协商会议组织法》。会议决定，中华人民共和国定都于北平，将北平改名为北京；中华人民共和国国旗为五星红旗，中华人民共和国国歌为《义勇军进行曲》；会议还选举产生了中央人民政府委员会和中国人民政治协商会议全国委员会，选举毛泽东为中央人民政府主席和政协全国委员会主席，通过了《中国人民政治协商会议第一届全体会议宣言》。

人民政协的成立，标志着中国共产党领导的多党合作和政治协商制度的确立。从此，人民政协在我国政治生活中发挥着不可替代的作用，为恢复和发展国民经济、巩固新生人民政权、推动各项社会改革、促进社会主义革命和建设、促进改革开放和社会主义现代化建设作出了重大贡献。

【拓展阅读】

中华人民共和国国号的由来

1949年，在中国人民政治协商会议第一届全体会议召开前，中国共产党的领导人分别召开一些小型座谈会，就国家名号、国旗图案等问题座谈讨论。关于国家名号，毛泽东说，中央意见拟用“中华人民民主共和国”。无党派民主人士张奚若立即表示了自己的不同意见，他说，“共和”这个词本来就包含了“民主”的意思，何必重复呢？不如干脆叫“中华人民共和国”。毛泽东觉得此话有理，表示同意，并建议大家采纳。周恩来和林伯渠联名宴请二三十位参加过辛亥革命的老人研究国名问题。周恩来在宴会开始时说，今天请诸位辛亥革命时期的长辈来，是想听取各位长者的意见。《共同纲领》中的国号“中华人民共和国”之下，有一个简称“中华民国”的括弧。对这个简称，有两种不同的意见，有的说好，有的说不必要了。我就此来请教老前辈，看看有什么高见。如此尊敬和信任，使辛亥老人们真正体会到了民主协商、当家做主的责任感。在最初的几位发言者中，持赞同和反对意见的都有。紧接着，著名侨领司徒美堂发言。他说，我是参加过辛亥革命的人，我尊重中山先生，但对于“中华民国”四个字，则绝无好感，理由是，中华民国与民无涉。蒋介石与CC派弄得天怒人怨，真是痛心疾首。我们试问，共产党所领导的这次革命是不是跟辛亥革命不同？如果大家认为不同，那么，我们国家的国号应当叫中华人民共和国，抛掉那个又臭又坏的中华民国的烂招牌。与会者对司徒美堂的发言都报之以热烈的掌声。随后的发言，基本上都赞成国名采用中华人民共和国。

3. 人民政协的发展

中国人民政治协商会议第一届全体会议闭幕后，由其常设机构全国委员会及其常务委员会主持会务。1954年9月，第一届全国人民代表大会召开，颁布了中华人民共和国第一部宪法。人民政协不再代行人民代表大会的职权，但作为统一战线组织继续存在和发挥作用。1954年12月，第二届全国政协一次会议在北京举行。会议通过了《中国人民政治协商会议章程》（简称政协章程），肯定了统一战线和人民政协工作在实行人民代表大会制度后的必要性、重要性和长期性，明确了人民政协的性质、任务和作用，规定了人民政协在我国政治体制中的地位。人民政协作为统一战线组织和民主协商机构，在完成社会主义改造、推动各种社会力量为实现党和国家总任务而奋斗、活跃国家政治生活、调整统一战线内部关系、扩大国际交往方面发挥了重要作用。1957年反右斗争扩大化后特别是在“文化大革命”期间，人民政协事业受到严重冲击和影响。

中共十一届三中全会以后，人民政协事业进入新的发展时期。1978年2月，全国政协五届一次会议在北京召开，通过了人民政协第二部章程，邓小平当选为全国政协主席。1979年6月，政协第五届全国委员会二次会议在北京召开，这是人民政协发展史上具有重要历史意义的一次会议。邓小平在会上发表重要讲话指出：“我们的国家进入了以实现四个现代化为中心任务的新的历史时期，我们的革命统一战线也进入了一个新的历史发展阶段。”① 在新的历史时期，人民政协作为统一战线组织，任务是十分光荣的，工作是大有可为的。1982年12月，政协五届全国委员会五次会议召开，通过了由邓小平主持修改的人民政协第三部章程。章程总结了人民政协30多年的历史经验，规定了新时期人民政协的性质、作用、任务和基本工作，明确了人民政协的主要职能是政治协商、民主监督。1989年，全国政协制定了《关于

① 邓小平：《新时期的统一战线和人民政协的任务》，见《邓小平文选》，2版，第2卷，185页。

政治协商、民主监督的暂行规定》，明确了人民政协政治协商、民主监督的目的、内容、形式和基本程序，为人民政协履行主要职能的经常化、制度化提供了依据。这一时期，人民政协坚持以经济建设为中心，在协助拨乱反正、落实统一战线政策、实现“一国两制”构想、开展人民外交等方面做了大量工作，开创了人民政协事业新局面。

中共十三届四中全会以后，人民政协事业取得了新的长足发展。1989年，《中共中央关于坚持和完善中国共产党领导的多党合作和政治协商制度的意见》规定了人民政协在我国政治制度中的地位、作用和任务。1994年3月，全国政协八届二次会议通过了人民政协章程新的修正案，强调人民政协要坚持建设有中国特色的社会主义理论、社会主义初级阶段的基本路线。1995年年初，中共中央转发了《政协全国委员会关于政治协商、民主监督、参政议政的规定》，对人民政协职能作出了全面阐述。这一时期，人民政协在推动社会主义现代化建设，畅通党和政府同各界人士的联系、协调各方面关系，实现香港和澳门顺利回归祖国、促进祖国和平统一中发挥了独特作用。

中共十六大以来，人民政协按照制度化、规范化、程序化的要求，进一步巩固提高开拓前进。2004年3月，全国政协十届二次会议通过政协章程修正案，明确了人民政协的指导思想，规范了对人民政协性质和主要职能的表述，进一步明确了政协委员的基本条件、义务和产生过程，增写了人民政协的主题等内容。2006年2月，中共中央颁布了《中共中央关于加强人民政协工作的意见》，系统总结了50多年来人民政协事业发展的历史经验，深刻阐明了新世纪新阶段人民政协的性质、地位、作用、职能、主题、任务和工作原则，科学规范了人民政协履行职能的内容、形式和程序，是指导人民政协工作的纲领性文献。2009年9月，胡锦涛同志在庆祝人民政协成立60周年大会上发表重要讲话，深刻阐述了人民政协在党和国家事业发展大局中的重要地位和作用，明确提出了新形势下开展人民政协工作的方针原则和工作要求，为在中国特色社会主义道路上继续把人民政协事业推向前进指明了方向。这一时期，人民政协积极投身科学发展实践，为加快全面建设小康社会进程、促进社会和谐稳定、推进祖国和平统一大业作出了重要贡献。

二、人民政协的性质、地位和作用

《中华人民共和国宪法》规定："中国人民政治协商会议是有广泛代表性的统一战线组织"。政协章程规定："中国人民政治协商会议是中国人民爱国统一战线的组织，是中国共产党领导的多党合作和政治协商的重要机构，是我国政治生活中发扬社会主义民主的重要形式。"这既准确地说明了人民政协的性质，也阐明了人民政协在我国政治体制中的地位。

1. 人民政协的性质

人民政协不是国家权力机关，也不是国家行政机关，而是统一战线性质的政治协商机关。1954 年第一届全国人民代表大会召开之后，有人认为人大召开后政协就没有存在的必要了，也有人提出政协应成为权力或半权力机构。毛泽东在《关于政协的性质和任务的谈话提纲》中，对人民政协存在的必要性及为什么不能变政协为权力机关等重大问题，都作了精辟的阐述："人民代表大会是权力机关，有了人大，并不妨碍我们成立政协进行政治协商。各党派、各民族、各团体的领导人物一起来协商新中国的大事非常重要……人大的代表性当然很大，但它不能包括所有的方面，所以政协仍有存在的必要。"① 毛泽东同时指出："政协不能搞成国家机关，因为人大和国务院是国家权力机关和国家管理机关，如果把政协也搞成国家机关，那就成为二元了，这样就重复了，分散了，民主集中制就讲不通了。政协不仅是人民团体，而且是各党派的协商机关，是党派性的机关。"②

中国人民政治协商会议是中国人民爱国统一战线的组织。中国人民政治协商会议第一届全体会议制定的《中国人民政治协商会议共同纲领》规定，由中国共产党、各民主党派、各人民团体、各地区、人民解放军、各少数民族、国外华侨及其他爱国民主分子的代表们所组成的中国人民政治协商会议，就是人民民主统一战线的组织形式。会

---

① 毛泽东：《关于政协的性质和任务的谈话提纲》，见《建国以来毛泽东文稿》，第 4 册，633～634 页。

② 毛泽东：《关于政协的性质和任务的谈话提纲》，见《建国以来毛泽东文稿》，第 4 册，634 页。

议通过的《中国人民政治协商会议组织法》规定，中国人民政治协商会议为中国人民民主统一战线的组织。1954年12月，全国政协二届一次会议通过的政协章程规定，中国人民政治协商会议，作为团结全国各民族、各民主阶级、各民主党派、各人民团体、国外华侨和其他爱国民主人士的人民民主统一战线的组织，仍然需要存在。同时，章程还规定，人民政协的地方委员会是人民民主统一战线的地方组织。进入改革开放新时期后，统一战线由人民民主统一战线发展为爱国统一战线，人民政协也发展成为我国最广泛的爱国统一战线组织，包容了全国各民族、各党派、各阶层、各人民团体、各界代表人士和统一战线各方面的代表人物，具有最广泛的代表性。其成员团结面之宽，社会覆盖面之广，在国家政治生活中的影响之大，是其他统一战线组织所不能比拟的。

人民政协是中国共产党领导的多党合作和政治协商的重要机构。早在20世纪50年代，毛泽东就讲过，人民政协不仅是人民团体，而且是党派的协商机关，是党派性的机关。《中共中央关于坚持和完善中国共产党领导的多党合作和政治协商制度的意见》指出，人民政协应当成为各党派、各人民团体、各界代表人物团结合作、参政议政的重要场所；要保证民主党派和无党派人士在政协常委和政协领导成员中占有一定比例；政协各专门委员会要有民主党派和无党派人士参加，政协机关中应有一定数量的民主党派和无党派人士担任专职领导干部，并真正做到有职、有权、有责；在政协会议上，民主党派可以本党名义发言，提出提案；政协机关要更好地为民主党派开展活动创造条件。

人民政协是我国政治生活中发扬社会主义民主的一种重要形式。《中共中央关于加强人民政协工作的意见》指出，人民通过选举、投票行使权利和人民内部各方面在重大决策之前进行充分协商，尽可能就共同性问题取得一致意见，是我国社会主义民主的两种重要形式。发展社会主义民主政治，建设社会主义政治文明，要善于运用人民政协这一政治组织和民主形式。

第一，人民政协体现了社会主义民主的广泛性。人民政协由不同界别组成，在组织和人员构成上不受地域和人口比例的限制，同时适应经济社会发展和阶层结构变化，还将不断吸纳新的社会阶层的代表。可以说，人民政协汇集了爱国统一战线的各方面人士，能够将社会各群体的意见、愿望和要求加以系统、综合地反映，最大程度地实现最广大人民的民主权利。

第二，人民政协体现了社会主义民主的包容性。人民政协坚持求同存异的原则，尊重各党派、各团体、各阶层人士的特点，包容统一战线成员在信仰、利益和观念等方面的差异，能够充分调动统一战线广大成员的积极性、主动性和创造性，凝聚各方力量，集中各界智慧。

第三，人民政协体现了社会主义民主的协商性。人民政协是社会各方面协商议事的机构。各界别委员反映和维护各自利益，不是通过竞争与对立的方式进行，而是广泛、充分地协商讨论，以统一认识、达成共识。特别是作为执政党的中国共产党和作为参政党的各民主党派，在人民政协中真诚团结、亲密合作，使社会主义民主所蕴含的合作、参与、协商、包容的精神更加鲜明和突出。

第四，人民政协体现了社会主义民主的真实性。各党派、各民族、各团体、各阶层、各方面人士通过全体会议、常委会议、主席会议、专题协商会等形式，就经济社会发展的重大问题进行充分的、民主的、平等的、真诚的协商讨论；通过提出意见、批评和建议等方式，对法律法规的实施和国家重大方针政策的贯彻执行等情况进行民主监督；通过调查研究、专题视察、咨询论证等途径，了解和反映社会不同阶层、不同群体的愿望和要求，对实现中国共产党的领导、人民当家做主和依法治国的有机统一起到了积极的推动作用。

2. 人民政协的地位

人民政协是我国政治体制的重要组成部分，在我国政治生活中具有不可替代的作用。人民政协所实行的民主协商方式，有助于充分吸纳各民主党派的意见，使中国共产党的领导作用和民主党派的参政议政作用同时得到发挥；有助于拓宽人民群众发表意见的渠道，做到既尊重多数人的共同意愿，又兼顾少数人的合理要求；有助于在团结稳定的前提下发扬民主，在发扬民主的过程中巩固和发展团结稳定的政治局面。人民政协对于促进各党派和无党派人士的团结合作，充分发挥他们的作用，推动党和国家决策科学化、民主化具有重要作用。

人民政协的性质决定了它不是国家权力机关，也根本不同于西方资本主义国家两院制的参议院或上议院，它是符合我国国情的社会主义民主政治制度的一种重要组织形式。1980 年 9 月，邓小平在对政协章程进行修订时强调指出："不要把政协搞成一个权力机构。政协可以讨论，提出批评和建议，但无权对政府进行质询和监督。它不同于人大"①。1991年3月，江泽民同志指出："人民政协是我国最广泛的爱国统一战线组织，是中国共产党领导的多党合作和政治协商的重要组织形式。人民政协的政治协商和民主监督虽然不具有国家权力性质，没有法律上的决定权，但对发扬民主、建设我国社会主义民主政治具有重大意义。"②

人民政协具有以下特点：第一，人民政协是爱国统一战线组织，并非国家机构的组成部分；它可以就国家生活中的重大问题进行讨论，向国家领导机关提出建议。第二，人民政协的主要职能是进行政治协商、民主监督、参政议政，人民政协对政府工作的监督是一种民主监督。第三，人民政协的参加单位、委员名额和人选，由上届委员会常务委员会协商决定，成为政协委员在很大程度上取决于是否有某方面的代表性和个人的先进性。

【拓展阅读】

中国特色社会主义民主与西方议会民主的本质不同

西方议会民主就其实质来说是资产阶级民主，就其表现形式来说主要有两个显著特点：一是无论实行一院制或两院制都存在反对党，各政党之间互相争斗、争夺执政权；二是国家的立法权、行政权、司法权分别由议会、政府和法院行使，权力分立、互相牵制。而我们搞的是中国特色的社会主义民主，实行的是人民代表大会制度与中国共产党领导的多党合作和政治协商制度。参加人民政协的各民主党派、各人民团体、各族各界人士都接受中国共产党的领导，不是反对党和反对派，都在中国共产党的统一领导下共同致力于社会主义现代化建设。

3. 人民政协的作用

人民政协的作用是由人民政协的性质和地位所决定的，也是与不

---

① 中共中央文献研究室编：《邓小平年谱（1975—1997）》（上），676页。

② 江泽民：《在统一战线内部形成党领导下的团结、民主、和谐的合作共事关系》，见《人民政协重要文献选编》，中册，506页，北京，中央文献出版社、中国文史出版社，2009。

同历史时期国家的中心任务和发展目标相适应的。新中国成立初期，人民政协第一届全体会议代行全国人民代表大会的职权，代表全国人民的意志，为创立新中国作出了不可磨灭的历史贡献。第一届全国人民代表大会召开后，人民政协继续发挥重要作用，为恢复和发展国民经济、巩固新生人民政权、推动各项社会改革、促进社会主义革命和建设、促进改革开放和社会主义现代化建设作出了重大贡献。在新的历史条件下，人民政协的根本任务和作用是切实发挥好协调关系、汇聚力量、建言献策、服务大局的重要作用，为推进改革开放和社会主义现代化建设、推进祖国和平统一大业、维护世界和平与促进共同发展作出新的贡献。

协调关系、化解矛盾是人民政协的基本任务之一。人民政协的性质决定了其协调关系的重点是统一战线内部的重大关系，主要包括政党关系、民族关系、宗教关系、阶层关系、海内外同胞关系。人民政协坚持把发扬民主、增进团结、协调关系、化解矛盾作为履行职能的重要着力点，努力为促进政党关系、民族关系、宗教关系、阶层关系、海内外同胞关系的和谐发挥积极作用。

凝聚人心、汇聚力量是人民政协履行职能的优势所在。实现中华民族伟大复兴，必须紧紧依靠全国各族人民、紧紧依靠全体中华儿女。人民政协作为中国共产党领导的各党派、各团体、各民族、各阶层、各界人士大团结大联合的组织，与各界群众有着广泛的联系，是党和政府联系群众、团结各界的重要桥梁和纽带，是中华民族强大凝聚力的重要实现形式。人民政协高举爱国主义、社会主义旗帜，充分调动各方面的积极性和主动性，广泛凝聚各方面智慧和力量，共同为实现党和国家奋斗目标而不懈努力。

参政议政、建言献策是人民政协履行职能的重要形式。人民政协人才荟萃、智力密集，能够为推动科学发展、促进社会和谐提供强大的智力支持、奠定坚实的群众基础。在多年的实践中，人民政协围绕着各个不同历史阶段党和国家的中心任务、重大方针政策、统一战线和多党合作中的重要问题等，提出了许多建设性的意见。人民政协注重研究国外经济环境变化和国内经济运行新情况新问题，注意选择具有综合性、全局性、前瞻性的重大课题开展专题调研和协商议政活动，为推动科学发展、促进社会和谐建睿智之言、献务实之策。

围绕中心、服务大局是人民政协履行职能必须遵循的重要原则。人民政协自觉围绕党和国家中心工作开展工作，自觉围绕党和国家决策部署谋划工作，始终做到同党和国家方向一致、目标一致、工作一致，牢固树立和全面落实科学发展观，坚持把促进发展作为履行职能的第一要务，按照聚精会神搞建设、一心一意谋发展的要求，为实现国民经济又好又快发展服务，为维护改革发展稳定大局贡献力量。

三、 人民政协的主题

人民政协作为中国共产党领导的多党合作和政治协商的重要机构，充分体现了团结和民主的精神，团结和民主是人民政协工作的两大主题。

1. 人民政协主题的提出

团结和民主是人民政协的两大主题，是 20 世纪 90 年代初正式提出的。1991 年 3 月，江泽民同志在“两会”期间指出，人民政协工作涉及范围很广，但主题是两个，这就是团结和民主。这两方面工作做好了，政协工作就做出了成效。他同时强调，改革开放越深入，经济建设越发展，越需要增进团结、发扬民主，越需要加强统一战线和人民政协的工作。1999 年 9 月，江泽民同志在庆祝人民政协成立 50 周年大会上的讲话中进一步明确指出：“人民政协五十年不平凡的发展历程，可以归结为两大主题：团结和民主。在中国共产党领导下实行团结和民主，是人民政协性质的集中体现，是人民政协产生和发展的历史根据，是人民政协继往开来的方向和使命。这两大主题应该继续贯穿于人民政协的全部工作中。”① 2006 年，《中共中央关于加强人民政协工作的意见》进一步强调，要坚持团结和民主两大主题，支持政协围绕团结和民主两大主题履行职能，把加强团结和发扬民主贯穿于政协工作的各个方面，推进政治协商、民主监督、参政议政的制度化、规范化和程序化。

2. 团结和民主是人民政协性质的集中体现

人民政协本着团结、民主的精神，体现合作、参与、协商的特

---

① 江泽民：《人民政协继往开来的方向和使命》，见《江泽民文选》，第 2 卷，413 页。

点，广泛吸收各党派团体和各族各界人士参与国是，广开言路、集思广益，尊重多数、照顾少数，不断扩大公民有序的政治参与，不断发展民主团结、生动活泼、安定和谐的政治局面，这是人民政协基本属性的内在要求。团结和民主这两大主题，彼此联系、相得益彰。实现紧密团结，发展民主才更有基础；发扬广泛民主，加强团结才更有力量。只要以坚强的团结保证民主健康有序，以充分的民主保证团结坚实有力，人民政协事业就能永远保持蓬勃生机和旺盛活力。

3. 团结和民主是人民政协继往开来的方向使命

团结是事业胜利的基本保证。建设现代化的社会主义强国、实现祖国和平统一，这是前无古人的伟大事业。完成这个伟大而艰巨的历史任务，在很大程度上取决于把一切可以团结的力量团结起来，把一切积极因素调动起来。这就是现阶段爱国统一战线工作的出发点，也是人民政协工作的出发点。

社会主义民主政治建设始终是中国特色社会主义事业的重要内容。人民政协关心和讨论国家的大政方针，参与重大问题决策之前的协商和执行决策过程中的各种问题的协商；及时了解实际工作中的重要情况，有效地实行民主监督；不断提高参政议政的责任感和自觉性，推动决策的民主化、科学化和各项方针政策的贯彻落实。

四、人民政协的工作原则

人民政协工作必须坚持以马克思列宁主义、毛泽东思想、邓小平理论、"三个代表"重要思想、科学发展观为指导，坚持中国共产党的领导，坚持在宪法和法律范围内开展工作，坚持社会主义初级阶段的基本路线、基本纲领、基本经验，坚持团结和民主两大主题，坚持把促进科学发展作为人民政协履行职能的第一要务，坚持把实现和维护最广大人民的根本利益作为人民政协工作的出发点和落脚点。

第一，坚持以马克思列宁主义、毛泽东思想、邓小平理论、"三个代表"重要思想、科学发展观为指导。马克思列宁主义、毛泽东思想、邓小平理论、"三个代表"重要思想、科学发展观是全党全国人民的科学指南。人民政协始终坚持科学理论指导，牢牢把握正确的政治方向，始终保持鲜明特色和蓬勃生机，在中国特色社会主义事业中更好地发挥作用。

第二，坚持中国共产党的领导。中国共产党对人民政协的领导是政治领导，即政治原则、政治方向和重大方针政策的领导。坚持中国共产党的领导，人民政协事业的发展就有了可靠的政治保证，就能始终沿着正确的政治方向前进。

第三，坚持在宪法和法律范围内开展工作。政协章程规定："中国人民政治协商会议的一切活动以中华人民共和国宪法为根本的准则。"人民政协坚持在宪法和法律范围内开展工作，自觉遵守宪法和法律，坚决维护宪法和法律的权威，维护社会主义法制的统一，不断提高依法履行职能的能力。

第四，坚持社会主义初级阶段的基本路线、基本纲领、基本经验。人民政协坚定不移地贯彻中国共产党的基本路线、基本纲领、基本经验，坚定不移地贯彻执行中国共产党关于人民政协的方针政策，在思想和行动上与中共中央保持高度一致；始终围绕中国共产党重大决策部署来研究谋划人民政协工作，为实现中国共产党在各个历史时期的发展战略和发展目标建真言、献良策、出实力。

第五，坚持团结和民主两大主题。人民政协以其广泛的代表性和巨大的包容性，把一切可以团结的力量都团结起来，把一切可以调动的积极因素都调动起来，集中全国各族人民的智慧，凝聚全体中华儿女的意志，为实现国家富强、人民幸福和祖国统一而携手奋斗。

第六，坚持把促进科学发展作为人民政协履行职能的第一要务。发展是硬道理，是解决中国一切问题的关键。人民政协全面贯彻落实科学发展观，围绕发展谋划工作，紧贴发展开展工作，为推动实现以人为本、全面协调可持续的科学发展服务。

第七，坚持把实现和维护最广大人民的根本利益作为人民政协工作的出发点和落脚点。实现好、维护好、发展好最广大人民的根本利益，是中国各项事业成功的根本保证。人民政协坚持以人为本、履职为民，把履行职能的实践和最广大人民的根本利益紧密联系起来，常谋富民之策，常为利民之举，协助党和政府解决好教育、就业、医疗、社会保障、住房和环境保护等事关民生的突出问题。

五、 善于运用人民政协这一政治组织和民主形式

人民政协开辟了一条各阶层、各方面人士参政议政的重要渠道，是中国特色社会主义的重要民主形式。《中共中央关于加强人民政协工作的意见》指出："发展社会主义民主政治，建设社会主义政治文明，要善于运用人民政协这一政治组织和民主形式。"

第一，保持宽松稳定、团结和谐的政治环境。只有努力营造讲民主、促团结、求和谐的良好氛围，人民政协才能真正成为反映民情、体现民意、集中民智的重要渠道，成为发扬社会主义民主的重要形式。尊重和保护人民政协的参加单位和政协委员的民主权利，始终保持真诚相待、宽松和谐、畅所欲言、团结合作的政治局面，使一切有利于促进经济社会发展、维护人民群众利益的意见建议都能够得到充分反映，一切有利于实现社会公平正义、维护社会稳定和谐的愿望要求都能够得到充分表达，使人民政协在社会主义民主政治建设中的优势和作用得到充分发挥。

【拓展阅读】

人民政协"像个民主之家"

人民政协体现了民主精神，具有包容不同观点、宽松民主的协商氛围，因而使人民政协成为了发扬民主的重要形式。正如李维汉所说："政协要比人大更自由一些，人大是权力机关，要举手通过决议，严肃些；政协是统一战线组织，可以提出各种问题，可以发表各种意见，讲错了也没有关系，出气可以，发牢骚也可以。总之，政协要民主、自由一些，随便一点，像个民主之家吧！毛主席说的'又有集中、又有民主，又有纪律、又有自由，又有统一意志、又有个人心情舒畅、生动活泼的政治局面'，政协应该先实现。"

第二，支持人民政协围绕团结和民主两大主题履行职能。各级党委切实支持人民政协围绕团结和民主两大主题履行职能，积极推进政治协商、民主监督、参政议政制度建设。增强开展政治协商的自觉性和主动性，规范协商内容，丰富协商形式和层次，把政治协商纳入决策程序。探索和完善民主监督机制，畅通民主监督渠道，建立健全制度，寓民主监督于政协委员提案、进行视察、参与工作检查等活动之

中，提高民主监督质量和成效。采纳人民政协提出的真知灼见，真正使人民政协参政议政成为充分反映民意、广泛集中民智、切实改进工作、提高中国共产党执政能力的有效方式和重要途径。

第三，善于通过人民政协中的中共党组织和党员干部贯彻中国共产党的理论和路线方针政策。各级党委关心支持政协党组工作，定期听取政协党组工作汇报，及时研究并统筹解决政协工作中的重大问题，充分发挥政协党组在政协委员队伍建设中的作用。各级政协党组把中国共产党的重大决策和工作部署贯彻到人民政协工作中去，善于使中国共产党的主张成为各民主党派和无党派人士、各人民团体和各族各界人士的广泛共识。重视发挥政协委员中的共产党员和政协机关中的共产党员作用，增强政治责任感，努力提高自身修养和能力，继承和发扬中国共产党的统一战线和人民政协的优良传统，广交、深交党外朋友，努力成为合作共事的模范、发扬民主的模范、廉洁奉公的模范。

第二节　人民政协的主要职能

人民政协的主要职能是政治协商、民主监督、参政议政。三者相互联系、相互作用，相辅相成、密不可分。这是各党派团体、各方面人士参与国是、发挥作用的重要内容和基本形式，体现了人民政协的性质和特点，是人民政协区别于其他政治组织的重要标志。人民政协履行职能的活动与它组织上的建立是同时开始的，但将政治协商、民主监督、参政议政规定为人民政协的主要职能，则经历了一个逐步明确和充实的发展过程。新世纪以来，适应我国社会主义民主政治建设要求，人民政协履行职能逐步走上制度化、规范化、程序化建设的轨道。

一、政治协商

政治协商是人民政协的首要职能，也是人民政协赖以存在和发展的重要基础。主要是指中国共产党在人民政协与各民主党派、无党派人士、各人民团体和各族各界党外代表人士，就国家和地方的大政方针，以及政治、经济、文化和社会生活中的重要问题，在决策之前进行协商和就决策执行过程中的重要问题进行协商。

1．政治协商职能的确定和完善

政治协商职能确定于人民政协成立之时。1949 年 9 月，中国人民政治协商会议第一届全体会议召开后，即以政治协商的形式履行建立新中国的程序，完成了成立中华人民共和国的历史使命。1954 年 9 月第一届全国人民代表大会召开，人民政协作为中国人民民主统一战线组织和重要的协商机构被明确保留下来，政治协商的特点更为明显。

适应人民政协各个不同历史发展阶段的实践要求，政治协商职能也在实践中不断完善和规范。全国政协二届一次会议通过的政协章程规定："中国人民政治协商会议全国委员会根据中国人民政治协商会议章程的总纲，就有关国家政治生活和人民民主统一战线的重要事项，进行协商和工作。"1978 年 3 月，全国政协五届一次会议通过的政协章程规定："中国人民政治协商会议全国委员会和地方委员会根据中国人民政治协商会议章程的总纲，就有关国家政治生活和革命统一阵线的重要事项，进行民主协商和开展活动。"1982 年 12 月，全国政协五届五次会议通过的政协章程，重新界定了人民政协政治协商的内涵，指出人民政协"对国家的大政方针和群众生活的重要问题进行政治协商"。1994 年 3 月，全国政协八届二次会议通过的《中国人民政治协商会议章程（修正案）》，明确规定了政治协商的内涵："对国家和地方的大政方针以及政治、经济、文化和社会生活中的重要问题在决策之前进行协商和就决策执行过程中的重要问题进行协商。"至此，对政治协商职能的表述实现了规范化，并一直沿用至今。2006 年 2 月颁发的《中共中央关于加强人民政协工作的意见》，明确了政治协商的重要原则，规范了政治协商的基本程序，并首次将人民政协的政治协商民主形式与我国政治体制联系起来，指出人民政协是我国政治体制的重要组成部分，在我国政治生活中具有不可替代的作用，使政治协商职能更加完善。

2．政治协商的性质

政治协商是中国共产党领导的多党合作和政治协商制度的重要体现。人民政协的政治协商既有利于执政党广泛听取社会各界人士的意见以最大限度地取得共识，又有利于协调关系、化解矛盾，增进理解、凝聚力量，为各民主党派履行参政党职能提供了重要平台。这种政治协商体现了政治与民主的结合、党派性与合作性的统一，对于坚持和完善中国共产党领导的多党合作和政治协商制度具有重要意义。

政治协商是党和国家实行科学民主决策的重要环节。人民政协的政治协商，充分吸收来自不同方面的真知灼见，可以使决策更贴近民意要求和符合客观实际，从而实现决策的科学化、民主化，保证各项方针政策的贯彻执行。一方面，人民政协具有组织上的广泛代表性和政治上的巨大包容性，有利于扩大公民有序的政治参与，使不同阶层和利益群体的意见和主张在国家政治生活中得到充分表达；另一方面，人民政协人才荟萃、智力密集，汇集了一大批专家学者和有识之士，通过政治协商集思广益、群策群力，可以为党和政府决策提供有价值的参考依据和智力支持。

政治协商是中国共产党提高执政能力的重要途径。人民政协的政治协商是党和国家全局工作的重要组成部分，与中国共产党的执政能力建设紧密相关。通过开展政治协商，可以加强中国共产党同各民主党派、无党派人士的合作共事，巩固中国共产党同党外人士的联盟，进而巩固中国共产党的执政地位；可以拓宽决策视野、避免决策失误，最广泛地集中各党派团体和各族各界人士的智慧，使决策和法律法规的贯彻执行有着广泛的群众基础，进而提高中国共产党的执政水平；可以增进理解、化解矛盾，使中国共产党的主张成为各党派团体和各族各界人士的共识，促进大团结、大联合局面的形成，进而扩大中国共产党的执政基础。

3. 政治协商的主要内容、形式和程序

政治协商的主要内容。2006 年 2 月颁发的《中共中央关于加强人民政协工作的意见》，着眼于新世纪新阶段人民政协政治协商的新形势新任务，在总结长期以来人民政协政治协商实践经验的基础上，明确规定了人民政协政治协商的内容：国家和地方的大政方针以及政治、经济、文化和社会生活中的重要问题；各党派参加人民政协工作的共同性事务，政协内部的重要事务以及有关爱国统一战线的其他重要问题。

政治协商的主要形式。包括：政协全体会议，常务委员会会议，主席会议，常务委员专题协商会，政协党组受托召开的座谈会，秘书长会议，各专门委员会会议，根据需要召开由政协各组成单位和各界代表人士参加的内部协商会议。其中，政协全体会议是人民政协最高层次的协商形式，政协常务委员会会议是政协全体会议闭会期间的主要协商形式，政协主席会议是政协常务委员会会议闭会期间的重要协商形式。近年来，在认真总结开展政治协商工作历史经验的基础上，各级人民政协既不断坚持和完善全体会议、常委会议、主席会议等协商形式，又积极探索新的有效形式，初步形成并确立了“全体会议集中协商、常务委员会会议专题协商、主席会议重点协商、专门委员会对口协商及其他形式的经常协商”的协商格局。

政治协商的主要程序。根据《中共中央关于加强人民政协工作的意见》和政协章程的规定，人民政协政治协商的程序主要包括五个方面：一是协商议题的提出和确定。这是政治协商的基础环节，由中共党委担负主要责任。二是协商活动的安排和准备。政协党组严格按照政协章程和有关规定，认真研究制定协商活动方案，为政治协商准备高质量的意见和建议。三是协商活动的进行。这是政治协商的具体实施阶段，主要包括通报情况、听取意见、参与协商三种程序。四是协商成果的整理和报送。政协组织应对协商活动中提出的意见和建议，进行认真分析、精心整理，形成系统化的协商成果。五是协商意见的处理和反馈。中共党委、政府要对政协报送的协商意见和建议，认真研究处理，积极采纳落实。

4. 政治协商的总体要求

坚持党委在人民政协政治协商中的主导作用。各级党委要高度重视人民政协的政治协商，统一部署和协调，并认真组织实施。要从建设社会主义政治文明的高度，充分认识人民政协政治协商的重要性，切实把政治协商的方案和内容列入党委的重要工作议程，不断完善人民政协政治协商这一重要民主形式。

切实把政治协商纳入决策程序。把政治协商纳入决策程序，就国家和地方的重要问题在决策之前和决策执行过程中进行协商，是政治协商的重要原则。各级党委、政府和人民政协要增强开展政治协商的自觉性和主动性，规范协商内容，丰富协商形式和层次，切实把政治协商纳入决策程序。

坚持民主协商、平等议事、求同存异、体谅包容。人民政协履行政治协商职能的过程，是一个在平等基础上充分发扬民主的过程。只有参加协商的各方坚持民主协商、平等议事、求同存异、体谅包容的原则，才能形成宽松、民主、和谐的政治氛围，从而有利于提高政治协商的质量。

二、 民主监督

民主监督是人民政协对国家宪法、法律和法规的实施，重大方针政策的贯彻执行，国家机关及其工作人员的工作，通过建议和批评进行监督。它既包括各党派团体和各方面人士对国家机关及其工作人员的工作进行的监督，也包括中国共产党与各民主党派和无党派人士之间进行的互相监督。

1. 民主监督职能的形成和确立

人民政协的民主监督职能，在人民政协成立之初并没有明确提出，但实际上在当时已经客观存在，后来随着人民政协工作的发展而被确定下来。1954 年 12 月，毛泽东在同各民主党派、无党派民主人士座谈政协工作时，指出“提意见”是人民政协五大任务之一，这就肯定了人民政协的监督作用。1956 年 4 月，毛泽东在《论十大关系》的讲话中，提出“长期共存、互相监督”的方针，为人民政协民主监督职能的确立提供了重要的理论依据。

民主监督职能的正式确立，是在“文化大革命”后人民政协事业恢复和发展的过程中逐渐完成的。1980 年，中共中央转发的《全国统战部长座谈会纪要》首次明确提出了民主监督。政协是我国政治体制中贯彻社会主义民主、实行互相监督的重要形式，它的主要任务应当是实行政治协商和民主监督。1982 年 12 月，在邓小平的亲自主持下，全国政协五届五次会议通过的《中国人民政治协商会议章程》，把政治协商和民主监督写进了章程，并在“工作总则”一章中对这两项职能作出了具体规定。至此，政治协商、民主监督作为人民政协的主要职能被明确下来。此后，随着我国社会主义民主政治的发展，人民政协民主监督的内容和形式不断丰富。2006 年 2 月颁发的《中共中央关于加强人民政协工作的意见》进一步明确了人民政协民主监督的性质，丰富了民主监督的内涵，民主监督进一步制度化、规范化、程序化。

2. 民主监督的性质和特点

人民政协的民主监督是我国社会主义监督体系的重要组成部分。

人民政协的民主监督和我国其他各种监督一样，都具有对权力运行制约和监督的作用。政协的民主监督重点是参加人民政协的各党派之间的互相监督，特别是参政党对执政党的监督。人民政协的民主监督具有其他监督形式不可替代的独特作用。

人民政协的民主监督是一种政治监督。人民政协的民主监督主要是通过提出意见、建议和批评的形式进行的，它与中国共产党领导的多党合作和政治协商制度紧密相连，其实质是“扩大的民主”。

人民政协的民主监督是非权力性监督。人民政协“不是国家权力机关，但也不同于社会团体”，因此，它对国家机关和国家工作人员的监督不是权力监督，也没有法律约束力和强制性。它的特点是发扬民主、活跃思想，广开言路、畅所欲言，能够充分反映各方面人士的意见、要求、批评和建议，使党和政府制定的重大决策和方针政策更符合实际和人民的意愿，便于贯彻执行。因此，这种监督实质上是一种高层次、有组织的监督，与群众的民主监督相得益彰。

3. 民主监督的主要内容和形式

民主监督的主要内容。《中共中央关于加强人民政协工作的意见》着眼新的形势和任务，在认真总结实践经验的基础上，进一步明确了人民政协民主监督的主要内容：国家宪法、法律和法规的实施，重大方针政策的贯彻执行，国家机关及其工作人员的工作，参加政协的单位和个人遵守政协章程和执行政协决议的情况。

民主监督的主要形式。包括：政协全体会议、常委会议、主席会议向党委政府提出建议案；各专门委员会提出建议或有关报告；委员视察、委员提案、委员举报、大会发言、反映社情民意或以其他形式提出批评和建议；参加党委和政府有关部门组织的调查和检查活动；政协委员应邀担任司法机关和政府部门特约监督人员等。人民政协民主监督的形式不是固定的，也不是一成不变的，需要结合实际不断进行创新，以适应党和国家工作需要和人民政协事业发展。

【背景资料】

各地积极创新民主监督形式

各地政协组织在实践中创造了一些新的民主监督形式，如参加民主评议、行风评议、执法检查、专题调研、提案跟踪，举办政协论坛，组织和参加知情问政的协商会、座谈会，受聘担任特约监察员、特约检察员、特约审计员、教育督导员、土地监察专员、税务监察专员、政府立法顾问等，从而使人民政协民主监督的内容得到进一步充实，形式更加灵活多样。

4. 民主监督的基本要求

自觉接受民主监督。《中共中央关于加强人民政协工作的意见》明确指出："各级党委和政府要认真倾听来自人民政协的批评和建议，自觉接受民主监督。"按照这一要求，各级党政机关及其工作人员，尤其是各级领导干部要充分认识民主监督的重要性、必要性和长期性，不断加强接受民主监督的自觉性和主动性，积极配合人民政协实施好民主监督，使民主监督落到实处。

完善民主监督机制。主要是在知情环节、沟通环节、反馈环节上建立健全制度，畅通民主监督的渠道。一是建立知情机制。各级党委和政府定期向政协委员通报经济社会发展中的重要情况和重大问题。政府及其职能部门向政协各专门委员会通报情况时需经常化、制度化。政协组织经常向委员提供履行职责所需要的资料和信息，为政协委员知情创造有利条件。二是完善沟通机制。各级政协广开民主监督的渠道，经常组织政协委员深入基层、深入群众，以提出合理化、可操作性的意见和建议。各级党委和政府把民主监督纳入主要工作计划，定期听取各级政协、各民主党派负责人的意见和建议，并根据实际情况及时进行整改。三是健全反馈机制。党委、政府及有关部门在认真研究处理政协提交的民主监督信息后，将处理意见和情况反馈给政协组织。政协组织善于发现问题并提出切实可行、操作性强的改进措施或解决方案，将处理情况及时反馈给提交信息的参加单位或委员个人。

提高民主监督的实效性。《中共中央关于加强人民政协工作的意见》明确指出："党委和政府的监督机构以及新闻媒体要密切与人民政协的联系，加强工作协调和配合，提高民主监督的质量和成效。"一方面，作为民主监督主体的政协组织和委员，不断强化民主监督意识，更好地在深入基层、深入群众、开展调查研究上下工夫，以真知灼见来提高批评、建议的采纳率，提升民主监督的质量；另一方面，把人民政协的民主监督与政治监督、权力监督、行政监督、司法监督、舆论监督、群众监督有机结合起来，扩大民主监督的影响力，实现民主监督效能的最大化。

发挥政协提案、建议案的作用。政协提案是人民政协行使民主监督、参政议政职能的重要方式，也是协助中国共产党和国家机关实现决策科学化、民主化的重要渠道。《中共中央关于加强人民政协工作的意见》指出："要切实发挥政协提案、建议案在民主监督方面的作用，对政协的提案和建议案要认真办理，及时给予正式答复。"一是不断提高提案质量。在提案的选题设计、调研、讨论等环节上，在提案的前瞻性、综合性、针对性、可操作性等方面下工夫，形成建议有度、协商有据、监督有力、落实有效的高质量提案。二是积极探索提案办理的新方法、新途径。利用各种例会定期对提案办理进行分析研究，把提案办理与协商议政结合起来，寓民主监督于提案办理之中。三是主动协同有关部门，协商办理方案，明确责任，提高提案办理的质量、速度与实效。

【数字说话】

十一届全国政协五年来提交提案近 3 万件

从 2008 年举行第一次会议以来，十一届全国政协委员提交的提案数量呈逐年上升趋势，截至 2012 年 3 月 8 日，共提交提案 28 699 件。十一届政协一次会议共提交提案 5 056 件。其中，全体会议期间提案 4 772 件，闭会期间提案 284 件。十一届政协二次会议共提交提案 5 820 件。其中，全体会议期间提案 5 571 件，闭会期间提案 249 件。十一届政协三次会议共提交提案 5 678 件。其中，全体会议期间提案 5 430 件，闭会期间提案 248 件。十一届政协四次会议共提交提案 6 076 件。其中，全体会议期间提案 5 762 件，闭会期间提案 314 件。

三、 参政议政

参政议政是指人民政协对政治、经济、文化和社会生活中的重要问题，以及人民群众普遍关心的问题，开展调查研究，反映社情民意，进行协商讨论，通过调研报告、提案、建议案或其他形式，向党和国家机关提出意见和建议。它是政治协商、民主监督的延伸和拓展，是党政机关听取意见改进工作的有效途径，是决策科学化、民主化的重要保障。

1. 参政议政职能的规定和表述

参政议政作为对人民政协工作内容的表述，早在 20 世纪 80 年代中期即已被广泛使用。1994 年 3 月，全国政协八届二次会议首次将参政议政明确为人民政协的基本职能。这次会议通过的政协章程，把参政议政作为政治协商、民主监督的延伸，作为人民政协的主要职能列入政协章程。政协章程第二条规定："中国人民政治协商会议全国委员会和地方委员会的主要职能是政治协商和民主监督，组织参加本会的各党派、团体和各族各界人士参政议政。"1995 年 1 月，全国政协八届常委会第九次会议通过了《政协全国委员会关于政治协商、民主监督、参政议政的规定》，进一步明确了参政议政的内容和形式，并对"切实履行政治协商、民主监督、参政议政主要职能"提出了具体的要求。从此，参政议政与政治协商、民主监督一并被列为人民政协的三项主要职能。2004 年 3 月，全国政协十届二次会议修订的政协章程进一步规范了对政协主要职能的表述，并对参政议政的内涵作出了明确界定。2006 年 2 月，《中共中央关于加强人民政协工作的意见》对人民政协参政议政的作用给予充分肯定，对参政议政职能作了进一步的阐述，强调它是"人民政协履行职能的重要形式"、"切实做好工作的有效方式"，"要为人民政协参政议政创造良好条件"。至此，人民政协参政议政职能的规定和表述更加明确与规范。

2. 参政议政的特点和意义

人民政协的参政议政是在政治协商、民主监督的基础上发展而来的，具有自身的特点和优势。一是对象的广泛性。参政议政涵盖了社会的各个方面和各个部门，能够深入研究各领域问题，比较充分地反映各界群众的意见、愿望和要求。二是内容的丰富性。一般来说，政治协商、民主监督以国家大政方针和重大事项为主要内容，具有全局性、宏观性的特点，而参政议政还具有很多事务性的内容，包括人民政协所实施的协商、讨论、建议、批评，以及为此进行的视察、考察、调查研究和提出建议案、提案等各种活动。三是方法的灵活性。相对于政治协商和民主监督而言，参政议政可以采用座谈会、联谊会等多种形式，更强调人民政协自身的主动性，强调发挥人民政协自身的专长和优势，主动参与政治生活和为党政决策服务。

充分发挥人民政协的参政议政作用，有利于加强和改善中国共产党的领导，有利于改进政府的工作，有利于领导机关的正确决策，有利于推动各项方针政策的贯彻落实，也有利于调动政协各参加单位和各界别委员参与国是的积极性，发挥政协整体优势和政协工作的主动性，使人民政协工作更加活跃。

3. 参政议政的主要内容和形式

参政议政的主要内容。人民政协的参政议政是对政治、经济、文化和社会生活中的重要问题以及人民群众普遍关心的问题，开展调查研究，反映社情民意，进行协商讨论，通过调研报告、提案、建议案或其他形式，向党和国家机关提出意见和建议。

参政议政的主要形式。包括专题调研和反映社情民意两种基本形式。专题调研主要是注意选择经济社会发展中具有综合性、全局性、前瞻性的课题，深入调查研究，开展咨询论证，提出意见和建议。反映社情民意主要是运用包容各界、联系广泛、人才聚集的有利条件，了解和反映社会不同阶层、不同群体的愿望和要求。各地政协在参政议政的实践中，创新了一些行之有效的活动形式，如通过新闻媒介表达委员参政议政的意见；党委、政府委托或联合政协召开专题议政会、听证会、论证会和专题协商会；开展引进项目、技术、资金和提供信息、扶贫支边等出实招、献良策、办实事活动等。

4. 参政议政的基本要求

形成合理有效的工作机制。建立健全人民政协参政议政的各项工作制度，形成合理有效的工作机制，是提高参政议政水平的必然要求和根本保证。一是建立党委和政府加强与人民政协联系和沟通的制度，不断完善有利于政协委员广泛知情和发挥作用的机制和规范。二是建立党政各部门与政协各专委会协作、配合的制度，对政协提出的重要意见和建议，要认真研究、积极采纳。三是建立人民政协调研成果的论证制度。四是建立人民政协调研成果的报送程序与反馈制度。五是完善政协专门委员会与参加政协的各党派团体联合调研的环节。

拓展参政议政的领域。适应新形势新任务的要求，人民政协积极拓展参政议政的领域，使参政议政的内容和形式随着中国特色社会主义民主政治的发展而不断丰富和完善。一是广泛参与活动。体现人民政协的广泛代表性、党派合作性和民主协商性等特点，组织政协委员并代表他们所联系的各界群众，积极参与各种政治、经济、文化、社会及国际交流活动。二是积极开展咨议。从不同角度、不同侧面，对国家和地方方针政策的执行情况，对某一方面具有突出影响的重要事项，对社会普遍关心的热点问题进行讨论评议。三是深入调查研究。选择经济社会发展中具有综合性、全局性、前瞻性的课题，深入调查研究，在科学分析论证的基础上，提出高质量的、可操作的乃至有预见性的建议。

注重参政议政的实际效果。人民政协参政议政、建言立论，目的主要是反映人民群众的愿望、要求和为党政决策提供切实可行的意见建议，推动决策民主化、科学化。因此，需要注重实效性，不断在提高参政议政的质量和水平上下工夫。这就要求各级政协组织充分发挥自身优势，紧紧围绕党和国家的中心任务，发扬求真务实的精神，深入调查研究，详尽地了解情况、占有第一手资料，对有关问题进行科学的分析论证，提出的意见和建议做到言之有物、言之成理，努力为党政决策提供高水平的智力支持。政协委员努力学习、深入实际、调查研究，密切联系自己所代表的党派、团体及有关方面的群众，积极反映群众的意见和要求，在参政议政中更好地发挥作用。

创造参政议政的良好条件。各级党委和政府加强与人民政协的联系和沟通，为人民政协参政议政创造良好条件，妥善解决参政议政中的困难和遇到的问题。各级党委、政府职能部门加强与人民政协及相关专门委员会的联系，建立必要的制度，经常沟通情况、交换意见，适时向政协和政协委员通报情况。各级政协组织通过各种形式帮助委员了解有关情况，为委员参政议政创造良好的条件。

【拓展阅读】

全国政协组织开展参政议政情况

2011 年，全国政协围绕“十二五”规划实施过程中的重大问题，先后组织开展考察和专项调查 85 次，召开加快经济结构战略性调整、促进经济平稳较快发展专题议政性常委会议，向中共中央报送了一批高质量的意见和建议；召开深化文化体制改革，繁荣发展文化事业和文化产业专题协商会，提出促进城乡文化一体化发展、推动文化基本服务体系建设等建议，得到了中共中央高度重视和采纳；认真办理政协委员、统一战线成员和各界群众来信来访，及时分析和把握全局性、苗头性、倾向性问题，全年受理、办理委员和群众来信来访 60 522 件次，编报社情民意信息 252 期，反映意见和建议 1 896 条。

第三节　人民政协的自身建设

在一定意义上说，人民政协不是靠“说了算”，而是靠“说得对”来发挥作用、彰显价值的。这就要求必须大力加强人民政协自身建设。人民政协的自身建设包括党派、界别、委员、专委会及政协机关在内的全方位建设。促进党派合作、突出界别特色、发挥政协委员主体作用和专委会基础性作用，以及加强机关建设，构成了人民政协“五位一体”自身建设的特有内涵、总体布局和主要任务。全面推进人民政协的自身建设，是人民政协事业发展的重要保障，是在新形势下人民政协发挥更大作用的必然要求。

一、促进党派合作

党派合作性是人民政协区别于其他政治组织的一个显著特点，集中体现了党派性与合作性的统一。党派之间的合作具有广泛性、长期性、稳定性的特点，是根本利益、根本目标一致基础上的合作，是以宪法为根本依据、遵守政协章程确定的政治原则为共同基础的合作。促进党派合作，充分发挥各民主党派和无党派人士的作用，是加强人民政协自身建设的工作重点。

1. 尊重和保障各民主党派与无党派人士在政协履行职能的各项民主权利

尊重和保障各民主党派在人民政协各种会议上以本党派名义发表意见的权利。各民主党派成员参加国家权力机关、行政机关和司法机关都是以个人身份，而在人民政协，各民主党派以政党为参加单位，可以通过党派名义发表主张、开展活动。这是一种组织行为、政治行为，是中国共产党与各民主党派协商合作的重要体现、互相监督的重要形式。政协各种会议保证各民主党派能够充分发表本党派的意见和主张。

支持各民主党派和无党派人士在人民政协的政治协商、民主监督、参政议政中充分履行职责。在政治协商中，支持各民主党派、无党派人士对社会各领域的重要问题，对人民政协内部的重要事务，以及有关爱国统一战线的其他重要问题，进行协商讨论。在民主监督中，支持各民主党派、无党派人士对国家机关及其工作人员的工作进行监督，同时，中国共产党与各民主党派、无党派人士之间进行互相监督。在参政议政中，支持各民主党派、无党派人士对政治、经济、文化和社会生活中的重要问题，以及人民群众普遍关心的问题，开展调查研究，反映社情民意，提出意见建议。对民主党派提出的提案重点办理，对民主党派反映的社情民意重点报送，对民主党派在调研、视察等活动中提出的意见和建议重点研究。

2. 积极探索各民主党派和无党派人士在人民政协发挥作用的方法和途径

以政协会议为平台。政协的全体会议、常务委员会会议、主席会议等例会是人民政协政治协商的主要形式，也是各民主党派、无党派人士履行职责、发挥作用的重要平台。充分利用这个平台，支持各民主党派、无党派人士围绕党和政府中心工作，从经济社会发展的大局出发，对国家政治、经济、文化和社会生活中的重要问题进行讨论协商。

以专门委员会为重要依托。政协专委会作为政协常委会和主席会领导下履行政协职能的重要工作机构，与民主党派、无党派人士联系十分密切，同时，专委会与政府相关部门联系也比较密切，对相关领域的问题比较了解。注重发挥专委会的优势，在组织调研、视察中，都注意邀请民主党派联合进行，把民主党派和无党派人士智力密集、人才荟萃的优势和各专委会的职能特点结合起来。

以提案和反映社情民意为重要手段。重视发挥各民主党派和无党派人士在提案和反映社情民意工作中的作用，努力畅通环节、积极协调配合，鼓励和支持民主党派以本党派名义提出提案和反映社情民意。

3. 积极为各民主党派和无党派人士参加政协工作创造良好条件

充分运用主席会议、秘书长会议等通报情况、听取意见，研究确定有关政协工作和活动中加强协作的重要事项。对各民主党派和无党派人士在各种会议上以各种形式提出的意见建议包括批评意见，及时以政协意见建议、建议案、提案、反映社情民意等形式和渠道，郑重向党委政府反映。

根据需要邀请各民主党派有关负责人和无党派人士，协商讨论政协工作中的共同性事务。人民政协的重要考察活动及重大外事活动邀请各民主党派负责人和无党派人士参加，并加强对民主党派、无党派人士参加重要活动和作用的宣传；政协专门委员会积极开展与各民主党派、无党派人士的联合调研，努力形成资源共享、活动统筹的良好工作机制。

研究并帮助解决各民主党派和无党派人士在参加政协工作中遇到的困难和问题，为他们发挥作用创造良好条件和环境。在政协机关中安排一定数量的民主党派和无党派人士担任专职领导职务，切实保证他们有职有权有责地工作，形成多党合作良好格局。

二、 突出界别特色

由界别组成是人民政协区别于其他政治组织的又一显著特征，是人民政协性质的集中体现。突出界别特色，是强化人民政协优势、发挥人民政协作用的重要途径。

1. 根据界别的特点和要求开展活动，充分调动各界别参政议政的积极性

政协界别中除了党派、团体外，其他界别由于缺乏有效的组织形式和载体，活动主要集中在全会期间。因此，人民政协要增强人民政协会议和活动的界别特色、体现界别声音。大会讨论按界别编组，平时的小组活动也按界别编组，为相同界别的委员提供学习、交流、提高的平台。政协委员不仅可以界别名义作大会发言，也可以界别名义集体提案，以界别名义反映社情民意信息。政协专门委员会加强与相关界别的联系，积极探索开展界别座谈、调研、考察、讲座、联谊等多种形式的界别活动。建立健全政协界别活动的组织机制、党政有关部门与政协界别的联系机制、政协机关为界别活动提供服务的工作机制，努力使人民政协的各种界别活动更加经常、更加规范、更加有效。

2. 适应改革开放和经济社会发展的实际情况合理设置界别，扩大

人民政协的团结面和包容性

改革开放以来，我国经济和社会结构发生了深刻变化，社会经济成分、就业方式、利益关系和分配方式日益多样化，产生了许多新的社会阶层，统一战线也发展成为包括全体社会主义劳动者、社会主义事业的建设者、拥护社会主义的爱国者和拥护祖国统一的爱国者的广泛联盟。作为最广泛的爱国统一战线组织，人民政协的界别设置应该适时反映我国经济社会结构和统一战线内部结构的变化，包容社会各界人士。人民政协自成立以来，其界别设置经历过多次调整，目前设置的34个界别基本上适应我国经济社会发展的需要，但仍存在一些需要研究和改进的地方，以适应改革开放和经济社会发展的实际情况，着眼于扩大团结面、增强包容性，把新的社会阶层和各方面的代表人士吸纳到政协组织中来。

【拓展阅读】

人民政协界别的由来

1949年6月15日，新政协会议筹备会第一次全体会议在北平召开，参加筹备会的有各民主党派、人民团体等23个单位。9月21日，中国人民政治协商会议第一届全体会议召开，参加会议的包括提议召开新政协会议的中国共产党及赞成中共1948年“五一口号”的各民主党派、人民团体和无党派民主人士等46个单位的代表。新中国成立后，中共中央于1953年召开了全国统战工作会议，提出参加全国统一战线组织的单位大体可以分为党派、人民团体、农民、少数民族，教育、文艺、自然科学、新闻出版、社会科学、自由职业、医务、体育界，以及华侨、特邀。1954年，区域代表、军队代表由于已经参加了人大，不再作为政协的参加单位，中国人民政协全国委员会改由党派、团体、界别、特邀四个方面组成。以后各届全国委员会的界别略有变化。目前，全国政协由包括中国共产党在内的34个界别组成。

3. 通过界别渠道密切联系群众，增进社会各阶层和不同利益群体的和谐

政协界别是党和政府密切联系群众的重要渠道。人民政协的每个界别、每个界别的政协委员都是党和政府联系群众、团结各界的桥梁和纽带。界别渠道能够把群众中分散的、个别的呼声汇聚成系统的、

集中的意见，便于党和政府了解社情民意，维护社会的稳定与和谐。充分运用界别讨论、界别发言、界别提案、反映社情民意等形式，及时准确地向党委、政府反映各方面群众的意见建议和愿望要求。积极开展党政有关部门同政协有关界别之间、各个不同界别之间的协商交流，通过界别渠道积极宣传党和政府的方针政策，引导各方面群众正确认识和处理各种利益关系，促进社会各阶层和不同利益群体之间的团结和谐，使党和政府的决策成为最大多数人的自觉行动。

三、 发挥政协委员主体作用

政协委员是参加人民政协的各党派团体和各族各界的代表人士，是人民政协履行职能的主体。充分调动政协委员履行职能的积极性、主动性和创造性，对于提高人民政协工作水平和成效有着关键作用。

1. 认真组织政协委员学习和培训

各级政协组织推动政协委员在自愿的基础上学习马克思列宁主义、毛泽东思想、邓小平理论、“三个代表”重要思想、科学发展观。通过组织开展主题鲜明、内容丰富、形式多样的学习培训和主题教育活动，引导广大政协委员深入学习中国特色社会主义理论体系和社会主义核心价值体系，学习中共中央关于人民政协的重大理论和方针政策，提高思想认识，进一步巩固共同思想政治基础。在认真开展政治学习的同时，系统学习经济、文化、社会、法律、科技、管理等方面的知识。通过不断完善学习规划、创新学习形式、丰富学习内容，努力提高政协委员的政治素质和履行职能的能力水平。

2. 积极推动政协委员遵守政协章程

政协章程是参加人民政协的各党派团体和各族各界人士的共同行为准则，是各级政协组织开展工作的基本依据。各级政协组织积极推动政协委员认真学习章程，自觉遵守章程，切实贯彻章程，坚决维护章程。严格按照政协章程的要求，认真履行职责，密切联系群众，积极参加政协组织的会议和各项活动。政协委员在人民群众心目中享有很高的声望，要不断增强履行职责的责任感和使命感，自觉维护政协形象，深入基层实际，体察人民群众的情绪和愿望，做好了解和反映社情民意的工作。积极主动地宣传党和国家的方针政策，协助党和政府做好协调关系、化解矛盾、理顺情绪的工作，为维护改革发展稳定的大局多作贡献。

3. 尊重和依法保护政协委员的各项民主权利

按照政协章程的规定，政协委员在政协会议上有表决权、选举权和被选举权，有对政协工作提出批评和建议的权利，有通过政协会议和组织充分发表各种意见、参加讨论国家大政方针和各地方重大事务的权利，对国家机关和国家工作人员的工作提出建议和批评的权利，以及对违纪违法行为检举揭发、参与调查和检查的权利等。政协组织依法维护政协委员依照宪法、法律和政协章程履行职责的权利，保证在政协的会议和活动中，政协委员能够畅所欲言，充分发表各种意见。保障政协委员参加专题调研、视察工作、咨政建言、反映社情民意、报送书面视察报告等民主权利。

4. 积极为政协委员履行职责创造条件

政协组织保证和扩大政协委员的知情权，适时通过举办报告会、研讨会、座谈会、专题讲座及印发学习材料等，为政协委员履行职能提供信息。建立健全政协委员意见建议的跟踪反馈机制，对政协委员提出的重要意见建议，政协机关加强与党政有关部门的联系沟通，有关部门为政协委员发挥作用提供方便，对于政协委员提出的意见积极负责地研究处理并及时给予答复反馈。政协委员所在单位支持委员参加政协活动，保障其各项待遇不因参加政协活动而受到影响。政协委员在任期内，不办理退休手续，享受在职人员的政治和生活待遇。

四、 发挥专委会基础性作用

政协专门委员会是政协工作的重要基础，是人民政协履行职能的重要方式。做好专委会工作，有利于保持同政协委员的经常联系，调动委员履行职责的积极性和主动性；有利于突出政协的界别特色，反映各界群众的愿望和诉求，扩大公民有序政治参与；有利于发挥政协优势，围绕关系国计民生的重大问题咨政建言，促进党和政府决策的科学化、民主化。

1. 坚持民主协商、平等议事，更好地促进各方面的团结合作

正确处理专委会内部的关系。专委会既是人民政协履行职责的工作机构，又是人民政协进行政治协商的一个层面。专委会的各项工作充分体现统一战线工作的性质和特点，把团结合作、加强联谊和调查

研究、建言献策紧密结合起来。专委会的成员，不管属于哪个党派，不论从事何种职业、担任什么职务，都一律平等，在工作中多商量、多沟通，始终保持团结和谐。

加强与其他部门的联系与协作。政协专门委员会的工作有自己的专业性，但也往往涉及方方面面，需要各有关方面的配合、支持和协作。加强与其他部门的联系与协作，有利于提高专委会的工作质量，有利于提高参政议政的整体水平。把民主协商、平等议事的要求贯彻到开展工作的各个环节，落实到履行职能的整个过程，加强各党派团体的合作，促进各界别间的交流，加强专委会内部的协作，充分调动各方面的积极性、主动性，不断增强专委会工作的合力。

加强对口协商。强化与各专委会相对应的政府部门的联系，及时了解和掌握他们的年度工作目标、任务、措施和需要人民政协帮助解决的问题，主动走访这些单位，接触主要负责人。认真筛选、确定调研议政课题，选择那些能够发挥人民政协优势、与党委政府工作合拍、专委会能做的课题。精心设计、提高对口协商会议质量，把工夫下在会前，切实做好协调工作。

2. 坚持发挥优势、讲求质量，更好地提高专题调研的实效

深化选题内容。好的调研课题是引起共同兴趣、凝聚相关力量、形成各方合力的纽带。这就需要选择那些在经济社会发展中具有综合性、全局性、前瞻性的课题，发挥政协联系面广、智力密集、人才荟萃、位置超脱的优势，深入实际了解情况，周密思考论证，积极建言献策，使政协委员和各界人士的个体优势转化为参政议政的整体优势。

提高调研质量。充分发挥专委会“专家多、大家多、名家多”的优势，将专家学者充实到调研队伍中，注重提高专题调研的质量。坚持“突出重点、注重精品、量力而行”的原则，在“求真、求实、求精、管用”上下工夫。围绕常委会中心议题开展调研，采取少数人调研、多数人论证的方法，避免走马观花和泛泛议论。

注重成果转化。经过调研论证提出的建议既有专家之言，又有实际需求，不断推出有高度、有深度、有力度的调研报告，着力提升建言献策水平，为党和政府科学民主决策服务。认真探索和完善促进成果转化的机制，明确相应措施，争取政府支持，建立调研报告和其他形式意见建议的落实情况反馈机制。在情况通报中增加对委员意见建

议采纳情况的通报内容，组织委员对落实情况进行视察，通过民主监督促进成果转化。

3. 坚持求真务实、强基固本，更好地推进专委会自身建设

加强学习，提高参政议政能力。专委会工作贵在“专”，具体表现为业务性强，所开展的工作既有一定的理论性，又有较强的政策性和实践性，加强学习绝不是可有可无的权宜之计，而是修身建言的根本之策。这就要求注重学习和研究中国共产党的统一战线理论、人民政协理论和履行职能的基本知识，尤其要精通专委会所涉及的专业知识。

加强制度建设，减少工作的随意性。以制度来规范专委会工作，是履行职能规范化、制度化、程序化的必然要求。专委会注意在总结经验的基础上，进一步健全和完善各项工作制度和对口联系制度等，并根据工作需要和形势的发展，探索制定新的工作制度。注重以专门委员会通则的基本精神为依据，注意从实际出发，以使专委会职责任务更加明确，政治协商、民主监督、参政议政的具体做法更加便于操作，意见建议反馈追踪渠道更加畅通。

加强组织建设，建设好一支高素质的专委会干部队伍。根据政协章程、专门委员会通则的要求和实际工作的需要，合理设置专委会。在专委会的人选上，按照有利于联系各界、便于组织经常性活动和自愿、协商、统筹安排的原则，由委员组成，也可适当邀请某个领域、某个方面的专业人员参加。通过换届和届中调整，及时把参政议政能力强、专业领域技能高、社会责任感强、热心政协工作的委员和各界人士吸纳到专门委员会来。选择热爱政协工作、有较强的参政议政能力和较高的领导水平、政策水平的同志担任正副主任，使专委会活动能够有效地开展。

【拓展阅读】

专委会的性质和任务

根据《中国人民政治协商会议章程》第三十九条规定，政协全国委员会根据工作需要设立若干专门委员会及其他工作机构，由常务委员会决定。目前全国政协专门委员会共有九个：提案委员会、经济委员会、人口资源环境委员会、教科文卫体委员会、社会和法制委员会、民族和宗教委员会、港澳台侨委员会、外事委员会、文史和学习委员

会。根据《中国人民政治协商会议全国委员会专门委员会通则》（2005年2月28日政协第十届全国委员会常务委员会第八次会议修订）规定，专门委员会的主要任务是：组织委员认真学习、宣传国家的方针政策和法律；就国家的大政方针以及政治、经济、文化和社会生活中的重要问题，人民群众普遍关心的问题，选择其中具有综合性、全局性、前瞻性的课题，深入开展调查研究，提出意见、建议和提案；团结和联系委员及各族各界人士，积极反映社情民意；维护社会稳定和民族团结，促进祖国和平统一，加强同各国人民的友好往来与合作；组织各种活动，积极为委员知情出力、履行职责创造条件。

五、 加强机关建设

政协机关是为政协委员履行职责服务的政治机关，政协机关工作是整个政协工作的重要组成部分。

1. 加强政治理论学习，大力推进思想理论建设

不断加强政治理论学习。深入系统地学习马克思列宁主义、毛泽东思想、邓小平理论、“三个代表”重要思想、科学发展观，提高政策水平和大局意识，坚定正确的政治方向，自觉地把中国共产党的重大决策和部署贯彻到政协机关的各项工作中去。认真学习中国共产党关于人民政协的理论，学习新时期中共中央关于统一战线和人民政协的重大方针政策和政协章程。

努力创建学习型机关。把政治理论学习与学经济、学管理、学科技、学法律、学文化等结合起来，大力倡导自觉学习、研究问题之风。努力建设学习型政协，把学习作为开展工作的前提，作为提高自身素质的基础，作为一项长期的任务坚持好、落实好。深钻细研、学懂弄通、融会贯通，通过学习去提高消化吸收能力、分析判断能力、逻辑思维能力和发现问题、解决问题的能力以及各种日常工作技能。

2. 弘扬与时俱进和改革创新精神，大兴求真务实之风

人民政协事业的发展对政协机关工作提出了越来越高的要求，同时也提供了难得的机遇和舞台。政协机关坚持与时俱进，勇于改革创新，不断研究新情况、解决新问题、总结新经验，努力把握人民政协工作的特点和规律，通过完善创新机制，营造创新氛围，积极支持政

协机关进行理论创新、制度创新、工作创新和其他方面的创新，使人民政协的机关工作始终充满活力，不断开创人民政协工作的新局面。

3. 加强制度建设，完善为政协履行职能服务的各项工作制度

政协机关适应壮大爱国统一战线和发展社会主义民主政治的要求，不断探索完善为政协履行职能服务的各项工作制度。进一步规范政协机关办文、办会、办事等各项制度，坚持分工负责，做到一级对一级负责，一级抓一级落实。

4. 加强组织建设，努力造就一支与人民政协事业发展相适应的高素质干部队伍

政协干部是中国共产党的干部队伍的重要组成部分。加强履职能力建设，全面增强自身素质，不断提高政治把握、促进发展、调查研究、团结合作、组织协调等各方面的能力。加强政协干部的选拔、交流、任用工作，加大对政协干部的培训、挂职锻炼的工作力度，配备好领导班子，改善政协机关的干部结构，重视非中共、妇女和少数民族干部的培养和使用，使一批政治坚定、作风优良、业务熟练的高素质政协干部脱颖而出，为人民政协工作的发展提供有力的组织保证。

第十一章
加强和改善中国共产党对统一战线工作的领导

中国共产党的坚强领导，是统一战线发展壮大的根本保证。进入新世纪新阶段，加强和改善中国共产党对统一战线工作领导的必要性和紧迫性在哪里？途径方式是什么？重点方面是什么？这些都是加强和改善中国共产党对统一战线工作领导需要了解和把握的基本问题。

第一节　统一战线工作是全党的工作

统一战线工作是中国共产党的总路线、总任务的重要组成部分，是党和国家工作全局中一个极为重要的方面。回顾统一战线 90 多年历史，凡是中国共产党统战工作做得好的时候，党的事业就发展，就兴旺，反之，就受到严重影响，甚至遭受挫折。当前，我们面临的国际国内形势更加复杂，面对的改革发展稳定各项任务更加艰巨，更需要加强和改善党对统一战线工作的领导，全面落实中国共产党的统一战线各项方针政策，不断巩固壮大统一战线。

一、重视和加强对统一战线工作的领导是中国共产党的优良传统

马克思主义从创立起就鲜明提出了无产阶级在统一战线中保持独立性、坚持领导权的思想。列宁继承了马克思主义统一战线理论，第一次提出统一战线领导权必须牢牢掌握在无产阶级手中的观点，指出“马克思主义教导无产者不要避开资产阶级革命，不要对资产阶级革命漠不关心，不要把革命中的领导权交给资产阶级，相反地，要尽最大

的努力参加革命，最坚决地为彻底的无产阶级民主主义、为把革命进行到底而奋斗”[①]，并强调革命成功与否关键在于工人阶级是否成为人民革命的领导者。中国共产党继承发展了马克思和列宁的这一重要思想，始终强调并不断加强对统一战线工作的领导，指出党要善于领导，不断改善领导，才能加强领导；强调不论过去、现在或将来，都必须坚持党对统一战线的领导权，这是统一战线发挥作用、健康发展的根本保证。

大革命时期，由于受右倾机会主义影响，中国共产党放弃对统一战线工作的领导权，结果导致民主联合战线最终破裂，大革命失败。抗日战争时期，由于中国共产党坚持在统一战线工作中的独立性和领导权，确保了抗日民族统一战线的形成和巩固，并最终取得了抗日战争的胜利。总结中国革命的历史经验，毛泽东曾指出："中国新民主主义的革命要胜利，没有一个包括全民族绝大多数人口的最广泛的统一战线，是不可能的。不但如此，这个统一战线还必须是在中国共产党的坚强的领导之下。没有中国共产党的坚强的领导，任何革命统一战线也是不能胜利的。"[②]

新中国成立初期，中国共产党党内有一些同志对统战工作的重要性认识不足，认为统战工作只是统战部的事，统战工作的范围仅限于上层人物及有组织的党派范围内，因而采取关门主义态度，不仅对民主党派、民主人士瞧不起，甚至对统战部和统战工作干部也瞧不起，认为"统战干部是党内的党外干部"，"是党内的右派"，"统战工作不是正经人搞的"。一些基层干部普遍有"统战路线，地主路线；民族观点，糊涂观点"等错误看法。[③] 针对这些不正确的观点，周恩来在1950年3月召开的第一次全国统战工作会议第二次讲话中指出："统战工作是全党的一项重要任务……希望同志们正确认识这个问题，要使全党同志了解，团结、带动非党群众同我们党一起前进，是统一战线

① 列宁：《社会民主党在民主革命中的两种策略》，见《列宁全集》，中文2版，第11卷，34页，北京，人民出版社，1987。

② 毛泽东：《目前形势和我们的任务》，见《毛泽东选集》，2版，第4卷，1257页。

③ 参见李维汉：《关于第一次全国统战工作会议综合情况的报告》，见中共中央统一战线工作部编：《中国共产党统一战线文献选编》，第5卷，51页，北京，人民出版社，2005。

的基本任务，任何部门的工作都不能与统战工作相脱离。”[①] 在这次工作会议上，李维汉也强调：“统一战线工作是一种极其复杂的政治工作，各级统一战线工作部的同志必须注意学习党的理论和党的政策，严格遵守党的指示和纪律，尤其是领导人更要经常处于主动地位，深思熟虑地去应付这种复杂的政治斗争，切忌昏头昏脑，手忙脚乱，迷失方向。”[②] 为了消除党内一些同志对统战工作的关门主义态度，1953 年 7 月 18 日，刘少奇在全国统战工作会议上指出：统战工作就是找麻烦，但是又省麻烦。招来的小麻烦，省去是大麻烦，这才是全部的真理。[③]

改革开放以来，统一战线工作履行为社会主义现代化建设服务的使命同样离不开中国共产党的领导。针对“文化大革命”期间中国共产党对统战工作领导权弱化的现象，1979 年 9 月 1 日邓小平在听取第十四次全国统战工作会议情况汇报时指出：“加强统战工作是必要的，好多年没有开会了，抓一下，对。”[④] 同年 9 月 13 日，在全国统战工作会议制定的《新的历史时期统一战线的方针任务》的文件中指出，“在新时期，党的统一战线工作是实现四个现代化和争取台湾回归祖国、完成祖国统一的伟大斗争中不可缺少的一部分，是全党的工作。它不可以削弱，而是要大力加强；不是无所作为，而是大有可为”。随着改革开放的不断深入，加强中国共产党对统战工作的领导的意义日渐凸显。一是由于历史条件和社会制度不同，我国不可能走西方资本主义现代化的道路，只有在中国共产党领导下走符合中国国情的社会主义现代化道路；二是由于我国是一个人口众多、多民族、多党派、经济文化落后的国家，没有中国共产党这个领导核心，统一战线必然涣散无力，不会有协调一致的步伐，就不可能凝聚、动员和组织全国人民

---

① 周恩来：《发挥人民民主统一战线积极作用的几个问题》，见中共中央统一战线工作部编：《中国共产党统一战线文献选编》，第 5 卷，34 页。

② 李维汉：《人民民主统一战线的新的形势与任务》，见中共中央统一战线工作部编：《中国共产党统一战线文献选编》，第 5 卷，23 页。

③ 参见刘少奇：《加强党的统一战线工作》，见中共中央统一战线工作部编：《中国共产党统一战线文献选编》，第 6 卷，168 页，北京，人民出版社，2005。

④ 邓小平：《新时期统一战线是社会主义劳动者与爱国者的联盟》，见中共中央统一战线工作部编：《中国共产党统一战线文献选编》，第 10 卷，182 页，北京，人民出版社，2005。

的力量为实现有中国特色社会主义的共同目标而奋斗。中国共产党的领导越坚强，统一战线就会团结得越紧密，在社会主义现代化建设中发挥的作用也就越重大。

【背景材料】

不了解统一战线闹出的笑话

由于各级党委普遍加强对统战工作的领导，各级政府和社会有关方面也非常关心、支持统战工作，统一战线形成了团结、和谐、振奋、活跃的良好局面。但是轻视、忽视统战工作的现象还是不同程度地存在，成为影响统一战线工作开展的突出因素。有些同志对统一战线、统战部门和统战成员缺乏起码的了解。一些地方党委竟将党外干部任命为统战部长。有一位县委书记批评县委统战部长："人家别人都在引进外资，你怎么把民主党派引进来了。"有一个县搞选举，有 11 名党外人士被选下去了，县委书记竟以此作为成绩，扬扬得意地说："中国共产党还战胜不了民主党派?"某地召开人民代表大会，有一位党内干部问民主党派成员："看你们也挺优秀的，为什么不加入中国共产党，而加入民主党派?"还有的同志把"民进"当作台湾的"民进党"，把"民建"当作搞民用建筑的。

二、 新形势下加强和改善党对统一战线工作领导的重要性

2006 年 7 月，胡锦涛同志在第二十次全国统战工作会议上指出，党对统一战线工作的领导，是统一战线事业发展的根本保证。要适应新形势新任务的要求，加强和改善党对统一战线工作的领导，提高领导统一战线工作的能力，推动统一战线工作迈上新台阶。

第一，高举中国特色社会主义旗帜，要求加强和改善对统一战线工作的领导。举什么旗、走什么路，是事关政党执政、国家发展、民族振兴的根本问题，也是事关统一战线发展方向的根本问题。胡锦涛同志在 2011 年"七一"讲话中提出要高举中国特色社会主义伟大旗帜，坚持和拓展中国特色社会主义道路，坚持和丰富中国特色社会主义理论体系，坚持和完善中国特色社会主义制度。这是全面总结建党 90 年和改革开放 30 年历史经验得出的科学结论，是适应国内外形势新变化、顺应各族人民过上更好生活新期待做出的战略部署，也是对包

括统一战线成员在内的全国人民提出的新的要求。从战略高度上重视党对统战工作的领导，就是要引导统一战线广大成员深刻认识中国特色社会主义道路，是中国共产党同广大党外人士在风雨同舟、患难与共历程中共同开辟出来的成功之路，是实现国家富强、民族振兴的唯一正确之路；深刻认识中国特色社会主义理论体系是马克思主义中国化最新成果，是指引全国人民沿着中国特色社会主义道路实现中华民族伟大复兴的唯一正确理论；深刻认识中国特色社会主义制度是当代中国发展进步的根本制度保障，集中体现了中国特色社会主义的特点和优势，从而牢固树立中国特色社会主义的共同理想和坚定信念，坚决抵制西方两党制、多党制和议会制的影响，把我国社会主义制度的优势充分发挥出来，与中国共产党一道共同推进中国特色社会主义事业。

第二，推进中国共产党的领导方式与执政方式的转变，要求加强和改善对统一战线工作的领导。中国共产党对统一战线工作的领导是实现中国共产党领导的重要途径与重要内容。只有中国共产党领导统一战线工作水平不断提高，中国共产党在统一战线中的领导权才能更好地实现，中国共产党在党外人士中的凝聚力和向心力才能进一步增强。新世纪新阶段，中国共产党领导方式和执政方式的转变，要求加强对统一战线工作的科学领导，即把中国共产党的领导贯穿于统一战线成员团结奋斗的实践中，通过掌握和运用正确的领导艺术和方法，引导统一战线紧紧围绕经济建设这个中心，自觉服务于改革发展稳定的大局，把各方面的智慧和力量凝聚到实现全面建成小康社会的奋斗目标上来。毛泽东曾经指出："所谓领导权，不是要一天到晚当作口号去高喊，也不是盛气凌人地要人家服从我们，而是以党的正确政策和自己的模范工作，说服和教育党外人士，使他们愿意接受我们的建议。"① 要求加强和改善中国共产党对统一战线工作的民主领导，即把中国共产党的领导寓于平等相待、民主协商之中，切实把政治协商纳入决策程序，坚持就重大问题在决策前和决策执行中进行协商，拓宽利益表达渠道，广泛了解社情民意，扩大有序政治参与，始终保持宽松稳定、团结和谐的政治环境。要求加强和改善中国共产党对统一战

① 毛泽东：《抗日根据地的政权问题》，见《毛泽东选集》，2版，第2卷，742页。

线工作的依法领导，即把中国共产党的领导体现到建立健全制度规范过程中，进一步推进多党合作和政治协商的制度化、规范化、程序化，自觉接受民主党派、无党派人士的民主监督，确保各党派、各团体严格以宪法、法律为活动准则，从制度上、法律上保证中国共产党的路线方针政策的贯彻实施。

第三，巩固和壮大新世纪新阶段统一战线，要求加强和改善对统一战线工作的领导。进入新世纪新阶段，党和国家事业发展处于新的历史起点上，统一战线发展也处于新的历史起点上。随着社会主义市场经济的深入发展，我国经济社会结构发生了深刻变化，新的经济组织和社会群体不断涌现，统一战线内部构成更加复杂多样。随着改革发展进入关键时期，坚持以人为本、促进科学发展对统一战线提出了新的要求。随着统一战线成员思想观念、价值取向、行为方式更加多样，坚持走中国特色社会主义政治发展道路成为统一战线必须牢牢把握的政治方向。随着中国共产党大力加强执政能力建设和先进性建设，巩固中国共产党的阶级基础、扩大中国共产党的群众基础成为统一战线的重要职责。随着境外敌对势力加紧对我实施西化、分化的政治图谋，反渗透、反颠覆、反分裂成为统一战线的严峻课题。这些新变化新特点，对加强和改善中国共产党对于统一战线工作的领导提出了新的更高的要求。

三、 建立健全统一战线工作的领导体制和工作机制

统一战线工作面广线长，涉及党政很多方面和部门。建立和完善统战工作领导体制，形成统一、精干、高效的工作机制，是贯彻落实中国共产党统一战线方针政策的制度保证，也是加强和改善中国共产党对统一战线工作领导的重要内容。特别是新世纪新阶段，统战工作更加艰巨繁重，更加需要建立健全党委统一领导、统战部门牵头协调、各有关部门和人民团体各负其责的领导体制和工作机制。

1. 加强党委统一领导

重视和抓好统一战线工作是各级党委的重要责任，必须高度重视，切实把统战工作摆在全党工作的重要位置。2006 年中共中央制定下发的《关于巩固和壮大新世纪新阶段统一战线的意见》对此提出明确要求，具体就是要做到“六个纳入”。

第一，把统战工作纳入重要议事日程。各级党委把统战工作作为事关党和国家工作全局的重要工作，纳入重要议事日程，定期听取统战部门的汇报，着力研究解决重大问题，特别是及时解决统一战线工作面临的突出矛盾和困难。党委主要领导亲自抓统战工作，分管领导切实负起责任，支持统战部门工作，为统战部门改善工作条件，建立健全一级抓一级、层层抓落实的统战工作领导机制。

第二，把统战工作纳入党政领导班子的考核内容。把有没有统战观念、懂不懂统战政策、会不会做统战工作，作为衡量领导干部政治素养、工作水平的一个重要指标。进一步量化标准，把统战理论政策是否纳入党委中心组学习内容、各级党政主要领导是否带头学习宣传统一战线知识、是否带头贯彻落实统一战线政策、是否带头参加统一战线重要活动、是否带头广交深交党外朋友，作为考核领导班子的重要内容，作为选拔任用领导干部的重要依据。

第三，把统战工作纳入宣传、新闻工作计划。各主要新闻单位把统战宣传列入年度计划，及时报道重大统战会议和统战活动，使统一战线的宣传做到经常化、制度化和规范化。充分运用包括报刊、广播、电视、互联网络等在内的各种宣传手段，多渠道、多形式地开展统一战线的社会宣传和海外宣传，展示统一战线成就，普及统一战线知识，扩大统一战线影响。要加大对党外代表人士的宣传力度，有民主党派职务或身份的在新闻报道中按规定注明。认真办好统一战线刊物，进一步扩大统一战线的社会影响。

第四，把统一战线理论政策纳入各级党校、行政学院和干部学院的重要教学内容。各级党校、行政学院、干部学院是培养党政干部的重要基地。把统一战线理论和方针政策作为培训干部的必修课程，进一步强化党政领导干部特别是中青年领导干部的统战意识，提高他们的统战理论和政策水平。对分管和从事统战工作的领导同志进行专门的系统培训。各级统战部门加强与党校、行政学院、干部学院的联系，为他们完善教材、培训教师、开办统战理论讲座等提供帮助。

第五，把多党合作、人民政协、“一国两制”、民族、宗教理论政策等统一战线知识纳入国民教育内容。在中小学教科书中适当增加关于统一战线的内容，普及统一战线知识。在高等学校开设的政治理论公共课程中，加大统一战线历史及其理论方针政策的分量，并可把统一战线单独作为一门课程纳入学生选修科目。通过基础教育，进一步加深全社会对统一战线的理解特别是对统一战线重要性的认识，使了解统战知识、具有统战意识成为公民政治文化修养和思想政治素质的一个重要组成部分。

第六，把统一战线理论研究纳入马克思主义理论研究和建设工程。马克思主义理论研究和建设工程，是中共中央加强中国共产党的理论建设、巩固马克思主义在意识形态领域指导地位、不断开创中国特色社会主义事业新局面的一个重大举措。统一战线理论是马克思列宁主义、毛泽东思想、邓小平理论、“三个代表”重要思想、科学发展观中极富创造性的组成部分。把统一战线理论研究纳入马克思主义理论研究和建设工程，加强统战理论研究会和研究基地建设，搭建社会化研究平台，壮大、优化研究队伍，做到资源共享、优势互补、形成合力，不断拓展统战理论研究的广度和深度，以理论创新推动工作创新。

2. 党委统战部牵头协调、各有关部门和人民团体各负其责

新中国成立初期，周恩来根据当时的情况曾经指出：统战部既是党委的参谋部，又是政治部，又是组织部，又是办事机关。在新的历史条件下，各级党委统战部是党委主管统战工作的职能部门，负有协调、监督和检查本地区统战工作的重要职责，主要是对贯彻落实党在民族、宗教等方面的重要方针政策负责，研究拟订重要政策措施；加强对重大问题的协调处理；协助做好党外干部的推荐工作。2006年《中共中央关于巩固和壮大新世纪新阶段统一战线的意见》进一步强调：“各级统战部要切实担负起牵头协调和监督检查本地区统战工作的职责，加强对民族、宗教等工作部门的沟通、联系、指导，积极支持政府有关部门依法行政。”“各有关部门和人民团体要增强统一战线意识，加强同统战部门的沟通和配合，善于在工作中体现统一战线的方法和要求。”各地统战部结合各自特点，在统战工作方针政策的贯彻落实、重大问题协调处理、重要工作和活动的安排部署以及相关干部管理等方面，认真负责，积极协调。党委各有关部门各司其职，积极贯彻落实中国共产党的统一战线方针政策，各级人大、政府、政协和司法机关的党组织搞好与党外人士的合作共事。工会、共青团、妇联等人民团体结合自身特点开展统战工作。科学、教育、文化、卫生、企

业党组织也积极做好统战工作。

3. 党委常委兼任统战部长经验模式

党委常委兼任统战部长是加强党对统战工作领导的重要举措。2000年12月，第十九次全国统战工作会议强调，为了加强党委对统一战线工作的领导，省及省以下各级统战部长，由于工作需要而又有条件的，要由党委常委担任，以便于统战部更有效地研究、协调、处理涉及统一战线的重大问题，当好党委的参谋助手。经过各方面的共同努力，中共中央这项规定得到很好的贯彻落实。截至2011年年底，已有21个省区市统战部部长由党委常委兼任，240个地级市统战部长由常委兼任，1 681个县级统战部长由常委兼任。

由于各地情况不同，在党委常委担任统战部长方面采取了不同的模式。一是党委常委专职担任统战部长；二是由党委副书记兼任统战部长；三是党委常委同时担任统战部长和党委其他部门领导职务；四是党委常委同时担任统战部长和政府领导职务；五是党委常委同时担任统战部长和其他人民团体领导职务。在这些模式中，党委常委专职担任统战部长最符合统战工作需要，但在职数有限的地方特别是市县，实行兼职模式也较为可行。

第二节　注重用统一战线方式领导和开展统一战线工作

统一战线工作主要是做党外代表人士的工作，需要更加注重政治性、体现团结性、掌握艺术性，善于用统一战线方式来领导和开展统一战线工作。

一、寓领导于民主协商之中

民主协商是调节统一战线内部关系的重要原则，是统一战线开展工作的主要方式。中国共产党在革命、建设和改革的不同时期所取得的统战工作成就与经验表明：把中国共产党的领导寓于民主协商之中，就是要通过民主协商，一方面广泛听取党外人士各种不同的声音，充分吸收各方面的意见建议，帮助中国共产党更好地科学决策、民主决策；另一方面让党外人士充分理解和接受中国共产党的政治主张与路线方针政策，并在实践中自觉贯彻执行。在民主协商过程中，党外人士的积极性主动性得到了充分发挥，中国共产党在统一战线中的凝聚力和向心力不断增强，中国共产党的领导也随之得到了充分实现。早在新民主主义革命时期，毛泽东就指出："必须教育担任政权工作的党员，克服他们不愿和不惯同党外人士合作的狭隘性，提倡民主作风，遇事先和党外人士商量，取得多数同意，然后去做。同时，尽量地鼓励党外人士对各种问题提出意见，并倾听他们的意见。"① 并强调："我们不是一个自以为是的小宗派，我们一定要学会打开大门和党外人士实行民主合作的方法，我们一定要学会善于同别人商量问题。"② 新中国成立后，毛泽东进一步强调，国家各方面的关系都要协商。"我们政府的性格，你们也都摸熟了，是跟人民商量办事的，是跟工人、农民、资本家、民主党派商量办事的，可以叫它是个商量政府。"③ 根据当时的形势和任务，中国共产党与各民主党派创造了多种行之有效的协商方式，在建立社会主义民主政治、恢复和发展国民经济、推动社会主义建设中起到了积极作用。改革开放以来特别是新世纪新阶段，中国共产党就国家重大方针政策和重要事务在决策前和决策执行过程中与各民主党派、无党派人士进行协商，已经形成一种制度，贯穿于多党合作的全过程，表现在国家政治和社会生活的各方面。随着我国社会主义民主政治的不断发展，更加需要通过民主协商，以更好地实现中国共产党的领导。

二、 照顾同盟者利益

照顾同盟者利益是巩固和壮大统一战线的重要原则，也是实现中国共产党的领导的重要条件。特别是当前统一战线成员在根本利益一致基础上的具体利益差别日益明显，更加需要重视和妥善照顾同盟者利益。

---

① 毛泽东：《抗日根据地的政权问题》，见《毛泽东选集》，2版，第2卷，742～743页。

② 毛泽东：《在陕甘宁边区参议会的演说》，见《毛泽东选集》，2版，第3卷，810页。

③ 毛泽东：《同工商界人士的谈话》，见《毛泽东文集》，第7卷，178页。

第一，始终坚持尊重、维护和照顾同盟者利益。作为统一战线的领导核心，中国共产党要在带领同盟者实现共同利益的基础上，帮助他们实现其具体利益，否则统一战线就不能巩固，更不能发展。在中国革命、建设和改革各个历史时期，中国共产党都通过制定一系列有关政策，努力保障统一战线广大成员政治、经济等各方面利益的实现。抗日战争时期，中国共产党在建立抗日民主政权时，既注重维护民主党派等各方面的政治利益，同时还通过实行减租减息和“发展生产、繁荣经济、公私兼顾、劳资两利”的政策，照顾了开明绅士、民族资产阶级和地方实力派的经济利益，对巩固发展抗日民族统一战线起到了重要作用。新中国成立后，在对资本主义工商业进行社会主义改造时，中国共产党采取“和平赎买”的方式，并对原工商业者“量才使用、适当照顾”，妥善安排他们的工作，巩固发展了人民民主统一战线，对团结各方面力量共同进行社会主义建设起到了积极作用。中共十一届三中全会后，中国共产党进一步完善落实了知识分子政策、民族政策、宗教政策、侨务政策等多方面的政策，照顾统一战线各方面成员利益，实现了最广泛的团结，推动了改革开放和社会主义现代化建设事业的发展。新世纪新阶段，照顾同盟者利益仍然是处理好与同盟者关系的核心问题。面对利益关系的不断分化调整，仍然需要而且应该更好地照顾同盟者利益。

【统战典故】

周恩来劝黄炎培做“官”

1949 年 10 月，周恩来任政务院总理后，对民主人士的安排进行了认真研究，按照他们的身份、威望、专长及对国家的贡献等给予了恰当的安排。尤其是对黄炎培、傅作义等重要人物的职务安排，考虑得十分周到。身为中国民主建国会主任委员的黄炎培，在旧中国曾多次拒绝旧政府的高官厚禄，1949 年新中国成立后来到北京也无意做官。周恩来多次劝说，深入细致地做工作，黄炎培终于同意担任政务院副总理兼轻工业部部长的职务。后来，他对子女们讲了周恩来向他动员的经过，并严肃地解释道：“以往我坚拒做官是不愿入污泥，今天是中国共产党领导下的人民政府，我做的是人民的官啊！”

第二，完善照顾同盟者利益的政策措施。照顾同盟者利益不是权宜之计，必须要有一整套政策措施来保障。畅通利益表达渠道，准确掌握统一战线广大成员的真实想法和愿望，使他们各方面的利益诉求能够充分表达和反映出来。建立健全利益协调机制，争取党委和政府有关部门的支持和帮助，妥善予以解决。经常与党外朋友加强沟通联络，热情周到地开展服务，多办实事、做好事、解难事。统战部门作为党委的职能部门，要在照顾同盟者利益中承担起重要责任，加强对各项政策措施贯彻落实情况的督促检查，确保各项已有政策真正惠及广大同盟者。

第三，照顾同盟者不同方面的利益诉求。统一战线成员包括方方面面，统一战线成员的利益也各有不同。本着尊重人、理解人、帮助人、团结人的原则，统筹兼顾、通盘考虑，妥善协调和处理各种利益关系。既照顾统一战线成员的经济利益、文化利益，也照顾他们的政治利益、精神利益；既帮助统一战线各党派、各团体解决工作上的各种困难和问题，也帮助他们解决生活上的各种困难和问题；既照顾现在正在同中国共产党合作共事的统一战线成员的利益，也照顾在历史上曾经同中国共产党合作共事的老一辈统一战线成员的利益。特别是在利益分配方式深刻变化的新形势下，针对统一战线不同利益群体的需求，注重解决不同成员所关注的不同利益问题。对于统一战线成员中的困难群体，为他们排忧解难，使他们切实感受到中国共产党的温暖；对于一些特殊的统一战线成员，如著名党外人士及其配偶、起义投诚的原国民党军政人员及其眷属、原工商业者及其遗孀等，在各方面力所能及地给予适当照顾。

三、 加强教育引导

教育引导是中国共产党的优良传统和政治优势，是在统一战线中坚持中国共产党的领导、实现中国共产党的领导的重要体现，也是巩固统一战线共同思想政治基础的必然要求。中国共产党始终重视对统一战线成员的思想政治引导，对确保统一战线正确政治方向、广泛凝聚各方力量、有效化解各种矛盾，起到了重要作用。当前，统一战线成员思想状况主流是积极、健康的，但也面临一些新情况新问题，对加强统一战线思想政治工作提出了严峻考验和新的要求。主要体现为以下几个方面：

第一，坚持政治引导，巩固共同的思想政治基础。实现政治原则、政治方向和重大方针政策的领导，是中国共产党加强对统一战线领导的核心内容，也是思想政治工作的根本目的。坚持用一元化的指导思想整合和引领多样化的社会思想，深入扎实开展中国特色社会主义主题教育活动，切实用马克思主义中国化的最新成果教育引导统一战线广大成员。加强国情社情和形势政策教育，利用各种重要纪念日、重大历史事件和重大社会活动，引导统一战线成员充分认识我国经济社会发展取得的辉煌成就来之不易、弥足珍贵，正确认识和对待改革发展进程中出现的新情况新问题，毫不动摇地坚持改革开放、支持改革开放、参与改革开放，坚定不移地把改革开放伟大事业继续推向前进。引导他们学习统一战线和多党合作的历史，继承和发扬老一代领导人与中国共产党风雨同舟、团结合作的优良传统，进一步坚持和完善我国的社会主义政治制度和政党制度，自觉抵御西方议会制、两党制的渗透和影响，把各种政治意愿和诉求纳入社会主义民主与法制的轨道，自觉接受中国共产党的领导，坚定不移走中国特色社会主义政治发展道路。

第二，掌握原则方法，提高教育引导的水平。开展教育引导工作，不能用过去政治斗争的办法，更不能搞政治运动，也不能板起面孔进行说教，而要坚持以人为本的理念，善于运用统一战线的方式方法，充分发扬民主，坚持平等相待，进行说服教育，做到以理服人，不断提高他们的思想政治素质。正确看待统一战线成员中存在的不同看法和认识，有的无关宏旨可以存而不论，有的尚待检验可以深入讨论，有的有益工作应该鼓励欢迎，但对那些涉及重大是非、重大原则问题的错误观点，必须加强政治引导，开展郑重严肃的批评教育。继承和发扬统一战线在长期实践中形成的独具特色的优良传统，坚持运用“团结——批评——团结”的公式，坚持“自己提出问题、自己分析问题、自己解决问题”的“三自”方针和“不戴帽子、不打棍子、不抓辫子”的“三不”原则，从团结的愿望出发，通过开展批评和自我批评来统一思想、巩固共识。善于通过广交深交党外朋友，做代表人士的教育引导工作，影响和带动他们所联系的一大批群众。善于把教育引导工作寓于各种丰富多彩的活动之中，充分利用互联网等现代化手段，提高教育引导的生动性和感召力。

第三，根据不同对象，有针对性地加强教育引导。统一战线成员涉及民主党派、党外知识分子、民族、宗教、非公有制经济人士、港澳台侨等各个方面、各个领域，彼此在生活方式、思维习惯、价值取向等方面都存在一定差别。对他们开展教育引导，既应坚持总的原则，又不能千人一面。密切结合统一战线成员各自的特点，因人制宜、有的放矢，真正把工作做到心坎上，内化为他们的自觉认知。

【统战典故】

毛泽东与梁漱溟的“争论”

“八一三”上海抗战失利后，梁漱溟到达延安并向毛泽东请教，并送给毛泽东一本自己新出版的《乡村建设理论》。第二天，毛泽东拿出梁漱溟昨日送的那本书，说：“大作拜读了，但看得不细，主要论点都看了。我还从大作中摘出一些结论性的话。概括地说，您的著作对中国社会历史的分析有独到的见解，不少认识是对的，但您的主张总的说是走改良主义的路，不是革命的路。而我认为，改良主义解决不了中国的问题，中国社会需要彻底的革命。”毛泽东详尽地分析了中国社会的特点，特别是阶级矛盾和阶级斗争的激化问题，并十分突出地强调其作用。而梁漱溟很不同意的正是这一点，当即争辩：“中国的社会与外国社会不同。在历史上，外国的中古社会，贵族与农民阶级对立鲜明，贵族兼地主，农民即农奴，贫富对立，贵贱悬殊。但中国的社会贫富贵贱不鲜明、不强烈、不固定，因此阶级分化和对立也不鲜明、不强烈、不固定。根据这种分析，我提出了‘伦理本位’、‘职业分途’八个字……”毛泽东耐心听完梁漱溟的长篇大论，然后心平气和地说：“中国社会同样有着与西方社会共同的一面，即阶级的对立、矛盾和斗争，这是决定社会前进最本质的东西。我以为梁先生是太看重了中国社会特殊性的一面，而忽略了决定着现代社会性质的共同性即一般性的一面。其理由我再申述之……”梁漱溟却不以为然，十分断然地说：“毛先生，恰恰相反，我认为正是您的理论太看重了现代社会共同性即一般性的一面，而忽略了中国社会最基本、最重要的特殊性的一面。我们的分歧，正在这里。”两人都不断地、反复地申述自己的观点，相争不下，谁也没有说服谁。最后，毛泽东说，梁先生是有心之人，我们今天的争论可不必先作结论，姑且存留，听下回分解吧。从梁漱溟与毛泽东的交往可以看出，在梁漱溟思想转变过程中，毛泽东无疑发挥了重要作用。

四、 广交深交党外朋友

统一战线实现最广泛的团结和联合，必须广交朋友、深交朋友。广交深交党外朋友是中国共产党实现对统一战线工作领导的基本方式，是统一战线工作的优良传统。毛泽东、周恩来、邓小平、江泽民、胡锦涛等党和国家领导人非常注意同党外人士交朋友，他们以宽广的胸怀、谦虚的态度、民主的作风，广交深交了一大批党外朋友，与他们建立了肝胆相照、荣辱与共的深厚友谊，为人们树立了光辉典范。中国共产党之所以有这样强大的凝聚力，党和国家事业之所以兴旺发达，是同广交深交了一大批党外朋友密不可分的。改革开放以来尤其是进入新世纪新阶段，随着我国利益关系重新组合、社会阶层发展变化，统战工作交朋友的面更广了。新形势下广交深交党外朋友需要坚持以下原则：

第一，以诚相见。中国共产党同党外人士交朋友，是为了更好地团结他们为共同目标而奋斗，并不是为了谋取一党一派的私利，也不是像过去的封建统治者那样相互利用，没有什么可以向党外朋友隐瞒，真正做到以诚相见。所谓以诚相见，就要交心知心，以心换心。只有交心知心，才能真正沟通，深入了解；只有以心换心，才能感情交融，肝胆相照。虚情假意，不但交不上真朋友，交不上可靠的朋友，甚至连一般的朋友也交不上。以诚相见还要讲规谏劝诫，在与党外人士交友的过程中，对党外朋友的不足和缺点也应该开诚布公、善意诚恳地指出来，并热情帮助他们改进。同时，诚恳听取党外朋友的批评意见，从善如流。只有这样，才能由相敬到相知，由浅交到深交。

第二，坚持原则。中共各级领导干部同党外人士交朋友，不是交个人的朋友，而是交党的朋友；不是为了建立私人关系，而是为了巩固党与党外人士的联盟。广交深交党外朋友必须建立在一定的政治基础和原则之上，即有利于巩固中国共产党的领导和执政地位，搞好合作共事。坚持原则也不是事事上纲上线，而是把原则性与灵活性结合起来，既进行思想交锋，又进行感情交流；既在大的问题上分清是非，又保持宽松稳定的政治环境和融洽和谐的气氛，从而达到讲原则与讲友谊的统一。

第三，排忧解难。中国共产党得到广大党外朋友的信赖，相互之间的友谊不断加深，很重要的一个方面，就是始终对党外朋友关心照顾，热情为他们排忧解难。在广交深交党外朋友中，把做好思想政治工作同为党外人士排忧解难结合起来，满腔热情为党外人士服务。在政治上、思想上帮助他们、团结他们的同时，主动解决他们在工作、生活方面的困难，使他们感受到中国共产党的关怀和朋友的温暖。

【统战典故】

周恩来与陶行知的友谊

人民教育家陶行知，由一个教育救国的改良主义者，转变为一个不屈不挠的民主战士，这与中国共产党对他的教育，特别是周恩来对他的关怀、帮助是分不开的。在长期的革命斗争中，陶行知与周恩来结下了深厚的革命友谊。

1939 年，陶行知在重庆创办育才学校，得到周恩来的直接关怀。皖南事变前夕，坚决拥护中国共产党抗日民族统一战线政策的陶行知，被国民党反动派视为眼中钉、肉中刺，他们常找借口要封闭育才学校。周恩来得知情况后，于 1940 年的一个秋夜同邓颖超一起到陶行知住处，向他讲明形势，指出育才学校的前途与国家、民族的前途是紧密联系在一起的，愈在困难的情况下，愈要树立必胜的信念。

中国共产党的关怀、周恩来和邓颖超的教导，给陶行知和育才学校师生增添了战胜困难的勇气和力量。抗战一结束，他不顾特务的捣乱、破坏和威胁，到各大中小学以及工厂讲演了 100 多场，强烈反对国民党的独裁、内战政策。1946 年 6 月 22 日，在上海北站 10 万群众欢送人民代表赴南京请愿的大会上，陶行知慷慨陈词："我们要用人民的力量，反对独裁，争取真正民主。"他夜以继日地整理自己的诗稿，终因刺激太深，劳累过度，突患脑出血症。7 月 25 日上午陶行知弥留之际，周恩来赶往医院，伏在陶行知身边，忍不住流下了热泪。他对陶行知说："陶先生，放心去吧。你已经对得起民族，对得起人民，你未了的事业，会由朋友们、由你的后继者坚持下去。我们必定争取全面的、持久的和平和实现民主来告慰你。朋友们都得学习你的精神，尽瘁民主事业直到最后一刻。陶先生你放心去吧。”在陶行知周围的亲人和朋友们听了这些肺腑之言，无不感到慰藉和感动。安葬那天，周恩来敬送了花圈，寄托对陶行知的无限哀思。

第三节　加强统一战线工作部门建设

统一战线工作部门作为党委的职能部门，是统一战线工作的具体组织者和推动者。统一战线工作干部作为中国共产党的干部，其工作能力和思想作风，直接影响中国共产党的统一战线方针政策的贯彻执行。加强统一战线部门建设，提高统一战线工作科学化水平，既是统一战线工作部门履行职责、做好工作的重要基础，也是加强和改善党对统一战线工作领导的必然要求。

一、统一战线工作部门的职能作用

新中国成立以后，在中共中央和地方及一些企事业单位党委中相继设立统战部。中共中央为统一战线工作部门确定了“了解情况、掌握政策、调整关系、安排人事”的基本职能。进入新世纪新阶段，爱国统一战线得到了进一步巩固和发展，统一战线工作部门的基本职能内涵更加丰富和完善。

第一，了解情况。所谓了解情况，是各级统一战线工作部门的首要职能，也是做好统一战线工作的基础。所谓了解情况，就是了解并向中央和各地党委反映非中共人士的意见、建议和愿望、要求。对统一战线工作部门来说，了解情况包括对统战对象情况的了解，也包括对中国共产党的纲领、路线方针政策落实情况的了解。了解情况的目的是为了更好地实现沟通，促进事业发展。随着经济社会的发展和改革开放的推进，我国社会结构深刻变革，利益关系深刻调整，各种新情况新问题新挑战此消彼长，层出不穷，并不可避免地反映在统一战线工作中。因此，更加需要统一战线工作部门深入细致地了解统一战线工作各个领域的成员分布、基本构成、活动情况等；了解党外代表人士的政治思想动态，特别是他们对当今国际国内重大事件和问题的看法与认识；了解党外人士对社会主义事业和中国共产党的统一战线工作的意见、批评和建议。

了解情况，主要应把握以下方面：第一，深入实际。坚持工作重心下移，深入地方、深入基层、深入到广大统一战线成员中，通过交友谈心、座谈询问、走访调查等途径，虚心听取各方意见，深入了解统一战线工作情况。第二，全面掌握。了解国际国内形势变化对统一战线的影响，了解统一战线带有全局性、关键性的重点难点问题，掌握统一战线成员的政治思想动态，以及他们工作和生活中的困难等。第三，综合分析。善于运用科学的分析手段和方法，对从各方搜集的材料和信息进行归纳综合、梳理分析，去伪存真、去粗取精，提炼出真实可靠的信息。第四，及时反映。将了解到的情况通过各种渠道和途径，及时地反映到党委和上级统一战线工作部门及其他相关部门，供决策参考。

第二，掌握政策。所谓掌握政策，就是协助中央和各级党委制定并落实统战政策。统一战线工作是一项政策性很强和艺术性很高的政治工作、群众工作和社会工作，要求统一战线工作部门对中央精神和事业发展的政策要求有深刻的理解和准确的把握，进而制定并落实符合时代特征和科学发展的统战政策。随着改革开放的深入，统一战线工作的性质、任务、范围乃至服务对象都发生深刻变化。这些新变化对统战部门和干部履行掌握政策的职责提出了更高的要求。因此，需要统一战线工作部门结合变化了的社会环境，准确理解和科学掌握政策，包括掌握多党合作政策、党外知识分子政策、民族政策、宗教政策、新的社会阶层政策、港澳台侨政策等，并全面贯彻落实。

掌握政策，主要应做到以下几点：第一，深入学习领会中央关于统一战线的理论和政策。统一战线工作部门要不断加强对中国共产党的大政方针特别是统一战线具体政策的学习。同时，向党员干部和党外人士积极宣传中国共产党的统一战线理论和政策，普及统一战线知识。第二，将统一战线的各项政策落到实处。抓落实既是对统一战线工作的要求，也是对统一战线党员干部的要求。贯彻落实中国共产党的统战政策，既不折不扣不走样，又要结合实际讲创新。第三，在调查研究基础上完善统战政策。针对贯彻执行统一战线方针政策中出现的新情况和新问题，统一战线工作部门要坚持实事求是的原则，开展深入仔细的调查研究，提出意见和建议，为中央和各级党委完善政策提供参考，当好党委的参谋和助手。第四，形成科学有效的监督检查机制。政策落实与否、落实的好坏，必须通过监督和检查才能确定。统一战线工作部门要在总结经验、改进工作的基础上，建立健全监督检查机制，加大监督检查力度，切实保证统一战线各项方针政策的有效贯彻和执行。

【拓展阅读】

统战部的工作从根本上讲就是掌握政策

1956年2月28日，李维汉指出：统一战线工作是一个政治工作，有很大的政策性，许多问题都有政策性。我们统战部的工作从根本上说就是掌握政策。我们就是天天有意识地注意这个问题，还常常把握不住。因此，我们现在不能不加一番努力来学习一点理论，提高我们的理论水平。同时，还要加强调查研究，特别要注意专题调查研究，发现新的事物，新的情况，新的变化，新的经验，新的问题，在政策上、措施上求得新的结论，并且在实践中检验这些结论。加强调查研究，一个办法就是钻。毛主席讲扎针，有三种，一种是皮肤注射，一种是肌肉注射，一种是血管注射。我们常常是皮肤注射，我们要再钻深一点，钻到血管，那就钻通了。①

第三，调整关系。所谓调整关系，即在统一战线工作中，统一战线工作部门在维护全体人民根本利益的基础上，充分认识与积极协调各党派团体和各族各界人士的不同利益，并妥善处理他们之间的关系，努力形成在合作协商中化解利益矛盾、在团结奋斗中共享发展成果的良好局面。统一战线工作部门协调和处理好政党关系、民族关系、宗教关系、阶层关系和海内外同胞关系，其核心是协调处理好各方面成员的利益关系。要在工作中充分认识各方面成员根本利益的一致性与具体利益的差异性，巩固共同利益，照顾特殊利益；抓住协调利益关系的关键，牢固树立和谐共赢理念，着眼社会阶层结构和利益格局的变动，积极创造条件推动其各项权益的实现。统一战线工作是一项长期而复杂的系统性工程，需要多部门、多领域、多方面的配合和协作。

---

① 参见李维汉：《关于一九五六到一九六二年统一战线工作的方针（草案）》，见中共中央统一战线工作部编：《中国共产党统一战线文献选编》，第7卷，113页。

因此，还需要统一战线工作部门协调好党政有关部门的关系，共同做好统战工作。

第四，安排人事。所谓安排人事，就是举荐各方面的党外代表人士，按照一定的法律程序，担任人大、政府、政协和司法机关等方面的职务。安排人事是加强中国共产党的领导的重要体现，也是落实党管干部原则的内在要求。统一战线工作的工作对象是有影响、有代表性的各界党外人士。充分发挥参政党和党外人士在管理国家事务与社会事务中的积极作用，安排好党外人士，加强共产党员与党外人士的合作共事，是统一战线的一项主要工作。

其一，顺应我国干部人事制度的改革，使党外人事安排与国家干部人事制度相衔接、相配套，形成制度化的运行程序和工作机制。

其二，按照干部队伍建设的基本要求和党外人才成长规律，加强党外代表人士后备队伍建设，健全党外代表人士后备队伍培养选拔制度，形成科学合理的后备队伍结构，努力形成"长江后浪推前浪"的优秀干部脱颖而出的良好局面，实现党外代表人士队伍的持续发展。

其三，协助党委组织、人事部门安排人事，特别是涉及各民主党派和工商联各级组织负责人，各级人大代表、政协委员和有关社会团体领导班子中的党外人士，无党派和民族宗教界代表人士的有关安排，统战部门认真履行职责、积极主动作为，既顾全大局，又统筹兼顾，既坚持标准，又考虑党外人士的特点，搞好与党及党外人士的合作共事，把各方面优秀人才集聚到党和国家事业中来。

二、 加强统一战线工作干部队伍建设

统一战线工作干部是中国共产党的干部队伍的重要组成部分，加强统一战线工作干部队伍建设是加强中国共产党的执政能力建设和先进性、纯洁性建设的内在要求。《中共中央关于巩固和壮大新世纪新阶段统一战线的意见》明确提出，要努力建设一支勤奋学习、作风民主、求真务实、廉洁自律、团结奉献、开拓创新的统一战线工作干部队伍，为统一战线持续发展提供重要的组织保障。

第一，勤奋学习。在国际国内形势不断发展变化的情况下，统一战线工作干部只有认认真真地学习、与时俱进地学习、持之以恒地学

习，才能始终跟上时代进步的潮流，把统一战线工作提升到一个新的水平。首先，自觉用马克思主义中国化、时代化、大众化的最新理论成果武装头脑，深入学习和掌握马克思列宁主义、毛泽东思想，深入学习和掌握中国特色社会主义理论体系，深入学习中国共产党的基本纲领、基本理论和路线方针政策，牢固树立辩证唯物主义和历史唯物主义世界观和方法论。其次，全面学习做好本职工作必需的知识。统一战线是一门科学，涉及的领域非常广泛，统一战线工作对象有许多又是某一领域的专家学者或专业人士。统一战线工作干部要胜任工作，必须学习统一战线的基本理论和路线方针政策，熟悉统一战线历史，掌握统一战线工作方法，广泛学习经济、政治、文化、历史、哲学、法律、外语、自然科学等各领域知识，进一步拓宽知识面，夯实统一战线工作的理论基础。最后，把研究和解决统一战线工作重大的现实问题作为学习的根本出发点，使认真学习成为理论联系实际、学以致用，不断提高工作原则性、系统性、预见性和创造性的过程。

第二，作风民主。作风民主是统一战线工作干部的基本素质。统战部作为党委的重要职能部门，代表党来联系党外代表人士。每一名统一战线工作干部的作风如何，直接关系到中国共产党在党外人士心目中的形象。为了进一步增强民主作风，统一战线工作干部要自觉树立和提高民主意识，在实际工作中谦虚谨慎、平等待人，和党外人士推心置腹、坦诚相见，遇事与党外人士多沟通、多商量、多协调，倾听他们的呼声，解决他们的困难，在民主协商中培养感情、增进共识。有纳善之识和容人之量，经常深入到统一战线广大成员中去，不居高临下，尊重信任，体谅包容，真心实意交风雨同舟、肝胆相照的真正朋友。

第三，求真务实。求真务实是中国共产党的优良传统和共产党人应该具备的政治品格。统一战线工作干部要树立正确的政绩观，具有脚踏实地、真抓实干的精神，真正深入基层、深入实际、深入群众，把工夫下到察实情、出实招、办实事上。培养较强的分析、研究和解决问题的能力，善于运用科学理论指导统一战线工作实践，真正把理论转化为符合实际的工作思路、指导工作的科学方法和解决重点难点问题的良策，推动统一战线工作的深入开展。切实建立健全制度，坚持和完善各项学习制度、调查研究制度、联系党外人士制度，以制度建设来保证求真务实的贯彻和落实。

第四，廉洁自律。廉洁自律是每一个领导干部廉洁从政的思想道德基础，也是坚决惩治和有效预防腐败的重要保障。对于统一战线工作干部来说，廉洁自律具有极为重要的意义。统一战线工作干部直接联系着党外人士，如果在廉洁自律方面存在问题，将直接影响党外人士对中国共产党的看法和态度。因此，统一战线工作干部必须牢固树立马克思主义的世界观、人生观、价值观和正确的权力观、地位观、利益观，在工作和生活中始终做到自重、自省、自警、自励，艰苦奋斗、廉洁奉公、忠于职守、淡泊名利，经得起诱惑和考验，自觉抵制权钱交易等不正之风，始终保持共产党人的蓬勃朝气、昂扬锐气和浩然正气，以高尚的精神示范人，以优良的作风带动人，以良好的形象影响人。

【统战典故】

周恩来在国务院会上的三次“检讨”

新中国成立初期，周恩来搬进了中南海西花厅，一住就是 26 年，直到他去世。西花厅是清朝乾隆年间修建的老式平房，潮湿阴冷。身边工作人员于心不安，多次提出修缮，但他坚决不同意。1959 年年底，工作人员趁周恩来和邓颖超出差外地时间较长，对西花厅进行了保护性维修。周恩来回京一进门就惊讶地问：“这是怎么回事？谁叫你们修的?!”他还说：“我身为总理，带一个好头，影响一大片；带一个坏头，也影响一大片。所以，我必须严格要求自己。”按照他的要求，撤掉了新添置的地毯、沙发、窗帘、吊灯等陈设。事后，对这次“修房风波”，他主动在国务院会议上作了三次检讨，向到会的副总理和部长们说：“你们千万不要重复我的这个错误。”周恩来用自己的行动证明了他在“个人生活和作风上，和他在政治上一样，是一个真正的共产主义者”，也为统一战线工作干部廉洁自律树立了良好的榜样。

第五，团结奉献。统一战线工作本质上做的是团结工作。这要求统一战线工作干部首先要成为团结的模范，在工作中能够做到分工协作、相互配合，确保统一战线工作高质量、高效率、高水平地开展。奉献是中共党员的基本品格，也是中国共产党的宗旨的内在要求。新的历史条件下强调统一战线工作干部甘于奉献，就是要强化服务意识，提高服务能力。统一战线工作干部要坚持立党为公、执政为民，坚持权为民所用、情为民所系、利为民所谋，忠诚于中国共产党的统一战线事业，热爱中国共产党的统一战线工作，兢兢业业、勤勤恳恳、任劳任怨，在统一战线实践中，落实中国共产党全心全意为人民服务的宗旨。

第六，开拓创新。创新是一个民族进步的灵魂，是一个国家兴旺发达的不竭动力，也是统一战线事业巩固发展的源泉。随着社会主义市场经济的不断完善和改革开放的进一步深化，统一战线所处的环境和肩负的任务发生了新的变化。统一战线工作干部要有创新意识，充分认识到，没有创新，理论就不能突破，政策就不能发展，工作就不能推动；有创新勇气，敢于和善于了解新情况，研究新问题，进行新思考，提出新对策；有创新才能，善于把握和遵循统一战线工作的客观规律，解放思想，实事求是，积极创造和利用一切有利条件，不断开创统一战线工作的新局面。

第四节　加强基层统一战线工作

基层统一战线工作主要以县（市）及企事业单位统一战线工作为主，具体是指县、县级市以及城市中相当于县级的区和街道，包括乡镇、街道、机关、学校、国有企业、非公有制企业、科研院所和医疗卫生等单位的统一战线工作。

一、　基层统一战线工作的地位和作用

基层统一战线工作是中国共产党的统一战线工作的重要组成部分。随着改革开放的不断深入和社会主义市场经济体制的建立与完善，统一战线工作出现了从政治领域向经济、文化、科技、教育等方面拓展，由大中城市向小城市和广大乡镇延伸的趋势，基层统一战线工作的地位和作用更为重要。

第一，基层统一战线工作是密切党与广大统一战线成员联系的重要途径。统一战线成员绝大多数工作和生活在基层，分布在不同行业、不同领域，随着改革开放的不断深化，社会主体日趋多元，新的统战

对象逐步成长起来。做好基层统一战线工作，充分发挥统一战线广泛联系群众、团结群众的重要作用，有利于最大限度地团结广大统一战线成员，进一步密切党与他们的联系，不断巩固中国共产党的阶级基础和扩大中国共产党的群众基础。

第二，基层统一战线工作是全面贯彻落实统一战线方针政策的重要基础。统一战线作为中国共产党的总路线、总政策的重要组成部分，只有通过包括基层在内的各个层次、各个方面、各个单位的持续学习宣传和深入贯彻落实，才能更加广泛地团结各方面人民群众，充分地调动统一战线广大成员的积极性、主动性和创造性，为实现最广大人民的根本利益团结奋斗。基层不仅是绝大多数统一战线成员工作和生活的地方，也是实现和维护他们自身权益的地方。只有做好基层统一战线工作，认真落实中国共产党的各项统一战线方针政策，才能为统一战线的巩固和壮大奠定更加坚实的基础。

第三，基层统一战线工作是了解党外人士意见建议和反映社情民意的重要渠道。基层统一战线工作具有承上启下、联系各方的功能。做好基层统一战线工作，及时、准确、全面地把握基层统一战线成员的思想动态、愿望要求和意见建议，才能更加全面地了解社会各方面人士的真实情况，听到统一战线各界人士的真实声音，从而为党和政府进行科学决策提供可靠的民意基础。

第四，基层是培养统一战线各方面代表人物的重要源头。统一战线各方面代表性人物的成长，都是以他们工作和生活的基层为摇篮和基地的。基层作为党外代表人士锻炼成长的第一个阶梯，能够拓宽党外代表人士工作视野，加大党外代表人士培养力度，有利于为统一战线可持续发展打好人才基础。

二、 基层统一战线工作面临的新形势新任务

新世纪新阶段，随着世情国情党情统情进一步深刻变化，基层统一战线工作作为整个统一战线工作的有机组成部分，同样面临新的形势和任务，工作要求进一步提高。

第一，统一战线内部构成发生深刻变化，基层统一战线工作对象大量增加。改革开放后，我国经济社会结构发生了重大变化，包括知识分子在内的我国工人阶级队伍不断扩大、整体素质普遍提高，广大

农民日益成为社会主义新型农民，同时出现了新的社会阶层，新的利益群体和社会组织也不断产生，社会成员的流动十分频繁。原在大中城市工作和生活的一些党外人士，越来越多地流动到小城市乃至乡镇。个体户、私营企业出资人等非公有制经济人士日益增多，基层民主党派成员数量明显增加，党外知识分子队伍不断扩大，宗教界人士和信教群众较快增长，海外留学归国人员、来大陆投资和定居的港澳台湾同胞及其亲属也越来越多。

第二，统一战线工作范围不断扩大，基层统一战线工作任务更加繁重。民主党派成员过去主要在大中城市，现在一些经济比较发达的县市区甚至乡镇，也出现了一定数量的民主党派成员，需要按照有关规定做好工作。在城市化不断推进的过程中，少数民族人口流动加快，基层民族工作的任务越来越重。随着市场经济的发展和对外开放的扩大，基层信教人数呈现增多趋势，境外利用宗教进行渗透的情况加剧。台胞到大陆投资、经商、探亲、定居的越来越多，做好他们的工作，扩大两岸的经济文化交流，促进祖国完全统一，也需要加强基层统一战线工作。

第三，基层统一战线工作面临许多新情况新问题，需要以改革创新精神加强基层统一战线工作。随着经济体制和管理体制的变化，社区日益成为我国社会结构的基本单位，成为管理社会基层公共事务的重要阵地；同时，随着“单位人”变成“社会人”，社区统一战线工作已经成为基层统一战线工作新的重要领域。社团作为区别于党政部门和企事业单位的社会组织，日益成为公民推动经济发展、参与民主政治、建设先进文化、维护自身权益的重要组织形式，统一战线工作如何以社团为渠道，整合社会政治资源，也需要在实践中进行探索。随着中国改革开放的深化，海外留学人员和回国创业、工作的人员都越来越多，如何加强与他们的联系，充分发挥他们的作用，是做好基层党外知识分子工作的一个新的课题。随着依法治国方略的确立，中国共产党的领导方式和执政方式的转变，信息网络化的迅速发展，统一战线成员民主意识、竞争意识、参与意识的增强，要求基层统一战线工作必须适应这种变化，建立新的工作载体，探索新的方式方法，使统一战线工作更加富有成效。

三、 基层统一战线工作的目标任务和重点

当前，基层统一战线工作的任务是：高举中国特色社会主义伟大旗帜，以邓小平理论、“三个代表”重要思想、科学发展观为指导，在党委的领导和上级统战部门的指导下，牢牢把握大团结大联合的主题，紧紧围绕基层的中心工作，全面贯彻落实中国共产党的各项统一战线方针政策，充分调动基层各方面统一战线成员的积极性，为全面建成小康社会和构建社会主义和谐社会服务，为基层民主政治建设服务，为维护民族团结、社会稳定和祖国统一服务。

第一，县（市）统一战线工作以民族、宗教、非公有制经济人士为重点。县（市）级统一战线工作是整个统一战线工作的重要基础。做好县（市）级统一战线工作，直接关系到中国共产党的统一战线方针政策在基层的贯彻落实，关系到党委、政府工作部署的顺利完成，关系到统一战线的整体发展。县（市）级统一战线工作的基本任务是：根据党委的总体部署和上级统战部门的要求，把中国共产党的各项统战方针政策具体落实到基层，最大限度地团结一切可以团结的力量，调动一切积极因素，为促进当地的经济建设、政治建设、文化建设、社会建设和生态文明建设服务。

民族工作方面，采取各种措施，积极帮助和支持少数民族群众发展生产，脱贫致富，促进各民族的共同发展和进步；培养、选拔一批德才兼备、同群众保持密切联系、坚决维护祖国统一和民族团结的少数民族干部；加强对各族干部和群众的马克思主义民族观和中国共产党的民族政策的教育宣传，牢固树立“汉族离不开少数民族，少数民族离不开汉族，各少数民族之间也相互离不开”的思想，巩固和发展平等、团结、互助、和谐的民族关系；认真贯彻中国共产党的民族政策，尊重少数民族的风俗习惯，防止伤害民族感情的事件发生，及时妥善处理影响民族团结、社会稳定的敏感问题。

宗教工作方面，全面贯彻中国共产党的宗教工作方针政策，巩固和发展中国共产党同爱国宗教界的统一战线；提高党政干部对宗教工作的认识，切实解决不愿管、不敢管、不会管的问题；建立健全县、乡、村三级宗教事务管理网络，建立乡（镇）、村两级宗教工作责任制，依法加强对农村宗教事务的管理；积极配合有关部门，保护合法，

制止非法，抵御渗透，打击犯罪；加强爱国宗教组织建设，加强对信教群众和宗教团体负责人的爱国主义、社会主义和中国共产党的方针政策、法律法规的教育；把解决农村宗教中存在的突出问题，纳入农村经济、社会发展的全局，同农村两个文明建设紧密结合起来。

非公有制经济人士工作方面，宣传、贯彻、督促、检查党和国家有关方针政策，特别是关于非公有制经济发展的方针政策的落实，营造有利于促进非公有制经济发展的良好的舆论氛围和政策环境；深入实际了解和掌握非公有制经济人士的思想状况，反映意见和要求，帮助他们解决实际困难，当好党委、政府做好非公有制经济人士工作的参谋助手；培养和建立非公有制经济代表人士队伍，把广大非公有制经济人士团结在中国共产党周围，共同致力于改革开放和社会主义现代化建设事业；做好非公有制经济代表人士的选拔、培养和安排工作，发挥他们参政议政和民主监督作用，推动国家和地方有关政策的完善，促进非公有制经济健康发展和非公有制经济人士健康成长。

第二，社区统一战线工作以新的社会阶层人士工作为重点。社区统一战线工作是传统街道统一战线工作的延伸和拓展，是新世纪新阶段城市统一战线工作社会化的重要基础和重要载体。加强社区统一战线工作，是新形势下基层统一战线工作与时俱进的客观要求。随着城市化进程加快，城市管理重心下移，社区的社会职能不断强化，社区统一战线工作作为城区统一战线工作的基础，成为统一战线工作的重要载体。生活在社区中的统战对象非常广泛，特别是有着大量新的社会阶层人士。这些新的社会阶层人士流动性较强，部门、单位难以对其实现跟踪了解和考察培养，社区则是他们的聚集地，因此，需要进一步强化社区党组织的统一战线工作职能，充分发挥社区在团结凝聚新的社会阶层人士中的作用。

社区统一战线工作把统一战线工作延伸到最基层组织，扩大了统一战线工作的社会影响；延伸到八小时以外，增进了统战部门与统战成员的感情交流；延伸到统战成员的生活圈，把教育、引导与服务结合起来，使统一战线工作更具针对性和凝聚力。这决定了社区统一战线工作的方法既不同于城区、街道的工作，也有别于其他领域统一战线工作的方法。一是将统一战线工作纳入社区党建范畴，真正将社区统一战线工作作为社区党建工作的重要方面抓紧、抓实。二是建立健全纵向到底、横向到边的覆盖全社区的统一战线工作网络，形成社区统一战线工作有人抓、有人管、有人做的良好格局。三是制定和完善社区统一战线工作制度。当前尤其需要着眼社区实际，完善定期与统战成员举行座谈会制度、联系走访制度、组织形势报告会和有关讲座等制度。四是搞好有关服务。依托社区服务中心为各方面统战成员提供各种服务，包括卫生保健、文体健身、娱乐、养老、心理咨询、法律咨询等服务，使他们切身感受到党和政府的关怀；依托社区单位，如派出所、工商所、房管所、商店、医院、学校等，为各界统战人士提供优质、便捷的服务。五是组织开展统战成员喜闻乐见、便于参与的各种活动。成立各种社区统战联谊组织，为加强联谊、开展活动提供方便条件。

第三，高校、科研院所和国有大中型企业统一战线工作以党外知识分子为重点。高校、科研院所以及国有大中型企业汇集着包括大量的民主党派成员、党外专家学者和高中级技术、经济、管理人员在内的党外知识分子，是统一战线培养、选拔党外代表人士的重要源头和基地。

高校统一战线工作，主要是有针对性地开展思想政治工作，帮助和引导广大党外知识分子自觉坚持中国共产党的基本理论、基本路线、基本纲领、基本经验、基本要求，认真学习领会中国共产党的各项方针政策，树立正确的世界观、人生观和价值观；把党外干部的物色培养、举荐使用纳入学校干部队伍建设的总体规划，有计划、有步骤地进行培训和选拔，并建立党外后备干部队伍名单，形成人才梯次结构；进一步做好少数民族知识分子和有宗教信仰知识分子的工作，广泛进行马克思主义民族观、宗教观的宣传教育，正确执行中国共产党的民族、宗教政策；及时反映党外知识分子的思想动态，建立健全信息网络，做好教育引导工作，为统战部门汇集和研究党外人士的各方面情况提供条件。

科研院所统一战线工作，主要是了解情况，掌握动态，加强联系与沟通，认真听取意见和建议，建立健全党外知识分子代表人士名单，实行动态管理与服务；加强科研院所党外干部的培养，加大物色、培养、选拔和安排的力度，特别是要做好党外中青年代表性人物培养和举荐工作，为统一战线各个方面输送优秀人才；注意选拔党外专家担任各级行政、学术、咨询等机构的领导职务，支持他们在职权范围内主动、积极地开展工作。

国有大中型企业统一战线工作，主要是积极为参与企业的民主管理和监督创造条件，及时沟通和通报企业改革、发展和稳定的情况，认真听取意见建议和要求，组织党外人才为企业的发展方向、规划和生产经营中的重大问题进行调研和可行性论证，促进企业决策民主化和科学化；为党外知识分子排忧解难、多办实事，增强他们对企业改革的认同和支持，增强中国共产党的凝聚力；积极发现和培养新一代党外知识分子，制定培养、选拔计划，建立多层次梯次结构的人员名单，并分步骤进行培训和教育，使企业成为党外干部的一个重要来源。

后　记

在以往的基础上，编写一部具有科学性、权威性、实用性、可读性的《中国统一战线教程》，是广大党政干部、统战干部、统战成员的普遍愿望，也是推进统一战线事业和统一战线教育培训工作的必然要求。为此，中央统战部、中央党校、国家行政学院、中央社会主义学院联合成立了《中国统一战线教程》编审委员会，由杜青林担任主任，朱维群、张裔炯、叶小文、陈喜庆、李书磊、周文彰担任副主任，具体编写工作由中央统战部研究室牵头。

编写工作从 2011 年年初开始启动，历时两年，历经调研筹备、正式启动、拟订提纲、起草初稿、讨论修改、征求意见、审定出版七个阶段，其间多次召开协调会、座谈会，先后十三易其稿。中国共产党十八大胜利召开后，又对照十八大最新精神，对书稿作了进一步修改和充实完善。之后，广泛征求中央党校、国家行政学院、中央社会主义学院，各民主党派中央、全国工商联和党内外有关专家学者的意见建议。本书由唐显凯统稿，陈喜庆审稿，最后经编委会审定。

本书立足统战工作实际，力求涵盖统一战线的基本理论、基本政策、基本知识，集中体现统一战线理论和实践的创新发展，直接面向统一战线教育培训的现实需要，借鉴吸收其他方面好的类似教材和图书的编写经验，既强调严谨规范，又注重鲜活生动，力求起到解疑释惑、指导工作的作用，成为广大党政干部、统战干部和统战成员愿意看、用得上的精品书。

本书各章节编写人员如下：绪论，中央统战部研究室邵泽龙、中国藏语系高级佛学院米广弘；第一章，中央统战部研究室徐小凤、陈玉凤、闫莉、王森；第二章，中央社会主义学院统战理论教研部李小宁、王小鸿、张继辉、邱永文；第三章，中央统战部研究室李德兼、高向军；第四章，中央社会主义学院统战理论教研部孙信、王彩玲；第五章，中央统战部研究室周志华、肖照青；第六章，中央社会主义学院统战理论教研部沈桂萍、杜玉芳；第七章，国家行政学院政治学教研部刘峰、李拓、宋雄伟；第八章，中央社会主义学院中华文化教研部于铭松、朱世海，统战理论教研部徐锋；第九章，中央统战部四局王青云、郭焕龙、顾春阳、汪洋明；第十章，中央社会主义学院学报编辑部李仁质、王珊，马列教研部何霜梅；第十一章，中央党校政党制度教研室祝灵君、蔡志强、董亚炜。中央统战部研究室张健、艾多、贺劲松、夏畦、姜红星等同志参与讨论，姚植传、吴茜、程津磊、庞德彬、邵泽龙负责具体组织协调工作并参与修改和统稿。

由于水平所限，书中难免有不当之处，敬请读者批评指正。

编　者

2013年1月

图书在版编目（CIP）数据

中国统一战线教程/中共中央统战部 组编. —北京：中国人民大学出版社，2013.4
ISBN 978-7-300-17250-7

Ⅰ.①中… Ⅱ.①中… Ⅲ.①中国共产党-统一战线工作-教材 Ⅳ.①D613

中国版本图书馆 CIP 数据核字（2013）第 070428 号

中国统一战线教程
中共中央统战部 组编

出版发行	中国人民大学出版社		
社　　址	北京中关村大街 31 号	**邮政编码**	100080
电　　话	010－62511242（总编室）		010－62511770（质管部）
	010－82501766（邮购部）		010－62514148（门市部）
	010－62515195（发行公司）		010－62515275（盗版举报）
网　　址	http://www.crup.com.cn		
经　　销	新华书店		
印　　刷	北京宏伟双华印刷有限公司		
开　　本	720 mm×1000 mm　1/16	**版　　次**	2013 年 5 月第 1 版
印　　张	24 插页 2	**印　　次**	2025 年 7 月第 11 次印刷
字　　数	361 000	**定　　价**	78.00 元